HISTOIRE

DE FRANCE.

TOME 1.

IMPRIMERIE DE GUIRAUDET ET JOUAUST,
Rue Saint-Honoré, 315.

JUBILÉ,
(15 Mai 1826.)

HISTOIRE DE FRANCE

DEPUIS L'ANNÉE 1825
A L'AVÉNEMENT DE LOUIS-PHILIPPE
(7 AOUT 1830),

PAR

LE Cte DE MONTGAILLARD.

ORNÉE
D'UN GRAND NOMBRE DE GRAVURES SUR ACIER,
D'APRÈS LES DESSINS DE RAFFET

TOME I.

Paris,
MOUTARDIER, LIBRAIRE-ÉDITEUR,
RUE DES GRANDS-AUGUSTINS.

1851.

HISTOIRE DE FRANCE

DEPUIS L'ANNÉE 1825

JUSQU'A L'AVENEMENT DE LOUIS-PHILIPPE

(7 AOUT 1830),

PAR

LE Cte DE MONTGAILLARD.

ÉDITION ORNÉE

D'UN GRAND NOMBRE DE GRAVURES SUR ACIER,

D'APRÈS LES DESSINS DE RAFFET.

Tome 1.

———

Paris,

MOUTARDIER, LIBRAIRE-ÉDITEUR,

RUE DES GRANDS-AUGUSTINS.

1839

AVERTISSEMENT.

L'Histoire de France de l'abbé de Montgaillard a obtenu le plus grand succès, et l'opinion nationale le confirme chaque jour de plus en plus ; un pareil succès atteste les progrès de l'esprit constitutionnel, car les doctrines professées par l'historien sont éminemment monarchiques et constitutionnelles : ces doctrines ont pris possession de la France, et l'on peut dire avec vérité qu'elles forment aujourd'hui l'esprit public.

La masse de la nation française veut, et veut fortement la royauté, la dynastie des Bourbons, la Charte et par conséquent un système, c'est-à-dire un régime légal et constitutionnel en harmonie avec la Charte, et strictement conforme à la loi fondamentale de l'État : s'écarter de ce système et entrer dans les voies de l'ancien régime, ou, en d'autres termes, du pouvoir anticonstitutionnel et absolu, ce serait préparer de nouvelles révolutions et exposer, bien certainement, le trône et la nation aux plus grands dangers.

Si les doctrines politiques de l'abbé de Montgaillard ont puissamment contribué au succès de l'*Histoire de France*, il faut aussi l'attribuer en partie à la masse de connaissances, d'événements et de faits développés par cet écrivain, et surtout à la franchise avec laquelle il les a exposés : l'indépendance historique et l'impartialité, qui n'est autre chose que la justice, sont les caractères distinctifs de l'ouvrage de l'abbé de Montgaillard : il s'est armé de la plus inflexible sévérité, tout le monde est d'accord à cet égard ; il a poursuivi, jusque dans leurs derniers retranchements de fortune et de pouvoir, les coupables, les hypocrites, les insensés qui ont défiguré la statue de la liberté constitutionnelle, et principalement les hommes qui ont flétri, qui ont compromis par leurs excès dans les premières années de la révolution, par leur servilité depuis la restauration, les principes et les bienfaits de la révolution française. Sans examiner s'il n'eût pas été possible à l'historien d'apporter plus de modération dans ses jugements sur les individus et de faire une plus large part aux *circonstances atténuantes;* sans examiner, d'un autre côté, si ces ménagements n'eussent pas altéré la vérité historique et ne fussent pas en conséquence devenus nuisibles à l'ordre social, nous conviendrons avec la saine partie du public que les jugements portés par l'auteur sont quelquefois erronés ou exagérés, et qu'il a pu se tromper relativement à quelques faits, ou relativement aux détails explicatifs de ces faits : nous dirons de plus que l'ouvrage de l'abbé de Montgaillard n'aurait pas dû être intitulé *Histoire de France*, et nous pensons que le titre d'*Annales françaises* aurait convenu beaucoup mieux à cette composition, d'après la contexture de l'ouvrage et d'après la manière dont l'auteur a traité son sujet; mais, malgré ces défauts, la composition de l'abbé de Montgaillard n'en est pas moins une œuvre très-remarquable, faite pour obtenir un succès durable et pour être consultée avec le plus grand fruit par les historiens futurs. Si ce publiciste ne fût pas mort dans un âge si peu avancé, s'il eût eu le temps de reconnaître les imperfections de son ouvrage et d'y apporter les modifications convenables, l'on doit présumer qu'il eût fait d'utiles corrections à son travail; mais ce qui distinguera toujours cet historien de la plupart des écrivains qui ont parlé jusqu'à ce jour de la révolution française, c'est l'énergie de la pensée, la franchise du style, et par-dessus tout cet amour de la liberté constitutionnelle, qui donnent à l'*Histoire de France* un caractère particulier de véracité et de patriotisme.

Ces considérations nous ont inspiré l'idée de continuer, en quelque sorte, l'*Histoire de France* de l'abbé de Montgaillard, jusqu'à la chute du ministère Villèle; ère nouvelle, de laquelle la France espère dater le retour à l'ordre légal et constitutionnel. En nous livrant à ce travail, nous avons cru faire une chose utile au public et favorable au système constitutionnel, puisqu'il est bien reconnu aujourd'hui que l'*Histoire de France* de l'abbé de Montgaillard est parfaitement constitutionnelle, nationale, monarchique et conforme à la légitimité, aux droits et aux intérêts de la dynastie des Bourbons : si nous n'avons pas son talent, nous sommes du moins pénétré de ses principes, et nous professons absolument ses doctrines... Fidélité inviolable à l'auguste dynastie de nos princes, dévouement sans bornes à la Charte constitutionnelle! Ces sentiments nous ont donné le courage de publier un ouvrage faisant suite à l'*Histoire de France;* nous avons fait tous nos efforts pour rendre cette suite digne de l'ouvrage de l'abbé de Montgaillard : c'est avec une entière indépendance de caractère et de position, sans acception de choses, de personnes, de titres, de partis, c'est dans notre amour pour la vérité que nous avons tracé ces pages historiques ; nous osons donc espérer que le public voudra bien accueillir l'ouvrage que nous publions, d'autant plus qu'il devient indispensable pour toutes les personnes qui possèdent l'*Histoire de France* de l'abbé de Montgaillard.

Si nous avions commis involontairement quelques erreurs sur des faits, ou des individus mentionnés dans notre écrit, nous nous ferions un devoir et nous nous empresserions de les rectifier, aussitôt qu'on nous aurait fourni la preuve des erreurs dans lesquelles nous aurions pu tomber. Nous parlons (et nous le savons bien) en face des partis, vis-à-vis de certaines passions qui ne sont pas calmées encore, quoique la restauration de nos princes légitimes compte déjà quinze années de durée; mais notre devise est et sera toujours : *vérité, impartialité, justice;* le public jugera si nous lui sommes fidèle.

HISTOIRE DE FRANCE,

PENDANT

LES ANNÉES 1825, 1826, 1827

ET COMMENCEMENT DE 1828.

LIVRE PREMIER.

ANNÉE 1825.

1ᵉʳ JANVIER. — L'année 1824 a été remarquable sous plusieurs rapports.

D'une part : on a vu naguère l'Espagne, l'Italie, le Portugal, violemment agités dans les deux années précédentes par des dissensions intestines, devenir les théâtres d'événements étranges, d'envahissements conçus et dirigés par les cabinets, et opérés par les soldats de la sainte-alliance! La censure et les mesures arbitraires s'établissent et se fortifient au-delà comme en deçà du Rhin; la France et l'Europe ont à gémir de la réapparition des jésuites, dont les affreuses doctrines s'étendent de toutes parts avec l'esprit des ténèbres; de la reconstruction des polices inquisitoriales, telles que les employaient les despotes du moyen âge et leurs imitateurs modernes en Russie, en Autriche, en Prusse, et en France. Ces deux fléaux reparaissent, en tous lieux, sous la même influence sacrilége qui profane le nom de saint; *sainte-alliance* se dit comme du temps des Guises on disait sainte-ligue! Ainsi, la force du continent est mise à la merci de quatre ou cinq individus que la soif du despotisme et la haine des théories constitutionnelles semblent réunir contre les peuples. A la tête de ces individus on place M. de Metternich, dont le génie politique consiste à étouffer toutes les facultés morales et intellectuelles, à organiser un espionnage systématique et à détruire dans tous les États la liberté de la parole et l'indépendance de la pensée. Ce premier ministre se glorifie, dit-on, du titre de *grand prévôt de l'Europe*, et prétend y régenter toutes les facultés de l'âme et de l'esprit; mais cet homme d'État à vues fausses et étroites, ce protecteur des absolutistes, quelque souple et insidieux que soit son esprit, se consumera en vains efforts de despotisme aristocratique et d'inquisition religieuse... On observe sans peine que la monarchie universelle, quoique divisée entre plusieurs, est encore plus à redouter que du temps de Napoléon, monarque parvenu, qui ne pouvait solidement s'appuyer sur les anciennes dynasties, tant il les avait abaissées et abreuvées d'humiliations! Et, depuis sa chute, ne règne-t-il pas un parfait accord de despotismes et d'ambitions dans les cabinets régulateurs de l'oppression et de la spoliation des peuples? L'histoire jugera sévèrement ces ministres pervers, ces cabinets malfaisants; il ne faudra pas long-temps attendre, elle arrive à pas de géant; déjà même, les bons esprits que remplit l'esprit de sagesse, les bons cœurs qu'anime l'amour de l'humanité (et ils sont nombreux), préparent leurs accusations contre les meurtriers du moderne Macédonien, qui se sont institués ses héritiers pour continuer, pour augmenter, et rendre, s'il se peut, irrémédiables l'esclavage et les malheurs des peuples.

Dans ce qui intéresse plus particulièrement la nation française, l'année 1824 est signalée par une loi (5 avril 1824), qui détruit l'article 37 de la Charte, ce statut fondamental de la monarchie constitutionnelle : le renouvellement intégral de la chambre des députés, et la durée de leurs fonctions législatives pendant sept années, violent ouvertement toutes les garanties que la Charte consacrait en faveur des libertés nationales, des droits électoraux et législatifs. Le ministère Villèle entre sans détours dans les voies contre-révolutionnaires; son despotisme s'exercera désormais à détruire pièce à pièce la Charte donnée par Louis XVIII; il profite de la faiblesse de ce monarque, dont les infirmités altèrent le jugement, pour présenter des projets de loi essentiellement funestes! Dans ses articles du *Conservateur*, dans sa *Monarchie selon la Charte*, M. de Châteaubriand a émis des principes attentatoires au droit public des Français; le ministère Villèle s'en empare, les met en pratique, et accomplit les vœux de M. de Châteaubriand, qui, parvenu au ministère, a fait cause commune avec lui... Un projet de loi concernant les crimes et les délits commis dans les églises est présenté aux chambres; mais il est d'une telle barbarie, qu'on s'est permis, à la tribune de la chambre élective, de le qualifier de *draconien*. Ce projet y éprouve une si vive opposition, que le ministère se voit forcé de le retirer : il le reproduira dans la prochaine session!... Le conseil d'État, institution illégale et inconstitutionnelle, est organisé par une ordonnance royale; et, de cette manière, un perpétuel conflit de juridiction s'élèvera entre l'autorité administrative et l'autorité judiciaire; celle-ci sera réduite à n'appliquer la loi qu'avec la permission de celle-là, et la justice sera viciée et attaquée dans son essence!... On crée un ministère pour les affaires ecclésiastiques et l'instruction publique; un évêque est placé, en qualité de ministre secrétaire d'État, à la tête de ce département. Ainsi l'instruction publique est mise de droit comme de fait entre les mains du clergé, et doit tomber nécessairement entre les mains de la corporation des jésuites dont le ministre des affaires ecclésiastiques nie l'existence, et qu'il protége et propage en violation de toutes les lois de l'État; cette ordonnance, surprise à un monarque à l'agonie, est l'une des mesures les plus funestes dans lesquelles la secte des jésuites ait précipité le gouvernement.

Une commission de *révision des lois* est établie, avec mission de colliger et vérifier les arrêtés, décrets et autres décisions réglémentaires, rendus antérieurement à la restauration de l'autorité royale; elle est chargée de préparer également, et dans le même ordre, des projets d'ordonnances destinées à remplacer celles dont les dispositions auront été reconnues utiles et qui pourront être conservées. — L'on est effrayé, en effet, de la multiplicité de lois, et la plupart contradictoires, qui régissent la France sous l'empire de la Charte; les lois, décrets, arrêtés, réglements, émis par l'assemblée constituante, la convention nationale, le gouvernement directorial, le gouvernement consulaire et impérial, toutes ces lois ou arrêtés ont cours de monnaie pour les ministres; ils trouvent dans le *Bulletin des Lois* de 1789 à 1814 (dans cet arsenal contre-révolutionaire que le général Foy appelait le *privé ministériel*), les armes avec lesquelles l'ancien régime attaque la Charte et la bat en brèche en attendant qu'il puisse la supprimer. Aucun de ces actes législatifs des gouvernements révolutiounaires n'a été formellement abrogé; et comme le *Bulletin des Lois* se prête, de la meilleure grâce du monde, à toutes les formes de gouvernement, libre ou absolu, constitutionnel ou anti-constitutionnel, le ministère Villèle peut y prendre toutes les armes qui lui conviennent! La commission instituée pour la *révision des lois* n'aura pas encore donné signe de vie, en août 1828; il en sera vraisemblablement de cette *révision* comme de la responsabilité des ministres, comme de la réforme des institutions communales et départementales, annoncée, promise et éludée depuis la restauration. Le ministère promet tout et ne tient rien!... D'ailleurs, dans l'ordre constitutionnel, des lois ne peuvent être abrogées ou changées que par une loi; des ordonnances n'ont pas légalement ce pouvoir.

D'autre part : on distingue la sagesse sociale des Anglais s'unissant à la liberté des Américains de l'Union; on voit les contrées du Nouveau-Monde persévérer dans la séparation de leur existence collective avec l'Europe, entrer dans les véritables routes de la civilisation, et y montrer autant de fermeté que de prudence; on voit les Hellènes porter des coups toujours mieux assurés au croissant, trop long-temps arboré sur les rivages de la Grèce, et introduire les ferments de liberté dans cette masse compacte de barbarie qui commence au Danube et ne finit qu'au-delà de l'Indus; en France, la flétrissante censure, après un essai maudit par l'opinion, tombe, aux applaudissements de tous, comme pour compenser un peu les doctrines jésuitiques dont le mauvais esprit, ou plutôt l'infâme corruption, s'insinue dans beaucoup de canaux administratifs.

En résumé, si la plupart des gouvernements ont fait, pendant l'année 1824, des pas rétrogrades dans les voies de la civilisation, les principes d'amélioration de la condition générale n'ont cessé de fermenter au sein des sociétés; leur pénétrante action maintient la progression ascendante du genre humain. Ainsi, à tout prendre, l'année 1824 est encore une année d'espérance, quoique le ministère Villèle soit conservé à l'avénement d'un roi que sa franchise et sa loyauté rendent ennemi de la corruption et de la fraude; mais Charles x est un roi national; il entendra les vœux de la France, et chassera enfin ce ministère déplorable, qui aura long-temps égaré sa religion et trompé son amour pour ses peuples.

1ᵉʳ. — La chambre des pairs et celle des députés présentent leurs adresses, en réponse au discours de la couronne à l'ouverture de la session législative de 1825 (22 décembre 1824). — Ces adresses sont une paraphrase du discours royal..... Les espérances énoncées par les deux chambres, relativement à la prolongation du séjour des troupes françaises en Espagne, seront encore déçues; loin que cette prolongation de séjour garantisse le monarque et les peuples d'Espagne « du « retour des fléaux qui les ont trop long-temps déso- « lés, » toutes les calamités que le despotisme ministériel, l'ignorance, l'anarchie populaire et le fanatisme monacal peuvent répandre sur un pays, ne cesseront d'infester, de désoler la Péninsule, au nom de ce qu'il y a de plus sacré sur la terre : la religion et la légitimité... Les Grecs continueront d'être livrés à la neutralité des grandes puissances; ils seront condamnés aux plus affreux désastres. Les peuples de la chrétienté leur témoigneront un vif intérêt, ils ouvriront en leur faveur de nombreuses souscriptions; mais les cabinets des grandes puissances paralyseront, de tous leurs efforts, les vœux des peuples; l'Autriche prêtera ouvertement son assistance au cabinet ottoman; l'Angleterre lui permettra de se pourvoir dans ses ports de munitions de guerre et de bouche; la France laissera construire à Marseille des vaisseaux pour le compte des féroces dévastateurs de la Grèce; et, sous le voile d'une perfide neutralité, les ministres dirigeants des grands cabinets laisseront tranquillement égorger ces populations qui combattent au nom de la religion et de la liberté! Tout annonce que les grandes puissances reconnaîtront l'indépendance de la Grèce *lorsque ses habitants auront été exterminés*. Quant aux espérances exprimées par les deux chambres, relativement à l'accroissement de la prospérité publique, elles seront trompées; le crédit public recevra, avant peu, de fortes atteintes des mesures financières que proposera le gouvernement..... On remarque, dans les adresses des deux chambres législatives, que le nom de *Charte constitutionnelle* n'est pas même prononcé.

1ᵉʳ. — Reconnaissance de l'indépendance des nouveaux États de l'Amérique, par l'Angleterre.— M. Canning déclare aux ambassadeurs et ministres étrangers à Londres que « l'Angleterre reconnaît les États de Bue-
« nos-Ayres, du Mexique et de Colombie, et que des
« traités de commerce ont été négociés avec ces États,
« *sur la base de la reconnaissance de leur indépen-*
« *dance.* »

M. Zéa-Bermudez, ministre des affaires étrangères d'Espagne, proteste, par une note officielle, contre la reconnaissance de l'indépendance des colonies espagnoles : M. Canning répond au ministre espagnol; par une note où tous les raisonnements sont fondés sur des faits notoires, incontestables, et de la plus grande force... M. Canning admet, comme légitimes, les gouvernements *de fait* lorsqu'ils ont acquis un certain degré de stabilité, et cite l'Espagne elle-même qui s'est empressée de les reconnaître et de contracter avec eux des alliances étroites, dans la personne « de Bonaparte, « contre lequel son ambition effrénée, *et non un prin-* « *cipe de respect pour les droits de la monarchie légi-* « *time*, a enfin fait liguer et entrer en lice toutes les « puissances de l'Europe. » Le ministre anglais va même plus loin; il dit : « On ne saurait nier, en outre, « que même encore en 1814, l'année à la fin de la- « quelle la dynastie des Bourbons fut rétablie, l'Angle- « terre n'eût conclu un traité de paix avec Bonaparte, « si ses prétentions eussent été modérées; et l'Espagne « ne peut ignorer que, même après qu'on eut mis de « côté Bonaparte, *il n'ait été question entre les alliés* « *de placer un autre qu'un Bourbon sur le trône de* « *France.....* » Aucun homme d'État ne s'était encore exprimé d'une manière si explicite, si tranchante, relativement aux gouvernements *de fait;* quoi qu'il en soit des doctrines politiques de M. Canning, le cabinet de Madrid ne peut plus, à ce jour, invoquer auprès de celui de Londres la légitimité de ses droits sur l'Amérique méridionale, et cette immense et riche contrée est officiellement proclamée *indépendante* du royaume d'Espagne.

1ᵉʳ.—Ouverture du congrès constitutionnel de la confédération mexicaine.—Le président de la république, Guadalupe Vittoria, prononce un discours remarquable par les principes de tolérance, de philosophie et de patriotisme qu'il se fait (dit-il) gloire de professer.....
D'après le rapport du ministre des finances, les revenus de l'État ne se sont élevés, en 1824, qu'à la somme de 10,690,608 dollars (environ 55 millions de francs),

et les dépenses excèdent de beaucoup cette somme ; mais les améliorations opérées dans les diverses parties de l'administration publique permettent d'espérer que les recettes égaleront les dépenses dans la présente année, et que les premières ne tarderont même pas à donner un fort excédant sur les dernières. Malgré les troubles et les dissensions dont la république a été le théâtre depuis plusieurs années, l'ordre se rétablit, et les lois reçoivent une exécution plus facile : la session du congrès mexicain prouvera que l'esprit constitutionnel fait des progrès dans ces contrées ; le régime représentatif y exerce déjà une influence salutaire.

3. — Le ministre des finances présente à la chambre des députés divers projets de loi, savoir : projet pour fixer la liste civile pendant le règne de S. M....; projet pour l'indemnité à allouer aux anciens propriétaires de biens-fonds confisqués, et vendus au profit de l'État en exécution des lois sur les émigrés ; indemnité portée à un milliard, et pour laquelle il sera ouvert au ministre des finances un crédit de trente millions de rentes *trois pour cent.....* ; projet de loi pour la disposition des rentes acquises par la caisse d'amortissement ; la conversion facultative de la part des propriétaires d'inscriptions de rentes *cinq pour cent*, en inscriptions de rente *trois pour cent* au taux de 75, et en inscriptions de rente *quatre et demi pour cent*, au pair.

4. — Publication de la convention conclue le 10 décembre 1824, entre la France et l'Espagne, relativement à l'occupation de ce dernier royaume par les troupes françaises. — Le corps d'armée française actuellement existant en Espagne, est réduit à vingt-deux mille hommes, répartis dans les places suivantes : Cadix, île de Léon et ses dépendances, Barcelone,

Saint-Sébastien, Pampelune, Jaca, Seu d'Urgel, Saint-Ferdinand de Figuères..... Plus, une brigade de deux régiments suisses à la solde de la France, pour faire le service auprès du roi et de la famille royale..... Les dépenses de solde, de nourriture, d'équipement et d'entretien, sont fixées à la somme de 900,000 francs par mois..... Les troupes françaises laissées en Espagne en seront retirées aussitôt que les parties intéressées l'auront jugé nécessaire, et en s'en tenant aux réserves contenues dans l'article 16 de la convention du 9 février dernier (1824).

Les malheurs de l'Espagne s'aggravent de jour en jour, malgré la protection armée du cabinet de Paris, la présence des troupes françaises, et les tonnes d'or que le ministère Villèle jette dans les coffres Espagnols. Il est donc à présumer que l'occupation militaire se prolongera long-temps encore, et occasionnera d'énormes dépenses à la France, sans utilité réelle pour l'Espagne. Les événements qui ne tarderont pas à éclater en Portugal, donneront même plus d'intensité aux troubles qui agitent l'intérieur de la monarchie espagnole, en sorte qu'elle offrira un spectacle aussi déchirant que honteux... Déjà on peut appeler l'Espagne un pays d'abomination et de désolation!

4. — Ferdinand Ier, roi des Deux-Siciles, meurt, frappé d'une apoplexie foudroyante; il était né le 12 janvier 1751... Son fils aîné, François, duc de Calabre, lui succède. — Ferdinand était le troisième fils de Charles III; jamais fils ne se montra moins digne de son père; il ne sut que fuir dans les jours de péril, placer sa couronne sous le vasselage de l'Autriche, manquer à ses serments et aux promesses faites à ses peuples; enfin permettre ou ordonner des massacres et

des exécutions qui flétriront à jamais son règne : *mille sept cent quatre-vingt-dix-neuf!* diront avec horreur les Napolitains..... Charles III, père de Ferdinand, avait opéré de si grandes améliorations dans le royaume de Naples, qu'on a dit avec raison de ce monarque : « Il créa la monarchie napolitaine. » Ce roi fut aussi illustre par ses qualités politiques que par sa loyauté vraiment royale; devenu roi des Espagnes, il en porta les couronnes avec une gloire qui rend son nom immortel : il chassa les jésuites de toutes les terres de sa domination; il éleva l'Espagne à un haut degré d'influence politique et de crédit financier... Mais son fils!

15. — Loi qui fixe la liste civile du roi, pour toute la durée de son règne, à la somme de vingt-cinq millions, annuellement; la même loi accorde une somme annuelle de sept millions pour tenir lieu d'apanage aux princes et aux princesses de la famille royale; elle attribue une somme de six millions pour les frais des obsèques du feu roi et ceux du sacre du roi régnant..... — Si l'on joint aux sommes fixées pour la liste civile, celles provenant des domaines de la couronne, on voit qu'elle est dotée d'un revenu de 48 à 50 millions; et, sur ce revenu elle ne paie point la maison militaire du roi, ainsi que cela avait été déterminé par Louis XVI; elle n'acquitte pas non plus (du moins, on le pense) de contributions publiques sur ses domaines. Aucun roi de France n'a jamais joui d'un revenu, personnel et particulier, aussi considérable; la fidélité et l'amour des Français pour leur monarque ne sauraient, comme on voit, être révoqués en doute. — Par l'article 4 de cette loi, les biens restitués à la branche d'Orléans, en exécution des ordonnances royales des 18 et 20 mai, 17

septembre et 7 octobre 1814, et provenant de l'apanage constitué par les édits des années 1661, 1672 et 1692, à *Monsieur*, frère de Louis XIV, pour lui et sa descendance masculine, continueront à être possédés aux mêmes titre et condition, par le chef de la branche d'Orléans, jusqu'à extinction de sa descendance mâle, auquel cas ils feront retour au domaine de l'État..... On voit que les ordonnances royales (18 et 20 mai 1814) qui remettent la maison d'Orléans en possession de ses anciens apanages, sont antérieures à la Charte, qui déclare les propriétés *nationales* inviolables; c'est sans doute d'après le droit attribué par ces ordonnances à M. le duc d'Orléans, que ce prince a attaqué devant les tribunaux M. Jullien, acquéreur national (V. 14 février)... Louis XVIII avait-il le droit, avant l'établissement de la Charte, de détruire par *ordonnances*, les *lois* relatives aux biens nationaux, et de rendre à la maison d'Orléans des biens tombés dans le domaine de l'État?

10. — Publication de l'ordonnance du 15 décembre 1824, qui fait appel de soixante mille hommes sur la classe de 1824... Il sera ultérieurement statué sur les époques de la mise en activité des jeunes soldats de la classe de 1824. — D'après le dénombrement de la population générale, annexé à l'ordonnance, il appert que la population du royaume s'élève à 30,451,191 individus.

Malgré les levées annuelles de la conscription, l'armée est loin d'atteindre le complet fixé pour le pied de paix; l'état militaire de la France est même au-dessous de ce qu'il fut dans les années les plus honteuses du règne de Louis XV. Il faut le dire, ce n'est pas sans inquiétude, et par conséquent sans réclamations et noles diplomatiques, que les puissances étrangères verraient la France se mettre sur un pied militaire conforme à sa dignité et à l'influence politique qui lui appartient. D'après des articles secrets, consentis en 1815, la France se serait, dit-on, obligée à n'avoir qu'un certain nombre de troupes sur pied : nous ne croyons pas à une telle obligation de sa part; mais il n'en est pas moins vrai que le ministère de M. de Clermont-Tonnerre a réduit les forces militaires de la France, c'est-à-dire l'armée, à un degré de faiblesse dont on serait étonné et humilié si une guerre venait à éclater dans ce moment. La France n'avait pas eu encore un ministre aussi inepte, aussi funeste à sa considération politique; on dirait qu'il s'étudie à vicier, à corrompre, à détruire tout ce qu'il y avait de bon, d'utile, d'avantageux dans l'administration militaire... Nos places frontières sont presque toutes dans un mauvais état; leur réparation, leur entretien sont négligés, presque abandonnés, quoiqu'une somme de douze millions soit portée pour cet objet annuellement dans le budget; leur matériel est dans un délabrement complet, et plusieurs de ces places n'ont pas le sixième du matériel nécessaire à leur armement, à leur défense. Il y a, dans cette partie du service de la guerre, une incapacité et un désordre achevés : les magasins, les ateliers, les arsenaux, les dépôts d'artillerie, tout y est dans le dénuement... Nos frontières, principalement celles de la Lorraine, sont ouvertes à l'invasion étrangère; l'on a vu depuis peu des bataillons prussiens insulter notre territoire, enlever en pleine paix des villages français et en enchaîner la population (les villages de Merten, etc...!). Le ministère de M. de Clermont-Tonnerre, neveu du cardinal de ce nom, fera époque!... M. Sébastiani a caractérisé ce ministère de la manière

suivante : « Dans l'infanterie, plus d'ordre, plus de
« régularité dans les avancements; les armes même du
« génie et de l'artillerie sont livrées à tous les caprices
« de la volonté ministérielle, qui se substitue auda-
« cieusement à la volonté de la loi... Depuis les plus
« hauts jusqu'aux derniers emplois, tout est la proie
« de l'arbitraire! Plus d'égards pour les droits acquis,
« plus de respect pour le sang versé; l'officier est, sans
« jugement, rayé du tableau... Inquiète d'un avenir si
« incertain, l'armée est en outre tourmentée par les
« délations et par l'espionnage. Des hommes revêtus
« d'un caractère sacré y exercent une surveillance tur-
« bulente et tracassière ; le soldat, asservi à toutes les
« pratiques religieuses, à des cérémonies augustes sans
« doute, mais trop nombreuses pour ne pas lui deve-
« nir importunes, s'étonne des nouveaux devoirs qu'on
« lui prescrit, et, bon serviteur du prince et de la pa-
« trie, voit avec peine les récompenses qui lui sont
« dues prostituées aux vains dehors d'une fausse piété.
« Aussi les démissions viennent par centaines consta-
« ter cet état de malaise et de méfiance... »

22. — Ordonnance du roi, portant nomination de
la commission chargée de la répartition de l'augmentation de secours accordée aux anciens militaires des armées royales de l'ouest. (V. 3 mars.)

23. — Les provinces de la rivière de la Plata, réunies
en congrès sous la présidence de don Manuel-Antonio
Castro, « renouvellent, par l'organe de leurs députés et
« de la manière la plus solennelle, le pacte par lequel
« elles se sont liées depuis le moment où, secouant le
« joug de la domination espagnole, elles ont proclamé
« leur indépendance; et elles jurent de nouveau de

« faire usage de tous leurs moyens pour maintenir « cette indépendance... Le congrès général se déclare « législatif et constituant, etc... » — Le congrès général constituant des Provinces-Unies a, par son décret de ce jour, délégué de grandes attributions au gouvernement de la province de Buenos-Ayres, « en attendant « qu'il soit établi un pouvoir exécutif fédéral. » Par acte du 27 du même mois, le gouvernement de Buenos-Ayres assure le congrès général constituant qu'il fera tous ses efforts pour répondre dignement à sa confiance.

La décision du congrès général des provinces de la rivière de la Plata enlève d'une manière irrévocable ce vaste continent à la domination espagnole. Tous les efforts que tentera le cabinet de Madrid pour remettre ces provinces sous son sceptre, tourneront à sa confusion, elles ne tarderont pas à être reconnues comme États libres et indépendants par l'Angleterre, les Pays-Bas, les États-Unis; les autres puissances européennes les reconnaîtront successivement; et l'Amérique méridionale sera pour toujours affranchie de l'ignominieuse tyrannie de l'Espagne. Les fausses mesures, les actes arbitraires, exercés sans discernement comme sans discontinuation par le cabinet de Madrid depuis 1814, ont accéléré l'indépendance de ses colonies; en outre, la civilisation se fait jour dans les parties les plus reculées de ces magnifiques contrées; il est donc à peu près certain que les principes de liberté et d'égalité constitutionnelles y triompheront de toutes les manœuvres que le pouvoir absolu et l'ignorance monacale ne cessent de pratiquer afin de les remettre sous leur joug.

25. — Le général Lafayette reçoit communication de la résolution de la chambre du sénat des États-Unis (24 décembre 1824), relative à la récompense na-

tionale qui lui est offerte. Cette résolution porte : « Il
« est ordonné, 1° que la somme de 200,000 dol-
« lars (un million cinquante mille francs, à 5 francs
« 25 centimes le dollar) est accordée au major-général
« de Lafayette, en compensation des services impor-
« tants qu'il a rendus, et des dépenses qu'il a faites
« pendant la révolution américaine, et que, pour cet
« objet, il sera créé un fonds à 6 pour cent ; 2° qu'il
« sera donné audit major-général de Lafayette un
« *township* (district de commune) complet et entier,
« pris sur les terres encore non vendues, et que le pré-
« sident des États-Unis expédiera au général la patente
« pour ces terres. »

La réception solennelle décernée au général Lafayette par le congrès des États-Unis (10 décembre 1824), et les honneurs rendus à ce citoyen par une nation de douze millions d'individus, dont il a été déclaré *l'hôte*, sont des événements sans exemple dans les histoires anciennes et modernes : ici, le despotisme et l'orgueil de Louis XVI et de Napoléon n'ont rien à comparer aux hommages que le Nouveau-Monde rend à un simple particulier, pendant tout le temps de son séjour sur la terre américaine.... Le vétéran, le héros de la liberté constitutionnelle méritait sans doute cette apothéose nationale ; mais la conduite du gouvernement et du peuple des États-Unis prouve, d'une manière légale, solennelle, véritablement auguste, à quel point les principes de liberté et d'égalité constitutionnelles anoblissent l'esprit public d'une nation, élèvent ses sentiments, et sanctifient, si l'on peut parler de la sorte, la reconnaissance dont un peuple véritablement libre sous l'empire de lois fortes et sages, est animé pour les défenseurs de son indépendance et de ses droits (V. 8 septembre).... La récompense nationale, décrétée à l'unanimité par la chambre du sénat des États-Unis est donc aussi honorable pour la nation qui la donne que pour le patriote qui la reçoit! Il y a loin, dans l'estime publique, de la gloire nationale décernée au nom de Lafayette, à cette récompense nationale proposée par les ministres de France en faveur du duc de Richelieu pour avoir signé le désastreux et si humiliant traité de Paris (novembre 1815); signature de traité devant laquelle recula M. le prince de Talleyrand! Le décret des États-Unis atteste, d'une manière éclatante, que les républiques ne sont pas ingrates ; elles savent même imprimer un grand caractère de majesté aux honneurs qu'elles accordent : de semblables honneurs donnent l'immortalité, et traversent les siècles au milieu des bénédictions des peuples.... L'aristocratie, les monarchies absolues ne récompensent pas ainsi : ces gouvernements sont de leur nature soupçonneux, jaloux, tyranniques, vains, et par conséquent ingrats et peu susceptibles de hautes inspirations patriotiques.

26. — En vertu de deux ordonnances de ce jour :
« Tous les militaires au service des colonies seront
« fournis par le département de la guerre; le complé-
« ment des dépenses du service militaire des colonies
« sera porté au budget de la marine, à dater de 1826;
« le chapitre concernant le service colonial sera sup-
« primé du budget de la marine. »

Les colonies sont régies par des lois et des réglements particuliers, d'après l'article 73 de la Charte; le gouvernement a le droit de prendre à leur égard, et sans la participation des chambres législatives, les mesures financières et militaires qu'il juge convenables : nous n'examinerons point si les mesures prescrites par les ordonnances ci-dessus sont conformes aux véritables intérêts coloniaux ; nous nous bornerons à observer que le ministre de la marine et des colonies (Chabrol-Crousol), est l'un des administrateurs les plus incapables que l'empire ait légués à la restauration : ce ministre fera rendre, le 17 août suivant, une ordonnance par laquelle, à dater de 1826, il sera fait aux colonies de la Guiane française et du Sénégal, et aux établissements français de l'Inde, entier abandon de leurs revenus locaux pour être appliqués à l'acquittement des dépenses de leur service intérieur ; et en conséquence, les établissements publics de toute nature et les propriétés domaniales existant dans ces diverses colonies leur seront remis *en toute propriété*, etc. — Le gouvernement a-t-il le droit de disposer de ces établissements et de ces propriétés sans l'autorisation d'une loi ? nous ne le croyons pas : mais le ministre Chabrol le décide ; il a fait son apprentissage administratif sous Napoléon, dont la volonté ou les caprices despotiques faisaient la loi.

30. — Une ordonnance porte : « Les cadres d'activité
« de la garde nationale seront réduits, par légion, à
« deux bataillons, chacun de cinq compagnies.... Le
« service habituel de la garde nationale de Paris sera ré-
« duit, à dater du 1ᵉʳ mars prochain, aux trois postes du
« château des Tuileries, de l'Hôtel de ville et de l'état-
« major général.... Elle pourra être requise, comme
« par le passé, pour les *cérémonies publiques....* » —
Cette ordonnance laisse pressentir la suppression de la garde nationale parisienne. Réduire une force civique aussi utile à la tranquillité publique, et ne lui laisser qu'un vain simulacre de service militaire, c'est annoncer clairement qu'on ne tardera pas à s'en débarrasser : il y a ici infraction de loi et violation des premiers in-

térêts de la cité, opérées par l'autorité ministérielle, et opérées d'une manière aussi impolitique qu'outrageante pour la grande masse des citoyens. La réduction des cadres d'activité et des postes de service, ci-dessus spécifiée, va directement contre l'institution même de cette force armée créée pour le maintien de l'ordre et de la paix publique dans la cité ; mais les ministres sont décidés à commettre tous les actes arbitraires qu'ils pourront tenter impunément ; ils diminuent peu à peu la force et les attributions de la garde nationale, afin d'arriver à sa suppression aussitôt que les circonstances leur paraîtront favorables pour l'exécuter....... Cette suppression sera l'un des grands attentats du ministère Villèle.

30. — Simon Bolivar, libérateur, président de la république de Colombie, chargé du pouvoir dictatorial de celle du Pérou, etc., « décrète des récompenses et des distinctions nationales à l'armée libératrice qui a donné la liberté au Pérou par sa victoire d'Ayacucho. — La bataille d'Ayacucho, livrée le 9 décembre 1824, a décidé l'indépendance du Pérou, et affranchi ce royaume de la tyrannie espagnole ; l'armée royale, forte de dix mille hommes, a perdu, en tués et blessés, environ deux mille huit cents hommes ; l'armée républicaine, forte de près six mille hommes, en a perdu environ six cents, en tués et blessés..... Le même jour, 9 décembre, l'armée royale a capitulé ; toutes les provinces qu'elle occupait dans le Pérou, les places fortes, l'artillerie, les magasins, ont été, ou doivent être remis, dans les délais convenus par les articles de la capitulation, entre les mains du gouvernement républicain dont le siége est à Lima. » — Le 22 décembre, le général Bolivar, nommé successivement dictateur et libérateur

de la république Péruvienne, a publié une proclamation par laquelle il fixe, au 10 février 1825 (V. cette date), l'ouverture du congrès du Pérou, et annonce « l'inten-
« tion d'abdiquer la dictature et de retourner au sein
« de l'assemblée législative de Colombie qui lui a
« donné sa confiance, et l'a chargé de la noble mission
« de délivrer le Pérou de la domination espagnole. »
Honneur, dans la suite des siècles, honneur immortel à Bolivar, s'il demeure fidèle à son caractère et à sa gloire, s'il rejette loin de lui le despotisme et la vanité qui abimèrent les succès de Napoléon, s'il respecte et consolide la liberté constitutionnelle des peuples qu'il a si puissamment aidés à secouer le joug[*]!

2 FÉVRIER. — Traité d'amitié, de navigation et de commerce entre la Grande-Bretagne et la république des Provinces-Unies de la Plata. — Tandis que le ministère Villèle met tous ses soins à détruire en France la Charte constitutionnelle donnée par Louis XVIII, et à établir sur ses ruines la congrégation des jésuites, le cabinet de Saint-James contracte des alliances avec les républiques de l'Amérique méridionale, et ouvre de nouveaux débouchés au commerce et à l'industrie des sujets

[*] La France a eu la gloire de contribuer puissamment à l'indépendance du Nouveau-Monde; si elle a donné le général Lafayette aux Américains du nord, elle a donné en quelque sorte le général Bolivar aux Américains du midi..... Bolivar a été élevé au collége de Sorèze; l'Espagnol puisa dans cette école, si justement célèbre, les principes de morale, de philanthropie et d'héroisme qui l'ont signalé au respect et à l'admiration des peuples. Noble enfant de Sorèze, sois favorable aux intérêts de la France; n'oublie pas que tu as sucé dans son sein le lait de l'éducation, et que ton instruction fut un de ses bienfaits!.....

Plusieurs Espagnols de mérite, compagnons d'armes de Bo-

du gouvernement britannique..... Le traité conclu à Buenos-Ayres établit la liberté de commerce entre les deux États. — « Les habitants des Provinces-Unies jouiront, dans tous les territoires de S. M. britannique, en Europe et dans toutes les autres parties du monde, de la liberté de commerce dans toute l'étendue où elle est ou sera permise à toute autre nation. — Les produits du territoire et des manufactures de l'une des deux parties contractantes paieront les mêmes droits d'importation dans les ports de l'autre, soit que l'importation ait lieu sur des navires de la Grande-Bretagne, ou sur des navires des Provinces-Unies ; et les mêmes primes, etc., seront payées à ceux qui exporteront les produits du territoire ou des manufactures de l'un ou de l'autre pays, soit que l'exportation ait lieu sur des navires britanniques ou sur des navires des Provinces-Unies. — Ni les produits du territoire, ni ceux des manufactures de l'une des deux parties contractantes, ne seront sujets, dans les pays sous la domination de l'autre, à des droits plus forts que ceux que paient les mêmes produits quand ils sont importés des pays étrangers, etc. » — Le traité établit liberté de conscience entière et illimitée, et libre exercice du culte..... *liberté civile, religieuse, commerciale !* Voilà les principes proclamés par M. Canning, par

---

livar, ont été également élevés à Sorèze : on voit que l'éducation confiée aux ecclésiastiques ne donne pas les résultats que lui attribuent les absolutistes et les ultramontains !..... Les succès et la gloire de Bolivar expliquent peut-être les injustices, les persécutions, les spoliations que M. Laurentie et M. l'abbé Fayet ont fait subir à don Ferlus et au collège de Sorèze..... Le général O'relly, le général La Romana, le banquier Aguado, le célèbre Ugarte (de la Havane), M. Azaïs, et une foule d'hommes distingués dans les sciences et les lettres, sont sortis de l'école de Sorèze.

M. Huskisson ; en les professant, le gouvernement anglais s'empare du commerce de l'Amérique méridionale.....

9. — John-Quincy Adams est, au premier tour de scrutin, élu président des États-Unis, pour quatre années, à dater du 4 mars 1825 ; il accepte cette éminente et si honorable fonction. — Les hommes élevés à la présidence du gouvernement des États-Unis, depuis l'heureuse et à jamais mémorable révolution américaine, ont tous été des hommes d'État distingués par un patriotisme, un désintéressement, une sagesse et des talents qu'on chercherait vainement dans les chefs ministériels des vieux gouvernements de l'Europe. L'élection du suprême magistrat de la république n'a, dans aucun temps, donné lieu au plus petit désordre ; et, chose presque incroyable, aucune réclamation ne s'est jamais élevée contre les individus que l'estime et la reconnaissance nationales ont choisis pour gouverner l'État. L'excellence des principes et des réglements qui régissent la république des États-Unis ne peut plus être contestée, et le prodigieux accroissement de la prospérité de cette heureuse nation ne saurait être méconnu par tout homme de bonne foi. .

Les finances des États-Unis offrent, annuellement, une progression constante de recettes et de diminution de dépenses ; la dette publique décroît dans les mêmes proportions, et le gouvernement de ce fortuné pays marche d'amélioration en amélioration. Liberté constitutionnelle ! ton trône est à Philadelphie..... Quel pays que celui dont le magistrat suprême, avant de remettre à son successeur les rênes du gouvernement, a demandé au congrès *qu'il fût fait une enquête sur son administration !* Y a-t-il en Europe un seul pre-

mier ministre qui osât suivre l'exemple donné par le vénérable M. Monroe, prédécesseur de M. Quincy Adams? M. de Villèle lui-même n'aurait pas un tel courage..... M. Adams, le jour de son inauguration (4 mars), prononce un discours dans lequel sont retracés tous les bienfaits de la constitution à laquelle il va prêter serment ; après avoir fait un tableau fidèle de l'heureuse situation où se trouvent les États-Unis, il dit : « Aujourd'hui, nous sommes tous d'accord en
« matière politique. Nous pensons, nous, que la vo-
« lonté du peuple est la source, et son bonheur la fin
« de tous les gouvernements légitimes de la terre; que
« la meilleure garantie contre l'abus du pouvoir se
« trouve dans la liberté, la pureté, et les fréquentes
« élections populaires; que le gouvernement général
« de l'Union et les gouvernements séparés des États
« sont tous des souverainetés limitées, libres dans leurs
« sphères respectives, et inattaquables par des usurpa-
« tions; que la plus sûre garantie de la paix est de
« préparer pendant cette même paix les moyens de
« défense en cas de guerre; qu'une économie rigou-
« reuse et la publicité des dépenses publiques doivent
« empêcher d'augmenter les charges, et doivent même
« contribuer à les diminuer; que la force armée doit
« être soumise au pouvoir civil; que la liberté de la
« presse et des opinions religieuses doit être inviolable;
« que la politique de notre patrie est l'arche de notre
« sainte Union : tels sont les articles de foi sur lesquels
« nous sommes tous d'accord. S'il a existé des projets
« qui tendaient à former des confédérations particu-
« lières sur les ruines de l'Union, ils ont disparu; s'il
« y a eu des attachements dangereux pour une nation
« et des antipathies contre une autre, ils sont éteints :
« dix ans de paix intérieure et extérieure ont calmé les

« animosités politiques, et confondu dans le même es-
« prit les éléments les plus discordants. » Que dirait
Montesquieu en voyant la raison et la sagesse politiques s'exprimer avec une si haute élévation, dans cette Amérique nouvellement organisée en républiques fédérées? Le grand publiciste du dix-huitième siècle déchirerait aujourd'hui certain chapitre de l'*Esprit des Lois*, et leur préfèrerait lui-même ces sublimes chapitres de la *Grandeur des Romains*, etc., où il a fait aussi l'*esprit des lois* !

Comment résister au plaisir de mettre sous les yeux de nos lecteurs l'éclatant hommage que M. Adams rend à la constitution américaine ? « Depuis l'adoption de notre pacte social, une génération a disparu : il est l'œuvre de nos ancêtres. Mis à exécution par quelques-uns des personnages les plus marquants qui aient contribué à sa création, au milieu d'une période remplie des plus grands événements, au milieu des vicissitudes de la paix et de la guerre, incidentes à l'état de l'homme en société, il n'a pas trompé les espérances de ces illustres bienfaiteurs de leur siècle et de leur nation ; il a favorisé la prospérité de ce pays qui nous est si cher; il a assuré au peuple un bonheur et une liberté qui surpassent de beaucoup le partage ordinaire des hommes. Nous le recevons maintenant comme un héritage précieux de ceux auxquels nous devons son établissement, et nous sommes doublement engagés, par les exemples qu'ils nous ont laissés, à le transmettre intact à la génération qui s'élève. » — « Depuis trente-six ans que ce grand pacte national est établi, une population de quatre millions d'individus s'est élevée à douze; un territoire borné par le Mississipi s'est étendu d'une mer à à l'autre; l'Union s'est augmentée de nouveaux États presque aussi nombreux que ceux qui composaient la première fédération : on a conclu des traités de paix, d'amitié et de commerce avec les principales puissances de la terre; les peuples habitants des territoires acquis, non par des conquêtes, mais par des traités, ont partagé nos droits, nos devoirs, nos fardeaux et nos avantages ; les forêts ont succombé sous les coups de la hache; les hommes de la campagne ont fertilisé le sol ; notre commerce a couvert toutes les mers ; nos artistes ont étendu le pouvoir de l'homme sur la nature physique ; la liberté et la loi ont fait les mêmes progrès ; enfin, nous avons rempli le but de la société humaine aussi efficacement qu'il l'a été sous tout autre gouvernement de la terre; et pendant une génération entière il n'a pas coûté beaucoup plus que la dépense des autres nations en une seule année. » — « Tel est le tableau non exagéré de notre position sous un gouvernement fondé sur le principe républicain de l'égalité des droits. Dire que ce tableau a des ombres, c'est reconnaître seulement la condition de l'homme sur la terre : nous ne prétendons pas être exempts de maux physiques, moraux et politiques; nous avons souffert, tantôt par des fléaux naturels, tantôt par les maladies, souvent par l'injustice des autres nations, et enfin par des dissensions intérieures. Ces dissensions étaient peut-être inséparables de la jouissance de la liberté : plus d'une fois elles ont paru menacer l'existence de l'Union, et par conséquent toutes nos espérances ; elles avaient pour cause des spéculations différentes sur la théorie des gouvernements républicains et sur notre politique avec les nations étrangères, et des jalousies d'intérêts aggravées par les préjugés que nourrissent souvent des hommes étrangers les uns aux autres. Mais enfin l'expérience a été couronnée du plus grand succès; le gouvernement sous lequel nous vivons a fait régner la concorde, la justice, la tranquillité ; il a favorisé la prospérité générale et les bienfaits de la liberté... »

Et pourtant il n'y a dans les États-Unis ni ministre de la police, ni gendarmes, ni les *sept hommes par département* (de M. de Châteaubriand), ni jésuites!

En rapportant une grande partie du discours de M. Adams, nous avons l'intention d'offrir aux absolutistes et aux contre-révolutionnaires de tous les pays une leçon salutaire. Ce discours fournit aux vieux États européens matière à de graves réflexions, si toutefois le gouvernement des États-Unis vaut le *gouvernement-modèle* d'Espagne, tant célébré par M. de Châteaubriand...

On ne trouve nulle part en Europe une prospérité et une sagesse nationales comparables à celles des États-Unis : cette considération justifie les détails dans lesquels nous sommes entrés.

9. — Le ministre de la guerre fait un *rapport au roi* sur le résultat des travaux de la commission chargée d'apprécier les causes et l'urgence des crédits supplémentaires accordés pour l'exercice de 1823 ; le ministre dit : « Les faits graves qui y sont développés tombent
« à la charge de plusieurs des premiers fonction-
« naires de l'administration militaire, et semblent au-
« toriser des soupçons de corruption de la part d'in-
« dividus de l'ordre civil. — Justice doit être faite
« envers tous..... »

Le rapport du ministre est « renvoyé au garde-des-sceaux, ministre secrétaire d'État au département de la justice, pour faire exécuter les lois du royaume. »

S'il fallait en croire les bruits publics, la guerre d'Espagne aurait donné lieu à des concussions et à des déprédations commises avec une telle impudeur, que

jamais, en aucun temps, un aussi grand scandale n'aurait été donné à la France. De hauts fonctionnaires de l'ordre militaire sont soupçonnés (soupçons bien injustes, nous en sommes persuadés), d'avoir exigé et touché des sommes énormes pour légitimer les marchés conclus avec le munitionnaire général de l'armée d'Espagne, Ouvrard : on les cite, on les nomme hautement ; on répète dans les salons de Paris ce propos attribué à une dame de haut rang : « Mais, ma chère amie, c'est
« charmant qu'une guerre d'Espagne, c'est délicieux ;
« figure-toi que mon mari m'envoie tous les mois cent
« mille écus d'économies sur ses appointements. » On ajoute dans les salons que de hauts fonctionnaires, employés dans cette campagne, ont acheté depuis trois mois des propriétés considérables, et les ont payées comptant, quoiqu'ils eussent peu de mois auparavant sollicité du gouvernement des gratifications nécessaires (disaient-ils) pour acheter leurs équipements de guerre : ces fonctionnaires auraient même renouvelé leurs sollicitations à cet égard, tant (répétaient-ils) l'état de dénuement où ils se trouvaient les mettait dans l'impuissance d'entrer en campagne... Tous ces bruits, ces propos, ces *on dit*, ont été évidemment dictés par la malveillance, et répandus par la calomnie : aucun des premiers fonctionnaires militaires n'aura été accessible à la corruption, et l'on verra plus tard que tous ont fait preuve de loyauté aussi bien que de bravoure ; leur probité et leur délicatesse seront attestées par les décisions et jugements relatifs aux marchés Ouvrard : pleine et entière justification sera publiée en faveur des généraux Guilleminot, Bordesoulle, etc., etc., etc., etc. ; leur réputation de chevaliers français brillera de la gloire la plus pure ; enfin, leur loyauté si connue triomphera de la calomnie ; déjà ils ont obtenu la récompense

de leur noble conduite, le roi Louis XVIII les a nommés membres de la chambre des pairs!

10. — Ouverture de la session du congrès du Pérou. — Le congrès décrète, en réponse au message adressé par Simon Bolivar, libérateur, que l'armée libératrice recevra une gratification de deux millions, et que tous les soldats de cette armée jouiront des droits de citoyen péruvien ; le général Sucre est décoré du titre de grand maréchal d'Ayacucho : une médaille sera frappée en l'honneur de Bolivar, une statue équestre du libérateur sera élevée dans la capitale, etc. ; le congrès confère de nouveau à ce grand citoyen l'autorité dictatoriale dont il avait été précédemment investi, et lui attribue le droit de disposer de toutes les forces et de toutes les ressources de la république.

13. — L'empereur Alexandre rend un décret par lequel il interdit la publicité des débats, dans la diète de Pologne. — L'autocrate : « ..... Considérant que cette
« publicité, donnant à l'orateur l'occasion d'acquérir
« une popularité éphémère, plutôt que de s'occuper
« constamment du bien public, avait fait dégénérer
« ces discussions en vaines déclamations propres à trou-
« bler cette union si désirée, etc., » abolit la publicité des discussions de la diète, et décrète, comme article *intégrant et inséparable de la Charte constitutionnelle par lui octroyée aux Polonais*, que, « hors des séances
« d'ouverture et de clôture de la diète, ainsi que de
« celles où la sanction royale des projets de loi serait
« promulguée, les chambres se formeraient toujours
« en comité particulier. » Ainsi, voilà la liberté de la tribune étouffée en Pologne comme la liberté de la presse. Le despotisme russe pèsera de toute l'influence

prétendue constitutionnelle sur les Polonais ; ils paieront de leur esclavage politique et civil l'honneur d'être admis au rang des sujets ou serfs russes.

14. — Ordonnance du roi, en vertu de laquelle les actions des canaux d'Orléans et de Loing, qui ont fait ou qui feront retour, et qui ont été ou seront en conséquence rendues à LL. AA. RR. le duc et mademoiselle d'Orléans, en exécution de l'article 10 de la loi du 5 décembre 1814, seront remplacées par des actions négociables sur la déclaration du propriétaire, etc. — La maison d'Orléans recouvre toutes les parties de ses apanages, ou de ses propriétés particulières qui n'ont pas été vendues nationalement, ou qui sont tombées dans le domaine de l'État. Les dettes immenses contractées par le feu duc d'Orléans (Philippe *Égalité*, guillotiné le 6 novembre 1793) ont été acquittées en partie par la nation : les dettes non liquidées par la république, et dont la maison d'Orléans se trouve passible à l'époque de la restauration, deviennent l'objet de négociations et de transactions particulières entre les créanciers et le débiteur qui cherche à les éteindre d'une manière avantageuse pour lui.... Selon les assertions données par ordre de S. A. R., « après l'épuisement des ordres ouverts entre les créanciers de la succession du feu prince son père (Philippe *Égalité*, guillotiné le 6 novembre 1793), la contribution n'a pas produit pour chacun plus de cinq pour cent du capital. » — S. A. R. aura pour sa part d'indemnité (V. 17 avril 1825) une somme de 35 à 40 millions. — D'après les excellentes dispositions de S. A. R., la maison d'Orléans possèdera, en peu d'années, une fortune plus considérable que celle dont elle disposait en 1789, fortune qui à cette époque surpassait cependant les revenus des plus

riches princes souverains de l'Allemagne, et même le revenu des rois de Naples, de Portugal, de Suède.... S. A. R. le duc d'Orléans a adopté et mis en pratique un bon système bourgeois dans l'exploitation de ses domaines, dans l'administration de ses finances, et dans toutes ses affaires domestiques : sa représentation comme prince, est au meilleur marché possible ; et nous en faisons la remarque avec plaisir, parce que l'économie est une grande vertu dans les princes..... Le Palais-Royal, transformé en bazar par le feu duc, donne aujourd'hui une grande augmentation de revenu par les nouvelles boutiques que son auguste propriétaire y établit jusque sous les croisées de ses appartements. S. A. R. fait, chaque année, de grandes acquisitions territoriales et des échanges non moins lucratifs avec le domaine. elle donne peu et reçoit beaucoup, en dernière analyse, quelles que soient les estimations réciproques des biens échangés : la maison d'Orléans poursuit la rentrée de toutes ses anciennes propriétés, à titre onéreux ou à titre gratuit, dont la vente nationale peut présenter quelques clauses ou motifs de nullité. Ce prince a attaqué, devant les tribunaux, M. Jullien, propriétaire de la salle de la Comédie-Française ; il en revendiquait le terrain, comme faisant partie de son *apanage* : mais l'inviolabilité des ventes nationales si formellement garantie par la Charte, et la magnanime loyauté du monarque qui veut l'exécution de la loi fondamentale ont décidé le duc d'Orléans à acheter le terrain et l'édifice dont il contestait la propriété à M. Jullien ; il a été obligé de les payer au prix que cet acquéreur national a lui-même fixé et exigé. Ce procès a pu faire perdre à S. A. R. une grande partie de la popularité que lui avaient acquise ses principes en faveur de la liberté et ses services dans l'armée républicaine en 1792 et 179 jusqu'au moment de la trahison de Dumouriez... M. le duc d'Orléans avait combattu, sous les drapeaux de la république, pour défendre les *propriétés nationales;* il était remarquable de voir ce même prince tenter d'attaquer ces mêmes propriétés ! — Feu madame la duchesse d'Orléans, douairière, avait également attaqué la banque de France, et revendiqué l'hôtel de Penthièvre : mais la banque de France fut maintenue dans son droit de propriété, et la duchesse évincée de sa poursuite en *restitution*. Au reste, cette auguste princesse avait retrouvé, à la restauration, une très-grande fortune; sa succession s'est élevée, dit-on, au-dessus de quarante millions : ses dettes étaient un objet de sept à huit millions.

Cuique suum; chacun son droit : voilà la loi des lois ! les particuliers ont raison d'exercer leur droit, et les réclamations qu'ils élèvent contre les princes sont ordinairement fondées ; mais quelle que soit la loyauté des princes, leurs conseillers ou gens d'affaires égarent souvent leur religion.... M. Méot *, dont la réputation dans l'art culinaire est européenne, et a été chantée par l'abbé Delille; M. Méot avait acquis par ses talents, son activité et sa probité, une fortune considérable. Acquéreur national du bel hôtel dépendant ci-devant

* La conduite de M. Méot, pendant le cours de la révolution, a été des plus honorables ; il vint au secours de plusieurs personnages considérables, et jamais créancier ne fut plus généreux à leur égard : nous pourrions citer divers proscrits qui durent à cet estimable citoyen leur sûreté et peut-être leur vie ; il poussa le désintéressement au point de ne vouloir pas demander à la république la liquidation de ses créances sur divers particuliers (et ce, pour plus de 80 mille francs), afin qu'ils ne fussent pas inscrits sur les listes d'émigrés où leurs noms avaient été oubliés. Dans toutes les conjonctures, M. Méot a montré un noble caractère.

de la chancellerie d'Orléans, il est attaqué dans son droit de propriété, comme n'ayant pas rempli les conditions exigées par les décrets de la convention nationale, etc., pour le paiement définitif des biens nationaux : mais il prouve, au moyen de son *quitus*, qu'il a satisfait aux lois, et que l'ancien propriétaire n'a rien à prétendre; mécontent des exigences que les agents de la maison d'Orléans ont apportées dans leurs réclamations et poursuites, il refuse de suivre l'exemple de M. Jullien, ne veut pas vendre son hôtel, et déclare même (dit-on) aux agents du prince, qu'il prendra les mesures nécessaires pour empêcher, après sa mort, que sa propiété soit vendue. — Mademoiselle *Duthé* (son nom de famille est *Gérard;* son père était sous-commandant de place à Phalsbourg), qui fit un certain bruit avant la révolution, avait placé 800,000 francs en bons et beaux écus chez M. le duc d'Orléans (Philippe *Égalité*, guillotiné le 6 novembre 1793), qui lui avait constitué une rente de 40,000 livres ; elle émigra, quoique n'ayant rien à démêler avec la révolution. A son retour de l'exil, la demoiselle *Duthé* réclama le paiement de ce qui lui était dû ; sa créance n'avait pas été liquidée : mais elle eut beau invoquer ses droits, et des droits sacrés, on se refusait à toutes ses réclamations. Tant pis pour elle, disaient les gens d'affaires de la maison d'Orléans, si elle ne s'est pas fait liquider par la république! La demoiselle *Duthé* s'estima heureuse de transiger, moyennant neuf mille francs de rente. Au moment de passer contrat, mademoiselle *Duthé* fut encore amenée à se contenter de six mille francs de rente, au lieu de neuf qui avaient été précédemment convenus.

16. — Ordonnance du roi portant nomination de la

commission chargée de procéder, pour les comptes de 1824, aux vérifications prescrites par l'ordonnance du 10 décembre 1823..... Cette commission ne sera pas plus exigeante que toutes celles nommées jusqu'à ce jour; il est commode, pour le ministre des finances, de désigner les membres qui doivent vérifier ses comptes!... Les Anglais jouissent depuis long-temps des bienfaits du régime représentatif-constitutionnel; ils en connaissent bien les rouages et la marche; ils font des *enquêtes;* ils regardent, avec grande raison, les commissions comme des mesures dilatoires qui produisent rarement de bons résultats : en effet, dans un gouvernement constitutionnel, le système de commissions, nommées par le ministère, ne tend qu'à endormir la vigilance et à suspendre l'action des chambres législatives ; ce sont des moyens employés par les ministres, afin d'ajourner à volonté l'effet des promesses qu'ils sont contraints de faire à l'opinion publique, afin de tromper cette opinion aussi long-temps qu'ils le pourront sans danger. En général, les commissions ministérielles sont de pures formalités, et ne servent qu'à consacrer l'arbitraire; il serait difficile d'en citer une seule dont les décisions aient produit quelque utilité pour la nation : pourrait-il en être autrement lorsqu'il ne s'agit pas, pour ces commissions, de scruter la légalité ou la bonté des actes ministériels, mais de les approuver ? En dernière analyse, les ministres se louent, et, qui pis est, se jugent eux-mêmes.

27. — Le gouvernement de Colombie publie, dans la *Gazette officielle de Bogota,* et par l'organe du secrétaire d'État, une pièce de haute importance; elle est intitulée : « *Objets de délibération pour les puissances belligérantes exclusivement.* 1° De former ou

de renouveler, de la manière la plus solennelle, la ligue perpétuelle entre tous les nouveaux États de l'Amérique contre l'Espagne; 2° de publier un manifeste sur la justice de leur cause et sur le système de politique envers les autres puissances de la chrétienté; 3° de conclure une convention de navigation et de commerce entre elles toutes, comme alliées et confédérées; 4° de décider, à l'égard des îles de Cuba et de Puerto-Rico, si elles se coaliseront toutes pour les délivrer du joug de l'Espagne; et, dans ce cas, quel contingent d'hommes et d'argent chacune d'elles fournira; 5° de prendre des mesures pour porter de concert la guerre dans les mers et sur les côtes d'Espagne; 6° de déterminer si ces mesures seront étendues aux Canaries et aux îles Philippines. » — « *Objets de délibération communs aux puissances belligérantes et aux neutres.* 1° De prendre en considération les moyens de rendre efficace la déclaration du président des États-Unis, concernant tout projet futur de colonisation sur le continent d'Amérique, et ceux de résister à toute tentative d'intervention dans les affaires domestiques des nouveaux États; 2° de fixer de concert les principes contestés du droit des gens, principalement ceux qui s'appliquent entre les puissances belligérantes et les neutres; 3° de convenir sur quel pied devront être placées les relations politiques et commerciales des pays de cet hémisphère qui sont maintenant comme Haïti, ou qui seraient par la suite séparés de leur métropole, sans être reconnus par aucune puissance européenne ou américaine. »

Des dispositions politiques si explicitement déduites annoncent au monde que l'Amérique est pour toujours affranchie de la tyrannie du cabinet de Madrid; elles devraient ouvrir les yeux à tous les gouvernements européens, et leur faire sentir la nécessité de former des liaisons commerciales avec les nouvelles républiques! L'Angleterre et les Pays-Bas s'empresseront d'adopter une politique conforme aux intérêts des deux nations; mais la France persévèrera dans l'absurde et ridicule système de conduite qu'elle a adopté; le commerce français subira des pertes énormes; mais comment espérer qu'un ministre de la marine, aussi incapable que M. Chabrol, et un président du conseil des ministres aussi borné et aussi malfaisant dans toutes les vues de haute politique et d'intérêt national que l'est M. de Villèle, se résoudront à entrer, avec les républiques de l'Amérique méridionale, dans des négociations conformes aux premiers besoins de l'industrie et du commerce français? Des ministres de cette trempe ne savent faire que du petit despotisme et des intrigues de cabinet ou de chambres législatives.

3 mars. — Publication de l'ordonnance du roi en date du 29 décembre 1824, qui prescrit les proportions dans lesquelles doit être réparti le crédit des 500,000 fr. destiné à donner des secours viagers aux militaires, veuves et orphelins des militaires des armées royales de l'ouest (V. 12 janvier). Le crédit primitivement déterminé pour cet objet ne s'élevait qu'à 250,000 fr.; la loi de finances du 4 août 1824 avait porté ce crédit, pour l'exercice de 1825, à la somme de 300,000 fr.; la présente ordonnance l'élève à 500,000 fr. (V. 1ᵉʳ août 1827). — Si des circonstances impossibles à surmonter n'ont pas permis à *Monsieur*, comte d'Artois, de paraître dans la Vendée, on voit du moins avec quelle royale reconnaissance S. M. Charles X s'empresse de venir au secours des militaires, veuves et orphelins des armées royales de l'ouest : le prince n'a pu se mettre

à la tête des Vendéens, mais il les a toujours portés dans son cœur.

14. — Le prince de Metternich, premier ministre de l'empereur d'Autriche, arrive à Paris. S'il fallait en croire les bruits publics, le voyage de ce ministre aurait eu pour objet d'obtenir du ministère français que de nouvelles entraves fussent mises à la liberté de la presse, que les libertés constitutionnelles fussent de plus en plus restreintes... M. de Metternich quitte Paris le 21 pour se rendre à Milan, où doit se trouver l'empereur son maître... « S. M. I. et R. a invité le roi de Naples, François Ier, à se rendre à Milan pour conférer avec elle; invitation que ce prince a acceptée avec empressement. » (Journal des Deux-Siciles.) — Cette entrevue des deux souverains n'apportera aucun changement dans les mesures oppressives du cabinet de Vienne; le royaume de Naples restera placé sous la haute surveillance de la police autrichienne, et l'occupation de cette monarchie par l'armée autrichienne rendra plus pesant encore le joug de fer et de plomb sous lequel le cabinet de Vienne retient la malheureuse Italie.

16. — Le *Moniteur* annonce : « S. M. la reine d'Es-
« pagne vient d'accorder le grand cordon de l'ordre
« royal de Marie-Louise à madame la princesse de Tal-
« leyrand-Périgord, comme un souvenir des égards
« qu'elle a eus pour adoucir la position de S. M. le roi
« Ferdinand, pendant son séjour au château de Valen-
« çay. » — Les amis de la légitimité voient avec satisfaction l'éminente distinction décernée à l'épouse de M. de Talleyrand-Périgord; elle rejaillit sur l'ex-prélat, sur l'ex-ministre-diplomate, qui s'est montré dans les diverses époques de sa vie publique si dégagé de toute

espèce de préjugés : ce grand seigneur de l'ancien et du nouveau régime a donné sa main à une femme de la classe commune; madame de Talleyrand est, dit-on, la fille d'un matelot ou d'un marin très-subalterne de Chandernagor. Nous ignorons si elle sort effectivement de la classe du peuple; mais, en supposant la condition de sa famille aussi obscure que l'affirment des personnes se prétendant bien instruites, les qualités et les vertus de cette dame n'en sont que plus remarquables : elle en a reçu la plus flatteuse des récompenses dans l'union matrimoniale contractée avec le prêtre ex-évêque d'Autun, prince de Bénévent, aujourd'hui prince de Talleyrand et duc de Dino... L'empereur Napoléon ne voulut jamais permettre que madame la princesse de Bénévent fût présentée et parût à la cour : quelle tyrannie! quelle ingratitude impériale et royale envers un homme qui avait rendu de si importants services à la révolution, à la république et à l'empire! — Après la restauration de la maison de Bourbon, M. de Talleyrand ne jugea point à propos que la princesse habitât plus long-temps l'hôtel conjugal; soit que la discorde se fût glissée dans l'illustre ménage, soit que les conjoints eussent trouvé plus convenable sous certains rapports de mettre fin à la cohabitation, ils se séparèrent de fait et à l'amiable. Le prince avait assigné à son épouse la jouissance d'une terre considérable près d'Avesnes (département du Nord); mais, peu jaloux de lire dans le *Moniteur* les actes de haute représentation que *S. A. la princesse de Talleyrand* faisait dans sa paroisse avec une générosité et un éclat qui leur donnaient tant de publicité, le prince transigea pour retirer la jouissance de la terre, et une pension fut stipulée en remplacement... On a cité dans le temps une anecdote assez piquante; elle honore à la fois le royalisme et l'esprit du prince de Talleyrand : nous ignorons s'il n'acquittait pas exactement la pension, ou si la princesse voulait la faire augmenter; mais enfin elle arrive un jour à Paris comme une personne qui tombe des nues, et cet incident fait bruit à la cour. Le soir même Louis XVIII daigne dire à son grand chambellan, avec cet intérêt et cet esprit qui caractérisent les moindres paroles du monarque : « Mais, M. de Talleyrand, la princesse est « donc arrivée ? — Oui, sire ; c'est mon 20 mars. » Cette réponse du grand chambellan fut généralement répandue ; néanmoins nous n'y croyons pas du tout : M. de Talleyrand est trop homme de cour, il possède à un trop haut degré le sentiment des convenances pour s'être permis une réplique semblable; et puis, les particuliers * n'ont pas de 20 mars à craindre. On attri-

* Les Talleyrand-Périgord se disent issus des anciens comtes souverains du Périgord et vicomtes de Limoges.... Sans être de l'avis de Chamfort : *généalogie, mythologie !* nous dirons qu'il y a un peu des *Mille et une Nuits* dans toutes les généalogies des grandes familles de l'ancienne monarchie; nous ajouterons même que, si l'art de l'imprimerie eût été inventé trois siècles plus tôt, il n'y aurait pas une seule grande maison de France dont l'origine ne se trouvât dans la classe du peuple, et ne fût démontrée comme une proposition algébrique... Il est reconnu, depuis long-temps, que les Montesquiou ne descendent pas plus des anciens souverains de l'Armagnac que les Latour-du-Pin ne descendent des anciens souverains du Dauphiné : tout le monde sait que les Latour-du-Pin, Paulin, Charce, Gouvernet, Vidau, Montauban, etc , ne proviennent nullement de l'ancienne et illustre maison de Latour-du-Pin; leur nom est Latour, purement et simplement. Un arrêt du parlement de Grenoble avait défendu à madame la marquise de Latour-du-Pin-Montauban de prendre le nom de Latour-du-Pin ; lorsque cette dame était à Grenoble, elle s'appelait madame de Montauban, tout court ; elle faisait couvrir ses armoiries ; il ne lui était pas permis de les porter en Dauphiné... La

bue à M. de Talleyrand une foule de bons mots. Il en était fort sobre sous l'empire; sa prudence égalait son dévouement à l'usurpateur : chassé de ses conseils, M. de Bénévent hasarda peu d'épigrammes ; on lui en a prêté plusieurs qui ne lui appartiennent pas. Mirabeau appelait l'évêque d'Autun *l'éponge des salons!* Si nous mentionnons ces bagatelles notre excuse se trouve dans la personne même du prince; les moindres détails concernant les grands hommes, les ministres par excellence, appartiennent à l'histoire ; et puis, ces détails servent à faire connaître, à expliquer bien des choses dans la révolution française. M. de Talleyrand a joué un rôle éminent dans les sept à huit révolutions qui se sont succédé en France, de 1789 à 1815, et l'histoire est curieuse des moindres particularités relatives à un si

maison souveraine qui régnait en Dauphiné est éteinte depuis plus de quatre siècles ; il n'est resté, de cette maison, qu'un bâtard dont le dernier descendant fut tenu sur les fonts de baptême par la ville de Grenoble, quelques années avant la révolution ; il fut reconnu *bâtard des dauphins de Viennois* Les Latour-du-Pin d'aujourd'hui n'ont aucun rapport de parenté avec l'ancienne maison souveraine du Dauphiné; ce sont des gentilshommes très-ordinaires... Pour en revenir à la famille Périgord, elle a eu, malgré toute son ancienneté, fort peu d'illustration. sous Henri IV, Louis XIII, Louis XIV, il est à peine fait mention d'eux; ils ne paraissent dans aucun événement important. On les voit sous Louis XV occuper des places à la cour dans l'armée et à l'église; mais l'on trouve dans l'ancienne monarchie cinquante familles plus illustres que les Talleyrand-Périgord. Elle compte dans le XIVe siècle un cardinal de Périgord, fameux par l'excès de son intolérance ; mais un chapeau de cardinal n'est pas un grand titre de gloire : la famille Dubois et la famille Cambacérès n'ont-elles pas eu leur cardinal ? Il a tenu à peu de chose, dit-on, que la famille Villèle n'ait eu aussi le sien... Un solliciteur de généalogie disait à M. Chérin : « Mais enfin, monsieur, cette famille a eu un car-

loyal et si haut caractère. Ce motif historique ne nous permet pas de passer sous silence l'admirable générosité de M. de Talleyrand; elle éclatait dans ses fêtes ministérielles, dans sa représentation diplomatique et jusque dans ses audiences particulières; les *Mémoires d'une Contemporaine* nous apprennent que ce ministre daignait arranger de ses mains la chevelure de l'héroïne de ces mémoires; il garnissait sa tête de papillottes serrées avec ce doux papier de billets de banque dont tout le monde fait grand cas; aussi la *contemporaine* avait-elle grand soin (dit-elle) de mettre sous la main du ministre les mèches de cheveux qu'il oubliait d'emprisonner. La France, il faut en convenir, n'avait pas eu jusqu'alors un coiffeur d'aussi bonne maison, et aussi galant que le ministre de Napoléon Bonaparte.

« dinal, et voilà de l'illustration. — Un cardinal n'est pas
« pour moi une illustration; des fils de savetier, des gardeurs
« de cochons ont été cardinaux, et, qui plus est, papes.. La
« famille pour laquelle vous vous intéressez si vivement n'a
« pas eu un seul officier général; c'est l'épée et non la mitre
« qui fait la véritable noblesse, l'illustration. » — Les Périgord comptent un prince de Chalais décapité pour fait de trahison ; il voulait livrer le Havre et Rouen aux Anglais. On trouve dans cette famille plusieurs officiers généraux, mais pas un seul maréchal de France. Certainement le nom de Masséna, de Lannes, de Murat, est plus illustre que celui de Talleyrand-Périgord ! l'ex-évêque d'Autun, il est vrai, a répandu à lui tout seul plus de splendeur sur son nom que tous ses ancêtres réunis, et a été créé prince de Bénévent. Lorsque Napoléon éleva le citoyen Talleyrand à cette dignité, une dame félicita le ministre des relations extérieures, et lui dit : « Mais vous êtes du bois dont
« on fait les princes. » M. de Talleyrand répondit, dit-on : « Je
« suis du bois dont ils sont. » Le citoyen Talleyrand avait comme on voit le sentiment de la souveraineté de sa race; pourquoi donc n'obéit-il pas à ce noble sentiment? A l'époque de la révolution l'évêque d'Autun aurait dû ne pas être révolutionnaire; cela lui était moins permis qu'à tout autre gentilhomme.

6 Avril. — Loi relative à la mise en régie intéressée pour quatre-vingt-dix-neuf ans, au profit de l'État, des salines de l'est et de la mine de sel gemme découverte à Vic (département de la Meurthe).—L'assemblée constituante avait rendu libre la vente du sel; c'était un grand bien pour l'agriculture, et un grand avantage pour la classe du peuple... Le gouvernement impérial s'attribua le monopole des salines et de la vente du sel, et cette denrée de première nécessité subit une grande augmentation de prix; mais peu importaient à Napoléon les besoins de la classe pauvre; il s'était constitué le premier marchand de son empire.

« Le gouvernement (dit le général Foy) s'empare,
« d'un trait de plume, non pas seulement de la mine
« de Vic, mais de toutes les mines à découvrir à cin-
« quante lieues à la ronde. Il se fait à lui-même la
« concession de dix départements ; et certes, il ne peut
« pas exploiter ces dix départements; mais il empê-
« chera que d'autres ne les exploitent. C'est le mono-
« pole de la France *souterraine* qu'il veut envahir.
« C'est une vaste interdiction lancée dans la huitième
« partie du royaume sur l'industrie et la propriété... »
— M. Casimir Périer énonce des observations où le despotisme fiscal de M. de Villèle est caractérisé sous le double rapport d'une partialité révoltante, et d'une ignorance complète en matière d'économie politique; il dit : «.... Vous avez une mine de sel gemme qui va
« placer les marais salants dans une position fâcheuse;
« cela est vrai, et il faut le dire; mais il ne faut pas
« pour cela que les intérêts généraux en souffrent; au
« contraire, qu'ils profitent encore par une diminu-
« tion d'impôt sur le sel, et les marais salants y gagne-
« ront aussi, parce qu'ils vendront davantage. Vous
« ferez surtout faire un grand pas à la partie de notre

« agriculture qui est le plus en souffrance, la nourri-
« ture et la vente des bestiaux.... Il n'est pas vrai que
« l'État ait le droit de se rendre concessionnaire des
« mines nouvellement découvertes. Dans un cas ex-
« traordinaire, et par suite de prévisions fondées sur
« l'intérêt général, il peut vous demander de prendre
« des précautions dont vous seriez juges. Mais s'empa-
« rer tout uniment de ces mines pour les concéder à
« une seule compagnie, pour lui abandonner, chose
« inouie en Europe! l'exploitation d'une si immense
« étendue de terrain, c'est ce qu'on ne peut, en vérité,
« ni comprendre, ni permettre.... » C'est pourtant
aisé à comprendre, sous un ministre comme M. de
Villèle : lorsqu'il livre les finances de l'État à une corporation de banquiers, il peut très-bien, dans son système de fiscalité et d'agiotage, concéder l'exploitation
souterraine de dix départements à une compagnie de
spéculateurs; M. de Villèle fait prospérer les jésuites
en France, pourquoi n'y rétablirait-il pas aussi la gabelle avec tous ses agréments d'autrefois?

La loi actuelle attaque le droit de propriété, et tend
à reconstruire les abus de l'ancien régime portés, dans
l'exercice de la gabelle, à un excès révoltant. Les discussions élevées à la tribune nationale, relativement
au projet de loi pour mettre en régie intéressée pour
quatre-vingt-dix-neuf ans, au profit de l'État, la mine
de sel gemme découverte à Vic, ont montré à quel point
la mesure fiscale de M. de Villèle deviendra préjudi-
ciable à l'agriculture et à l'industrie.

12. — *Loi pour la sûreté de la navigation et du commerce maritime.* — Elle définit le crime de piraterie et
le crime de baraterie, attribue aux tribunaux maritimes de Toulon et de Brest les poursuites à exercer,

et statue que lorsqu'un tribunal maritime aura été régulièrement saisi du jugement de l'un des prévenus, ce tribunal jugera tous les autres prévenus du même crime, à quelque époque qu'ils soient découverts, et dans quelques lieux qu'ils soient arrêtés ; elle détermine que les prévenus de complicité, Français ou naturalisés Français, autres néanmoins que ceux qui auraient aidé ou assisté les coupables dans le fait même de la consommation du crime, seront jugés par les tribunaux ordinaires.... Cette loi est contre-signée par le garde des sceaux, Peyronnet; le ministre de la marine, Chabrol, n'y appose pas son contre-seing. — Sans doute, les crimes de piraterie et de baraterie ne sauraient être trop sévèrement réprimés et punis ; mais pourquoi en déléguer les poursuites et le jugement à des tribunaux autres que ceux institués pour la répression de tous les crimes ? pourquoi ôter aux accusés, ou prévenus, les juges que la loi générale et fondamentale leur assigne ? L'article 62 de la Charte dit : « Nul ne pourra être distrait de ses juges naturels. » Pourquoi, au mépris de l'article 63 de la Charte, créer des tribunaux spéciaux, ou d'exception, lorsque le Code de procédure et de poursuite criminelle a été rendu obligatoire pour tous les Français et pour toutes les sortes de délits ? Ici l'arbitraire ministériel se montre au grand jour, et, malgré les formes législatives dont il se masque, le ministère viole la Charte : la loi actuelle tend, évidemment, à substituer, dans certains cas, le despotisme ministériel aux dispositions fondamentales du Code pénal...—
Le ministère a oublié, dans cette loi, le crime de la traite des noirs; il aurait dû l'y comprendre, car ce crime entraîne celui de piraterie et de baraterie, puisque des lois antérieures ont proscrit la traite des noirs : le silence de la loi à cet égard semble témoigner que le

ministre Villèle, qui a été régisseur et correcteur d'une habitation à l'île de Bourbon, n'est point partisan de l'abolition de la traite des noirs.

17. — Ordonnance par laquelle le roi reconnaît l'indépendance de la colonie de Saint-Domingue. — « .... Vu
« les articles 14 et 73 de la Charte ; voulant pourvoir
« à ce que réclament l'intérêt du commerce français,
« les malheurs des anciens colons de Saint-Domingue,
« et l'état précaire des habitants de cette île, —
« Nous avons ordonné et ordonnons ce qui suit :
« — Article 1ᵉʳ. Les ports de la partie française de
« Saint-Domingue seront ouverts au commerce de toutes
« les nations. — Les droits perçus dans ces ports, soit
« sur les navires, soit sur les marchandises, tant à l'en-
« trée qu'à la sortie, seront égaux et uniformes pour
« tous les pavillons, excepté pour le pavillon français,
« en faveur duquel ces droits seront réduits de moitié.
« — 2. Les habitants actuels de la partie française de
« Saint-Domingue verseront à la caisse générale des
« dépôts et consignations de France, en cinq termes
« égaux, d'année en année, le premier échéant au 31
« décembre 1825, la somme de cent cinquante millions
« de francs, destinés à dédommager les anciens colons
« qui réclameront une indemnité. — 3. Nous concé-
« dons à ces conditions par la présente ordonnance,
« aux habitants actuels de la partie française de l'île de
« Saint-Domingue, l'indépendance pleine et entière de
« leur gouvernement. — Et sera la présente ordonnance
« scellée du grand sceau. »

Cette ordonnance, contresignée par le ministre de la marine, par le garde des sceaux, donne lieu à de graves réflexions ; elle touche aux plus hautes questions de souveraineté et de législation ; sous ce rapport, il est permis d'en examiner les motifs, la légalité, les résultats.

L'ordonnance s'appuie sur les articles 14 et 73 de la Charte; le premier dit : « Le roi..... fait les traités « de paix, d'alliance et de commerce...., et fait les « réglements et ordonnances nécessaires pour *l'exécu-* « *tion des lois et la sûreté de l'État.* » Le second dit : « Les colonies seront régies par des *lois* et des régle- « ments particuliers. »

La publication de l'ordonnance n'aura lieu que le 12 août, sans doute pour se donner le temps de négocier l'assentiment et d'obtenir la ratification du gouvernement d'*Haïti*, car ce gouvernement n'a pas même laissé subsister le nom (Saint-Domingue) de l'ancienne colonie française.

Le ministère français ne pouvait pas rédiger l'ordonnance d'*émancipation* d'une manière plus maladroite; il traite d'un côté avec le gouvernement d'Haïti, comme de puissance à puissance, tandis qu'il traite de l'autre côté comme de souverain à sujet; ce qui est une véritable antinomie, ou du moins un très-notable contre-sens.

Et d'abord, le gouvernement a-t-il le droit de disposer d'une partie du territoire français, sans le concours des chambres législatives?

La Charte a gardé, dans l'article 14, le plus profond silence sur les aliénations de territoire que les circonstances politiques pourraient rendre convenables, nécessaires, indispensables : la couronne a-t-elle donc le droit de décider et d'opérer seule de telles aliénations, de tels démembrements? On est fondé à juger le contraire, si l'on considère qu'elle n'a pas même le droit de faire une simple loi de circonscription de territoire, qu'elle n'a pas le droit de distraire la plus petite commune d'un arrondissement pour la placer dans un autre; il lui faut pour cette mesure administrative le concours et l'approbation des chambres législatives. L'article 14 n'attribue nullement à la couronne la faculté de faire seule la loi ; il ne lui donne que celle « de faire les rè-« glements et ordonnances nécessaires pour l'*exécu-*« *tion des lois et la sûreté de l'État.* » Or, toute ordonnance qui n'aurait pas pour objet l'exécution des lois, et à plus forte raison qui irait contre l'exécution des lois, serait vicieuse et ne serait pas obligatoire, d'après le sens positif de la Charte constitutionnelle.... M. de Châteaubriand a très-bien dit que si le gouvernement arguait de l'article 14 de la Charte pour promulguer des lois sans le concours des chambres, la Charte pourrait être confisquée au profit de l'article 14.... Il est vrai que lorsque M. de Châteaubriand s'exprimait de la sorte, il n'était pas ministre.

Or, concéder au gouvernement d'Haïti son *indépendance pleine et entière*, ce n'est point faire un réglement ou ordonnance nécessaire pour *l'exécution des lois*, puisqu'il n'existe aucune loi qui établisse cette indépendance ; ce n'est pas non plus faire un réglement ou ordonnance nécessaire à la *sûreté* de l'État, puisque l'État, quelque gravement affecté qu'il puisse être dans ses intérêts coloniaux et commerciaux par la séparation de Saint-Domingue de la métropole, n'est pas et ne saurait être menacé dans sa *sûreté* par le gouvernement d'Haïti.

Reconnaître que la couronne peut disposer, sans le concours des chambres législatives, d'une portion quelconque du territoire français, ce serait mettre en quelque sorte la France elle-même à la disposition des ministres du roi ; car, sans manquer de respect à la couronne, il est permis de supposer, dans le cours des générations royales, un roi faible et peu instruit; et certes, l'histoire prouve à chaque page qu'il ne manquera jamais de ministres cupides ou pervers qui s'efforceront d'égarer les rois et d'abuser de leurs meilleurs sentiments. Cette seule considération fait apercevoir les désastres que pourrait entraîner l'influence ministérielle sur l'esprit des rois, si cette influence pouvait déterminer, sans la sanction des chambres législatives, l'aliénation d'une partie du territoire : l'histoire ne nous apprend-elle pas que nos rois, tout absolus qu'ils étaient, ne pouvaient, autrefois, opérer des cessions de territoire sans le consentement des états-généraux? François Ier, ce monarque si chevaleresquement despote, dissipateur et sanguinaire, n'avait-il pas fait déclarer, ne déclarait-il pas lui-même à Charles-Quint qu'il n'était pas en son pouvoir, en son droit royal, de faire cession quelconque de territoire français? Les Français, sous un gouvernement représentatif et constitutionnel, auraient-ils moins de garanties, comme corps de nation, qu'ils n'en avaient sous un gouvernement absolu et de bon plaisir? Et à quoi bon la Charte, s'il devait en être ainsi sous son empire?

L'article 14 de la Charte n'autorise nullement l'ordonnance d'émancipation de Saint-Domingue.

D'autre part, l'article 73 de la Charte stipule, en termes exprès, que « les colonies seront régies par des « lois et des *réglements particuliers*, » et, sous ce rapport, la couronne a le droit incontestable d'ordonner que les ports de Saint-Domingue seront ouverts au pavillon et au commerce de toutes les nations; mais, en émettant une pareille disposition, la couronne reconnaît Saint-Domingue colonie sujette de la France; tandis qu'en exigeant que les droits perçus par le gouvernement de Saint-Domingue seront égaux et uniformes pour tous les pavillons, excepté le pavillon français, *en faveur duquel ces droits seront réduits de moitié*, la couronne traite avec le gouvernement de Saint-Domingue comme avec une puissance libre et indépendante de toute suzeraineté même nominale, car l'ordonnance royale reconnaît à ce gouvernement la faculté de fixer les droits à payer dans ses ports par tous les pavillons : faculté qui tient essentiellement au droit de souveraineté. — Il en résulte que l'ordonnance du 17 avril envisage à la fois Saint-Domingue comme colonie sujette, et comme puissance indépendante : on ne vit jamais une telle aberration ministérielle.

Ces dispositions de l'ordonnance démontrent l'impuissance où est le gouvernement de faire rentrer désormais, par la force, l'île de Saint-Domingue sous la domination de la France; mais en même temps l'ordonnance annonce le dessein d'obtenir, en rémunération de l'indépendance accordée au gouvernement d'Haïti, une somme d'argent destinée à dédommager les anciens colons qui réclameront des indemnités : sous ce point de vue, le ministère français méritera des éloges, si la somme payée par la république d'Haïti, en raison de la concession de l'indépendance, ou, en d'autres termes, de la vente de souveraineté que la métropole fait à son ancienne colonie, si cette somme n'est pas détournée de sa bienfaisante destination, et ne subit pas les chances de l'agiotage qui s'exerce d'une manière si désastreuse, depuis le ministère Villèle, sur les fonds publics, sur les finances de l'État; car telle est la nature, ou tel est le principe absolu de cet agiotage, qu'il est à craindre que les infortunés colons ne reçoivent, et encore après de longs délais, qu'une faible partie des cent cinquante millions exigés ; les capitalistes français, qui avanceront à la république d'Haïti les fonds nécessaires pour la mettre en état de remplir ses engagements, ne courront-ils pas eux-mêmes le risque d'éprouver de grosses pertes, et de devenir victimes de leur libérale cupidité? Enfin, le gouvernement d'Haïti aura-t-il les moyens de faire face à une dépense extérieure de 150 millions; et, en supposant que de tels engagements ne soient pas au-dessus de ses forces, aura-t-il la bonne foi de les acquitter? Le temps nous l'apprendra.

L'ordonnance d'émancipation garde un profond silence sur la partie espagnole de Saint-Domingue appartenant ci-devant à la France en vertu d'un droit légitime, en vertu du traité conclu (22 juillet 1795) entre la république française et le roi Charles IV, qui avait, incontestablement, le droit de céder cette partie de l'île au gouvernement français. Le traité susdit fut, il est vrai, annulé par celui de Paris (1814); mais les dispositions de ce dernier, effets de la violence diplomatique qui suivit l'occupation militaire de Paris, ont été évidemment imposées à Louis XVIII par les puissances étrangères ; ce monarque, le monde entier le sait, n'avait pas la faculté de se refuser à des stipulations semblables, et la France n'a pas eu la liberté de les discuter.... Ajoutons que la partie espagnole de Saint-Domingue est, depuis vingt ans, au pouvoir du gouvernement qui donne des lois à la partie ci-devant française de l'île. Le ministère a évité, dans l'ordonnance, toute allusion, même commerciale, relativement à la partie espagnole de Saint-Domingue (V. 31 octobre): agir autrement, c'eût été, sans doute, mécontenter le cabinet de Madrid; mais, par l'effet même de cette position, le commerce français se trouvera privé, dans une moitié de l'île, des avantages que l'ordonnance a stipulés en sa faveur dans l'autre moitié : les cabinets de Londres, des États-Unis et des Pays-Bas, n'imiteront pas ce noble scrupule; ils s'empareront de l'initiative commerciale, au détriment direct du commerce français. Au surplus, le ministère a commis, depuis 1814, et notamment depuis 1822, de si grandes erreurs, de si fortes bévues, dans toutes ses négociations avec Haïti, qu'il doit s'estimer heureux d'obtenir de la république noire une forte somme d'argent, pour prix de la concession de souveraineté que la couronne de France se décide, en désespoir de cause, à faire à son ancienne colonie.

18. — Traité d'alliance entre l'Angleterre et la république de Colombie. — «.... Quoique des relations de commerce soient établies, depuis plusieurs années, entre diverses provinces ou pays de l'Amérique, formant aujourd'hui la république de Colombie, et les possessions de S. M. le roi du royaume-uni de la Grande-Bretagne et de l'Irlande, il a été jugé convenable, pour la sûreté et l'encouragement des rapports qui subsistent, comme pour le maintien de la bonne intelligence qui règne entre S. M. et la république, que ces relations fussent connues et confirmées par le moyen d'un traité d'alliance, de commerce et de navigation.—Article 1er. Il y aura une alliance durable, ferme et sincère entre la république et le peuple de Colombie, et la puissance et les sujets de S. M. le roi du royaume-uni de la Grande-Bretagne et de l'Irlande, ses héritiers et successeurs....
—3. Le roi de la Grande-Bretagne accorde le privilége de faire le commerce avec ses colonies, comme avec les citoyens de la nation la plus favorisée. —4. Les droits imposés sur les articles importés de l'Angleterre en Colombie, et les produits de Colombie importés en Angleterre, seront les mêmes que ceux dont se trouvent

passibles les articles de la nation la plus favorisée. — 12. La liberté de conscience et la tolérance religieuse sont les mêmes dans les deux États. — 13. Les deux nations coopèrent à l'abolition de la traite des noirs....»

Les Pays-Bas suivent l'exemple donné par l'Angleterre.... Le gouvernement français envoie M. Quartel à Bogota (chef-lieu de la république de Colombie), pour exprimer le désir d'entretenir avec ce pays des relations d'amitié sur le même pied que l'Angleterre.

Dans une circonstance politique aussi décisive que l'indépendance des provinces espagnoles de l'Amérique espagnole et leur établissement en républiques, le ministère fait preuve d'une hésitation et d'une impéritie on ne peut plus nuisibles au pavillon français. Ce ministère, également remarquable par sa cupidité, sa malfaisance et son inhabileté, abandonne aux Anglais l'initiative d'une mesure politique qui doit nécessairement leur assurer de grands avantages commerciaux au détriment direct de la France ; il ne sait pas même suivre la route si heureusement ouverte par le cabinet de Saint-James ; il voudrait, et il n'ose pas reconnaître la république de Colombie ; il sollicite, presque à genoux, une faveur ou une permission, et il refuse d'admettre le seul titre en vertu duquel cette permission peut et doit lui être accordée ; il sacrifie les véritables intérêts de l'État, de la nation, à des théories politiques, à des abstractions morales qui n'ont jamais été invoquées, en droit public, que par les cabinets auxquels elles donnaient pour le moment un bénéfice ou un avantage souvent honteux : théories ou principes, comme on voudra, successivement et hautement violés et répudiés par tous les gouvernements de l'Europe, lorsqu'ils y ont trouvé un lucre, pour si déshonorant qu'il fût ; et certes, le congrès de Vienne a surabondamment confirmé cette vérité !

D'après le motif parfaitement honorable sans doute, mais plus parfaitement impolitique encore, que les nouvelles républiques de l'Amérique sont des sujets révoltés contre leur souverain, le ministère français laisse le cabinet de Londres proclamer leur indépendance et prendre possession commerciale de ces vastes et riches contrées; et en même temps, ce sot ministère y envoie des agents qui ont et qui n'ont pas de caractère officiel, qui sont et ne sont pas des agents publics; êtres amphybies, qui demanderont en supplians aux chefs des nouvelles républiques de vouloir bien permettre au pavillon français de flotter dans leurs ports! M. de Villèle ne sait que mettre la France à la suite des événements; il ne prévoit rien, il se jette dans les affaires politiques de l'Europe et des Amériques avec une légèreté et une faiblesse, et en même temps avec une témérité ou plutôt une suffisance qui décèlent à chaque événement la médiocrité de son esprit et de ses errements diplomatiques. Cette administration de M. de Villèle offre dans tous ses actes une imprudence et une ignorance qui étonnent même en France, dans ce pays qu'on pourrait appeler la terre classique des mauvais ministères; on dirait que l'administration de 1822 a reçu pour mission de paralyser ou détruire, à force de petitesses et de ruses, le commerce, l'industrie et les arts; la grandeur du monarque lui est aussi étrangère que la prospérité du pays : tout ce que le ministère Villèle touche s'altère et se corrompt; ses mains frappent de stérilité ou de mort les plus abondantes sources de productions et de reproductions nationales; et ce système de honte et de dégradation, l'administration Villèle le suit avec une implacable opiniâtreté, tant elle est jalouse de détruire toutes les libertés publiques que la charte constitutionnelle a reconnues et garanties à la nation française!

Jamais, dans les époques les plus déplorables de la monarchie, l'on ne vit un gouvernement (et par gouvernement nous entendons ici d'une manière exclusive le ministère) prendre de si fausses mesures, les prendre si à contre-temps et d'une manière si ridicule et si mesquine que le fait M. de Villèle, placé à la tête du ministère français. L'Angleterre fait tout ce qu'elle veut, et la France n'ose même pas dire ce qu'elle ne veut pas ; au dehors, elle semble traînée à la remorque par l'Angleterre et la Russie ; au dedans, elle rampe aux pieds des congrégations religieuses, du parti-prêtre (comme dit M. de Montlosier) et du parti-émigré.

20. — Loi pour la répression des crimes et délits commis dans les églises ou sur les objets consacrés à la religion catholique ou autres cultes légalement établis en France... A la chambre des pairs, 127 votes pour, 92 contre, 4 bulletins déclarés nuls : le nombre des votants était de 223 ; l'opposition a été par conséquent de plus des deux cinquièmes. On doit observer qu'une ordonnance, en date du 23 décembre 1823, a introduit dans la chambre 27 nouveaux membres, dont 12 membres de la chambre des députés faisant partie du côté droit... A la chambre des députés 210 votes pour, 95 contre : le nombre des votants était de 305 ; l'opposition a été de plus des trois dixièmes. Il est essentiel d'observer que de nombreuses fraudes électorales, toutes les sortes de corruptions et de menaces, tous les moyens coërcitifs mis en pratique par le ministère afin d'empêcher les électeurs d'obéir à la voix de leur conscience, ont introduit en majorité dans la chambre des députés les ennemis les plus acharnés de la charte constitutionnelle; il faut remarquer en outre que cette chambre s'est adjugé de sa pleine autorité un pouvoir lé-

gislatif de sept années, en violation manifeste de la loi fondamentale de l'État.

La loi sur le sacrilége produit la plus forte, la plus douloureuse sensation dans l'opinion nationale, qui ne la désignera plus que sous le nom de : *la loi Peyronnet.* L'extrême sévérité, ou plutôt la barbarie du projet de loi est généralement attribuée à l'influence toujours croissante de la secte des jésuites, secte et faction dont les constants efforts tendent à placer le sceptre royal aux pieds de la tiare pontificale, et à élever le gouvernement théocratique sur les ruines du gouvernement constitutionnel*. Le caractère moral des Français et le sentiment religieux dont la société est en général pénétrée, repoussent une loi sur le sacrilége ; mais la congrégation jésuitique l'invoque avec des cris de rage ; elle l'obtient !

M. le comte de Bastard a dit (chambre des pairs) : « A quelle époque, en effet, depuis plus d'un siècle, les sentiments religieux ont-ils pénétré plus avant dans les cœurs ? A quelle époque nos temples ont-ils été plus fréquentés et la divine parole écoutée avec plus d'empressement ? La littérature, cette expression de la société, a pris jusque dans ses ouvrages les plus frivoles une teinte religieuse. Un mouvement de régénération se manifeste à la fois dans l'intérieur des familles, dans les écoles de la jeunesse, dans les professions honora-

---

* Dans ce projet de loi, *le sacrilége simple*, ou la profanation des vases sacrés, était puni de mort ; la profanation des hosties consacrées était punie de la peine du parricide, si les voies de fait avaient été commises volontairement et par haine ou mépris de la religion ; le vol sacrilége était puni de mort, s'il était commis, dans une église consacrée à la religion de l'État, avec les circonstances déterminées par l'article 381 du Code pénal, etc., etc.

bles de la société; il atteste, en dépit des esprits chagrins et mélancoliques, l'amélioration progressive de l'espèce humaine, etc... » N'importe, l'ultramontanisme et le jésuitisme veulent étendre et consolider le pouvoir qu'ils ont usurpé en France, sous le funeste ministère de M. Decazes; ils veulent, ainsi que l'a si bien exprimé M. le duc de Broglie, une loi en quelque sorte exceptionnelle, conçue dans l'intérêt de la religion de l'État, ayant pour but de proclamer sa supériorité sur les autres religions. » M. de Bastard observe avec beaucoup de justesse que certains esprits « voudraient soumettre aux lois de la religion le gouvernement de la société: ils pèsent au poids du sanctuaire tous les crimes qui l'intéressent; et, mesurant par la grandeur de Dieu l'étendue de ces crimes, ils ne trouvent plus de supplice proportionné à l'offense. C'est ainsi qu'on propose aujourd'hui de punir dans le sacrilége un attentat *déicide!* Si l'on admet ce principe, comment repousser les conséquences qu'il entraîne et qu'a développées avec tant de logique cet écrivain qui n'a pas craint de vous dire: *C'est vous, c'est votre loi, qui êtes sacrilége...*»

M. le duc de Broglie, dont les nobles accents ont toujours retenti en faveur des droits de la couronne et des libertés de la nation, a développé les funestes conséquences de la loi. Dans un discours admirable de raison, de sagesse et d'énergie, il a clairement indiqué le but que se proposaient ses auteurs « ...En proclamant la liberté des cultes, la charte n'a fait en quelque sorte autre chose que de reconnaître un fait: elle a constaté qu'il existait en France des catholiques qui croient à la présence réelle; des luthériens, qui ne l'admettent qu'au moment de la consécration; des calvinistes, qui la repoussent entièrement; des juifs enfin, qui ne reconnaissent même pas le Sauveur du monde. Et sans tenir ces diverses religions pour également vraies, ce qui ne saurait être admis, elle a déclaré seulement qu'elles étaient également permises, et qu'à l'avenir l'erreur sur cette matière ne serait jamais imputée à crime. Or, que propose-t-on de punir dans le titre Ier du projet, si ce n'est l'erreur sur la croyance, c'est-à-dire le péché et l'hérésie? Telle n'a pas été sans doute l'intention des rédacteurs de ce projet, mais tel est le résultat de leur système; et que l'on ne pense pas que là s'arrêtent les conséquences du principe qu'ils ont posé aujourd'hui... L'on ne présente l'article IV que comme un hommage rendu à la religion catholique; mais si l'on institue des supplices pour le défaut de croyance, quels supplices nouveaux ne faudrait-il pas appliquer à ceux qui, non contents de ne pas croire, enseignent et professent hautement que nos croyances ne sont qu'une vaine idolâtrie? On vous demande aujourd'hui de trancher la main qui s'est levée contre les choses saintes; on vous demandera demain de percer d'un fer rouge la langue qui les a blasphémées, ou du moins de fermer ces chaires où l'erreur se fait entendre; d'interdire l'enseignement aux communions différentes, c'est-à-dire de violer ouvertement le grand principe de la liberté des cultes... La Charte a voulu que la loi civile demeurât non pas indifférente, mais neutre entre les diverses croyances. Un seul acte en faveur de l'une d'elles, vous conduit incessamment au dernier terme de l'intolérance, et à l'invasion de l'autorité civile par l'autorité religieuse. Tel est la véritable question que présente le projet, et devant cette importante question toutes les autres doivent s'abaisser et pâlir. Que dire, après de pareilles considérations, sur le projet en lui-même et sur les arguments de ceux qui le défendent? à quel homme tant soit peu versé dans la connaissance de l'histoire, le mot de *sacrilége* que le projet de loi emploie, celui de *déicide*, dont se servent ses partisans, ne rappellent-ils pas les barbaries d'un autre siècle et la réaction religieuse qui en a été la suite?... »

Voilà qui est net, précis, incontestable, évident pour tout le monde : oui, les ultramontains et les jésuites voudraient ressusciter en France les lois de saint Louis contre les hérétiques, lois qui entraînèrent l'assassinat et l'extermination des pastoureaux et des albigeois ; ils voudraient reconstruire les bûchers qu'allumait sur la place de l'Estrapade le débauché et hypocrite François Ier (ce monarque était dans le particulier de la religion réformée)! Les jésuites et les ultramontains provoquent une Saint-Barthélemy, qu'ils ne rougissent pas d'appeler *une rigueur salutaire ;* ils réclament le monopole de ces assassinats religieux dont se glorifiait l'infâme Charles ix et que bénissait l'abominable pape Grégoire xiii ; ils veulent enfin une autre sainte-ligue, une autre guerre des Cévennes, et de nouvelles dragonnades !

Qu'il est doux, qu'il est consolant d'entendre le vertueux Lanjuinais, jurisconsulte aussi profond que parfait chrétien ; de voir ce citoyen défendre notre religion avec les armes de son divin fondateur! L'incorruptible ami de la religion, de la royauté et de la liberté dit : « ...Tout surprend, tout afflige dans ce projet, où l'on voit à chaque ligne la peine de mort, la mutilation, les fers à perpétuité, appliqués au nom d'une religion qui ne signale jamais mieux sa divine prééminence qu'en s'efforçant de soustraire à ces peines même les plus grands coupables. Pour expliquer cette accumulation de peines, on a voulu effrayer les esprits sur la gravité du crime, en le qualifiant de *déicide*. Mais ce mot, dont l'application est intolérable en présence des vérités de la religion, doit à jamais être écarté de ce débat. Ne faut-il pas en écarter de même ces présomptions légales appliquées contre toute raison, contre toute convenance, à nos plus saints mystères? Si l'on voulait examiner ces diverses présomptions, quelles discussions fâcheuses cet examen n'entraînerait-il pas? A peine ose-t-on indiquer les questions qui devraient être agitées... Où est donc la nécessité de les livrer aux dangers d'une controverse publique?... La loi ne peut donc nommer le sacrilége sans sortir de ses limites, puisqu'à l'instant même il faudrait qu'elle s'occupât de punir toute infraction aux principes religieux; elle le peut encore moins sous le rapport de la diversité des religions. Comment, en effet, punir légalement comme sacrilége ce qui n'est pas reconnu comme tel par diverses fractions de la société?... Écoutons le langage de la religion elle-même : son royaume n'est pas de ce monde, son empire ne s'exerce que sur les âmes; elle ne veut pas la mort du pécheur, mais qu'il se convertisse et qu'il vive; elle a horreur du sang... Sachons souffrir ce que Dieu souffre; punissons les crimes commis contre la société, sans nous constituer juges des offenses envers Dieu. Craignons que de semblables lois, loin de ramener les esprits à la religion, ne rallument au contraire des haines cruelles... En résumé, le rétablissement du mot de *sacrilége* dans nos lois nous exposerait à des dangers infinis; il violerait le principe constitutionnel de la liberté des cultes; il serait contraire au but religieux que l'on se propose; etc... »

Voilà de bons principes législatifs, et des principes vraiment chrétiens! Ce ne sont pas ceux de M. le garde des sceaux, Peyronnet. Pendant tout le cours de cette discussion, le ministre marchera de contradictions en contradictions, et de sophismes en sophismes ; il aura pour auxiliaire M. de Breteuil (rapporteur de la commission spéciale pour l'examen du projet de loi), lequel dira : « Les exemples du sacrilége simple sont heureusement très-rares ; cela est vrai, mais il en existe ; et s'ils n'ont pas été légalement constatés et traduits devant les tribunaux, c'est que les autorités civiles et ecclésiastiques, sachant bien que nos codes ne prononçaient aucune peine contre ces crimes, ont, avec raison, pensé *qu'il eût été plus dangereux qu'utile d'en constater juridiquement l'existence*, puisque l'acquittement du coupable n'aurait été qu'un scandale de plus..... Quel inconvénient, au surplus, à prévoir un crime, si cette prévoyance est, comme nous le pensons, un moyen de l'empêcher ? En résumé, l'utilité de la loi présente nous semble impossible à contester ; des faits nombreux et prouvés rendaient urgente sa proposition ; les vrais amis de la religion et de l'ordre public vous demandent votre adhésion et l'attendent avec confiance ; si quelques-uns trouvent cette loi incomplète, qu'ils veuillent bien se rappeler, ainsi qu'un orateur l'a dit à cette tribune, qu'il est rarement donné à l'homme de produire rien de complet.... » Quelle logique ! quel homme d'État que M. de Breteuil ! Au reste, l'ex-préfet de Napoléon, l'ami de la religion et de l'ordre public, doit se rassurer sur le complément que reçoit la législation par la loi du sacrilége ; cette loi est complète, et plus que complète.

Heureusement pour les libertés constitutionnelles et pour les vrais intérêts de notre sainte religion, M. Lanjuinais a complétement réfuté d'avance les sophismes et les aberrations législatives de M. de Breteuil, et M. Lanjuinais a été entendu de la France entière. — La France doit s'honorer également des nobles principes énoncés par M. de Barante. « .... Où veut-on

nous conduire, si ce n'est à la confusion entière de la puissance religieuse et de la puissance civile, ou plutôt à l'anéantissement complet de celle-ci ?.... Mais la division des deux puissances est-elle donc un désordre ? Et vivrons-nous dans l'aveuglement, parce que ce principe a passé dans la conscience publique, et préside à notre législation ?... La gloire et la divinité de la religion se prouvent par son empire sur les âmes, et non par sa domination sur les peuples.... Mais si elle se présentait armée du glaive temporel, elle n'apparaîtrait plus que comme une tyrannie, comme une violation de la plus intime de nos libertés....; etc. » — « C'est à la loi reli-
« gieuse, a dit M. Portalis (qu'on ne peut, certes, ac-
« cuser d'être ennemi de la religion catholique, d'après
« la conduite qu'il a tenue sous le régime de Napoléon),
« et à elle seule qu'il appartient de punir le sacrilége
« commis en secret. On ne peut chercher à l'atteindre
« par la loi civile, sans confondre les limites du for
« intérieur et du for extérieur.... La commission a
« pensé que la loi civile ne peut et ne doit punir le sa-
« crilége qu'en raison du trouble qu'il cause à la société.
« Or, quel trouble réel peut-il lui causer s'il n'est pas
« public ?.... Sans publicité, le sacrilége n'est plus du
« ressort de la loi civile, il n'offre plus qu'une viola-
« tion de la loi religieuse, et l'on voit aisément quel
« abus pourrait entraîner la répression d'un acte de ce
« genre par la loi civile..... » Dans cette grande circonstance, M. Portalis a parlé en législateur, en homme d'État, et en bon chrétien : grâces soient rendues à ce pair ; il a séparé la loi civile et la loi religieuse !

En effet, punir de mort, ou de la peine des fers, le sacrilége secret, comme le demandaient les jésuites, c'eût été établir l'inquisition sur les consciences, et donner au jésuitisme le droit et le pouvoir d'envoyer à l'échafaud ou aux galères tous les individus qu'il plairait à la congrégation d'accuser de sacrilége, c'est-à-dire tous les hommes éclairés qui combattraient ses abominables doctrines, et l'infernal esprit de domination qui constitue cette secte réprouvée par toutes les lois du royaume; c'eût été mettre le sceptre aux pieds de la tiare !

En vain M. l'abbé La Mennais, dans son indigeste fatras intitulé : *de l'Indifférence en matière de Religion*, s'est-il efforcé de calomnier et l'esprit du siècle et la Charte constitutionnelle; en vain le plus obscur des écrivains et le plus vide des publicistes, M. de Bonald, a-t-il déclamé en style d'énergumène « contre la cor-« ruption et l'athéisme qui tendent, dit-il, à la disso-« lution de l'état social en France; » en vain MM. de Fitz-James, de Vogué, de Breteuil, de Chastellux, de Mathieu Montmorency, etc., ont-ils soutenu, au nom de la religion fondée par le Dieu de bonté et de paix, les principes d'intolérance et de persécution que le projet de loi présenté par M. Peyronnet renfermait dans son sein comme un autre cheval de Troie : les talents et les lumières des membres de la chambre des pairs qui repoussaient une telle loi, ont porté la conviction dans la majorité de la chambre héréditaire ; les auteurs du projet ont été contraints de renoncer à la mutilation, à ce *poing coupé* qu'ils réclamaient au nom de la majesté divine; et grâce à la noble et courageuse opposition des illustres pairs dont nous avons cité quelques paroles, grâce encore à la sagesse et à la loyauté vraiment religieuses de la majorité de cette noble chambre, la loi du sacrilége n'a pas été empreinte de la barbarie qui caractérisait d'une manière si déplorable le projet de loi *Peyronnet*.

Les élucubrations politico-religieuses de l'abbé La

Mennais, et le transcendant galimatias métaphysique et religieux de M. de Bonald, ne méritent pas qu'on s'arrête à parler de leurs écrits dans les rapports qu'ils ont avec la loi sur le sacrilége. Mais, en respectant dans M. de Bonald le caractère de membre de la chambre des pairs, nous remarquerons combien ce personnage a le jugement faux : il reconnaît, dans le discours prononcé à la chambre des pairs, la tendance générale du siècle vers les idées religieuses, et il conclut, de cette heureuse disposition, qu'il est nécessaire de s'opposer aux efforts de l'impiété pour se fortifier et se maintenir dans les conquêtes qu'elle avait faites pendant le dix-huitième siècle; il insiste pour que le sacrilége soit puni de la peine de mort! Selon M. de Bonald :
« .... Le sacrilége (a-t-on dit) n'est pas un crime, c'est
« un péché que la religion seule doit punir. Mais le Dé-
« calogue, dont on recherche l'empreinte dans la loi
« criminelle de tous les peuples, n'a-t-il pas été donné
« pour règle aux sociétés comme aux individus? L'ho-
« micide, l'adultère, le vol, qui sont autant de péchés,
« cessent-ils pour cela d'être des crimes? Un orateur a
« observé que la religion ordonnait à l'homme de par-
« donner ; mais en prescrivant au pouvoir de punir,
« *car,* dit l'apôtre, *ce n'est pas sans cause qu'il porte*
« *le glaive;* le Sauveur a demandé grâce pour ses bour-
« reaux, mais son père ne l'a pas exaucé; il a même
« étendu le châtiment sur tout un peuple qui, sans
« chef, sans territoire et sans autel, traîne partout l'a-
« nathème dont il est frappé. » Il faut avoir un jugement supérieurement faux pour raisonner de la sorte : les lois ne punissent pas l'homicide, l'adultère, le vol comme péchés, elles les punissent comme crimes ; le projet de loi, au contraire, veut punir le sacrilége comme péché. En matière de législation, il ne saurait être

question du Décalogue, pas plus que de l'anathême dont Dieu a frappé les juifs. La Charte est la loi suprême, et la Charte a consacré la liberté de conscience et la liberté des cultes ; M. de Bonald ne peut pas l'ignorer....

M. de Lally-Tollendal observe qu'on a été conduit, par la progression des mots, à voter, pour peine à infliger au sacrilége, *la mort précédée de mutilation.* « On a « parlé de profanation, puis de sacrilége, et on est en-« fin réduit à articuler le mot de *déicide ;* or, dit-on, « le déicide est un parricide, et le plus criminel de tous, « et l'article 4 (la mort précédée de mutilation) n'est « que la conséquence de cette proposition. » Dans cette conjoncture, M. de Lally parle bien, raisonne mieux que le fougueux M. de Bonald, et se montre véritablement humain et pieux, en disant : « Or, on le recon-« naît aujourd'hui ; ce n'est pas l'offense envers Dieu « que la loi du sacrilége peut avoir pour objet de pu-« nir, c'est la société qu'elle veut venger d'un outrage « et préserver de la contagion par la crainte des sup-« plices ; mais quelle contagion peut donc faire redouter « le délire du profanateur public des choses saintes ?.... « Où sont d'ailleurs aujourd hui les exemples de sacri-« lége commis en haine et au mépris de la religion ? « Ceux que le rapport a cités ne sont réellement que « des vols sacriléges ; pourquoi donc la mort ?.... Qu'on « ne parle plus d'ôter la vie au nom de celui qui l'a « donnée, et d'établir des supplices par analogies et « par métaphores ! Qu'on ne dise plus qu'il est un « crime plus grand que le parricide ; car le monstre « qui tue son père est un monstre aux yeux de toute « l'espèce humaine ; et le forcené qui se porterait vo-« lontairement à des voies de fait contre nos mystères « sacrés, ne serait un monstre que pour une portion « du genre humain. Surtout, que le mot de *déicide* ne

« paraisse plus dans une discussion à laquelle il doit
« demeurer étranger ! »

M. de Fitz-James s'écrie : « ..... La corruption a
« quitté les salons, mais elle est descendue dans les
« boutiques ; elle se maintient dans les rues, et menace
« d'inonder les campagnes. A quelle autre fin seraient
« destinées ces éditions complètes de Voltaire et de tous
« les auteurs impies du dernier siècle ? Voltaire, pen-
« dant quarante ans, commanda le sacrilége. La révo-
« lution, après avoir fidèlement obéi, a laissé des
« adeptes qui le commandent à leur tour..... » M. de
Fitz-James, qui assure si véridiquement, et foi de gentilhomme, que la corruption a quitté les salons pour
descendre dans les boutiques, déplore l'état actuel de
la société, et déclare qu'une loi sévère est de toute nécessité pour prévenir les tentatives de l'impiété ; il voit
même dans l'état actuel de la société « la révolution tout
entière, non avec ses orgies, ses échafauds, mais avec
ses doctrines et ses principes. » Bon Dieu ! la révolution a donc gangrené la France, s'il faut en croire l'ar-
rière-petit-fils, en ligne bâtarde, du roi Jacques II,
Stuart !.... Cette pauvre liberté de la presse est accu-
sée de tous les attentats, de tous les troubles qui ont eu
lieu depuis quarante ans, même de ceux qui ont été
commis lorsqu'elle n'existait pas ! Depuis 1814, les ministres n'ont cessé de proposer lois sur lois pour réprimer les délits de la presse, et tous, sans exception,
ont rejeté sur la liberté de la presse les obstacles qu'ils
éprouvaient dans la marche du gouvernement ! Mais
la liberté de la presse signalait les actes arbitraires
et les perpétuelles violations de lois que se permettaient
les ministres et les hommes de la contre-révolution ;
voilà pourquoi les ministres et les hommes de la contre-
révolution veulent abroger l'article 8 de la Charte, une

fois la liberté de la presse abolie, il n'y aurait réellement plus de Charte!.....

La liberté de la presse et la révolution sont, aux yeux de l'ancien régime et des jésuites, solidaires de toutes les calamités de la France; depuis la restauration, l'on ne cesse de mettre la révolution en avant, pour obtenir des lois qui détruisent la Charte; c'est toujours Voltaire et la liberté de la presse qui ont fait la révolution! M. de Fitz-James ne récusera certainement pas l'autorité du marquis de Bouillé, du vicomte de Châteaubriand, du marquis de Ferrières, du marquis de Clermont-Gallerande, etc., tous également renommés par leur dévouement à la légitimité et à la maison de Bourbon; eh bien! les deux premiers, dans leurs Mémoires, ou écrits, publiés avant 1814, attribuent la révolution à la corruption du clergé et de la noblesse; M. de Ferrières fait les plus sanglants reproches à ces deux ordres, et M. de Clermont-Gallerande s'élève avec indignation contre la conduite des gentilshommes et des émigrés; il prouve que la noblesse et le clergé ont *puissamment concouru à la perdition de la monarchie.* « La noblesse (dit-il) s'est dégradée elle-même par son avidité pour les richesses, par le crapuleux emploi de ses biens, par sa dissolution, par le relâchement de cet honneur, de cette loyauté, qui la caractérisaient; par cet égoïsme corrupteur qui l'a fait éloigner du trône....., par son insolence pour ses inférieurs, sa bassesse envers ses supérieurs, son ingratitude envers ses bienfaiteurs, sa suffisance, sa vanité, son ignorance, enfin par tous ces vices réunis. » M. de Clermont-Gallerande dit aussi : « Le clergé, par le relâchement de ses mœurs, par le mauvais exemple, par le vice de sa discipline intérieure, a détruit lui-même le frein si salutaire du peuple, la religion.... » Accuserat-on M. de Clermont-Gallerande, M. de Bouillé, etc., d'avoir calomnié la noblesse et le clergé ? Personne ne croirait à une telle accusation : pourquoi donc imputer sans cesse notre révolution à la liberté de la presse et à Voltaire ?

Pour en revenir à la loi sur le sacrilége, M. de Chastellux soutient que « le sacrilége est un attentat qui « trouble l'exercice du culte catholique par le plus af- « freux scandale qu'on puisse lui donner » : il se prononce pour la sévérité de la peine; cet orateur, comme tous ceux de son opinion, transporte la théologie dans la législation, et veut confondre la loi civile avec les préceptes religieux; il n'entend rien à la législation.

M. le comte Molé sépare au contraire les lois religieuses et les lois civiles; son discours est un modèle d'éloquence et de probité législatives. M. Molé ne professe pas les doctrines du despotisme, comme du temps de Napoléon; il proclame les véritables doctrines constitutionnelles, et dans cette haute discussion le membre de la chambre des pairs se montre digne du nom qu'il porte. Nous regrettons de ne pouvoir citer que quelques fragments d'un discours aussi remarquable : « Les lois, selon la belle définition de Montesquieu, ne sont que l'expression du rapport des hommes entre eux; les rapports de l'homme avec son Créateur forment la loi religieuse : toute infraction à la loi religieuse s'appelle *péché*, comme toute infraction à la loi civile s'appelle *crime* ou *délit*. A la vérité, les lois civiles punissent les crimes ou délits qui intéressent la religion. » « Mais « alors, vous a dit votre premier rapporteur (M. Por- « talis) ce n'est pas pour venger la Divinité qu'elles saisis- « sissent leur glaive; c'est pour la défense de la société « elle-même, de la société outragée dans les objets de sa « vénération et de son culte, de la société mise en péril

« par les efforts tentés pour avilir et détruire ce qui fait « sa force et sa sûreté. » « Ainsi, dans ce cas-là, ce sont encore les rapports des hommes entre eux qui font l'objet de la loi ; c'est l'outrage à la croyance d'un grand nombre, c'est le trouble et le désordre portés dans la société qu'elle punit... Mais, le titre Ier, en traitant du sacrilége simple, c'est-à-dire de l'offense de l'homme envers Dieu, fait toute autre chose; il fait entrer le péché dans le domaine des lois. Le principe admis, vous serez obligés plus tard d'admettre les conséquences : les interprètes naturels de la loi religieuse vous diront qu'un fait est un sacrilége, qu'il est un outrage aux dogmes qu'ils sont chargés de nous enseigner, une infraction à la discipline qu'ils ont pour devoir de maintenir, et il ne vous restera qu'à inscrire ce fait sur la liste fatale des sacriléges, et à lui appliquer une peine proportionnelle au rang qu'il occupera dans cette redoutable nomenclature. C'est ainsi que nos vieilles ordonnances étaient arrivées à punir comme sacrilége l'usurpation des biens de l'Église. En un mot, messieurs, la définition du sacrilége étant évidemment de droit canonique, lorsque ce droit aura parlé, il ne restera plus à la loi civile qu'à obéir.... — Bientôt le fanatisme envahirait les cœurs et ferait éclater de nouveau ses fureurs dans ce genre de procès dont l'histoire garde un si triste souvenir : parcourez ses pages, et vous frémirez à la vue de cette lutte entre tous les fanatismes qui souillent le jugement des crimes religieux : on y voit le fanatisme assis sur le tribunal, non moins que sur la sellette de l'accusé; le juge s'y transforme en bourreau et l'accusé en martyr... Les auteurs du projet de loi n'ont-ils pas confondu le criminel avec le crime, et fait partager au premier une dénomination terrible qu'il ne mérite pas? Est-il bien sacrilége celui qui, en profanant les saintes hosties, ne croit point au miracle, objet de notre foi?... De quoi le punirez-vous donc si vous ne le considérez pas seulement comme coupable d'outrages envers la religion de l'État; de quoi le punirez-vous, si ce n'est de manquer de foi?... Que dirions-nous, messieurs, si les Français des autres cultes, des cultes non catholiques, venaient nous demander une loi, je ne dirai pas semblable, mais de même nature, en invoquant la Charte qui leur promet une égale protection; s'ils venaient vous demander une loi qui punît de mort les actes publics commis par haine ou mépris de leurs croyances? La leur refuseriez-vous, ou la leur accorderiez-vous? Dans ce dernier cas, quel code draconien, quel code de sang viendrait épouvanter la France!... Les scènes sanglantes dont nos départements méridionaux furent le théâtre en 1816*, sont

---

* Veut-on avoir une idée du nombre et de l'énormité des crimes commis, sous des prétextes religieux, dans les départements du Gard, de Vaucluse, des Bouches-du-Rhône, etc., etc.? Qu'on lise : *les Crimes d'Avignon, depuis les cent jours, par un Vauclusien*; chez Plancher, Delaunay, Pillet, etc., libraires, à Paris : *du Gouvernement occulte, de ses agents et de ses actes, par Madier de Montjau*, etc.; Paris, 1820, chez Dalibon, libraire : les *Pièces et Documents relatifs au procès de Madier de Montjau*, etc., etc.; 1820, chez Dalibon : *Lyon en mil huit cent dix-sept, par le colonel Fabvier*, etc.; Paris, 1818, chez Delaunay : *Marseille, Nîmes et ses environs, en 1815, par un témoin oculaire*; Paris 1818 : *Marseille, Nîmes et ses environs, en 1815, par M. Durand, témoin oculaire, seconde partie : Marseille, Nîmes et ses environs, en 1815, troisième et dernière partie*; et *Lettres à M. Benjamin-Constant, sur les troubles du Gard, par Charles Durand, avocat*; Paris, 1818, chez Plancher, libraire, etc., et chez tous les marchands de nouveautés : *Des Troubles du Midi, en 1815, par C. Vence* : la brochure, infiniment curieuse, publiée en 1814, par *M. Froment*, sur les troubles de Nîmes, le camp de Jalès, les assassinats

encore présentés à votre mémoire... Comment ce seul souvenir n'a-t-il pas suffi pour arrêter les auteurs du projet? Comment n'ont-ils pas reculé devant l'idée de faire juger à Nîmes un protestant accusé de sacrilége, par des juges et des jurés tous catholiques?... — Je regarde le titre Ier du projet de loi comme une injure au ciel et à la terre, à notre religion et à notre temps, comme une infraction à la Charte, et je voterai le rejet de la loi jusqu'à ce qu'il en ait été retranché... »

Nous donnons une certaine étendue à cet article; la matière nécessite ces détails, elle les excuse : il s'agit, dans cette conjoncture, de savoir si les lois politiques et civiles de la France passeront sous le joug de l'ultramontanisme et des jésuites ; ou, en d'autres termes, si la Charte sera abolie au profit de la théocratie, et si la tiare pontificale disposera du sceptre de nos rois.

Les discussions qui ont eu lieu à la chambre des pairs, ont offert une particularité des plus remarquables. M. le cardinal de Latil a déclaré que les pairs ecclésiastiques « ont reconnu, après le plus mûr examen et
« toutes les vérifications nécessaires, que si leur minis-
« tère et le vœu de l'Église leur interdisent de voter
« comme juges lorsqu'il s'agit de l'application des lois
« pénales, rien ne peut ni ne doit les empêcher de
« concourir, comme membres du corps législatif, à la

---

commis dans le Gard, etc., etc. : enfin, l'excellent ouvrage, en trois volumes, publié, de 1819 à 1821, par *M. Lauze de Perret;* ouvrage, renfermant les faits et les documents les plus précis, les plus authentiques.... Dans l'affaire du sieur Froment contre S. A. R. Monsieur, jugée au tribunal de première instance de la Seine, le 10 décembre 1822, M. Tripier avocat de S. A R. a montré à quels sanglants excès les bandes aux ordres de Froment s'étaient abandonnées, sous des prétextes religieux, contre les protestants de Nîmes. L'affaire du sieur Froment est d'un haut intérêt pour l'histoire de notre révolution.

« formation des lois sans exception, même de celles
« dites pénales. C'est une obligation que leur impose
« leur qualité de pair, et ils sont dans l'intention de la
« remplir. » Cette tirade signale le danger de permettre
aux ecclésiastiques de participer à la confection des
lois, à l'administration de l'État, à la discussion des
affaires temporelles : rien de tout cela n'est de leur ressort, précisément parce qu'ils sont prêtres.

La sophistique distinction mise en avant par M. le
cardinal *, démontre clairement l'inconvenance de distraire les ecclésiastiques des saintes fonctions de leur
ministère, pour les faire entrer dans les fonctions administratives ou législatives : l'esprit et le texte de l'Évangile sont également contraires à cette admission des
ministres de Dieu dans les affaires temporelles ; ils se
doivent, sans nulle réserve, à l'instruction, à l'édification, au soulagement, à la consolation des fidèles dont
le salut leur a été délégué par le divin maître, et confié par l'Église. D'ailleurs, que veut dire M. le cardinal en distinguant, relativement aux prêtres, la formation des lois pénales de leur application? Concourir
au vote de la peine décernée contre le sacrilége, n'est-ce
pas concourir réellement à l'application de cette peine ?
les pairs laïques n'appliquent pas, non plus, cette peine ;

---

* M. de Latil (le nom de cet abbé était tout-à-fait inconnu en France il y a quinze ans) n'a fait preuve ni d'intolérance ni d'arbitraire dans son diocèse de Chartres : mais il a fait preuve d'absurdité, en disant : « La science est une arme nuisible à
« tout le monde, et un obstacle insurmontable aux progrès de
« l'Évangile. » M. de Latil veut-il savoir ce qu'a dit Montesquieu sur ce sujet? Le voici : « Les ecclésiastiques sont inté-
« ressés à tenir les peuples dans l'ignorance ; sans cela, comme
« l'Évangile est simple, on leur dirait : Nous savons tous cela
« comme vous. » (Œuvres de Montesquieu, t. II, pag. 590; Paris, 1817, chez Belin, imprimeur-libraire.)

ils l'indiquent, ils l'établissent, ils déterminent, ni plus ni moins que les pairs ecclésiastiques, les cas où elle doit avoir lieu contre le coupable ; ils prescrivent aux juges le jugement à rendre : quant à l'exécution matérielle, elle n'est pas plus du ressort des juges qu'elle n'est du ressort des membres des deux chambres législatives ; mais, les uns et les autres punissent réellement, ceux-ci en déterminant la peine de mort, et ceux-là en déclarant que l'accusé a encouru et doit subir cette peine.

On est affligé de voir les membres de l'épiscopat se constituer à la fois juges et parties dans une discussion qui a pour objet une loi religieuse, puisque son intitulé même en porte le caractère et le nom. Cette considération fait ressortir de plus en plus le danger de permettre aux ecclésiastiques de se mêler des affaires de l'État : le prêtre (on ne saurait trop le répéter) se doit tout entier à l'autel ; il ne peut s'en éloigner, sans courir le risque de se pervertir lui-même et de compromettre ainsi les saints attributs de son ministère ; le devoir de prêtre, celui devant lequel doivent disparaître tous les intérêts personnels et toutes les considérations terrestres, le devoir le plus sacré du pontife est de prodiguer aux fidèles l'instruction, la charité et l'édification : les curés, les évêques et les cardinaux qui ne sont au fond que des curés d'un ordre plus élevé et richement doté, sont dans la stricte obligation de résider dans leurs paroisses, dans leurs diocèses, pour y cultiver la vigne du Seigneur : telle est la loi de l'Église, tels sont les réglements des saints canons. Appeler les prêtres, qu'ils soient ou non élevés en dignité ecclésiastique, dans les conseils de l'État, dans les fonctions législatives, c'est aller directement contre la volonté de Dieu, qui a dit : Mon royaume n'est pas de ce monde ;

de plus, c'est introduire dans l'État des semences de trouble et de discorde : l'histoire de tous les siècles et de tous les pays en fournit des preuves incontestables : et pourrait-il en être différemment, lorsque la cour de Rome pose pour maxime fondamentale : « Les ministres « de la religion sont les représentants de Dieu sur la « terre, et par conséquent au-dessus des magistrats ? » (V. 17 mai.)

Les partisans de l'ultramontanisme ne cessent de citer l'exemple de l'Angleterre, où l'épiscopat tout entier siége à la chambre des pairs! Il faut être bien ignorant ou de bien mauvaise foi pour s'appuyer, en semblable matière, de l'exemple de la Grande-Bretagne..... D'abord, sa constitution politique diffère essentiellement de celle du royaume de France; ensuite, les évêques anglicans ne sont pas investis du titre et des fonctions de la pairie en vertu d'une ordonnance royale; ils tiennent, au contraire, leur droit de pairie de la seigneurie féodale de leur siége épiscopal; ce droit y est irrévocablement attaché, il ne peut en être distrait; c'est comme seigneur de la terre, comme membre du système féodal qui a fondé et qui maintient la pairie britannique, que l'évêque est lord et membre de la chambre haute : rien de semblable n'existe et ne peut exister en France; le régime féodal y est aboli; il ne sera jamais rétabli dans ce royaume! Plus de seigneurs, plus de vassaux dans cette terre constitutionnelle. Le propriétaire du domaine le plus considérable, et le paysan propriétaire d'un quart d'arpent, ont les mêmes droits territoriaux; le roi lui-même n'a pas le droit d'exiger, d'imposer dans ses domaines une redevance féodale quelconque, de se dire seigneur dans le sens attaché à ce mot avant 1789 : d'où l'on voit que l'évêque français ne peut, dans aucun cas, représenter la glèbe privilégiée, comme l'évêque anglais la représente depuis l'établissement de la chambre des lords.

Une autre considération fondamentale, tout en faveur des lords spirituels, dérive de l'état de la religion en Angleterre : le clergé n'y est pas romain, mais anglican ; l'État n'est pas dans l'Église, l'Église est au contraire dans l'État ; le monarque de la Grande-Bretagne est, à la fois, le chef de l'Église et le chef de l'État. Par conséquent, l'autorité spirituelle ne saurait empiéter et prévaloir sur la puissance temporelle ; dans la constitution anglaise, le gouvernement n'a pas à craindre autant que dans d'autres États les intrigues de la cour de Rome, les dissensions religieuses qui ont causé tant de calamités dans les États soumis à l'influence du pouvoir ultramontain. Il est toujours réduit, il est vrai, à réprimer les révoltes que ce pouvoir chercherait à exciter en Irlande, où le papisme a conservé une funeste influence ; mais un tel état de choses prouve précisément à quels périls l'ultramontanisme pourrait exposer l'Angleterre, s'il n'était fortement contenu et réprimé ; la situation même de l'Irlande fait sentir la nécessité de ne pas souffrir que les prêtres catholiques s'immiscent dans les affaires publiques. Tout gouvernement obtiendra quand il le voudra une soumission absolue du clergé catholique : voyez Napoléon *; il éloigna les prêtres des affaires publiques ; ils furent

* En lisant les mandements épiscopaux depuis 1802, on voit que dans la bouche des prêtres Napoléon fut tour à tour l'homme de Dieu et l'homme du diable, l'envoyé de la Providence et l'échappé de l'enfer ; Napoléon était légitime ou usurpateur, et ses exploits étaient des vertus ou des crimes selon l'ordre des événements ; le clergé impérial recommandait aux prières de la France l'homme qui supprimait des trônes, mais qui donnait des évêchés !

soumis, obéirent strictement aux lois, et n'osèrent se permettre aucune prétention à l'autorité temporelle... Voyez Louis XIV, dont les absolutistes et les ultramontains citent le règne et la piété avec tant de complaisance; ce monarque éloigna les ecclésiastiques de ses conseils *, depuis le jour où il prit les rênes de l'État jusqu'à l'époque de sa mort. Louis XIV, si dévoué à la religion catholique, ne pouvait pas oublier que le cardinal de Bouillon avait eu l'insolence de lui écrire : *Cardinal, je ne suis plus votre sujet!* Mazarin et Fleury conseillèrent aux deux rois qui leur avaient

* On lit dans saint Simon : « Les dépêches que le cardinal
« de Janson envoyait de Rome, où il demeura sept ans, plai-
« saient si fort à Louis XIV, qu'à son retour le monarque dit en
« plein conseil, qu'il regardait comme un vrai malheur de ne
« pouvoir le faire ministre. *Puisqu'il a le bonheur d'être estimé*
« *si capable par Votre Majesté*, dit Torcy, *pourquoi ne serait-*
« *il pas admis au ministère?* le roi lui répondit : *Lorsqu'à la*
« *mort du cardinal Mazarin, j'ai pris le timon des affaires,*
« *j'ai résolu avec grande connaissance de cause, de ne faire*
« *jamais entrer aucun ecclésiastique dans mon conseil, et des*
« *cardinaux moins que les autres; je m'en suis bien trouvé, et*
« *je ne changerai pas. Il est vrai que celui-ci a une capacité*
« *supérieure, et que je n'appréhenderais pas de lui les mêmes*
« *inconvénients que j'aurais à craindre des autres; mais ce serait*
« *un exemple que je ne veux pas donner. Cela n'empêche pas*
« *qu'en me confirmant dans la résolution de suivre la loi que*
« *je me suis imposée, je ne sois fâché qu'elle me force à*
« *éloigner un si digne sujet.* » — Certainement Louis XIV était un excellent catholique romain, et un roi infiniment dévot; les ultra-royalistes et les ultramontains ne cessent de dire que ce monarque possédait au plus haut degré le génie et la science de la royauté et du gouvernement · il fallait donc que ce monarque fût bien pénétré, convaincu des inconvénients et des dangers qu'il y avait à admettre des ecclésiastiques dans ses conseils, pour qu'il leur en eût fermé les portes pendant tout son règne.

confié les rênes du gouvernement, de ne pas admettre des cardinaux, des ecclésiastiques dans leurs conseils! L'archevêque de Sens, Loménie de Brienne, avait donné le même conseil à Louis XVI; on lit dans les *Mémoires* du marquis de Clermont-Gallerande, publiés à Paris, en 1826 : « Le roi (Louis XVI) *qui s'était*
« *promis de ne plus avoir de cardinaux en France,*
« *et qui ne s'était décidé à ce parti que d'après un*
« *mémoire rédigé par l'archevêque lui-même*, céda à
« sa demande, sollicita du pape le chapeau, et l'ob-
« tint, etc.; » tom. I", page 43. — Mazarin et Fleury connaissaient bien l'esprit du clergé, et M. de Brienne aussi, quoique plus tard il se soit contredit lui-même, pour être coiffé du chapeau de cardinal.....

Si plusieurs membres de la chambre des pairs déploient de grands talents dans la discussion du projet de loi sur le sacrilége, plusieurs membres de la chambre des députés, parmi lesquels l'on doit remarquer M. Royer-Collard * se signalent aussi par leur courageuse opposition; et l'autorité de M. Royer-Collard doit

---

* Le discours de M. Royer-Collard est entre les mains de tout le monde ; nous n'en reproduirons pas ici les passages les plus saillants, il faudrait le citer en entier : ce discours restera comme un monument où la vraie piété brille de l'éternel éclat qui lui appartient par son essence, où le fanatisme et l'intolérance sont marqués du sceau de la réprobation religieuse et politique. Quelle distance, grand Dieu, entre M. Royer-Collard et M. Peyronnet! Combien les talents législatifs et la raison politique du simple député sont supérieurs aux divagations saccadées, aux sophismes brillantés, aux périodes violentes et à la présomptueuse ignorance du ministre de la justice, garde des sceaux! M. Peyronnet a démontré, dans cette circonstance, qu'il n'est qu'un avocat, et un médiocre avocat, donnant toujours ses opinions pour des raisons, ses raisons pour des preuves, et ses décisions pour des autorités.

être ici d'un grand poids, car tout le monde sait à quel point ce député est religieux : personne n'ignore en outre combien il a toujours été dévoué à la maison de Bourbon : M. Royer-Collard donnait, sous l'empire, des preuves de ce dévouement ; il ne craignait pas d'entretenir correspondance avec Louis XVIII, tout en acceptant des fonctions de Napoléon !... Louis XVIII a eu constamment, pendant tout le cours de son exil, depuis 1791 jusqu'en 1814, une agence et une police à Paris ; sous le régime impérial, M. Royer-Collard était l'un des principaux agents du roi, et des plus largement rétribués.

M. le garde des sceaux, Peyronnet, répond coup sur coup, dans l'une et l'autre chambre, aux adversaires du projet de loi ; mais sa faconde ministérielle se brise contre leurs argumentations : il se montre le champion de l'intolérance, l'homme de l'Église ultramontaine et le familier de la congrégation des jésuites : dans les discours que l'ex-avocat de Bordeaux prononce en sa qualité de garde des sceaux, à la chambre des pairs (séances du 12 février et jours suivants), le ministre se croit profond théologien et profond érudit ; il cite Rome, Athènes, l'Égypte, le bœuf Apis, Socrate, le Décalogue, Louis XIV, Montesquieu, Filangieri, Beccaria, etc. ; mais toute l'exposition de ses doctrines religieuses et de son verbiage historique atteste sa complète ignorance de la matière qu'il discute ; nous disons ignorance, car nous sommes loin de suspecter la bonne foi d'un garde des sceaux, tant nous respectons le haut caractère de cette dignité ministérielle.

M. Peyronnet a prétendu corriger, ou plutôt refaire Montesquieu, génie dont s'honore l'esprit humain ! Montesquieu nous a donné une admirable définition de la loi, et c'est avec une extrême justesse que M. le

comte Molé a dit, à la tribune de la chambre des pairs :
« Les lois, selon la belle définition de Montesquieu,
« ne sont que l'expression du rapport des hommes en-
« tre eux. » Mais, le petit avocat de la Gironde, couvert
de la simarre des L'Hôpital, des Séguier, des Molé, des
Lamoignon, des d'Aguesseau, condamne de son autorité privée la définition établie par Montesquieu ; il la
déclare évidemment imparfaite, et soutient que « les
« lois ne sont pas l'expression des rapports, mais les
« rapports mêmes des divers êtres entre eux ; que la loi
« n'est pas un rapport, mais qu'elle l'établit et le fixe. »
Avec cette manière de raisonner on arrive à l'absurde
et à l'injuste. Nous le répétons : sans s'écarter du
respect commandé par le caractère dont la confiance
royale a daigné honorer M. Peyronnet, l'on peut signaler les prodigieuses erreurs législatives du ministre;
car les discussions législatives appartiennent à l'opinion
publique : obéir à la loi, quelque mauvaise qu'elle
puisse être, est le premier devoir du sujet ; en examiner les défectuosités ou les vices est le droit du citoyen :
tout ministre est responsable de ses discours devant
l'opinion publique, comme il est responsable de ses
actes devant la loi. On ne doit obéissance passive qu'à
la loi, et aux « réglements et ordonnances nécessaires
« pour l'exécution des lois et la sûreté de l'État (arti-
« cle 14 de la Charte). » S'il y avait une loi qui défendît de critiquer les opinions ministérielles, qui ordon-
nât de prodiguer l'éloge aux ministres inhabiles et
funestes à l'État, nous obéirions à cette loi, en gardant
le silence : mais, une telle loi n'existe pas encore.

24.—Arrivée à Marseille de la corvette *la Coquille*,
capitaine Duperrey, partie de Toulon le 11 août 1822,
pour un voyage de circumnavigation..... Le voyage n'a

pas eu de résultats importants pour la science, la navigation, la géographie, l'histoire naturelle.

27. — Loi concernant l'indemnité à accorder aux anciens propriétaires des biens-fonds confisqués et vendus au profit de l'État en vertu des lois sur les émigrés, les condamnés et les déportés..... Chambre des pairs : 159 votes pour le projet de loi, 63 contre, 1 bulletin annulé; le nombre des votants est de 223; chambre des députés : 259 votes pour le projet de loi, 124 contre; le nombre des votants est de 383.

Dans la première chambre, l'opposition est d'environ trois septièmes ; dans la seconde, elle est de près d'un tiers.

Lors du vote sur le projet de loi concernant le renouvellement intégral et septennal de la chambre des députés (5 avril 1824), le nombre des votants fut de 379; à l'époque du vote sur le projet de loi concernant l'indemnité à accorder aux émigrés, le nombre des votants est de 383 ; et l'on doit observer que les deux tiers de ces votants ont été émigrés *..... Lorsqu'il a été question de voter sur le projet de loi ayant pour objet la répression des crimes et délits commis dans les églises, etc., ou le sacrilége, le nombre des votants est de 305. — Dans une discussion de pouvoir et d'argent qui intéresse personnellement messieurs les émigrés, tous ces *soutiens de l'autel et du trône* sont à leur poste

---

* Sur les quatre cent trente membres dont se composait la chambre des députés, *deux cent soixante* étaient fonctionnaires publics, plus ou moins sous la dépendance du gouvernement; *trois cent vingt* étaient des privilégiés de l'ancien régime ; *cent quatre-vingt-quatre* étaient titrés : on comptait dans cette chambre deux cent quarante-deux membres émigrés, fils ou très-proches parents d'émigrés (a dit M. de Girardin).

législatif : dans une discussion qui touche aux plus hauts intérêts de la morale et de la religion, quatre-vingts ou cent de ces députés s'abstiennent de paraître à la chambre! L'opinion publique est frappée d'une telle exactitude et d'une telle négligence; elles caractérisent la chambre de 1824!..... Nous ne dirons pas, avec le public, que le côté et le centre droits de cette chambre attachent plus de prix à leurs intérêts personnels qu'aux intérêts religieux et monarchiques; mais (le fait est constant), lorsqu'il a été question de s'ériger en chambre septennale, en violation flagrante de la Charte; lorsqu'il s'est agi de distribuer aux émigrés, déjà si largement rétribués et dotés de pensions et d'emplois, une indemnité d'un milliard, en violation de toute pudeur nationale, la chambre de 1824 a été à peu près complète à l'instant du scrutin; tous les zélés *défenseurs* de l'autel et du trône se sont assidument rendus à leur poste! Lorsqu'il ne s'est agi que d'une loi de la plus haute gravité morale, et qui intéressait, d'une manière essentielle, la religion et l'ordre social tout entier, cent membres de cette seconde chambre introuvable n'ont pas jugé à propos de se rendre à leur poste, c'est-à-dire de remplir le premier, le plus sacré de leurs devoirs!....

La loi de l'indemnité porte : « Trente millions de
« rente, au capital d'un milliard, sont affectés à l'in-
« demnité *due* par l'État aux Français dont les biens-
« fonds, situés en France, ou qui faisaient partie du
« territoire de la France au 1ᵉʳ janvier 1792, ont été
« confisqués et aliénés en exécution des lois sur les
« émigrés, les déportés et les condamnés révolution-
« nairement. » Les six premiers titres de la loi traitent de l'allocation et de la nature de l'indemnité; de l'admission à l'indemnité et de sa liquidation; des déportés et des condamnés; des biens affectés aux hos-

pices et autres établissements de bienfaisance, et des biens concédés gratuitement ; des droits des créanciers relativement à l'indemnité ; des délais pour l'admission..... Le septième titre contient des dispositions générales relativement à cette loi.

Le titre 1er renferme (article 2) une disposition remarquable : « Lorsque le résultat des liquidations aura « été connu, les sommes restées libres sur les trente « millions de rente, déterminés par l'article 1er, seront « employées à réparer les *inégalités* qui auraient pu « résulter des bases fixées par le présent article, sui- « vant le mode qui sera réglé par une loi. » Ainsi, le gouvernement demeurera détenteur d'une réserve de fonds, plus ou moins considérable ; ils seront sans doute employés à gratifier ceux des émigrés qu'il jugera les plus dignes de ses faveurs.

Le titre V contient une disposition dont l'injustice est patente : « Les oppositions qui seraient formées à « la délivrance de l'inscription de rente, par les créan- « ciers des anciens propriétaires, porteurs de titres « antérieurs à la confiscation, non liquidés et non « payés par l'État, n'auront d'effet que pour le capital « de leurs créances. Les anciens propriétaires ou leurs « représentants auront droit de se libérer des causes « de ces oppositions, en transférant auxdits créan- « ciers, sur le montant de la liquidation en rente de « trois pour cent, un capital *nominal* égal à la dette « réclamée. » Ainsi, les émigrés recevront la valeur estimative des biens qu'ils avaient possédés, et seront dispensés d'acquitter une partie des dettes qu'ils ont contractées et dont ces biens devaient répondre.

En outre, la première de ces stipulations dispense les émigrés d'acquitter les dettes qu'ils ont pu contracter depuis vingt ou vingt-cinq ans, c'est-à-dire depuis leur rentrée sur le territoire en vertu de l'amnistie consulaire; elle ôte à leurs créanciers un gage de paiement que l'indemnité devait leur assurer : la seconde frustre les créanciers d'un quart, au moins, de leur créance, en les obligeant d'accepter de leurs débiteurs, pour paiement total, un capital *nominal* égal à la dette réclamée, au lieu d'un capital *effectif* égal à cette dette.

Si l'on n'envisage pas la loi de l'indemnité comme un acte de justice, doit-on la considérer comme un acte politique peut-être nécessaire, ou tout au moins convenable après une révolution qui a exproprié une classe entière d'individus, après les longues dissensions dont la France a été le théâtre, de 1789 à 1800? Sans doute, le devoir et le premier intérêt d'un gouvernement sage et éclairé devaient être de soulager les victimes de ces dissensions, de réunir l'universalité des Français dans un même esprit de concorde et de soumission à la Charte constitutionnelle. Pourquoi donc le gouvernement a-t-il attendu onze années avant de proposer la loi d'indemnité en faveur des émigrés? pourquoi les victimes de la révolution qui ne se trouvent pas dans cette classe, sont-elles privées de toute espèce d'indemnité?

La Charte dit textuellement : « Toutes les propriétés
« sont inviolables, sans aucune exception de celles
« qu'on appelle *nationales*, la loi ne mettant aucune
« différence entre elles. » La loi de l'indemnité, qui impose aux contribuables un sacrifice annuel de trente millions, et qui charge la nation d'une dette d'un milliard de francs, n'est donc pas nécessaire, indispensable, en *droit*, aux acquéreurs de propriétés nationales; ils n'en ont nul besoin comme propriétaires, ils possèdent légalement, légitimement : la garantie exprimée en leur faveur par la Charte est entière, sans restriction ni interprétation, et cette garantie est irrévocable. Mais

la loi de l'indemnité est, dit-on, favorable aux acquéreurs de biens nationaux, en ce sens qu'elle doit tranquilliser les consciences timorées; car elle tend à consolider la tranquillité de l'État, en interdisant aux anciens propriétaires toutes réclamations contre ou envers les propriétaires actuels! Ceci est un pur sophisme; surtout, si l'on entend parler des propriétés ayant appartenu au clergé.

Que des raisons politiques, ou des motifs de justice, ou des sentiments de bienveillance, ou enfin des considérations d'intérêt personnel, aient, enfin, décidé le ministère Villèle à proposer une mesure réparatrice d'une partie des malheurs enfantés par la révolution, peu importe; mais la loi eût offert bien plus d'équité en partageant ses bienfaits entre toutes les classes d'individus ruinés, en tout ou en partie, par cette révolution : tels que les propriétaires de rentes sur l'État, auxquels l'on a enlevé les deux tiers de leurs créances; ces créances ont été éteintes révolutionnairement, au profit du fisc, et le fisc ne rend pas même le tiers de leurs rentes... La loi n'a pas songé non plus à indemniser les individus dépouillés de leur fortune par les lois du maximum et de l'emprunt forcé; les propriétaires, négociants ou manufacturiers réduits à la mendicité par la banqueroute et la démonétisation des assignats et des mandats; les magistrats qui n'ont pas reçu ou n'ont pas voulu demander le remboursement de leurs charges; les habitants des départements de l'ouest dont les propriétés ont été ravagées et incendiées; les villes et communes (Lyon, Lille, Nimes, Toulon, Avignon, Bédouin, Fort-Louis, etc.,) que le régime révolutionnaire a spoliées et ensanglantées; les membres de la Légion-d'Honneur auxquels on a ravi, en 1814, le gage de leurs créances et une partie de leur traitement, en violation des paroles les plus sacrées ; enfin, tous les créanciers légitimes de l'ancien gouvernement, qui ont vu périr dans leurs mains les droits et les titres dont ils étaient investis..... Ces classes, ces individus, n'avaient-ils pas droit aussi, et droit incontestable, à une indemnité? Ils ont éprouvé des pertes immenses, ils ont été soumis aux plus grands sacrifices, ils ont défendu au prix de tout leur sang l'indépendance et l'intégrité du territoire français, tandis que les émigrés pour un noble motif, sans doute, ont porté le fer et la flamme dans le sein de la France, et excité les puissances étrangères à s'armer contre elle, à se partager son territoire.....

Des pétitions sans nombre sont adressées aux deux chambres; de tous les coins de la France, les victimes de la révolution demandent que le bienfait de l'indemnité s'étende aussi sur elles : au sujet de ces justes réclamations, l'illustre général Foy dit, à la tribune nationale : « Qu'au moment du splendide festin qu'on va « servir aux émigrés, on laisse au moins tomber de la « table quelques miettes pour de vieux soldats, pour « des soldats mutilés qui ont porté jusqu'au bout du « monde la gloire du nom français! » Vaines réclamations! les partisans de l'émigration ont décimé par la bouche du duc de Richelieu la vieille armée française : les vétérans de notre gloire militaire n'ont rien à espérer de la chambre septennale!

La question de l'indemnité éprouve une forte opposition de la part des membres siégeant au côté gauche de la chambre; ils sont en très-petit nombre, grâce aux manœuvres ministérielles pratiquées sans pudeur à l'époque des élections : mais leur courage, leurs talents et leur patriotisme n'en brillent que d'un plus vif éclat... L'incorruptible Labbey de Pompières prononce dans cette discussion un de ces discours que l'histoire recueillera; le vénérable citoyen dit : « ...Personne n'ignore que l'émigration la plus fatale à la France, celle qui s'arma contre elle, celle qui alla soulever l'étranger contre la patrie, commença en 1791 ; alors la France était en paix avec l'univers; la plus grande tranquillité régnait dans l'intérieur. Un décret du 1er août avait rappelé les émigrés. Bientôt une constitution, modifiée sur les observations du roi et sanctionnée par lui, offrit aux Français l'espoir d'une sage liberté. Les passeports furent supprimés et toutes les barrières ouvertes : mais une fatale obstination ne fit suivre que la route de Coblentz. C'est alors que, selon M. le commissaire du roi, les émigrés placèrent *l'honneur* sur la terre étrangère; c'est alors qu'oubliant celui à qui ils avaient juré fidélité, celui qu'ils avaient à défendre par devoir et par intérêt, celui dont vraisemblablement ils auraient sauvé les jours, le chef enfin de la monarchie, ils s'armèrent contre le monarque et la patrie ; c'est alors que n'écoutant que leurs préjugés, et sans égard aux proscriptions qui menaçaient leurs pères, leurs femmes, leurs enfants, aux dangers qu'ils accumulaient sur des têtes si chères, ils appelèrent l'Europe à la dépouille, au partage du pays qui les vit naître, de la terre qui les avait nourris, qui fournissait encore à leur existence par l'entremise de leurs familles. — Le manifeste de Berlin, ceux du duc de Brunswick avaient paru; la guerre était commencée lorsque la confiscation fut prononcée... La confiscation eut deux motifs : l'un, de fournir à des besoins pressants et que chaque jour voyait renaître; l'autre, de priver d'une partie de leurs ressources ceux qui déchiraient la patrie : et quelle est la puissance qui se refuse à enlever à son ennemi ses moyens d'attaque? Ce fut donc un acte de conservation et non de vengeance... Les émigrés ont tout perdu! ne cesse-t-on de dire; fiction mensongère que les listes d'électeurs ont dissipée depuis long-temps. A l'exception de quelques émigrés de province qui n'auront qu'une faible et peut-être aucune part à l'indemnité; à l'exception de ceux dont toute la fortune était mobilière, et que la loi invoquée au nom de la justice repousse; à l'exception des cadets de famille qui n'avaient que la cape et l'épée, tous ou leurs héritiers sont électeurs; tous ou presque tous sont des grands colléges; tous ou presque tous sont éligibles. — On veut, dit-on, faire disparaître la défaveur attachée au titre de nouveaux propriétaires; mais jamais possession ne fut plus légitime. Si la possession d'un bien confisqué est illégitime, quel est le champ exempt de cette tache? quelle est la terre qui n'en fut pas atteinte depuis la confiscation prononcée contre Robert d'Artois, ou seulement depuis le connétable de Bourbon, jusqu'à nos jours? — Qu'aurait-on à répondre à un nouveau possesseur qui, se présentant dans la chambre des pairs ou dans celle-ci avec une liste complète des confiscations anciennes et modernes, et s'adressant aux chefs des familles les plus riches et les plus hautes en dignité, demanderait aux uns : Que fit-on des terres des Coligny, des Téligny, et des milliers de Français qui périrent dans ces jours d'exécrable mémoire? Quels sont les possesseurs des dépouilles des Concini, des Cinq-Mars, des de Thou, des Marillac? En quelles mains sont les biens des religionnaires fugitifs, presque tous donnés à l'obsession, à la faveur?... » Ce discours, plein de vérité historique et de raison politique, place M. Labbey de Pompières au rang des meilleurs citoyens et des publicistes les plus éclairés : il a des droits à la reconnaissance de son pays et au respect de la postérité.

M. Méchin ne prive pas la tribune nationale des accents nobles et sévères qui le caractérisent. Après avoir démontré le vice et l'inconstitutionnalité de la loi, il dit : « ...Votre commission a bien changé la face des choses ; c'est dans le *droit* qu'elle plante les racines de la loi : les anciens propriétaires pour elle n'ont jamais cessé de l'être, puisqu'elle admet en principe que, sans égard à leur mort civile, ils ont pu, par des testaments ou des actes entre vifs, transmettre et léguer les propriétés confisquées sur eux en vertu des lois en vigueur, et dont la possession a été confirmée irrévocablement aux détenteurs actuels par la Charte. — Ainsi donc, tandis que la Charte convertit le fait en droit, en lui donnant la sanction de la légitimité, votre commission rétablit entre les mains du propriétaire ancien le droit consacré par la Charte en faveur du propriétaire nouveau...— La loi, dit-on, rendra à l'acquéreur des biens confisqués la considération qui le fuit ; et la nation, au moyen des dommages et intérêts qu'elle va payer, sera absoute de la révolution : le mot n'est pas trop fort ; il révèle le fond de bien des pensées... En doit-il coûter un milliard à vingt-neuf millions de Français pour avoir voulu ce que repoussaient cinquante mille ?... C'est à ceux qui l'ont vaincu que le privilége demande des réparations et des indemnités ; c'est à ceux auxquels il a fait trente ans la guerre qu'il demande d'oublier en sa faveur leurs propres maux, et de ne penser qu'à lui aux jours de la paix et de la réparation... Trouvons-nous dans l'histoire que les biens confisqués aient jamais été restitués ? Non, parce qu'ils devenaient sur-le-champ la proie des courtisans et des favoris : on sait qu'on sollicitait la dépouille d'un proscrit, *à l'œil de bœuf* comme sur la place, les confiscations avaient un cours public.....»

En vain M. de La Bourdonnaye, qui croit avoir les talents et l'éloquence de Mirabeau parce qu'il en a la véhémence et l'ambition, en vain M. de La Bourdonnaye essaie-t-il de détruire les victorieux raisonnements de MM. Labbey de Pompières, Méchin, Basterrèche, etc.; il ne fait que leur donner une nouvelle force. Cet orateur, qui passe de l'un à l'autre camp, et qui se montre ministériel ou de l'opposition, selon l'espérance prochaine ou éloignée d'un porte-feuille, dit : « ...C'est le fait et non le droit que la Charte a maintenu... La Charte a maintenu la possession des acquéreurs dans l'intérêt de la tranquillité publique; mais sans rien préjuger contre les droits des émigrés, qu'il n'était pas au pouvoir du monarque d'anéantir, contre des droits qu'il a positivement reconnus et déclarés le même jour par un acte émané du même pouvoir dictatorial que la Charte, l'ordonnance du 4 juin sur la dotation de la chambre des pairs... » Partir de l'exception pour établir la règle, est une manière très-vicieuse de raisonner; M. de La Bourdonnaye doit savoir cela. — En outre, si Louis XVIII a réuni le 4 juin 1814 la dotation du sénat au domaine de la couronne, il ne s'ensuit pas que ce monarque eût le droit d'ordonner une telle réunion; elle était contraire à l'article 66 de la Charte. M. de La Bourdonnaye tombe dans la logomachie, en prétendant que l'article 9 de la Charte qui reconnaît l'inviolabilité des propriétés nationales est nul « sans l'accomplissement des dispositions de l'article 10, « c'est-à-dire d'une juste indemnité; » c'est confondre la loi civile et la loi politique, c'est les méconnaître toutes deux. Avec cette manière de déraisonner, aucune propriété ne demeurerait inviolable, et l'État pourrait en exiger le sacrifice en prétextant la cause d'intérêt public légalement constaté. Dire que la Charte a « maintenu la possession des acquéreurs nationaux « dans l'intérêt de la tranquillité publique, mais sans

« rien préjuger contre les droits des émigrés, » c'est avancer une hérésie archi-anticonstitutionnelle ; d'après cette logique, érigée en loi ou en ordonnance, d'après ces motifs de la tranquillité publique mis en avant, il n'est aucun des 74 articles de la loi fondamentale qui ne pût être interprété, modifié, abrogé et formellement supprimé : peut-être même, en pressant un peu le raisonnement de M. de La Bourdonnaye, en sortirait-il la conséquence que Louis XVIII n'aurait pas eu le droit de donner la Charte! Nous sommes d'un avis contraire, absolument contraire ; nous pensons même que ce n'est pas en vertu du pouvoir dictatorial dont Louis XVIII s'était investi en 1814, que le monarque a pu donner la Charte; il avait un tout autre droit que ce pouvoir, il était pleinement et légitimement investi du droit royal...Tous les royalistes de bonne foi reconnaissent que la Charte est la loi fondamentale de l'État, que toutes les lois, ordonnances et réglements doivent être mis en harmonie avec cette loi fondamentale, et ne peuvent pas, à plus forte raison, lui être opposés : mais il y a des royalistes avant et après la lettre, des royalistes purs, c'est-à-dire contre-révolutionnaires absolus; des royalistes jacobins et même ultramontains, ce qui est encore pis, parce qu'ils ne sont pas Français ; des royalistes qui veulent un porte-feuille avec ou sans la Charte; des royalistes *quand même !* des royalistes sous conditions; des royalistes jésuites; des royalistes par ordre chronologique et sous bénéfice d'inventaire; ces classes renferment environ cent mille individus. Il y a, d'un autre côté, les vrais et loyaux royalistes, les royalistes constitutionnels, selon la Charte; et la classe de ceux-ci renferme trente millions d'individus, c'est-à-dire la France..... Quoique M. de La Bourdonnaye ait manifesté, en 1808 et années suivantes, un dévouement et un amour sans bornes pour Napoléon *; quoiqu'il ait fait, en sa qualité de président du collége élec-

* Nous ne blâmons nullement M. de La Bourdonnaye de son admiration pour Napoléon; M. de Châteaubriand, aussi bon royaliste que M. de La Bourdonnaye, n'avait-il pas aussi brûlé son encens au pied du trône impérial? La littérature n'oubliera point les pages orientales du chantre d'*Atala*, de l'auteur du *Génie du christianisme*, etc..... « On ne peut s'empê-
« cher de reconnaître dans vos destinées cette Providence qui
« vous avait marqué de loin pour l'accomplissement de ses des-
« seins prodigieux. La France, agrandie par vos victoires,
« place en vous toutes ses espérances... Continuez à tendre
« une main secourable à trente millions de chrétiens *qui prient*
« *pour vous* au pied des autels que vous leur avez rendus. »
Ainsi parlait M. de Châteaubriand à Napoléon dans sa préface d'*Atala*; M. de Châteaubriand représentait Napoléon comme un homme « envoyé par la Providence, en signe de récon-
« ciliation, quand elle est lasse de punir. » Voici un panégyrique complet, tracé par M. de Châteaubriand : « Mais, quel
« temps ai-je choisi, messieurs, pour vous parler de deuil et
« de funérailles? Ne sommes-nous pas environnés de fêtes?
« Voyageur solitaire, je méditais, il y a quelques jours, sur
« les ruines des empires détruits, et je vois s'élever un nouvel
« empire. Je quitte à peine les tombeaux où dorment les na-
« tions ensevelies, et je vois un berceau chargé des destinées
« de l'avenir. De toutes parts retentissent les acclamations du
« soldat; César monte au Capitole; les peuples racontent ses
« merveilles, les monuments élevés, les cités embellies, les
« frontières de la patrie baignées par les mers lointaines qui
« portèrent les vaisseaux de Scipion, et par ces mers reculées
« que ne vit jamais Germanicus. — Tandis que le triompha-
« teur s'avance entouré de ses légions, que feront les tran-
« quilles enfants des Muses? Ils marcheront à la suite du char,
« pour joindre l'olivier de la paix aux palmes de la victoire,
« pour présenter aux vainqueurs la troupe sacrée des sup-
« pliants, pour mêler aux récits guerriers les touchantes ima-
« ges qui faisaient pleurer Paul Émile sur les malheurs de
« Persée. — Et vous, fille des Césars, sortez de votre palais
« avec votre jeune fils dans vos bras; venez ajouter la grâce à

toral de la Mayenne, le plus pompeux éloge du génie, des talents et des vertus de l'usurpateur du trône des Bourbons; quoiqu'il lui ait adressé (sur les travaux à faire pour encaisser la Loire) un mémoire dont nous pourrions citer des passages singuliers, nous le tenons pour vrai, chaud et loyal royaliste, surtout depuis 1815; seulement, il tord un peu le cou à certains articles de la Charte.

Au reste, tous les fougueux raisonnements de cet orateur, toutes les divagations et les déclamations anti-

« la grandeur; venez attendrir la victoire, et tempérer l'éclat
« des armes par la douce majesté d'une reine et d'une mère. »
Il était difficile de louer plus délicatement Napoléon; ce *faux grand homme*, cet *homme de peu*, ce *Buonaparte* qui avait pris le *masque* d'Alexandre et de César, ainsi que l'a dit M. de Châteaubriand dans son pamphlet intitulé : *de Buonaparte et des Bourbons*.... Dans ce factum, l'illustre écrivain fait le portrait de l'empereur Napoléon; en voici quelques traits : « Absurde
« en administration, criminel en politique, qu'avait-il donc
« pour séduire les Français, *cet étranger*? La gloire militaire?
« Eh bien, il en est dépouillé. C'est en effet un grand gagneur
« de batailles; mais *hors de là*, le moindre général est plus
« habile que lui.... La magnanimité lui manque : la nature le
« forma sans entrailles; sa tête est l'empire des ténèbres et de
« la confusion; toutes les idées peuvent y entrer, mais elles en
« sortent aussitôt.... Il veut paraître original, et n'est jamais
« qu'imitateur. Il essaie toujours de dire ce qu'il croit un
« grand mot, ou de faire ce qu'il présume une grande chose...
« Né pour détruire, il porte le mal dans son sein tout naturel-
« lement. Il a horreur du bonheur des hommes. Son grand
« plaisir était de déshonorer la vertu... Enfant de notre révo-
« lution, il a des ressemblances frappantes avec sa mère : in-
« tempérance de langage, goût de la basse littérature, passion
« d'écrire dans les journaux... Sous le masque d'Alexandre et
« de César, on aperçoit l'homme *de peu* et l'enfant *de petite*
« *famille*.... Mobile comme les hommes de son pays, il a quel-
« que chose de l'histrion et du comédien.... Les *masses* devant
« être tout, les *individualités* rien..... On corrompra cette jeu-

constitutionnelles et plus ou moins saugrenues des Viennot-Vaublanc, des Pardessus, des Castelbajac, des Syrieys-Mayrinhac, des Sallaberry, des Gallard-Terraube, des Forbin des Issarts, des Duplessis-Grénedan, des Frénilly, des Villèle, etc., ne détruisent pas, en bonne et saine logique, une seule des argumentations des membres de l'opposition : celles-ci sont encore fortifiées par les discours, si remarquables à tous égards, que prononcent MM. Casimir Périer,

« nesse ; mais elle m'obéira mieux... Ces enfants étaient placés
« dans des écoles où on leur *apprenait*, au son du tambour,
« *l'irréligion, la débauche, le mépris des vertus domestiques,*
« *et l'obéissance aveugle au souverain*, etc., etc.... » M. de
Châteaubriand fit tous ses efforts, en 1815, pour empêcher
Louis XVIII de se livrer à des sentiments de clémence envers
les Français égarés des *cent jours* ; présenté au roi, à la tête
de la députation du Loiret, il demanda *justice* au nom de la
France envahie, déchirée : « Ce n'est pas sans une vive émo-
« tion (disait-il au roi) que nous venons de voir *le commen-*
« *cement de vos justices....* Nous ne nous dissimulons pas que
« le moment est venu de suspendre le cours de votre inépui-
« sable clémence, etc. » — M. de Châteaubriand a écrit sur
tous les sujets, et a professé toutes sortes d'opinions : mais ce
qu'il y a de véritablement admirable dans cet écrivain, c'est
que toutes ses assertions, tous ses apophthegmes religieux,
moraux, politiques, administratifs, etc., peuvent être également défendus et combattus par les preuves et les raisonnements mis en avant dans ses écrits ; il suffit de citer textuellement ce grand coloriste, pour montrer avec quel talent et quelle
facilité il se joue de toutes les matières qu'il traite.... Au reste,
M. de Châteaubriand a eu beau, dans sa brochure intitulée :
de Buonaparte et des Bourbons, amonceler les outrages et les
calomnies contre l'ex-empereur, Napoléon n'en sera pas moins
l'homme le plus extraordinaire de tous les siècles ; nous irons
plus loin, nous ne craindrons pas de dire : *Napoléon a rendu
douteuses les anciennes gloires, et impossibles toutes nouvelles
gloires.*

Dupont de l'Eure, Benjamin Constant, Deveaux du Cher (qu'il ne faut pas confondre avec M. Bertin de Veaux, du *Journal des Débats*), et surtout M. le général Foy..... Avant de citer quelques paroles de ce dernier orateur, il ne sera pas inutile d'observer que la cause des émigrés a été défendue avec le plus de chaleur par les membres de la chambre qui s'étaient le plus révolutionnairement acharnés contre eux de 1791 à 1794, qui les avaient représentés comme des brigands qu'on devait mettre hors de la loi : tout le monde a connu l'enthousiasme révolutionnaire de M. Pardessus, de M. Syrieys-Mayrinhac, de M. Sallaberry, de M. Duplessis-Grénedan, de M. Viennot-Vaublanc, etc. ; ils ont fait amende honorable et rétracté leur apostasie royale; nous les en félicitons, nous les honorons; mais il n'en est pas moins remarquable, sans doute, de trouver les mêmes individus ennemis ou alliés des émigrés, selon l'ordre des événements politiques. Nous entrons dans de certains détails sur la question de l'indemnité, parce que c'est le procès pendant entre les privilégiés et la nation ! Ils gagnent leur procès, et la nation est condamnée à leur payer un milliard de dommages, ou d'amendes, comme on l'a si gracieusement dit dans les chambres législatives.....

En parlant de l'illégalité des ventes révolutionnaires, M. Duplessis-Grénedan s'est oublié au point d'appeler les propriétés nationales des propriétés *volées*........ !
«... Messieurs, s'écrie le général Foy, les propriétaires des domaines nationaux sont presque tous les fils de ceux qui les ont achetés; qu'ils se souviennent que, dans cette discussion, leurs pères ont été appelés *voleurs et scélérats*, et qu'ils sachent que transiger avec les anciens propriétaires, ce serait outrager la mémoire de leurs pères et commettre une lâcheté..... Ce serait,

je le déclare, ce serait de la part des fils des nouveaux propriétaires une véritable lâcheté ; ce serait convenir eux-mêmes que leurs pères furent des *voleurs* et des *scélérats.* — Que si l'on essayait de leur arracher par la force les biens qu'ils possèdent légalement, qu'ils se souviennent qu'ils ont pour eux le roi et la Charte, et qu'ils sont vingt contre un...» Le général Foy alla sans doute beaucoup trop loin dans sa réplique à M. Duplessis-Grénedan, et nous désapprouvons la véhémente sortie de l'orateur : mais les créatures du ministère Villèle avaient aussi, de leur côté, énoncé très-insolemment des opinions susceptibles de réveiller toutes les inquiétudes des acquéreurs des propriétés nationales ; ces opinions annonçaient clairement le point de vue sous lequel le caractère et le vrai but de l'indemnité étaient considérés par les copartageants, et elles tendaient évidemment à réveiller toutes les haines et à exciter toutes les prétentions des émigrés.....

Le projet de loi porté à la chambre des pairs, y est combattu par les ducs de Broglie et de Choiseul ; ces deux membres de la chambre déploient, dans leurs discours, des connaissances et une éloquence du premier ordre. M. de Châteaubriand fait, suivant son usage, de très-belles phrases : il admet le principe du projet de loi, c'est-à-dire le *droit* des émigrés, et par conséquent l'illégalité des ventes nationales ; mais, en soutenant le principe, afin de défendre la cause de l'émigration, l'écrivain du *Conservateur* et du *Journal des Débats* attaque la contexture de la loi, qui lui paraît « avoir été gâtée par des détails dont le mal était « peut-être irréparable. » C'est la portion de blâme réservée contre M. de Villèle, auquel M. de Châteaubriand ne pardonne pas de l'avoir mis à la porte de l'hôtel ministériel..... Depuis douze ans, M. de Châteaubriand a professé tour à tour les opinions et les doctrines les plus opposées entre elles ; au reste, sa *Monarchie selon la Charte* a démontré qu'il n'est pas homme d'État. — Il est inutile de rappeler les opinions émises par MM. de Tournon et de Villefranche, par le duc d'Uzès, par M. de Saint-Roman, etc. (elles sont d'une faiblesse et d'une partialité excessives), et surtout par M. de Villèle, qui n'a fait que reproduire à la chambre des pairs les sophismes et les aberrations politiques dont il a été si prodigue dans la chambre des députés : le président du conseil des ministres a pour but d'obtenir, moyennant la loi d'indemnité, une création de rentes trois pour cent ; il l'obtient !

Malgré toute l'ostentation des paroles de M. de Villèle, l'indemnité stipulée en faveur des émigrés ne prouve point le sentiment de justice qu'annonce la loi, en disant : L'indemnité due par l'État ; car *indemniser* signifie *dédommager, payer les dommages*, et non une partie des dommages. La loi évalue les biens-fonds d'après leur valeur au moment de la confiscation, ou plutôt d'après la valeur que leur ont attribuée à cette époque les agents nationaux ; ces biens ont acquis, depuis trente années, une grande augmentation de prix ; elle est mise de côté au détriment de l'émigré. Ici, le dédommagement de la plus-value eût été, l'on doit en convenir, par trop onéreux à l'État, et le ministère ne saurait être blâmé de ne tenir à l'émigré aucun compte de la valeur actuelle de son ancienne propriété, ni des fruits perçus pendant la durée de l'expropriation. Mais y a-t-il de l'équité à payer à l'émigré une somme inférieure d'un tiers à celle que l'État reconnaît lui devoir, et à payer cette somme en inscriptions de rente soumises aux chances du plus dévorant agiotage de bourse? Une telle disposition ne laisse-t-elle pas soupçonner que le projet de loi sur l'indemnité a pour but, ou pour principal motif, de favoriser des spéculations financières nuisibles à la prospérité de l'État, mais favorables à de certaines dépenses ou dilapidations que le ministère ne pourrait avouer ni placer dans le budget ? Il est même permis de penser que, par l'hypocrite bienveillance témoignée à tous les émigrés, le ministère a voulu se donner les moyens de doter ceux qui sont députés, et ils sont nombreux, afin de consolider et de diriger selon son bon plaisir la majorité d'une chambre qui s'est donné sept années de pouvoir; désormais, cette majorité ne doit reculer (ainsi l'a décidé M. de Villèle) devant aucune violation des articles les plus textuels de la Charte; elle répandra les calamités sur la France, et mettra le royaume à deux doigts d'une révolution !

Les émigrés étaient-ils à plaindre? disent les adversaires du projet de loi concernant l'indemnité.

Pendant le cours du régime directorial, pendant la durée des gouvernements consulaire et impérial, la nation prit un véritable intérêt à la situation des émigrés : leur sort fut notablement amélioré par Napoléon ; il leur accorda même beaucoup plus de grâces, d'emplois, d'influence législative, administrative, religieuse, qu'une politique bien entendue ne le conseillait : mais, dès le lendemain de la chute d'un usurpateur que presque tous avaient si fidèlement servi, si bassement adulé, ces nobles défenseurs de la légitimité perdirent sans retour l'estime et la bienveillance dont la nation les avait honorés jusqu'alors. La nation fut révoltée de l'excès de leurs prétentions, de l'esprit de vengeance dont ils se montraient animés, du mépris qu'ils affichaient pour les libertés publiques et la gloire nationale, et de leurs invocations en faveur des priviléges et des abus de l'ancien régime....

En 1825, l'opinion nationale était plus loin que jamais de s'apitoyer sur le sort des hommes de l'émigration ; elle ne se doutait pas qu'ils eussent besoin d'une indemnité! En effet, les émigrés remplissaient la presque totalité des grandes places de l'administration, de l'armée, de l'Église; on les voyait partout au premier rang; la cour en était encombrée, et leurs noms remplissaient l'almanach royal; ils s'étaient emparés, presque exclusivement, des fonctions départementales et communales ; les ministères, les ambassades, les commandements militaires, les évêchés, les maisons d'éducation gratuite, étaient à leur disposition ou sous leur influence immédiate; les pensions, les gratifications, pleuvaient sur leur dévouement à la royauté et à la maison de Bourbon, quoiqu'ils eussent prêté serment sur serment à la république et à l'empire; les dignités, les hauts grades, tous les emplois lucratifs et de riches sinécures, leur étaient prodigués outre mesure; en un mot, les hommes de l'émigration s'étaient mis en possession du gouvernement et du fisc, et il ne leur manquait plus pour se retrouver aux jours si fortunés de 1788, que les priviléges de l'ancien régime, priviléges dont les plus avides, mais non pas les plus sages, poursuivaient la restitution par tous les moyens de fraude, de corruption, de violence, de fanatisme religieux, d'hypocrisie constitutionnelle et de tyrannie administrative, dont ils avaient le libre exercice sous un ministère, le plus inhabile ou le plus pervers de tous les ministères qu'ait jamais eu la France *.

* « Il y a vingt-trois ans que les restitutions ont commencé pour l'émigration ; à peu près à cette époque, sur vingt mille propriétaires dont se composaient les colléges électoraux de département, quatorze mille appartenaient directement ou indirectement aux anciens ordres privilégiés, ce qui fit confier au sénat le choix définitif des députés; l'émigration ne tarda pas à entrer en participation très-ample des faveurs du gou-

A quelques exceptions près, les émigrés administraient la France, et ils l'administraient avec les lois et les décrets de Napoléon! Ils gouvernaient!

Nombre de ces preux, de ces chevaliers, mânes de l'ancienne noblesse, sont aujourd'hui si rachitiques, si rabougris dans toutes leurs proportions nobiliaires, qu'ils accaparent jusqu'aux bureaux de loterie, de tabac; ils se sont jetés à corps perdu dans les fournitures, les affaires de négoce, le courtage des dénonciations, les fabriques de conspirations, le commerce des places, l'agiotage de bourse : nous pourrions citer des gens titrés, et tenant à la cour, qui cumulent deux et trois bureaux de loterie; il nous serait facile de nommer des marquises et des comtesses qui exploitent, sous des noms supposés, trois ou quatre bureaux de tabac, qui vendent sous l'anonyme, de l'eau-de-vie, du cirage, et jusqu'à des brosses à souliers; nous pourrions même signaler des ducs qui prêtent à 18 et 20 pour cent, et qui font le courtage en vrais *marrons de bourse*. Tous les métiers leur ont été bons, honorables, glorieux, pour s'enrichir. — M. César de La Panouze, remplissait, en Égypte, des fonctions subalternes dans la partie civile (administration des finances); en 1814 et 1815, ce chevalier de Malte exerçait la profession de marchand de vieux ga-

vernement d'alors; en 1814, 9,330,000 francs de revenu ont ajouté à ces motifs de consolations : toutes les dignités, tous les emplois se sont accumulés sur elle; elle a chassé du bureau le plus obscur plébéien dont la place lui a convenu; dans le budget annuel du personnel, elle compte pour 68,000,000 fr. de traitement; la liste civile s'est épuisée pour elle; elle figure au moins pour un quart au livre des pensions; et je me demande si c'est enfin pour l'émigration, telle qu'elle est aujourd'hui, que je dois imposer un milliard aux autres infortunés. » Ainsi s'exprimait M. Méchin, à la tribune de la chambre des députés.

lons, de fondeur de matières d'or et d'argent *; M. de La Panouze, tout-à-fait inconnu naguères, est aujourd'hui millionnaire, et la protection de son ami, M. de Villèle, le placera bientôt dans la chambre des pairs. De grands dignitaires, des princes de l'empire ou de la restauration tripottent dans le négoce, et font le métier de revendeurs, au su de tout le monde. Qui ne connaît les arrangements financiers de M. le prince de Talleyrand avec la maison Paravey? De pareilles associations sont permises, rien de plus simple; mais elles contrastent un peu, ce me semble, avec ce désintéressement, cette noblesse chevaleresque dont se targuent à tout propos certains émigrés et les anciens ou nouveaux grands seigneurs. Ces gens *comme il faut* vont aujourd'hui à la fortune par toutes les voies; ils se mettent en rivalité avec les professions les plus obscures; partout, le peuple les a trouvés sur ses pas lorsqu'il s'est agi d'un lucre quelconque, si honteux qu'il fût. Il ne faut donc pas être surpris que la France entière exprime son mécontentement, en se voyant grevée d'une somme énorme pour soulager ces nobles infortunés devenus si riches depuis 1814; la nation trouve qu'il y a plus que de la générosité à voter un milliard, uniquement destiné à indemniser des hommes qu'elle regarde comme les auteurs de la plus grande partie des maux dont elle a été accablée jusqu'à ce jour; nous n'entendons pas approuver à cet égard l'esprit public, nous le constatons.

On dit généralement : Si les émigrés ont quitté le sol de la France (1789 à 1792), pour défendre la royauté et la maison de Bourbon, pourquoi donc sont-ils rentrés en France aussitôt que l'amnistie consulaire

* Nous avons vu une reconnaissance pour vieilles épaulettes et vieux galons achetés par M. de La Panouze à un officier de la vieille armée.

leur en a ouvert les portes? pourquoi ont-ils délaissé, en pays étranger, le roi et les princes français? pourquoi ont-ils prêté, à toute course et haletants de bassesse, serment de fidélité à cette république qui avait proscrit, en caractères de sang, le roi et les princes français? pourquoi se sont-ils prosternés de la meilleure grâce du monde, et avec toute la courtoisie de l'œil-de-bœuf, avec la superbe étiquette de Versailles, aux pieds du soldat heureux qui s'était assis sur le trône des Bourbons, en trempant son manteau impérial dans le sang d'un petit-fils de saint Louis?

Si cette foule de nobles, ou se disant nobles, qui vivaient des sueurs du peuple et s'engraissaient des abus de l'ancien régime, si ces gentilshommes avant ou après la lettre avaient déserté leur patrie, à cause des dangers dont ils étaient personnellement menacés comme aristocrates, alors les chevaliers de l'autel et du trône n'auraient pas eu le mérite d'abandonner leurs foyers et de délaisser leur roi, pour voler à la défense du trône et de l'autel, disent les non partisans du milliard de l'indemnité *due* aux émigrés; et ils se fondent sur les opinions et les aveux si fortement prononcés, en terre libre, par M. de Châteaubriand, écrivain dont le royalisme et l'esprit monarchique, depuis 1814, ne peuvent pas plus être révoqués en doute que les talents comme littérateur *.

---

* « Les fugitifs...., *forcés à s'exiler par la persécution*,
« prirent les armes sur des terres étrangères en faveur de la
« constitution de l'ancienne monarchie.—La persécution com-
« mença en même temps dans toutes les parties de la France ;
« et qu'on ne croie pas que l'opinion en fût la cause. Eussiez-
« vous été le meilleur patriote, le démocrate le plus extrava-
« gant, il suffisait que vous portassiez un nom connu pour
« être noble, pour être persécuté, brûlé, lanterné ; témoins les

Nous n'attacherons pas aux principes dont M. de Châteaubriand faisait profession en 1797, à Londres, après huit années de la sanglante révolution, plus d'importance qu'ils ne méritent, même sous le rapport de l'érudition et du style : nous adopterons au contraire, avec empressement, les doctrines monarchiques et religieuses dont M. Châteaubriand se rendait l'interprète en 1814, à Paris, sans entendre néanmoins approuver les assertions anticonstitutionnelles si brillamment énoncées par cet écrivain auquel la France est redevable en très-grande partie de la réapparition des jésuites, du double vote, de la septennalité, de la guerre d'Espagne et du faux système adopté par Ferdinand VII, dont le gouvernement était appelé par M. de Châteaubriand : *le gouvernement-modèle* : nous regrettons

« Lameth et tant d'autres dont les propriétés furent dévastées, « quoique *révolutionnaires et de la majorité de l'assemblée* « *constituante*.—Dans l'abandon général et la persécution atta- « chée à leurs pas, il restait aux gentilshommes une ressource, « la capitale. Là, perdus dans la foule, ils espéraient échapper « par leur petitesse, contents de dévorer en paix, dans quel- « que coin obscur, le morceau de pain qui leur restait : il n'en « fut pas ainsi.—Il semble que l'on fit tout ce que l'on put pour « les forcer à s'expatrier ; et plusieurs pensent que c'était un « plan de l'assemblée pour s'emparer de leurs biens. Ces victi- « mes dévouées étaient obligées de quitter Paris dans un temps « donné.... En vain les malheureux gentilshommes qui survé- « curent, criaient : « Nous sommes patriotes, nous vous cé- « dons nos biens, notre vêtement, notre demeure ; on insul- « tait à leurs cris, on redoublait de rage : le désespoir les prit, « et ils émigrèrent, etc.... » *Essai sur les Révolutions*, etc., par M. de Châteaubriand, 1797 (pag. 428, 29, 30, 31, 32, 33, second volume). Extrait de l'*Esprit, Maximes et Principes* de M. François-Auguste de Châteaubriand. Paris, 1815, chez Delaunay et la veuve Fabre, Palais-Royal (pag. 147, 148, 149).

Nous ne partageons pas, Dieu nous en garde, les opinions

même qu'un homme aussi distingué par ses écrits, se soit fourvoyé au point de demander que *le clergé soit propriétaire, que les registres de l'état civil lui soient remis, et que des corporations religieuses soient chargées de l'enseignement public en France* (*De la Monarchie selon la Charte*, chap. 90). Il n'est pas moins fâcheux que ce littérateur célèbre ait adressé, en sa qualité de ministre des affaires étrangères, des instructions secrètes aux consuls de France dans le Levant « pour
« leur enjoindre de protéger le transport, sur navires
« français, des esclaves, noirs ou blancs, mahomé-
« tans ou chrétiens, que les Turcs avaient coutume
« d'acheter sur différents marchés d'Afrique et d'Eu-
« rope ; instructions qui ont obtenu l'honneur d'être
« traduites en turc, et recommandées à la reconnais-

énoncées en 1797 par M. de Châteaubriand ; nous ne dirons pas, comme lui, que la *persécution força les émigrés à s'exiler ;* nous dirons, au contraire, que beaucoup de ces fugitifs cédèrent à des opinions aristocratiques, au désir de recouvrer leurs priviléges et leurs titres, opinions et désir anoblis à leurs yeux par les sentiments qu'ils professaient en faveur du trône ; ces sentiments, dits chevaleresques, étaient éminemment impolitiques ; mais ils n'en furent pas moins (nous voulons le croire) les mobiles de la conduite d'une grande partie des émigrés. Il leur était difficile, assurément, d'adopter un système et de suivre une conduite plus funeste au roi Louis XVI, plus nuisibles à la monarchie ; mais il y a dans M. de Châteaubriand, sinon erreur, du moins maladresse et injure à attribuer l'émigration de messieurs les gentilshommes du haut et du bas parage, à leurs craintes et à leur désespoir..... Pourquoi ces héros de la fidélité monarchique n'ont-ils pas, cependant, accouru sur la terre royale de la première Vendée ? ils n'auraient pas *dévoré, dans un coin obscur, le morceau de pain qui leur restait ;* ils n'auraient pas surtout dévoré plus tard, avec tant de fidélité, le gâteau que leur jetait l'usurpateur teint du sang des Bourbons, l'héritier bénéficiaire des assassins de Louis XVI et de Marie-Antoinette.

« sance et à l'admiration des vrais croyants... » (*Journal de Paris*, 8 avril 1826*.) De pareilles aberrations politiques prouvent que M. de Châteaubriand est dépourvu de génie politique : sans doute, il n'entend pas plus les justifier aujourd'hui aux dépens de la nation grecque et de la nation espagnole, qu'il ne voudrait dépouiller les hommes de l'émigration du mérite de leur dévouement à la cause de l'autel et du trône **.

Que beaucoup de gentilshommes aient émigré, par lé-

* Nous le citons en toute assurance, parce qu'il était journal ministériel, et qui plus est journal de M. de Villèle qui lui a communiqué, sans doute, les instructions diplomatiques de M. de Châteaubriand.

** M. de Châteaubriand a plaidé, avec éloquence, la cause de la haute noblesse ; il a défendu, en beau style mythologique, la loyauté et les prouesses de l'ancienne chevalerie : l'illustre écrivain a d'autant plus de mérite, dans ce panégyrique féodal, qu'il est de petite noblesse ; son père, matelot corsaire sur le navire la *Ville-Hégénie*, appartenant à MM. Petel et Legritz de Saint-Malo, fit une petite fortune dans la marine marchande, et devint capitaine de navire au service de la compagnie des Indes. Quelques années avant la révolution, M. le vicomte de Châteaubriand était page de la chambre du roi ; et tout le monde sait que, pour être reçu page de la chambre du roi, il fallait faire preuve de bonne *bourgeoisie*..... Entre les pages de la grande et de la petite écurie, et les pages de la chambre, l'opinion publique faisait la même différence qu'entre les officiers de terre et de mer pour lesquels il fallait des preuves de noblesse, et les officiers de fortune qui étaient toujours regardés comme des parvenus. Les pages de la chambre du roi, faisant preuve de bourgeoisie, étaient aux pages de la grande et petite écurie, faisant preuve de 240 ans de noblesse, précisément ce que les chevaliers-*servants* étaient, dans l'ordre de Malte, aux chevaliers faisant preuve de noblesse. — Il ne faut pas confondre la famille de Châteaubriand, établie à Combourg (arrondissement de Châteaubriand), avec la maison de *Châteaubriant*, l'une des plus illustres de la Bretagne, maison dont était issu le comte de Châteaubriant, époux d'une maîtresse de Fran-

géreté, par ton, pour intriguer, pour se donner un air de qualité, ou dans l'espoir d'acquérir une importance personnelle, etc. ; que plusieurs d'entre eux aient même quitté leur patrie parce que des créanciers les poursuivaient, parce qu'ils se trouvaient privés des moyens de soutenir leur luxe et le rang qu'ils occupaient, c'est ce qu'on ne saurait révoquer en doute ; mais un grand nombre de nobles, surtout de membres de la petite noblesse, cédèrent, en passant la frontière, à des sentiments d'honneur et de loyauté, interprétant fort mal, il est vrai, les devoirs que ces sentiments leur imposaient envers l'infortuné Louis XVI..... M. de Clermont-Gallerande, dont l'autorité, comme sujet fidèle, passionnément dévoué au roi et à la royauté, ne peut pas être déclinée par la noblesse ; eh bien ! M. de Clermont-Gallerande déplorait la grande faute de l'émigration, et la regardait comme la principale cause de la catastrophe de Louis XVI ; ce grand seigneur s'était rendu néanmoins à Coblentz, où il n'avait pas tardé à sentir la nécessité de rentrer en France pour y défendre son roi : ses *Mémoires*, dont on a supprimé les pages les plus importantes, sont encore une amère critique de l'émigration, et l'histoire sera malheureusement de l'avis de M. de Clermont-Gallerande *.

çois Ier : les *Châteaubriant* allaient de pair avec les Penthièvre, les Rohan, etc.

* « Jamais éléments de société ne furent plus incohérents : « différence de rang, d'état, de fortune, de ton ; différence « même jusque dans l'opinion, etc., tels s'offraient les émi-« grés.... » — Le repentir des gentilshommes ne pouvait trouver grâce à Coblentz.... Il faut en convenir, le ton de beaucoup de jeunes émigrés était à peu près aussi révolutionnaire à Coblentz que celui des démocrates à Paris, et il n'y avait de différence que du Rhin à la lanterne.... Il existait tant d'exigence sur le devoir d'émigrer, que M. d'Espinchal, qui ne

Si l'indemnité accordée aux émigrés n'était pas juste en principe, il faudrait alors l'envisager sous les rapports d'une politique cauteleuse, disent les ennemis de M. de Villèle..... Nous n'examinerons pas si plusieurs classes de citoyens, dépouillés en vertu des maximes et des lois révolutionnaires, n'avaient pas autant et peut-être plus de droits à une indemnité pécuniaire; nous n'examinerons pas même si l'indemnité accordée aux émigrés reçoit une application conforme aux règles de l'équité, c'est-à-dire aux services plus ou moins grands, plus ou moins désintéressés, rendus à

quittait pas le salon de M. le prince de Condé, tirait sa montre dès qu'il arrivait quelqu'un de France, pour savoir à quelle heure il avait émigré... *Monsieur et Madame* fixés à Coblentz, avec leurs entours, au lieu d'y établir un camp, comme la politique le prescrivait, y formèrent une petite cour, et donnèrent à cet établissement la forme d'une résidence royale. Le rôle des princes, qui devait avoir un caractère purement militaire, en prit un qui ressemblait beaucoup à celui qu'ils jouaient à Versailles; et les courtisans qui n'auraient dû apporter à Coblentz que leurs épées, y arrivèrent armés de leurs prétentions, de leur ambition, et de toutes leurs habitudes : c'est ce qui charmait le plus le comte de Vaudreuil, qui, à notre première entrevue, me dit avec enthousiasme : *Mon ami, on se croirait à Versailles!* — « L'évêque d'Arras (Conzié)
« avait une tête ardente, un ton brusque et tranchant, qui lui
« faisaient supposer plus de moyens et de caractère qu'il n'en
« avait, et lui donnaient souvent plus d'influence qu'il n'en
« méritait : il était grand faiseur de plans et de projets, et se
« proposait un jour de jouer un grand rôle. La chaleur indiscrète
« des deux frères (l'archevêque de Tours et l'évêque d'Arras),
« loin d'être utile à la cause des princes, la desservit par des
« propos inconsidérés tenus sur le roi et la reine qui en étaient
« bien informés.... » Tome III, pag. 220, 219, 206 et 7, 209.

Il est remarquable que deux prêtres (Conzié, évêque d'Arras et le cardinal de Rohan) et deux nobles aient perdu l'émigration et la monarchie sur le Rhin et sur la Tamise; le comte de

la cause royale par une foule de petits nobles de province, tout-à-fait inconnus à la cour de Versailles ou à celle de Coblentz : nous remarquons seulement que les grands seigneurs, les invalides de l'œil de bœuf, les oisifs titrés du régime absolu, impérial ou royal, vont, en grand nombre, se trouver, par suite de la loi sur l'indemnité, dans un état d'opulence bien supérieur à celui dont ils jouissaient au moment de leur émigration : la plupart étaient écrasés de dettes, la république les a acquittées en majeure partie ; et, quant à ceux de leurs créanciers qui l'étaient encore en 1814, les émi-

---

Vaudreuil se fixa à Londres, ainsi que M. de Calonne : la machine infernale, le complot de Pichegru et Georges, et une foule d'autres intrigues non moins déplorables, furent l'ouvrage de l'évêque d'Arras et du comte de Vaudreuil. — M. de Clermont-Gallerande attribue à l'évêque d'Autun, Talleyrand-Périgord, la ruine du clergé de France ; il rapporte, sur ce prélat, l'anecdote suivante.... La question des juifs était à l'ordre du jour ; il s'agissait de savoir « si les juifs, et notam-
« ment ceux de Bordeaux à qui les lois anciennes avaient ac-
« cordé les droits de citoyens, ainsi que ceux qui sont dans une
« possession immémoriale d'en jouir, les conserveraient ; » dans le principe, l'évêque d'Autun ne s'était pas montré favorable à leur cause ; ils la gagnèrent, cependant, sur son *rapport* :
« Le digne prélat d'Autun en fut quitte pour une gravure où
« il était représenté acceptant, d'une main une supplique pré-
« sentée par un juif, et tenant de l'autre un gros rouleau de
« louis qu'il regardait avec complaisance en disant : *Dieu des*
« *juifs tu l'emportes*. Son repos ne fut pas un instant troublé
« de cette satirique caricature. » Tome 1ᵉʳ, pag. 315.

M. de Clermont-Gallerande accuse les nobles de la désorganisation de l'armée en 1789, 1790, etc. : «.... Et, ce qui est le
« plus incroyable (dit-il), c'est que cet esprit de délire et de
« révolte gagna les officiers nobles qui se formèrent en comi-
« tés, écrivirent des lettres circulaires, et adressèrent au
« ministre et à l'assemblée *des plaintes et des demandes im-*
« *pératives....* » Tome 1ᵉʳ, pag. 153.

grés, surtout les grands seigneurs, les ont renvoyés loyalement aux lois de la convention nationale : « Tant pis pour vous, si vous n'avez pas présenté votre créance à la république; nous ne vous devons plus rien ; c'était à vous à vous faire payer par les scélérats qui nous ont tout volé : la loi est précise à cet égard*. »

L'ancien régime imposait aux gens de qualité un luxe d'étiquette, de vanité et de représentation forcée dont la révolution les a affranchis ; ils touchent aujourd'hui d'énormes émoluments, et sont investis

---

* A son retour à Paris (1814), M. le duc de Richelieu reçut la visite de son ancien valet de chambre qui avait été une espèce de gouverneur de son enfance : « Eh ! te voilà, mon pauvre V***, je te croyais mort depuis long-temps; comme tu es vieux ! — Quatre-vingt-deux ans, monseigneur, mais je me sens tout rajeuni, en vous revoyant, enfin; c'est la grâce que je demandais tous les jours au ciel. — Eh, que fais-tu, et ta famille ? — Trois enfants, et sept à huit petits-enfants; tout ça travaille et vit, mais avec bien de la peine; la révolution nous a tout pris.—Mais, tu n'as pas émigré ; comment donc ? —Monseigneur, tous les malheurs possibles, et puis les prisons; j'y ai été onze mois comme attaché à un grand seigneur.... Mais j'espérais toujours vous revoir, et dieu merci, vous voilà.... Je vous avais donné toutes mes petites économies, et puis les années de gages que....— Oh ! je ne l'ai pas oublié, mon pauvre V***, mais on m'a tout vendu; il fallait présenter tes *réclamations* à la nation, on t'aurait liquidé; c'est ta faute, tu as eu grand tort; j'en suis bien fâché, mais je ne puis rien...., etc. » M. de Richelieu donna 120 francs à son ancien valet de chambre; sans doute qu'il ne put mieux faire, car il lui devait plus de onze mille francs. Nous avons vu, entre les mains du prince de Carency (La Vauguyon) le mémoire de l'ancien valet de chambre : le vieillard demeurait rue de Charenton, faubourg Saint-Antoine, dans des mansardes ; le prince de Carency l'avait conduit chez M. de Richelieu ; le prince était beau-frère du duc, et le traitait plus que lestement : ils avaient fait ensemble leurs grandes folies de jeunesse.

des plus lucratives fonctions sans être la plupart du temps obligés de les exercer ; ils ont de magnifiques châteaux; les terres les plus considérables leur appartiennent, et déjà les anciens courtisans, les hommes d'autrefois sont rentrés en possession des plus belles propriétés du royaume : ils se sont unis aux plus riches familles de la nouvelle France, et ont cherché, sans façon, des épouses, des gendres, des brus dans ces familles qu'ils appelaient sanglantes et qu'ils accusaient d'avoir recueilli les vols et les spoliations de la révolution; messieurs les gentilshommes de 1400, ont échangé des parchemins vermoulus contre d'excellents papiers de commerce, et vendu leurs noms pour des billets de banque; en vertu d'alliances contractées avec des *gens de rien*, beaucoup d'entre eux se sont trouvés possesseurs de biens nationaux, et ils n'ont eu garde de les restituer aux anciens propriétaires dépouillés par la révolution : il nous serait facile de citer plusieurs ministres de la restauration, plusieurs membres des chambres législatives, et même de très-grands seigneurs attachés à la cour, qui possèdent aussi loyalement que légalement des biens considérables ayant appartenu au clergé et aux émigrés : et, que de grands seigneurs, anciens ou nouveaux, républicains ou royalistes, connus ou inconnus, qui se trouvent actuellement possesseurs d'une fortune à laquelle ils ne seraient jamais arrivés, sans les mille et mille chances de cette loterie révolutionnaire et contre-révolutionnaire où ils ont gagné un gros lot ! combien d'émigrés, créés officiers généraux par les ministres de la restauration, sans avoir jamais fait une campagne ! que de titres, de plaques, de cordons et de croix prodigués à des émigrés sans services, sans mérite et sans talents.....! à des individus qui ont prouvé leurs services à l'armée de

Condé, quoiqu'ils n'eussent jamais émigré!!! En 1814 et 1815, des émigrés dressèrent eux-mêmes leurs états de service, se donnèrent réciproquement les plus beaux certificats du monde, et s'adjugèrent en famille les grades, les appointements et les décorations que le ministère d'alors reconnut être *dus* à leur incorruptible dévouement à la légitimité; dévouement inviolable qui, au moment précis de la chute de Napoléon, vint remplacer l'inviolable dévouement que ces gentilshommes avaient professé pendant douze années pour la cause de l'usurpation..... Une foule d'officiers d'un rang très-inférieur, et sans aucune espèce de service actif pendant vingt années, se sont réveillés, en 1814, avec les grades de lieutenant colonel, de colonel, de maréchal de camp, de lieutenant général, suivant leur plus ou moins de crédit à la cour; si la bienséance ne nous invitait à garder le silence, nous pourrions même nommer un individu, qui, après avoir servi (avant la révolution) quelques jours dans les gardes du corps, comme simple garde, et quelques mois dans un régiment provincial, ou de milices; qui, sans avoir jamais fait, de 1789 à 1814, une seule campagne, pas même celle de 1792, et sans avoir émigré, a été nommé maréchal de camp en 1814... Nous pourrions désigner des brevets de colonel, et, qui pis est, des régiments donnés à des individus qui n'avaient jamais servi!.....

Tant de faveurs répandues sur la haute émigration ne sont-elles pas aussi des indemnités, qui, dans un compte de clerc-à-maitre, doivent être prises en considération? Rendons justice à tout le monde, aux émigrés et aux non émigrés, aux serviteurs de la dynastie usurpatrice et aux serviteurs de la dynastie légitime : MM. Châteaubriand, Frayssinous, Chabrol, Bellart, Ravez, Peyronnet, Syrieys dit Mayrinhac, Georget-

27 AVRIL 1825.

Dubuisson dit La Boulaye*, Pastoret, Pardessus, Castelbajac, Dudon, Beugnot, Fauvelet dit Bourienne, Chifflet, Cornet dit d'Yncourt, Bonald, Chardebœuf dit Pradel, de Conny, Colin dit Sussy, Marchangy, Dupont (capitulé de Baylen **), Decaze, Vitrolles ***, Saint-Chamans, de Moustiers, Roy, Desèze, Bon-

* M. le vicomte de La Boulaye est né dans la classe du peuple; il est fils d'un artisan de Versailles, appelé *Georget*. Il entra, sous le nom de *Dubuisson*, dans la carrière des bureaux, en qualité de commis dans les charrois militaires, à 1,000 francs d'appointements par an; il devint ensuite commis aux vivres de la marine, fut employé en cette qualité au camp de Boulogne (1803) sous les ordres de M. de Limeu, agent général de M. Vanderberg, et le suivit plus tard en Espagne. Nommé depuis commis au ministère de la marine, bureau des vivres, à 1,500 fr. d'appointements par an, M. Dubuisson en remplissait les fonctions à l'époque de la restauration (1814). Il avait épousé la fille de M. La Chapelle, chef au département de la maison du roi, sous l'ancien régime; c'est comme héritier de son beau-père qu'il fut nommé secrétaire général du même ministère par M. de Blacas d'Aulps, créé vicomte, chevalier de l'ordre royal et militaire de Saint-Louis, chevalier de l'ordre royal de la Légion-d'Honneur (dont il est aujourd'hui commandeur). M. La Boulaye est, dit-on, très-riche. Nommé par le département de l'Ain (Bourg), membre de la chambre des députés, en remplacement de M. Dudon, à l'exemple de son prédécesseur, il occupe souvent la tribune. M. La Boulaye est très-bon royaliste et très-chaud ministériel. — Il est neveu de l'abbé La Chapelle.

** On dit, dans le temps où le général Dupont, sortant de prison, fut nommé ministre de la guerre (1814), que ce général avait fait retirer des cartons du bureau de la justice militaire (ministère de la guerre) le dossier relatif aux poursuites dirigées contre lui à raison de sa capitulation de Baylen. Nous ne croyons nullement que ce bruit fût fondé, et nous le regardons comme une calomnie; les ennemis du général Dupont auront fait courir ce bruit, espérant, mais inutilement, ternir par cette calomnie la loyauté et la gloire de l'illustre général.

*** M. Le baron Vitrolles est aussi né dans la classe du peuple; son père nommé *Arnaud*, honnête mercier en détail, de la

net, Chaptal, Viennot dit Veaublanc, Milon de Mesmes, Olivier, de Caux, La Panouze, Paul dit Châteaudouble, Pinna, Riffardeau dit Rivière, Blacas*, Marcellus**, l'abbé Villèle, et Joseph Villèle régisseur d'une habitation de nègres***, Villeneuve (de Saint-

petite ville de Sistéron (Basses-Alpes), habitait une maison au lieu dit les *Quatre-Coins*. Ce mercier ayant recueilli une petite succession, acheta la très-petite terre seigneuriale de Nibles, et se fit appeler de son prénom, combiné avec celui du fief, Arnaud de Nibles : la fortune lui ayant souri, il acquit, peu avant la révolution, la partie utile du marquisat de Vitrolles (3 lieues de Sistéron), dont le titre et les honneurs furent expressément réservés en faveur du titulaire, président au parlement ou à la cour des comptes d'Aix. Le jeune Arnaud de Nibles émigra ; ayant appris que, par suite des décrets de l'assemblée constituante, le véritable marquis de Vitrolles avait sacrifié ses titres et papiers, et quitté le nom de sa terre, il prit cette dernière qualité, et se montra sous ce titre à l'armée de Condé. Rentré en France à l'époque de l'amnistie consulaire, M. Arnaud, sous le nom de Vitrolles, fut nommé inspecteur des bergeries impériales ; il s'associa plus tard à un service de messageries d'Aix à Grenoble, par Manosque et Sistéron. Il servit de courrier, en 1814, au comité royaliste de Paris, fut pris, mais échappa grâce à son déguisement ; la restauration procura à M. le marquis ou baron de Vitrolles de grandes places, de grands honneurs, et surtout une grande et honorable réputation.

* Le père de M. de Blacas, ne possédant plus rien au monde, est mort, dit-on, dans un hospice, à Aix.... Ce qui ne serait que triste, car rien de plus honorable que noblesse et pauvreté, que n'a-t-il assez vécu pour voir et pour partager l'immense fortune que son fils a faite depuis la restauration !

** A l'époque de la convocation des états-généraux, M. Marcellus fut exclu de l'assemblée de la noblesse (sénéchaussée de Bordeaux), sur la demande du baron de Budos, qui prouva que M. Marcellus, n'étant pas noble, ne pouvait être admis à voter, pour la nomination des députés, dans l'ordre de la noblesse.

*** Les deux familles Villèle (domiciliée à Caraman), et Villèle (domiciliée à Campauliac) sortent encore de la classe du

Pons)*, Saint-Cricq, de Pradt **, Vaulchier, etc., etc.,
mille autres individus que nous pourrions nommer, en-

peuple; elles ont été anoblies sur la fin du règne de Louis XIV, par achat de charge et de lettres de noblesse; c'est ce qu'on appelait sous l'ancien régime *la savonnette à vilain*. Il ne faut pas confondre ces deux familles avec celle de Villèle-La-Pastoure, domiciliée près de Revel (département de l'Aude), famille d'ancienne noblesse, qui n'a jamais voulu reconnaître ses deux homonymes pour faire partie de la sienne.

* Les Villeneuve du Languedoc n'ont de commun que le nom avec les Villeneuve de Provence : les Bargemont, les Trans, les Vence, etc., familles illustres, dont la noblesse est très-ancienne, qui ont produit des hommes d'un grand mérite, et auxquelles la France doit la réunion de la Provence à la couronne, ces familles ne reconnaissent pas les Villeneuve du Languedoc, dont est issu le marquis de Villeneuve-Villeneuve, préfet de la Corrèze (Tulle). Ces derniers ne sont, malgré leurs généalogies mythologiques, que des nobles ordinaires et sans nulle illustration.

** Les de Pradt sont Dufour de leur nom de famille, et descendent d'un paysan du bourg d'Allenches, département du Cantal (Aurillac), auquel le curé de ce bourg laissa, en mourant, un domaine appelé *Prades*, situé entre les bourgs d'Allenches et de Marsénas, près la ville de Murat : de Prades, est venu *Pradt*. Le petit-fils de ce paysan épousa une demoiselle Lastic, excessivement pauvre, fille d'un La Rochefoucauld, et tante de l'abbé de La Rochefoucauld, très-pauvre lui-même, qui devint par suite archevêque de Rouen et cardinal. Malgré sa thèse, qui fit dans le temps quelque bruit, et malgré sa présence aux états-généraux qui fit, il est vrai, moins de bruit que sa thèse, l'abbé de Pradt ne doit sa fortune et son élévation dans l'Église qu'à sa parenté avec M. Blanquet, dit *Duroc* (depuis duc de Frioul), fils d'un bourgeois de Pont-à-Mousson (Meurthe) : Duroc fit connaître l'abbé de Pradt au premier consul, qui accabla de faveurs et de grâces le petit-cousin de son favori intime; et, comme de raison, M. de Pradt fut un des premiers et des plus vaillants à insulter à la chute de son bienfaiteur : l'ex-empereur ne fut plus, en 1814, qu'un *Jupiter Scapin*, et M. de Pradt s'oublia au point de prêter à Napoléon le mot suivant : « Un homme de moins (l'abbé de

tièrement inconnus en France, avant 1789, auraient-ils rempli des fonctions législatives, administratives, etc.? auraient-ils occupé des ministères, des directions générales, des préfectures, des secrétariats généraux, de hauts emplois dans l'ordre judiciaire, d'éminentes dignités dans l'État et dans l'Église, si la révolution et les principes de liberté constitutionnelle qu'ils anathématisent aujourd'hui, pour la plupart, avec une violence et une incapacité également remarquables, n'avaient fait sortir leurs noms de l'obscurité où ils étaient ensevelis? Tous ces hommes n'ont-ils pas été comblés de faveurs et de dons, pendant l'empire, ou depuis la restauration, et un seul d'entre eux a-t-il cependant plaidé la cause des innombrables victimes de la révolution, de ce million de familles réduites à la mendicité par les lois spoliatrices, tortionnaires, sacriléges, de l'assemblée législative et de la convention nationale? L'histoire marquera d'un sceau ineffaçable les hommes de 1823, les hommes de 1824, et cette seconde chambre *introuvable* qui eût perdu, en France, la morale, l'honneur, la royauté, la religion, si Charles x, monarque dont la loyauté et l'amour pour ses peuples ont toujours fait l'espoir des bons Français, si Charles x n'eût brisé cette chambre de servilité, de fraude et de corruption, si ce roi, digne successeur de Louis XVIII, n'eût arrêté la monarchie sur le bord des abîmes où la précipitaient des contre-révolutionnaires jésuites se di-

« Pradt), et j'étais maître du monde! » Il existe à Allenches et à Marsénas des Dufour, de la même descendance directe que M. l'abbé de Pradt; ils sont journaliers, ouvriers, bâtiers ou faiseurs de bâts. La famille plébéienne de Duroc descend de la famille Blanquet, établie dans les Cévennes; la branche dont M. Duroc est issu se transplanta en Lorraine. — Les de Pradt n'étaient pas gentilshommes.

sant plus royalistes que le roi, et plus chrétiens que Jésus-Christ.

On se tromperait grossièrement (disent certaines personnes) si l'on croyait que le président du conseil des ministres, Villèle, a été inspiré par un sentiment de justice ou de bienveillance pour les émigrés, en présentant le projet de loi concernant l'indemnité. Ce ministre, si complétement dépourvu de connaissances politiques, l'un des plus opiniâtres et des plus imprudents ministres qui aient, en aucun temps, pesé sur les destinées de la France, M. de Villèle n'aurait vu (dit-on), dans le projet d'indemnité, qu'un moyen de créer des rentes trois pour cent ; et, en effet, la création de ces rentes devenait une conséquence forcée de la loi de l'indemnité, puisque l'article 1er du titre 1er de cette loi statue que trente millions de rente au capital d'un milliard lui sont affectés : le fatal ministre aurait donc cherché dans les deux lois, qui n'en font réellement qu'une seule, les moyens, 1° de conserver entre ses mains le pouvoir dont la confiance royale l'a investi; 2° d'opérer la contre-révolution, c'est-à-dire la destruction de la Charte constitutionnelle. Ainsi s'expriment les ennemis de M. de Villèle, et ils sont nombreux : c'est la France entière, moins deux ou trois mille individus. Sans abonder dans le sens des ennemis de M. de Villèle, il est difficile de ne pas convenir que, dans tout le cours de sa longue et déplorable administration, ce premier, ou plutôt cet unique ministre, semble n'avoir eu pour règle de conduite et pour but que la conservation de son dictatoriat ministériel et la destruction de la Charte; deux résultats, qui devaient nécessairement entraîner la perte de la monarchie : elle sera terrible la célébrité attachée au ministère Villèle !

Sous ses auspices, les courtisans, les grands seigneurs d'autrefois et d'aujourd'hui puiseront à pleines mains dans les coffres de l'État ; les sinécures, les traitements administratifs, l'agiotage auquel la création des trois pour cent va donner une nouvelle activité que M. de Villèle appellera *la fièvre* du jeu *de la hausse*, la distribution de fonds secrets, les cumulations d'emplois salariés, les dilapidations qui s'accroîtront chaque jour avec un scandale que le despotisme ministériel ne prendra pas même la peine d'éviter : tous ces abus se commettront *cartes sur table !* En conséquence, les budgets mentiront comme les lois proposées ou adoptées sous ce ministère ; un tiers environ des budgets sera consommé pour un tout autre emploi que celui affecté par la loi aux fonds votés ; il y aura dans presque toutes les branches de l'administration un gaspillage annuel, ou un emploi illégal de fonds d'environ deux cents millions ; les recettes seront évaluées au-dessous de leur produit réel, et les dépenses portées au-dessus de leur fixation légale ; l'emploi et la spécialité des fonds seront à la merci du ministre des finances, et ces fonds enlevés à leur destination, malgré les dispositions expresses de la loi du budget, solderont des dépenses occultes, et entretiendront cette foule de congrégations religieuses qui surgissent dans tous les coins du royaume ; enfin des sinécures, déguisées sous toutes les formes, se multiplieront en faveur des promoteurs et partisans du régime absolu de 1788.... Quel régime *légal !*

La loi concernant l'indemnité entraînera, par ses conséquences financières, une foule d'infidélités, d'injustices et d'extorsions privées ; et le ministère ne pourrait plus les éviter, quand il le voudrait ; déjà, l'agiotage son fils est plus fort que lui. Ces résultats conduiront à un déficit dont la manifestation, au moment de la chute du Law et du Terray de la restauration, attestera au monde entier à quel point les vues contre-révolutionnaires et le système corrupteur de cet homme auront été fâcheux pour l'autorité royale, et désastreux pour les libertés nationales ; pendant six années il n'aura cessé, en effet, de compromettre la dignité du trône et les droits de la nation ; et, si l'amour des Français pour leurs rois n'eût répondu à tous les cœurs de la stabilité de la monarchie des Bourbons, la conduite politique du ministre chargé des rênes de cette monarchie aurait suffi pour autoriser les plus vives alarmes ; car elle provoquait tous les dangers.

M. de Villèle impose un milliard à la nation pour indemniser les émigrés : mais ceux-ci recevront à peine sept cents millions ; ils perdront un tiers du capital qui leur est alloué : en outre, M. de Villèle les force de recevoir trois francs de rente pour soixante-quinze francs de capital : les rentiers auxquels cette rente est livrée, subiront eux-mêmes une forte perte sur leurs revenus.

Et néanmoins, M. de Villèle a été plus que généreux ; il s'est montré prodigue envers les émigrés : il est vrai que l'argent de la nation ne coûte pas cher à ce ministre ; mais en le lui demandant, il n'aurait pas dû lui enlever en même temps ses libertés constitutionnelles : certes, jamais ministre ne compromit plus manifestement le roi, la nation et la Charte ! En violant la loi fondamentale de l'État, il a établi une chambre septennale ; et, au moyen de la servilité de cette chambre *déplorable*, il a obtenu le milliard d'indemnité, c'est-à-dire la création de ce trois pour cent, qui doit entretenir et perpétuer la servilité de la chambre des députés, jusqu'au moment où le meilleur des rois chassera le ministère de 1822 et la chambre de 1824.

Pour avoir une idée nette des principes anticonstitutionnels de M. de Villèle, il faut lire les éloges dont ses écrivains à gages ont environné les deux lois présentées par le Calonne de la Gascogne! A les en croire, *les émigrés ont sauvé la monarchie;* et ils l'ont perdue en délaissant le monarque! *Les émigrés ont abandonné leurs biens, pour soutenir la cause sacrée de la légitimité;* et le plus grand nombre a prêté foi et hommage à la cause impie de l'usurpation! *Les émigrés ont tout sacrifié pour combattre la révolution;* et ce sont leurs dilapidations, leur rebellion contre le trône, leurs fanfaronnades insensées, et leurs projets non moins insensés de vengeance, qui ont provoqué, ensanglanté et rendu implacable cette révolution! *Les émigrés ont amené l'heureuse restauration de la maison de Bourbon;* et vingt-quatre heures avant que les Bourbons ne fussent rendus à la France, les émigrés, à peu d'exceptions près, tenaient encore leurs fronts prosternés dans la poussière des antichambres impériales! Voilà des faits, et des faits incontestables!!!

L'émigration (on ne saurait trop le redire) fut la plus grande faute que pût commettre la noblesse; elle perdit le monarque et la monarchie. Peu importent au fond les motifs qui précipitèrent les grands seigneurs et les nobles sur la rive droite du Rhin : il s'agit de juger les résultats de leur conduite, ils furent désastreux pour la royauté, pour la religion, pour l'État. Oui, les fugitifs ont été la cause directe des calamités qui accablèrent Louis XVI et la France; ils ont fui, au moment où la révolution qu'ils avaient provoquée, déployait toutes ses violences!!!

Nous disons que les émigrés ont été directement ou indirectement cause des plus sanglants excès de la révolution! encore quelques années, et les preuves de cette assertion ne pourront plus être révoquées en doute*; car on ne trompe pas l'histoire, on ne peut pas la corrompre, et elle se fait jour à travers les obstacles, de quelque nature qu'ils soient; tout finit par se savoir, et tout se saura un jour. Les *Mémoires* contemporains se multiplient, ils fournissent de précieux matériaux à l'historien; la révolution de 1789, cet événement *qui doit affranchir le genre humain,* suivant l'expression de Fox, donnera un jour à la France un Montesquieu, un Tacite : jusqu'ici, elle n'a eu que des historiens rédacteurs de journaux, faisant eux-mêmes l'éloge et la réputation de leurs histoires; Il faut en excepter M. Mignet, qui promet un grand historien.

M. le marquis de Bouillé a fait d'importantes révélations dans ses *Mémoires*. Un personnage non moins recommandable par sa loyauté et son caractère, le marquis de Clermont-Gallerande, a laissé des *Mémoires* où l'on trouve des faits extrêmement remarquables, et de la plus irrécusable authenticité. L'éditeur de ces mémoires les a mutilés; des considérations personnelles l'ont malheureusement déterminé à faire une grande quantité de cartons; le public connaîtra un jour, il faut l'espérer, les détails donnés par l'auteur sur Versailles, Coblentz et l'émigration : en attendant, les mémoires de M. de Clermont-Gallerande fournissent de curieux renseignements aux historiens. En jugeant l'émigration avec autant de sévérité que ce grand seigneur de Versailles, nous nous empresserons de reconnaître que l'émigration n'a pas

---

* *Voyez*, second volume, A, la lettre écrite par un des principaux agents de Louis XVIII à M. le comte de Vaudreuil ; elle est d'un haut intérêt historique.

été dépourvue de caractères nobles et généreux : des émigrés, en assez grand nombre, ont honoré la France dans les pays étrangers, par leurs vertus, par leurs talents : ils ne craignaient point d'exprimer leurs vœux pour le succès des armes de cette même patrie qui les avait proscrits; entre plusieurs exemples de ce genre, nous citerons les deux suivants. — Un officier général, M. de Charbonnières, possède les plans défensifs de nos côtes, l'état des sondes, des devis d'une grande importance militaire et navale : le cabinet anglais lui fait offrir une forte somme, s'il veut livrer ces plans et papiers, M. de Charbonnières répond : « Je ne ferai « jamais rien qui puisse nuire aux intérêts de ma « patrie et compromettre sa sûreté. » Réduit bientôt au plus excessif dénûment, ce véritable Français, les larmes aux yeux, dit à un de ses amis : « Dans l'affreuse « position où je me trouve, la misère pourrait me faire « commettre malgré moi une action infâme; je vais y « mettre ordre : » il brûle tous ses papiers. — Un émigré de nom, officier de cavalerie, n'a plus que deux écus-species (environ 11 francs) pour dernière ressource; il va peut-être attenter à ses jours, lorsque, errant dans la campagne, il rencontre deux paysans qui tressent la paille et vont vendre leur travail à Hambourg; l'émigré suit leur exemple, gagne quelque argent, mérite la confiance d'un marchand, et parvient, à force d'activité, d'économie et de probité, à former (sous le nom de *Florence*) une petite maison de commerce qui devient en sept ou huit années l'une des plus considérées de Hambourg... Ajoutons, à l'honneur de cet émigré, que les victoires des armées françaises lui causaient la plus vive satisfaction; il tressaillait d'enthousiasme au récit des triomphes de nos légions. On lui entendait dire habituellement : « Avant d'être émigré, je suis

« Français ; ma patrie, ma patrie ! Avant toutes choses,
« sa gloire et son bonheur *! »

Voilà de nobles, de braves chevaliers français... Il y a eu dans toutes les classes d'émigrés, même dans la classe des grands seigneurs **, des Français fidèles à l'honneur, supportant avec courage les malheurs de l'exil, sachant se respecter, et repoussant loin d'eux ces viles, ces odieuses intrigues qui ont excité le mépris des étrangers... Plusieurs émigrés donnaient des leçons de langue française, de mathématiques, de danse, de dessin, de musique, etc., et la plupart y trouvaient l'avantage d'apprendre eux-mêmes ce qu'ils enseignaient à leurs élèves ; ils exerçaient, tant bien que mal, les fonctions d'instituteur, de précepteur, de maître d'école, etc. ; cette conduite n'avait rien que d'honorable : on est estimable en cherchant dans son travail les ressources que vous enlève la fortune ; ainsi l'on doit louer M. de Caumont (ancien lieutenant de roi à Dieppe), aujourd'hui lieutenant général, d'avoir secoué le préjugé nobiliaire au point de s'établir libraire-relieur à Londres ; c'est de lui dont l'abbé Delille dit :

>   Et de son livre d'or un Caumont m'enrichit.

Cet ancien émigré est sûrement ami de la liberté de la presse. M. de Châteaubriand écrivait pour vivre son

* M. Florence est mort depuis peu ; son fils continue son commerce et jouit de l'estime et de la confiance publiques.
** Nous citerons entre autres les ducs d'Havré et de Grammont, MM. de Vergennes, M. Casimir de Lévis-Mirepoix, M. de Choiseul-Gouffier ; et nous pourrions nommer plusieurs officiers supérieurs émigrés qui ont tenu à Londres, malgré les séductions et les menaces de Pitt, une conduite noble et toute française, en refusant de teindre leurs mains du sang de leurs compatriotes.

Essai sur les révolutions, etc.; il le dit formellement.

Des émigrés qui ne pouvaient monter une boutique de libraire ou de bouquiniste, travaillaient pour les journaux; par exemple, M. de Chardebœuf, dit Pradel (depuis directeur général de la maison du roi, 1816 et années suivantes), écrivait pour les feuilles anglaises à un schelling (24 sols) par article : c'est un moyen honnête de gagner sa vie. *Il n'est pas de sot métier*, dit le proverbe; et pourquoi ne louerions-nous pas les émigrés qui se livraient pour subsister à une profession mécanique, s'ils l'exerçaient avec probité? M. le comte de Louverval, riche seigneur de l'Artois, faisait le métier de cordonnier; M. le marquis de F*** celui de tailleur; M. le chevalier de B*** s'était établi cordonnier à Hambourg, et ne croyait pas déroger en prenant le tire-pied. Une anecdote montrera où en étaient encore à cette époque les gens de cour en fait de sotte vanité... Le chevalier de Malte prenait mesure de souliers à une très-grande dame, chez laquelle se trouvait l'évêque d'Arras, Conzié (auteur de la machine infernale du 3 nivose) : « Eh quoi! s'écrie le prélat, un gentil-
« homme français s'avilir à ce point! en vérité, mon-
« sieur, vous me faites honte. — Monseigneur, je ne
« connais d'avilissant que le vice : qu'a donc de hon-
« teux le travail, s'il vous plaît? N'est-il pas plus ho-
« norable de travailler pour vivre que de mendier dans
« les salons, ou de se livrer à d'odieuses intrigues? —
« Mais, monsieur, le métier de cordonnier; se mettre
« à genoux, oh! oh! cela ne peut se penser, cela ne se
« conçoit pas. — Un chevalier français est toujours à
« sa place, lorsqu'il est aux pieds des dames. — Très-
« bien, monsieur le chevalier-cordonnier, votre esprit
« me racommode avec votre tranchet et votre alêne;

« je veux vous donner du travail, passez chez moi. —
« Je ne chausse que les dames; mais si monseigneur
« désire une paire de claques, je les lui fournirai. »
Et ce M. de Conzié était un des héros-modèles de la
haute émigration!

A côté de très-estimables émigrés qui cherchaient
leur existence dans un travail suivi, ou dans des occupations honorables, beaucoup de gentilshommes ont recouru à des expédients de toute autre nature*! Si l'on

---

* Lorsqu'on a fait partie de l'émigration, l'on a été forcé de voir les choses et les hommes sous leur véritable face. On a vu des grands seigneurs vivre d'emprunts et d'intrigues, trompant, à qui mieux mieux, les gouvernements étrangers pour leur soutirer de l'argent, et trompant jusqu'à leurs compagnons d'exil qui possédaient quelques fonds; des émigrés, auxquels leur nom et leurs coteries ne permettaient pas d'arriver à ces hautes intrigues, travaillaient en sous-ordre, et leurs opérations étaient quelquefois si honteuses, que nous nous abstiendrons de les qualifier; mais tout métier était bon, et mis en pratique, s'il procurait des guinées, des marcs, ou des florins. On a vu des gens titrés ouvrir des maisons de jeu, tenir des lieux de débauche; la dissolution des mœurs était portée à l'excès : on a vu des émigrés de nom fabriquer de faux assignats, de faux billets de la banque d'Altona, de la fausse monnaie, de fausses lettres de change; on a vu des gentilshommes être en même temps agents publics du roi et des princes, et agents secrets du gouvernement anglais et du directoire exécutif; ils faisaient des dénonciations et des conspirations à tant de livres sterlings par pièce. Des émigrés riches (notamment un ancien ministre de Louis XVI), prêtaient de l'argent à 50 pour 100 par semaine, et achevaient ainsi d'écraser leurs compagnons d'infortune : parmi ces usuriers du premier ordre, nous citerons le général Willot, condamné en Angleterre à 30,000 livres sterlings d'amende; il s'évada des Trois-Royaumes pour se soustraire à la prison; M. Bertrand de Molleville, exerçant l'usure à 100 pour 100 par mois, etc., etc. Des émigrés titrés (ayant rempli, depuis 1814, de très-hautes fonctions dans l'État)

veut connaître la conduite de beaucoup d'émigrés, il faut consulter : *Correspondance générale des émigrés, ou les Émigrés peints par eux - mêmes* (déposée aux archives de la convention nationale), prise à Longwy et à Verdun, dans le porte-feuille de *Monsieur*, etc..., Paris, 1793, chez Buisson, libraire. On peut consulter également : *Papiers saisis à Bareuth, et à Mende* (Lozère), publiés par ordre de la convention, à Paris,

imprimaient par milliers, dans les États du duc de Brunswick, les épouvantables romans de *Justine*, de *Juliette*. On a vu des gentilshommes de nom faire le métier de pleureurs aux convois funèbres, et, après avoir vendu les crêpes et les gants, aller boire et chanter dans les tavernes. On a vu des gentilshommes bien titrés se mettre courtiers de change et de commerce, et faire, sans avoir le premier sou, de très-grosses affaires de bourse ; ils ne couraient, au reste, que les chances du bénéfice ; ces négociants achetaient ou vendaient de très-fortes parties de denrées coloniales ; et, selon que la cote haussait ou baissait pendant l'heure de la bourse, ils réalisaient aussitôt le bénéfice, qu'ils dissipaient ensuite dans une maison de jeu, ou disparaissaient au dernier son de cloche pour chercher refuge en territoire étranger (Altona touche à Hambourg) ; ces agioteurs revenaient tranquillement au bout de quelques jours, le créancier ne poursuivant pas un débiteur insolvable. On a vu des gentilshommes du temps des croisades ouvrir un estaminet, une gargote, etc.; M. le comte Milon de Mesmes (aujourd'hui préfet du Doubs et maître des requêtes, qui vient d'essuyer à la cour royale de Paris un procès fâcheux), avait ouvert un petit restaurant : lorsque sa cuisine excitait des réclamations un peu vives, monsieur le comte se fâchait et en homme de qualité, le titre de noble ne suffit pas cependant pour faire un bon restaurateur : il eût été, ce semble, aussi honorable de porter le fusil à l'armée de Condé, que de faire sauter la casserole dans une ville Anséatique. On a vu des gentilshommes *ayant fait preuves*, embrasser le métier de bonneau, et apporter un zèle exquis dans ce service ; des dames bien titrées et même de qualité, faisaient le métier de Laïs, et réclamaient, dans certains lieux publics, la préférence à raison de leur naissance, qualité,

de l'imprimerie de la République, ventose an x : ils renferment la « Correspondance de l'agence d'Augs-« bourg, dont les opérations étaient soumises à la direction particulière de *Monsieur*, aujourd'hui comte « de Lille. » Principaux chefs : Dandré, Précy, Imbert-Colomez ; elle commence au mois d'avril 1794 et

et émigration. On a vu des gens de haut parage, faisant leur unique ressource du jeu, trompant leurs hôtes et leurs marchands, et se livrant à de bien plus grandes bassesses encore! ils n'avaient pas quelquefois de quoi payer leur couchée, ce qui ne les empêchait pas de manger, au mois d'avril, le plat de petits pois coûtant 24 francs, et de sabler le champagne chez le fameux restaurateur établi à Dame-Thor... L'absolue privation d'un luxe devenu pour eux la première des nécessités, et le dénûment où la plupart de ces anciens courtisans de Versailles se trouvaient plongés, avaient amené (on doit en convenir) cet excès de dégradation ; mais la preuve qu'il existait, avant la révolution, une grande démoralisation dans la noblesse en général, surtout dans la noblesse de cour, c'est la conduite suivie par bon nombre d'émigrés dans les Pays-Bas en 1791 et 1792 : ils avaient alors des moyens d'existence, la misère ne les avait pas encore atteints ; et néanmoins l'on voyait des dames de qualité exercer la profession de courtisanes dans le parc, à Bruxelles ; on les reconnaissait, dans les maisons de jeu, aux ducats et aux écus qu'elles jetaient sur le tapis vert, écus et ducats sur lesquels des personnages aussi méchants que libertins avaient fait une marque..... Jetons un voile sur les malheurs et les bassesses de l'exil.

La justice et la vérité nous font un devoir de dire, et nous le disons avec une vive satisfaction, que les émigrés ecclésiastiques, surtout dans ce qu'on appelait insolemment, *le bas-clergé*, tinrent une conduite plus décente, infiniment meilleure, plus respectable à tous égards que celle de la plus grande partie des émigrés laïques. L'on vit beaucoup de nos anciens curés et vicaires venir au secours de leurs camarades d'infortune, et prodiguer au malheur et à l'indigence les bons offices du pasteur et les consolations du ministre de Jésus-Christ : voilà de bons, de dignes prêtres !

finit au mois de juillet 1801..... On se ferait difficilement une idée de la masse de bassesses et d'intrigues rapportées par cette correspondance.....

Quoi qu'il en soit, la loi concernant l'indemnité *due* aux émigrés présente un avantage; elle *doit* sceller d'un sceau d'airain les réclamations et les prétentions émises jusqu'à ce jour par les fugitifs : la nation ne leur *doit* plus rien, et les émigrés lui doivent au moins de la reconnaissance.

1ᵉʳ Mai. — Loi sur la dette publique et l'amortissement. — Article 1ᵉʳ. Les rentes acquises par la caisse d'amortissement, depuis son établissement jusqu'au 22 juin 1825, ne pourront être annulées ni distraites de leur affectation au rachat de la dette publique, avant le 22 juin 1830. — 2. Les rentes qui seront acquises par la caisse d'amortissement, à dater du 22 juin 1825 jusqu'au 22 juin 1830, seront rayées du grand livre au fur et à mesure de leur rachat, et annulées..... — 3. Les rachats que fera la caisse d'amortissement n'auront lieu qu'avec concurrence et publicité. — 4. Les propriétaires d'inscriptions de rentes cinq pour cent sur l'État auront, durant trois mois, à dater du jour de la publication de la présente loi, la faculté d'en requérir du ministre des finances la conversion en inscriptions de rentes trois pour cent au taux de soixante-quinze; et à dater du même jour de la publication de la loi, jusqu'au 22 septembre 1825, la faculté de requérir la conversion en quatre et demi pour cent au pair, avec garantie contre le remboursement jusqu'au 22 septembre 1835..... — 5. Les sommes provenant de la diminution des intérêts de la dette, par suite des conversions autorisées par l'article précédent, seront appliquées à réduire, dès l'année 1826, d'un nombre de centimes additionnels correspondants, les contributions foncière, personnelle, mobilière et des portes et fenêtres.....

En proposant cette loi, M. de Villèle s'était flatté que les propriétaires d'inscriptions de rentes cinq pour cent, les convertiraient en trois ou en quatre pour cent : l'espérance de voir augmenter ainsi leur capital devait être pour eux un motif puissant de réduire leur revenu, disait M. de Villèle. Le ministre ne doutait pas un instant que le plus grand nombre des créanciers de l'État ne se prît à une amorce si décevante; il garantissait, en conséquence, aux rentiers assez intéressés pour diminuer de gaîté de cœur leur revenu, qu'ils n'auraient pas à craindre le remboursement du capital avant le 22 septembre 1835...! Et pour dédommager en gros les rentiers des sacrifices qu'ils allaient faire en détail, le ministre leur annonçait en même temps que le bénéfice résultant de la réduction d'intérêt serait destiné à réduire, dès 1826, les contributions directes, en proportion de la somme dont le trésor serait soulagé dans le service des intérêts de la dette publique... Enfin, pour dernier bienfait de M. de Villèle, qui sentait la nécessité d'entraîner la dépréciation des cinq pour cent, les fonds spécialement consacrés par la loi au rachat de cette rente étaient attribués au rachat des trois pour cent.

On ne pouvait faire un plus faux calcul : d'abord, les rentiers cinq pour cent n'avaient pas à craindre leur remboursement, car il était impossible de trouver la somme nécessaire à une telle opération ; ensuite, les rentiers ne sacrifieraient point en faveur de M. de Villèle une portion de leur revenu, dans l'espérance de voir augmenter leur capital, parce que cette augmentation était une fiction, une déception. M. de Villèle raisonnait mal, et les rentiers raisonnèrent si bien et si juste, qu'après avoir employé tous les moyens de séduction, le ministre se vit réduit à user de moyens de contrainte pour obtenir quelques conversions : les fonctionnaires publics lui en firent hommage, sous peine de destitution. L'effet de la loi fut manqué dès le jour même de sa promulgation, et l'on put dès ce moment calculer l'époque de la chute du nouveau Law.....

Le projet de loi sur la dette publique et l'amortissement est vivement combattu, dans la chambre des députés, par M. Boucher, qui démontre d'une manière victorieuse, que ce projet est plus désastreux encore que celui présenté, par le ministre, l'année dernière ; ce député dit, avec une extrême vérité, et sans nul ménagement : « Les rentiers seront à la disposition de ces
« banquiers cosmopolites qui se promènent sur toutes
« les places de l'Europe, et qui, semblables aux ban-
« quiers des maisons de jeu, s'enrichissent en fournis-
« sant les cartes, et soufflent une partie de cette fureur
« qui a gagné toutes les classes de la société, et dé-
« tourné les capitaux de leur véritable destination. »
M. Bertin Devaux va plus loin, il déchire le voile :
« Il est (dit ce député) de notoriété sur la place de Paris, au parquet de la bourse, dans les comptoirs des banquiers, dans les études des notaires, et malheureusement aussi dans nos diverses caisses publiques, savoir : « Qu'il existe une compagnie de spéculateurs
« qui, par suite du rejet de la loi sur la réduction de
« la rente, est engorgée de cinq pour cent pour une
« somme énorme. On dit qu'elle supporte l'accablant
« fardeau de vingt millions de rentes, qui, au cours
« actuel, représentent quatre cent millions de capital.
« Comment en sortir? voilà le problème ; et certes, il
« n'était pas facile à résoudre. Il est résolu par le pro-
« jet de loi : voilà tout le mystère. Si la loi passe, on

« en sortira, non-seulement sans perte, mais avec
« grand bénéfice : si la loi succombe, que voulez-vous
« que je vous dise? *Le deuil sera dans Jérusalem.* »
— « En effet, messieurs, la puissance de cette compa-
« gnie, quelle que soit la fortune de ses chefs et de
« ses associés, touche à son terme. Le temps la dévore,
« et votre loi est sa dernière espérance. On peut affir-
« mer que sans les facilités que, *grâce à une protec-
« tion puissante* (celle de M. de Villèle), elle a trou-
« vées pour se débarrasser d'une partie de son fardeau,
« soit à la caisse des consignations, soit à la banque
« de France, soit au Mont-de-Piété, ou dans d'autres
« caisses publiques, elle aurait été forcée depuis long-
« temps de liquider son immense opération, *et Dieu
« sait à quelle perte!* »

M. Casimir Périer prend le ministre des finances
corps à corps, et démontre les vices et les fraudes du
projet de loi : ce député, dont la logique financière est
aussi positive que l'ignorance du président du conseil
des ministres est audacieuse, prouve que, dans toutes
les transactions financières qui ont lieu dans la capitale
et les provinces, l'intérêt de l'argent est à six pour cent;
il cite particulièrement le Mont-de-Piété, « qui, dit-
« il, emprunte à quatre pour cent, et exige douze
« pour cent des malheureux qui lui apportent, en
« nantissement, les objets les plus indispensables de
« leur ménage. »

M. Casimir Périer ajoute : « ..... Comment la
hausse des fonds publics s'est-elle opérée et soutenue?
Les compagnies financières qui s'étaient chargées de
l'emprunt proposé l'année dernière avaient, dit-on, employé 72 millions à acheter 3 millions 200,000 fr. de
rentes. L'opération n'ayant pas été faite, il a fallu faire
des reports, il a fallu pourvoir à l'engagement des 25 mil-

lions de rentes, que l'on dit être en totalité entre les mains de ces compagnies. Aussi, avez-vous vu l'un des membres de ces compagnies puiser largement dans les caisses publiques, prendre 40 à 50 millions à la banque sur des dépôts de certificats du dernier emprunt; vendre, à la caisse des consignations, des rentes pour un capital de 14 millions, et emprunter au Mont-de-Piété, sur dépôts de rentes, une somme de 9 millions. Cela peut nous apprendre dans quelles mains se trouvent ces 25 à 30 millions de rentes, dont a parlé M. le comte Mollien, président de la commission de surveillance de la caisse d'amortissement, dans son rapport, comme s'étant subitement déclassés. — C'est avec cette masse immense de fonds, que ces banquiers travaillent et continueront de travailler nos fonds publics. Ils trouvent dans leur pays des fonds à trois pour cent, ils en tireront quatre chez nous, et lorsqu'ils auront atteint leur but, ils se déferont de leurs rentes et les vendront à un cours plus élevé. »

Les mystères financiers de M. de Villèle sont expliqués; l'agiotage est mis au grand jour... MM. Frénilly, Pavi, La Bouillerie, et le rapporteur de la commission, Huerne-Pommeuse, ont beau préconiser les bienfaits du projet de loi, ils ne prouvent qu'une chose: qu'ils sont les très-humbles et très-obéissants serviteurs du ministre des finances.....

Dans la chambre des pairs, le projet de loi est combattu par M. Roy, il dit : « ..... Aujourd'hui et avec l'amortissement tel qu'il est, on peut encore espérer l'amortissement de la dette; mais avec le projet on ne le pourra plus, et l'augmentation du capital rendra le remboursement impossible. Toute réduction ultérieure deviendra impraticable. Le crédit sera dans la main des étrangers; nous n'aurons fait que *fonder l'agiotage* et élever sur cette funeste base un crédit artificiel qui, s'écroulant à la première secousse, compromettra au jour du danger la sûreté de la France. » (M. Roy eût pu ajouter : Le germe de la banqueroute est déposé dans cette loi.)

Le rapporteur de la commission, M. le duc de Lévis, peu versé dans les matières de finances et dans la science économique, parle, en style académique, de « l'état de prospérité toujours croissant où se trouve « le pays; » et, après avoir dit qu'il n'était point à craindre que « la création d'un nouveau fonds fût un « aliment de plus pour la funeste passion de l'agiotage, « déjà portée à un déplorable excès, » l'auteur des *Maximes et réflexions sur différents sujets de morale et de politique* vient rassurer la morale publique avec une phrase, véritablement dérisoire de naïveté : « L'a- « giotage de la rente est heureusement hors de la por- « tée du pauvre : » il conclut à l'adoption pure et simple du projet de loi. — M. de Chastellux s'extasie « sur les avantages résultant de la baisse de l'intérêt « des capitaux pour l'agriculture et l'industrie, et du « dégrèvement de l'impôt foncier. » Enfin, le ministre de la marine (Chabrol), discourant longuement sur le système et l'action de l'amortissement, tire de tout son verbiage la conclusion qu'il est « nécessaire « de laisser l'amortissement tel qu'il est (dans le pro- « jet de loi) sous la garantie *morale* de la direc- « tion, contre laquelle il ne s'était jamais élevé aucune « plainte. »

M. de Châteaubriand ne pouvait manquer une si belle occasion d'attaquer M. de Villèle; il se prononce contre le projet de loi, et en termine la critique, en disant : « ..... Le système de Law et les réductions de l'abbé Terray contribuèrent à la ruine de la monar-

chie; les assignats en tombant précipitèrent la république ; les banqueroutes de Bonaparte préparèrent la chute de l'empire. Que tant d'exemples nous avertissent! Qui bouleverse les fortunes bouleverse les mœurs; qui attaque les mœurs ébranle la religion ; qui ébranle la religion perd les États. » Les apophthegmes politiques de M. de Châteaubriand manquent presque toujours de justesse : la chute des assignats ne précipita pas la république, tant s'en faut; cette grande banqueroute débarrassa au contraire la république du cancer qui la rongeait; M. de Châteaubriand a oublié la réplique de Fox aux sophismes financiers de Pitt : « L'état des fi-
« nances de la république française n'est pas une cause
« de ruine pour son gouvernement; il a une ressource
« qui nous est interdite, celle de faire banqueroute;
« il peut la décréter quand il voudra..... » Quant aux banqueroutes de Bonaparte, elles ne contribuèrent en rien à la chute de l'empire ; l'ambition et le despotisme également insensés de l'empereur ont seuls opéré la chute de son gouvernement.

La loi relative à la dette publique est votée par la chambre des députés : nombre des votants, 356 ; pour, 237 votes; contre, 119; majorité, 118..... L'opposition a été d'un tiers. — Dans la chambre des pairs : nombre des votants, 229 ; pour, 134 ; contre, 92 ; bulletins nuls, 3 ; majorité, 46..... L'opposition a été de deux cinquièmes.

Cette loi sur la conversion et l'amortissement présente des vices majeurs ; elle est essentiellement funeste au crédit public et aux libertés nationales : un juif étranger l'a, dit-on, proposée à l'apprenti financier, et la secte des jésuites et des absolutistes l'a imposée à ce ministre qui tient le gouvernail de l'État. En effet, un des motifs secrets de la loi est de diminuer le nombre des électeurs, déjà si restreint par l'article 40 de la Charte, et d'ôter le droit de suffrage aux petits propriétaires, négociants ou manufacturiers, en un mot à la classe moyenne, afin de concentrer, autant que possible, le droit électoral dans la haute propriété, c'est-à-dire, l'aristocratie. M. de Villèle le décide ainsi, parce que la petite propriété ou la classe moyenne qui forme la grande masse des citoyens, qui constitue véritablement la nation, est imbue des principes de la liberté constitutionnelle: tandis que la haute propriété nourrit des principes ennemis de cette liberté! En violation manifeste des règles, des droits, des principes qui fondent et établissent le régime représentatif; dans une complète ignorance des éléments politiques qui font la force du trône et la prospérité de la nation, M. de Villèle entend éliminer, effacer de la nouvelle constitution monarchique de la France, toute influence démocratique, et y substituer sans nul contre-poids la puissance aristocratique; ce ministre ne daigne seulement pas faire attention, ou bien il ignore que le pouvoir royal a tout à craindre de la seconde, et n'a rien à redouter de la première lorsqu'elle est fortement circonscrite dans les limites constitutionnelles; et certes, la Charte n'a pas été démocrate en posant ces limites! Le génie de M. de Villèle s'épuise à introduire l'aristocratie dans la chambre des députés, et la démocratie dans celle des pairs, où l'on verra siéger des membres qu'il faudra dispenser d'établir un majorat, où seront envoyés des individus sans fortune et ne possédant même pas le cens nécessaire pour être électeur; des personnages logeant en hôtel garni, et ne payant pas un centime de contribution; des personnages sous le poids de dettes énormes et de contraintes par corps; enfin des individus dont les moyens d'existence consistent dans une pension que le gouvernement leur accorde! Un tel nonsens, ou une telle impéritie, est, en vérité, inexplicable dans un premier ministre, au moment surtout où il vient demander à la nation un milliard de gratification pour les émigrés.

Le dégrèvement des contributions foncière, personnelle, etc., etc., annoncé par M. de Villèle, est une jonglerie ; car les contribuables en faveur desquels le dégrèvement doit s'opérer, seront atteints, par les contributions indirectes, dans tous leurs objets de consommation, pour des sommes beaucoup plus fortes que celles dont on les dégrèvera; et, chaque année, les contribuables dégrévés auront à acquitter, en définitive, leur quote-part d'un budget qui, dans chaque session, sera plus élevé que celui de la session précédente : une preuve incontestable que le dégrèvement annoncé d'une manière si pompeuse est une véritable escobarderie financière, c'est que les propriétaires de biens-fonds verront aussitôt diminuer le revenu et la valeur capitale de leurs domaines ; c'est que le commerce et l'industrie éprouveront en même temps des embarras et des pertes considérables. Et comment pourrait-il en être autrement? L'agiotage peut maintenant s'exercer et butiner sur trente millions de rentes qu'on lui jette à la tête; il va pomper et attirer dans ses porte-feuilles la plus grande partie du numéraire circulant à Paris et dans les départements : de nombreuses banqueroutes seront donc la suite de ce désordre de choses, et une foule de petits rentiers seront ruinés, afin que des agioteurs privilégiés fassent d'énormes bénéfices.

Nous croyons à la probité de M. de Villèle; nous croyons aussi à l'ordre et à l'économie avec lesquels il régit ses affaires personnelles; quand il en sera temps, nous examinerons l'état de sa fortune à son entrée* et à sa sortie du ministère; mais si elle s'était améliorée, pourrait-on en faire un reproche à l'homme qui s'immole aux affaires de l'État? Les ministres sont condamnés à une application, à des travaux de tous les instants pour amener ou entretenir le repos et la prospérité de l'État; il est donc juste, et il est consolant pour la France, que les affaires privées des ministres ne souffrent pas de leur dévouement aux affaires publiques : on serait en vérité déraisonnable et presque factieux, si l'on trouvait mauvais que des ministres, comme M. de Villèle et M. Peyronnet, eussent amélioré leur fortune pendant leur ministère, en supposant que cela fût.

Pour soutenir sa création de rentes 3 pour cent contre l'opinion générale qui repousse avec indignation une aussi fausse ou aussi perfide conception financière, le ministre violera la foi publique; il dépouillera les propriétaires de rentes 5 pour cent des garanties que la loi leur a solennellement attribuées; les rentes acquises par la caisse d'amortissement cesseront d'être affectées au rachat des 5 pour cent, pour être exclusivement affectées au rachat des 3 pour cent; et ceux-ci, néanmoins, resteront au-dessous de leur taux constitutif, 75 francs; ils ne pourront même se soutenir entre 60 et 70 que d'une manière fictive et ruineuse pour le trésor public : en dépouillant ainsi les 5 pour cent de tout amortissement, il faudra sacrifier en outre, chaque année, aux agioteurs chéris du ministre soixante ou quatre-vingts millions, sans pou-

---

* Si nous sommes bien informés, il possédait, en 1821, de 12 à 14,000 francs de revenu en propriétés territoriales, tant de son chef que de celui de sa femme; ses propriétés étaient grevées de 80,000 francs d'hypothèques.

voir soutenir les 3 pour cent à leur taux d'émission, et au risque encore de voir chaque mois cette fausse rente subir une catastrophe.

Afin d'obtenir de si pitoyables résultats, le Calonne bourgeois de la contre-révolution obligera, sous peine de destitution, les receveurs-généraux de former un syndicat, et d'engager non-seulement les recettes publiques, mais leur propre fortune et celle des particuliers qui leur confient des fonds : les fonctionnaires publics amovibles, de tous les étages, se verront contraints, sous la même peine de destitution, de convertir leurs cinq pour cent en trois pour cent, et de perdre de la sorte une partie de leurs revenus; condescendance ruineuse que le ministère prendra soin, au reste, de reconnaître en couvrant les plus affidés de ces fonctionnaires de gratifications et de sinécures. Ce ne sera point encore assez pour soutenir les 3 pour cent : les sommes versées dans la caisse des dépôts et consignations, les cautionnements, les fonds appartenants aux communes et à toute administration publique, ceux même des hôpitaux, en un mot toutes les sommes dont le gouvernement ne peut et ne doit disposer que du consentement libre des propriétaires, seront mises en réquisition, en emprunt forcé, par M. de Villèle qui les appliquera au maniement de ses chers 3 pour cent ! Ces violations d'engagements ministériels, de garanties officielles, de foi publique, de lois de l'État, toutes ces mesures auxquelles l'on peut justement appliquer le nom de révolutionnaires, exciteront une profonde exaspération dans l'esprit public, et il éclatera sans ménagement contre un ministre qui, corruption en main, marche tête levée vers le pouvoir absolu : mais M. de Villèle se moquera de l'opinion nationale, il achètera les consciences de ce tas d'écrivains dont la plume est à vendre sous tous les régimes; et, comme s'il ne lui suffisait pas de corrompre la presse, il voudra la bâillonner : de très-fortes sommes d'argent ont été employées à l'achat de certaines feuilles publiques; mais, il reste encore des journaux indépendants, et ayant pris pour devise : *la Charte*, qui refusent de se vendre; des procès iniques leur seront intentés, et le ministère en viendra au point de dire à des actionnaires de ces journaux : *Vendez-nous un procès !* En sorte qu'il achètera et vendra à la fois toutes les espèces de corruptions; et la chambre septennale sanctionnera de ses votes serviles tous les actes arbitraires que le ministère ne rougira pas de commettre; et les droits électoraux seront violés sans pudeur, ostensiblement, de vive force; et le mensonge, l'astuce, la fraude, la violence, seront tour à tour mis en usage pour détruire la Charte au nom même de la Charte. Peu importe, au reste, que ce pacte fondamental garantisse la stabilité et la gloire du trône, les libertés nationales, la prospérité de l'État : les jésuites ne veulent pas de la Charte, et M. de Villèle a protesté contre elle, dès 1814..... Et, quelle résistance légale, constitutionnelle, les hommes de bien, les bons citoyens peuvent-ils donc attendre ou espérer d'une chambre qui s'est adjugé elle-même, à l'enchère ministérielle, sept années de puissance ou de corruption législative, qui a augmenté d'un milliard la dette publique, dans l'intérêt d'une grande partie de ses membres; chambre, que l'on voit accueillir, au nom de la religion, de la légitimité, avec la fureur du jacobinisme, avec toute la bassesse de la servilité, les projets de loi les plus évidemment désastreux; chambre, enfin, qui abandonne les finances de l'État aux déprédations ministérielles sans contrôle, sans examen, et presque sans discussion? Chambre de 1824, tu as volé, par acclamation, le despotisme ministériel et l'absolutisme ultramontain : comment répondras-tu un jour à la France, à l'histoire? Tu as mérité d'être surnommée (ainsi que la chambre de 1815) *la convention* de la restauration.....

1ᵉʳ. — Ordonnance du roi, contenant le mode d'exécution pour la conversion des rentes 5 pour cent en 3 ou 4 1/2 pour cent.

1ᵉʳ. — Ordonnance du roi, qui détermine le mode d'exécution de la loi du 25 avril 1825 sur l'indemnité.

6. — Réception de Sidi-Mamouth, envoyé du dey de Tunis, à l'hôtel des affaires étrangères... Les journaux ministériels apprendront à la France, « que cet envoyé a salué avec dignité; qu'au dîner il a paru trouver tous les mets de son goût, et a eu soin de dire que son médecin lui avait prescrit de boire du vin pour sa santé; qu'il a donné la préférence au vin de Champagne; que l'ordonnance du repas, l'uniforme brillant des convives a paru l'occuper beaucoup; qu'il est très-gras; que son teint est celui d'un Français fort brun; que son costume est simple, mais élégant, etc., etc. » La narration de la réception diplomatique se compose de ces niaiseries; quant à l'objet de la mission de Sidi-Mamouth, le ministère ne juge pas à propos d'en faire connaître l'objet ou le résultat au commerce français. On a rendu de grands honneurs et fait, pour ainsi dire, la cour à l'envoyé d'une petite puissance barbaresque, et le ministre des affaires étrangères s'est, peut-être, cru un grand homme d'État parce qu'il est resté, seul, assis et couvert au moment où l'envoyé a été introduit : le public a beaucoup ri de cette réception, et les poètes l'ont chansonnée. Le public s'est amusé, sur-

tout, de l'érudition orientale du préfet de la Seine (Chabrol), qui adresse à Sidi-Mamouth un fort beau compliment, en langue arabe; mais M. Chabrol ne s'est pas attaché à apprendre l'arabe pendant son séjour en Égypte, où il remplissait des fonctions subalternes, comme ingénieur des ponts-et-chaussées; car, l'interprète de Sidi-Mamouth répond, que son excellence n'a pu comprendre un seul mot du compliment du préfet.

11. — Des lettres closes sont adressées aux premiers présidents et procureurs généraux afin qu'ils aient à se rendre le vingt-neuvième jour du mois de mai en la ville de Reims, et y assister à la cérémonie du sacre du roi... Des lettres closes sont adressées pour le même objet à 27 membres de la chambre des députés, comme présidents de conseils-généraux de départements....... La chambre des députés, en vertu d'une lettre close, doit envoyer à Reims, pour assister à la cérémonie du sacre, une grande députation; la désignation des membres doit avoir lieu au sein des députations par la voie du sort..... Une grande députation de la chambre des pairs se rendra à Reims, pour le même objet, en vertu d'une lettre close.

13. — Loi relative aux pensions à accorder aux anciens sous-officiers et soldats qui faisaient partie du régiment des gardes-suisses à l'époque du 10 août 1792. — Article 1er. Les anciens sous-officiers et soldats pourront obtenir, selon le grade qu'ils avaient alors, les pensions de retraite ci-après déterminées, quelle que soit la durée de leurs services, savoir : sergents, 300 fr.; caporaux, 250; soldats, 200. — 2°. Les pensions qui seront liquidées en vertu de la présente loi, porteront

jouissance du 1ᵉʳ janvier 1825, pour tous ceux qui, dans le courant d'une année à dater de la promulgation de la loi, auront produit leurs titres au ministre de la guerre; et pour tous les autres, du jour seulement de la liquidation.....

Le régiment des gardes-suisses donna, 1789 à 1792, des preuves de fidélité et de dévouement à Louis XVI; ces soldats étrangers furent victimes des plus barbares traitements dans la journée du 10 août : sans doute, ils méritent l'intérêt que la loi vient exprimer en leur faveur; mais les éloges exagérés que certains hommes leur prodiguent au nom de l'ancien régime, ont blessé la dignité nationale. Lorsque M. Bonald a dit : *Et plût à Dieu que nous fussions aussi bons Français que les Suisses!* le Lycophron moderne a dit une grande sottise, et de plus il a déconsidéré et fait haïr ceux qu'il prétendait servir : les Français d'ailleurs sentent parfaitement que toute nation qui admet à son service des forces étrangères, se manque à elle-même; car une telle intrusion dans les rangs de son armée peut faire soupçonner, ou que le monarque est en défiance de la fidélité de ses sujets, ou que la nation a besoin pour sa propre défense du secours armé et permanent de l'étranger... Les capitulations conclues avec le gouvernement suisse, permettent à cette dernière puissance de rappeler ses troupes quand bon lui semble : ces capitulations stipulent dans ce cas un subside en faveur des Suisses; et les chambres législatives ne sont pas même informées des clauses qu'elles renferment, quoique les subsides ne puissent être prélevés sur la nation et acquittés par le gouvernement sans le secours et la sanction des chambres... Ces capitulations renferment en outre des réserves qui affectent directement notre droit public, la législation française, et même la Charte : « Nul ne

« pourra être distrait de ses juges naturels, » dit l'article 62 de notre loi fondamentale ; et malgré cet article, un Français ne peut pas citer devant les magistrats que la loi lui donne le militaire suisse qui s'est rendu coupable envers lui d'un délit, même civil ; le Français est tenu de recourir à des juges suisses, il est jugé par eux : en sorte que toutes les fois qu'un citoyen français se trouve en cause avec un militaire suisse, la justice n'émane plus du roi et ne s'administre plus en son nom par des juges qu'il nomme et qu'il institue : l'article 57 de la Charte est donc violé par les capitulations.

La loi sur les pensions suisses, dont nous ne contesterons pas la justice à certains égards, produit dans les esprits une impression fâcheuse : on ne voit pas sans regret et même sans honte, des soldats étrangers mieux traités pour leurs solde et pension que les soldats français : la loi réveille des souvenirs qu'il serait d'une politique sage de laisser dans l'oubli ; elle montre en outre la résolution de tenir continuellement à la solde de la nation des étrangers dont la présence affecte l'orgueil national, et dont l'entretien est beaucoup plus coûteux que celui des régiments français... On ne cesse d'exalter la fidélité des troupes suisses ; mais cette fidélité si vantée n'est pas sans tache. Si un régiment suisse donna en 1792 des preuves de dévouement au roi Louis XVI, un autre régiment suisse avait donné en 1790 à Nancy l'exemple de la révolte : ce furent les soldats suisses de *Châteauvieux* qui excitèrent la garnison de Nancy à la rebellion et à l'assassinat.

La France a de tout temps retiré les plus grands avantages de son alliance avec les Suisses, disent M. Bonald et consorts ; jamais alliés n'ont mieux observé la foi des traités !... L'histoire dément cette loyauté diplomatique : plusieurs fois les Suisses engagés au service de

France ont passé du côté de l'ennemi *; et quant à la religion des traités, le gouvernement helvétique l'a observée ou violée selon le plus ou moins de bénéfice que lui présentaient les circonstances politiques. La Suisse n'a-t-elle pas ouvert en 1814 les frontières de la France aux armées alliées qui se précipitaient sur notre territoire? la Suisse n'a-t-elle point, malgré sa neutralité, offert son propre territoire à ces armées? ne leur a-t-elle pas prêté aide et assistance autant qu'il était en son pouvoir? Lorsque les souverains alliés ont voulu opprimer, affaiblir, ruiner, démembrer la France, le gouvernement helvétique a-t-il été moins exigeant, moins rapace que *nos amis les alliés?* n'a-t-il pas exigé la cession du pays de Gex, la démolition d'Huningue, et des indemnités pécuniaires? Cessons de vanter les avantages de l'alliance suisse; la France n'a rien à espérer de cette alliance, comme elle n'a rien à craindre des forces militaires de la Suisse : une armée de 40 à 50,000 Français tiendra toujours la Suisse en respect; l'on a vu sous le directoire et le consulat avec quelle facilité le territoire helvétique pouvait être conquis. La bravoure et la discipline des soldats suisses étaient d'une certaine importance dans les xv° et xvi° siècles; aujourd'hui la bravoure et la discipline des soldats français n'ont nul besoin d'un secours étranger, secours énormément cher d'ailleurs; car on ne saurait évaluer à moins de sept millions par an la solde et l'en-

---

* On peut lire dans Duclos, *Histoire de Louis XI*, avec quelle déloyauté les Suisses violèrent, en 1477 et 1478, les traités qu'ils avaient conclus avec la France; quoique Louis XI leur payât exactement de très-fortes sommes d'argent, ils n'en passaient pas moins au service de ses ennemis, « malgré la foi « des traités et des paroles qu'ils venaient de donner tout ré-« cemment, » dit Duclos.

tretien des six régiments suisses employés au service de France : c'est un impôt, et un impôt très-onéreux; car un officier suisse coûte beaucoup plus cher qu'un officier français... Avons-nous besoin d'une force militaire suisse? La France, cette France qui a couvert l'Europe de ses trophées, n'est-elle donc plus assez forte pour se défendre elle-même, et la fidélité des Français n'est-elle pas inébranlablement acquise au monarque dont la bravoure, la loyauté et l'amour pour ses peuples répandent tant d'éclat sur le trône constitutionnel? En présentant le projet de loi, les ministres ont manqué de respect à la nation ; et nous oserons même ajouter qu'ils n'ont pas rendu justice à la confiance qu'a placée dans ses peuples le prince qui a dit en entrant à Paris après vingt-cinq ans d'exil (12 avril 1814) : « Il n'y a rien de changé en France; il n'y a qu'un « Français de plus. »

15. — Décret de Simon Bolivar, pour la réunion en assemblée générale des provinces ci-devant espagnoles du Haut-Pérou, « à l'effet d'exprimer librement leur
« volonté concernant leurs intérêts et leur gouverne-
« ment, conformément au désir exprimé par le pou-
« voir exécutif des Provinces-Unies de Rio de la Plata
« et des provinces elles-mêmes ci-dessus mention-
« nées... »

17. — Rejet du bill d'émancipation des catholiques d'Irlande. — La troisième lecture de ce bill a passé dans la chambre des communes à la majorité de 248 voix contre 227 : la seconde lecture a été rejetée à la chambre des pairs (où le bill est porté le 11), à la majorité de 178 voix contre 130.

Lord Liverpool, adversaire du bill, a dit : « ...Les

catholiques ont-ils droit à l'égalité des droits politiques dans une constitution protestante, où le roi est le chef de l'Église? Je ne crains pas de dire, *non!*... Le protestant promet une obéissance entière à l'État; l'autre ne promet qu'une obéissance partagée par son attachement au pape : le catholique n'est citoyen et sujet *qu'à demi*... Ce n'est pas le pape comme pape que je combats, c'est contre son pouvoir exorbitant que je parle; ce n'est pas contre les doctrines et les dogmes de la transsubstantiation et du purgatoire que je m'élève, mais contre l'influence des prêtres sur toutes les relations de la vie privée... Si les catholiques n'obtiennent pas ce qu'ils demandent, la faute n'en est pas au protestantisme ni à l'Angleterre; la faute en est à eux-mêmes, à la conduite de leur clergé qui ne cesse d'exciter des défiances; à leurs doctrines, enfin, sur le pouvoir ecclésiastique, qui provoquent l'oppression des autres communions *, et qui nous ont valu cent soixante ans de guerres civiles... »

* Dans son *Essai sur les révolutions*, etc., Londres, 1797, M. de Châteaubriand a dit que « la constitution hiérarchique « de l'Église romaine infusait dans tout le clergé un esprit de « corps trop formidable?... » Il ajoute : « L'esprit dominant du « sacerdoce doit être l'égoïsme : le prêtre n'a que lui seul dans « le monde. Repoussé de la société, il se concentre; et voyant « que tous les hommes s'occupent de leurs intérêts, il cherche « le sien. Sans femme et sans enfants, il peut rarement être « bon citoyen, parce qu'il prend peu d'intérêt à l'État. » M. de Châteaubriand va plus loin, il dit : « La haine doit dominer « chez les prêtres, parce qu'ils forment un corps. Il n'est point « dans la nature du cœur humain de s'associer pour faire du « bien ; c'est le plus grand danger des clubs et des confréries. « Les hommes mettent en commun leur haine, et presque « jamais leur amour. » Enfin, s'il fallait en croire l'auteur de l'*Essai sur les révolutions*, etc., l'esprit des prêtres se composerait de fanatisme et d'intolérance (vol. 2, pag. 622, 623, 24,

Voilà le résultat des menées, des agitations, des intrigues, des attentats auxquels se sont livrés, depuis la chute de Napoléon, les jésuites et les ultramontains répandus sur la surface de la France !

Lord Colchester (M. Abbot, garde du sceau privé d'Irlande, et ancien orateur de la chambre des communes) a dit : « Les catholiques jouissent d'une liberté civile complète ; ils exercent librement leur culte, ont des églises, des séminaires, des écoles ; ils élèvent li-

---

25, 26, 27, 28). Nos opinions, relativement aux prêtres et au clergé de l'Église romaine, ont toujours été absolument opposées à celles dont M. de Châteaubriand faisait profession dans le temps de son émigration ; nous honorons, nous respectons le caractère et la nature du sacerdoce, du prêtre, du ministre de Dieu, et nous croirions manquer non-seulement à nos devoirs de chrétien, mais encore à nos devoirs de fidèle sujet, en ne rejetant pas loin de nous les doctrines et les erreurs professées en 1797 par M. de Châteaubriand : heureusement, ce brillant écrivain a rétracté ces erreurs et ces doctrines, et a trouvé, dans le *Génie du christianisme*, absolument le contraire de ce qu'il avait avancé dans son *Essai sur les révolutions*, etc. Il est consolant de voir un beau génie se condamner lui-même et revenir aux vérités éternelles de notre sainte religion... La religion de Jésus-Christ est tout humilité, désintéressement, charité, miséricorde ; et tel doit être l'esprit dominant de nos prêtres, du clergé de France : il ne faut pas rendre les prêtres responsables des intrigues pratiquées par les ultramontains et les jésuites, comme il ne faut pas rendre le clergé responsable des crimes de quelques-uns de ses membres, tels que les Mingrat, les Contrafatto, les Molitor, etc. Respectons ce qu'il y a de plus respectable sur la terre, la religion et ses ministres : mais fidèles sujets des Bourbons, royalistes et bons français, ne permettons jamais que la puissance spirituelle empiète sur les droits de l'autorité temporelle ; le temps n'est plus où les rois étaient les vassaux d'un Grégoire, d'un Boniface, etc., où le Vatican disposait des couronnes et du gouvernement des empires : ce temps ne reviendra jamais !!!

brement leurs enfants : les places d'administration financière, le barreau, l'armée, la marine, leur fournissent des carrières ouvertes. Que leur manque-t-il? le pouvoir politique. Ils veulent entrer au ministère, au parlement. Mais, s'ils avaient part au gouvernement, ils essaieraient bientôt de diminuer ou de détruire l'établissement politique..... Qu'on remarque seulement le serment fait encore aujourd'hui par les prêtres catholiques de ne communiquer à personne les secrets du pape, *consilium domini papæ capiam et nemini dicam*..... Les jésuites sont un ordre d'hommes dont les principes politiques étaient tellement dangereux, que leur bannissement des pays catholiques romains était un acte de sage prévoyance et de saine politique. En Angleterre, on a permis que des corps de jésuites s'y établissent et y conservassent de vastes possessions hors des lois, et, selon moi, en opposition aux lois. Quant à ce qui regarde ces hommes, je vous dirai : *Chassez-les tous de ce pays*, à l'exception des malades et des malheureux. La meilleure sécurité que l'on puisse avoir contre le danger dont nous menace le catholicisme, c'est de ne donner aucun pouvoir politique à ceux qui le professent..... »

Malheur à tout État, dans lequel la secte des jésuites exercera une influence politique!!!

L'évêque de Chester a dit : «..... La cour de Rome conserve, sans la moindre amélioration, toutes les doctrines extravagantes sur le droit du pape de dominer le monde politique, quoiqu'elle ne juge pas toujours prudent de les avouer hautement. En 1643, le pape d'alors déposa par une bulle le roi Charles 1er; en 1804, le pape Pie VII déposa Louis XVIII en couronnant l'usurpateur Bonaparte. Ce même pape, dans une lettre à un de ses nonces, 1809, a soutenu expressément qu'il avait *le droit de détrôner les rois*, mais qu'il n'était pas toujours convenable de faire usage de ses droits. Est-il possible d'accorder aucun pouvoir politique à une Église qui maintient des doctrines aussi pernicieuses ?..... »

Voici les doctrines que professent le clergé et les prêtres ultramontains : elles sont pour eux des articles de foi. — « La suprématie des princes de l'Église sur les « princes de la terre est de *droit divin*. — Les minis- « tres de la religion ne doivent pas être assujettis aux « lois civiles, excepté le cas où ces lois auraient été « mises en harmonie avec le droit divin, et par con- « séquent consenties et acceptées par les ministres de « la religion. — Les ministres de la religion sont les « représentants de Dieu sur la terre, et par conséquent « au-dessus des magistrats. — Le sceptre est au-dessous « de la tiare, et le vicaire de J.-C. a prééminence et « autorité sur les princes de la terre et sur leurs États « dont il est, par droit divin, le premier souverain. »

Ces doctrines sont subversives de tout ordre social ; elles tendent, directement, à détruire les constitutions sur lesquelles reposent la sûreté des trônes et la liberté des nations : elles fondent, au profit de la cour de Rome, le gouvernement théocratique...... Le plus altier des princes, le plus absolu des rois n'eut-il pas à dévorer les insultes d'un prêtre, de ce cardinal de Bouillon* qui plaçait son chapeau au-dessus de la cou-

---

* Si le cardinal de Bouillon bravait si insolemment un roi qui massacrait cependant ses sujets protestants d'après les ordres que lui intimaient les jésuites, un autre membre de cette illustre famille a donné de nos jours l'exemple de la plus insigne lâcheté dont fassent mention les annales des jacobins. — En 1793, le duc de Bouillon fait hommage aux républicains d'Évreux, dans la personne du maire de cette ville, de l'épée du maré-

ronne royale et déclarait à Louis XIV qu'il était *son supérieur, son maître?*... Les cardinaux ne se prétendent-ils pas égaux, en dignité, aux rois? *Regibus æquiparantur*, dit la cour de Rome.

Les ministres du roi de France doivent méditer les graves et solennels discours des lords Liverpool et Colchester; ces discours doivent surtout fixer leur attention, dans un moment où les cosaques de la cour de Rome, les jésuites, bannis des terres de France en vertu de lois non encore révoquées, couvrent le royaume de leurs séminaires, s'emparent de l'éducation publique

---

chal de Turenne; il lui écrit : «... Ne pouvant, malheureuse-
« ment, à mon âge défendre dans les armées la cause de la
« liberté, je veux te prouver combien je m'y intéresse : en bon
« et franc républicain, je te prie d'agréer *le petit présent* que
« je fais à la république de l'épée du maréchal de Turenne :
« elle est digne d'être portée par un sans-culotte, et mon
« civisme t'est trop connu pour que je craigne que tu la re-
« fuses, et que tu ne fasses pas mention de mon offre au club
« des jacobins dont je me flatte de posséder l'estime par tout
« ce que j'ai fait pour la république. — Salut et fraternité... »
Le maire d'Évreux était un homme de mérite et pensant bien;
il fut indigné de la bassesse du duc de Bouillon; il lui répondit :
« J'accepte, citoyen, le présent que tu fais à la république et
« à notre club : je voudrais bien reconnaître ton patriotisme
« comme tu le mérites : mais, je ne puis t'offrir que des choses
« de ma profession : je t'en envoie une que je te prie d'accep-
« ter en brave sans-culotte; c'est sans façon et cérémonie,
« comme en usent les bons républicains.... Salut et fraternité. »
Le maire d'Évreux était pharmacien, il envoya une seringue au duc de Bouillon. — Nous avons lu, dans un journal du temps, la lettre dont nous rapportons les passages ci-dessus. Au surplus, les grands seigneurs ou nobles qui n'avaient point émigré ne reculaient, en 1793 et 1794, devant aucun acte de bassesse; celle du duc de Bouillon ne doit pas étonner, il s'était mis depuis long-temps à l'ordre du jour : mais, le fait est trop caractéristique pour le passer sous silence.

et répandent à grands flots leurs doctrines empoisonnées..... On en verra plus tard les résultats!!!

19. — Lettre pastorale du cardinal-archevêque de Rouen, grand aumônier de France, etc., pour « se justifier des bruits répandus dans son diocèse, touchant le but qu'il s'était proposé en publiant sa dernière instruction pastorale adressée à son clergé..... » — Après avoir exprimé la peine bien sensible que son cœur éprouve, en apprenant que quelques-uns de ses enfants ont pu croire qu'il avait prétendu exercer une sorte d'inquisition à l'égard de ceux qui ne s'acquittent pas de leurs devoirs de chrétien, le prélat de l'ancien pays de sapience dit : « ..... Nous concevons à peine
« qu'on ait pu nous imputer d'avoir ordonné d'afficher,
« aux portes des églises paroissiales et cathédrale, les
« noms de ceux qui ne remplissent pas le devoir pas-
« cal. Comme s'il n'était pas évident que nous n'avons
« fait que citer les peines canoniques dont saint Char-
« les et les évêques de sa province punissaient les cou-
« pables, sans les remettre en aucune manière en vi-
« gueur..... Un autre genre de sollicitude devait aussi
« fixer notre attention. Sachant qu'un grand nombre
« de petits enfants, morts sans avoir reçu la grâce du
« baptême, devaient être exclus à jamais du royaume
« des cieux, n'était-ce pas de notre devoir de chercher à
« prévenir désormais par des peines spirituelles une si
« cruelle destinée? Un grand monarque, Louis XIV,
« ordonna que les enfants seraient baptisés dans les
« vingt-quatre heures qui suivraient leur naissance,
« et il enjoignit aux officiers de justice d'y tenir la
« main..... —Il est évident que lorsque nous avons
« déclaré que les pasteurs ne doivent pas recevoir pour
« parrains et marraines ceux qui sont connus pour ne

« point faire leur pâque, règle qui est prescrite par
« tous les rituels de France, notre intention n'a pas
« été d'établir une sorte *d'inquisition* à cet égard, ni
« même de statuer qu'il suffit d'être connu pour tel du
« curé de sa paroisse; notre but n'a donc pas été de
« chercher des coupables, mais de vous faire connaître
« les conditions auxquelles l'Église veut admettre les
« parrains et marraines qui veulent se charger d'une
« pareille responsabilité..... »

Les paroles de l'archevêque de Rouen déposent de l'ardeur de son zèle religieux; il a bien le droit d'établir les conditions auxquelles l'Église veut admettre les parrains et marraines, ce droit est du domaine de l'ordre spirituel; mais d'un autre côté, les pères et mères ne sont astreints par aucune loi à faire baptiser leurs enfants; ils feraient très-mal en adoptant une semblable conduite, mais ils sont les maîtres de ne pas les présenter au baptême, comme ils le sont de ne pas se marier à l'Église, comme ils le sont d'embrasser la religion réformée : une semblable conduite serait très-répréhensible, mais aucune loi ne saurait être invoquée contre elle. Monsieur l'archevêque de Rouen peut être fort bon théologien, mais il est à coup sûr mauvais logicien et mauvais grammairien; il se trompe d'un siècle et demi, dans ses citations : a-t-il fait attention que d'après la Charte et les lois constitutionnelles qui régissent les Français, les ordonnances de Louis xiv en matière religieuse ne peuvent, sous aucun rapport, être invoquées et mises en avant par les prélats de l'Église de France? Louis xiv rendit aussi des ordonnances atroces, épouvantables de barbarie, pour assurer l'exécution de la révocation de l'édit de Nantes; il fit égorger, assassiner ses sujets de la religion réformée; il confisqua, il vola leurs propriétés pour enrichir ses courtisans et la vieille bigote dont il s'était fait l'époux et l'esclave couronné ; il ordonna des spoliations et des cruautés qui flétriront à jamais sa mémoire... Comment un prélat aussi éminent en dignité que monsieur l'archevêque de Rouen ne craint-il pas de citer les peines canoniques dont saint Charles et les évêques de sa province punissaient les coupables ? A-t-il oublié, ou ne sait-il pas que c'est en vertu de peines canoniques, que l'on déposait les rois et que l'on allumait les bûchers de l'inquisition ? — Le premier devoir d'un pasteur, et surtout d'un prélat, est de recevoir avec douceur, avec patience, avec bonté, selon l'ordre du divin maître, tous les pécheurs qui viennent à lui ; il est coupable, d'après la parole de Jésus-Christ, lorsqu'il veut les forcer à venir à lui : le *compellere intrare* de l'ultramontanisme va directement contre la loi de Jésus-Christ, contre la volonté divine : c'est par la mansuétude et la miséricorde de l'Homme-Dieu que notre sainte religion est parvenue à étendre son heureux empire sur la terre, et non par les inquisitions et les maximes de domination. Lorsque monsieur l'archevêque déclare que son intention n'a pas été d'établir une sorte d'inquisition à l'égard de ceux qui seraient connus pour ne point faire leur pâque, il a fait, si nous ne nous trompons, un notable contre-sens, sans doute avec les meilleures intentions possibles ; et qui peut avoir en France le droit d'établir l'inquisition religieuse ? Personne, absolument personne : le mot seul d'inquisition y est aussi exécrable qu'exécré. La tolérance des cultes est devenue une loi fondamentale de l'État : séduire, effrayer, torturer les consciences, est non-seulement une violation de la loi, qu'il appartient à l'autorité temporelle de punir, mais une blessure faite à la religion, à cette religion de miséricorde et de bonté qui atteste, dans chacun des actes de la vie terrestre du divin maître, l'inépuisable trésor de clémence du Dieu créateur et conservateur de l'univers.

Dans toutes les matières qui ne ressortissent pas directement de l'autorité et des attributions spirituelles, c'est-à-dire du dogme et de la doctrine, les prêtres doivent être soumis à la puissance temporelle, et justiciables des lois politiques et civiles qui régissent l'État; s'il en était autrement, le clergé serait souverain, tandis qu'il n'est et ne doit être que sujet. Monsieur l'archevêque de Rouen a méconnu ce grand principe de conservation sociale, en déclinant l'autorité du ministre de l'intérieur, en refusant d'obtempérer aux avis et injonctions de ce secrétaire d'État : un de ses mandements a été supprimé par le conseil d'État, mais le prélat n'a tenu aucun compte de la censure; il méritait d'être puni, et il eût été sévèrement puni sous un ministère fort et bien constitué; mais le ministère Villèle ne sait pas, ne peut pas, ou ne veut pas réprimer les empiétements progressifs du clergé ultramontain..... M. de Croy n'a pas donné seul un tel exemple de désobéissance; le prélat de Toulouse, Clermont-Tonnerre, a tenu pour nuls et non avenus les ordres de l'autorité ministérielle; il s'est joué des lois de l'État, et la même impunité s'est attachée à ses mandements. Quand punira-t-on avec toute la sévérité des lois les ecclésiastiques qui violent les lois, et se constituent en désobéissance envers les magistrats chargés de leur exécution ?... De si fâcheux exemples, des exemples lancés de si haut peuvent se multiplier et entraîner de grands dommages pour l'État, si le gouvernement ne retient pas, et tout à l'heure, d'une manière vigoureuse les ecclésiastiques de toutes les classes dans les limites de l'ordre légal : un curé, un archevêque, un cardinal, doivent obéissance aux lois comme le dernier des citoyens ; il ne peut y avoir ici d'exception pour personne !

21. — Une proclamation du roi porte : La session de 1825 de la chambre des pairs et de la chambre des députés est prorogée au 7 juin prochain.

Nota. La clôture de cette session devait précéder la cérémonie du sacre.

21. — Le vaisseau espagnol, de 64, *l'Asia*, avec tous les effets et munitions de guerre ; et le brick, *la Constancia*, sont livrés et mis à la disposition du gouvernement de la république du Mexique, par don José Martinez, commandant en chef de ces deux vaisseaux au nom et pour le service du roi Ferdinand VII ; ce commandant offre « de prêter, immédiatement, serment de
« maintenir l'indépendance des États (ci-devant sous
« la domination du roi d'Espagne), ainsi que les offi-
« ciers, troupes et équipages, à l'exception des indi-
« vidus qui voudraient retourner dans la péninsule,
« ou se rendre dans toute autre partie des possessions
« espagnoles, et auxquels le gouvernement donnera
« toutes les facilités nécessaires pour se rembarquer et
« se rendre où ils le désireront..... »

D'après la détermination du commandant Martinez, le cabinet de Madrid ne doit plus compter sur le succès des expéditions navales qu'il tenterait désormais contre les républiques de l'Amérique du sud, détachées de la couronne d'Espagne.

24. — Loi relative à l'autorisation et à l'existence légale des congrégations et communautés religieuses de femmes... A la chambre des pairs, 171 membres pour le projet de loi, 34 contre, 2 bulletins nuls ; le nom-

bre des votants est de 207 ; — à la chambre des députés, 263 membres pour le projet, 27 contre ; le nombre des votants est de 290... Il faut encore le répéter, les députés se sont rendus avec empressement à la chambre lorsqu'il s'est agi de voter la septennalité, le milliard d'indemnité, la loi relative à la dette publique et à l'amortissement! Il s'agit ici d'une haute disposition religieuse et morale; et, comme dans le projet de loi sur le sacrilége, cent députés s'abstiennent de paraître à la chambre! (V. 20, 27 avril.)

Cette loi va couvrir la France de couvents et de religieuses; avant deux années, il y aura dans le royaume plus de trois mille couvents de femmes et plus de vingt mille religieuses de toutes couleurs; car les conditions imposées par la loi, pour l'autorisation des congrégations et communautés, seront facilement éludées; elles deviendront même tout-à-fait illusoires : d'abord, une simple ordonnance du roi est déclarée suffisante pour autoriser les congrégations existantes antérieurement au 1ᵉʳ janvier 1825, quelque illégale qu'ait été jusqu'alors leur existence; ensuite, l'établissement de nouvelles congrégations est mis de fait à la disposition des évêques diocésains. La loi dit bien qu'il ne sera formé aucun établissement : « S'il n'a été préalablement in-
« formé sur la convenance et les inconvénients de l'é-
« tablissement, et si l'on ne produit à l'appui de la
« demande le consentement de l'évêque diocésain, et
« l'avis du conseil municipal de la commune où l'é-
« tablissement devra être formé. » La loi dit bien encore : « Que l'autorisation spéciale de former l'éta-
« blissement sera accordée par ordonnance du roi,
« laquelle sera *insérée dans quinzaine au Bulletin des*
« *Lois.* » Mais, de deux choses l'une; ou l'avis du conseil municipal ne sera pas demandé, ou il ne le sera

que pour la forme; cet avis sera, d'ailleurs, mis de côté s'il se trouve, *par hasard*, contraire au consentement demandé : les conseils municipaux ne sont-ils pas nommés par les préfets, et par conséquent par le ministère, qui exerce sur eux l'influence la plus absolue? La plupart des ordonnances d'autorisation ne seront pas insérées au Bulletin des Lois, ou ne seront pas rendues publiques; en outre, la vérification des statuts et leur enregistrement au conseil d'État sont secrets de leur nature, et il n'existe aucune garantie contre les erreurs de ce conseil, contre ses prévarications, ni même contre les surprises faites à la religion de ses membres, tous nommés par le ministère et tous révocables selon son bon plaisir... L'ordonnance, autorisant spécialement la formation d'une communauté religieuse de femmes, doit être insérée dans quinzaine au Bulletin des Lois, mais les statuts de ces communautés n'y seront pas insérés; l'insertion de l'ordonnance sera donc illusoire, puisque le public et la loi ignoreront également si les statuts de ces communautés respectent l'autorité paternelle et les lois qui interdisent les vœux perpétuels, si ces statuts respectent les dispositions du Code civil relatives au droit et à la faculté de tester.....

Le concordat de 1801 est une des lois fondamentales de l'État, il n'a été abrogé par aucune loi; une ordonnance ne peut pas abroger une loi; l'article 14 de la Charte dit, au contraire : « ... Le roi fait les régle- « ments et ordonnances nécessaires pour l'*exécution* « *des lois*..... » L'ordonnance est en opposition au concordat de 1801, elle est même contraire à la législation, sur la matière, qui existait dans l'ancien régime; elle est formellement contraire aux anciens principes, qui attribuaient à la loi seule le pouvoir de donner une existence civile aux religieux, quels qu'ils fussent

(hommes ou femmes). — En dernière analyse; le ministre des affaires ecclésiastiques sera le maître d'établir, sans contrôle aucun, autant de congrégations religieuses qu'il jugera convenable d'en former ; et, certainement, le ministre ne se refusera point aux demandes pieuses que lui adresseront, à cet égard, les évêques, et surtout les jésuites qui débordent aujourd'hui de toutes parts le gouvernement, et exercent une influence si fatale sur les deux chambres législatives.

La loi confère aux communautés religieuses la faculté d'accepter, avec l'autorisation du roi, les biens meubles et immeubles qui leur auront été donnés par actes entre vifs, ou par acte de dernière volonté, à titre particulier seulement ; d'acquérir à titre onéreux des biens immeubles ou des rentes... La loi rétablit donc la mainmorte, quoiqu'elle permette aux établissements religieux d'aliéner les biens immeubles ou les rentes dont ils seraient propriétaires ; car les établissements religieux sont, de leur nature, et par les règles de leur institut, portés à accroître sans cesse leurs propriétés et à ne jamais s'en dessaisir ; ils acquièrent toujours et ne vendent jamais. — Cette loi est une funeste aberration de tous les sages principes sur lesquels doit s'appuyer un gouvernement constitutionnel ; elle expose un sexe faible et dont l'imagination est accessible à toutes les sortes de séductions ; elle livre ce sexe aux continuelles intrigues du fanatisme et de la cupidité ; elle expose les familles à être dépouillées d'une partie ou de la totalité de leur patrimoine ; elle porte de graves atteintes à la population ; elle prive le fisc de ses droits de mutation ; elle tend, d'une manière directe, à semer les troubles et les jalousies dans le sein des familles, à relâcher et même à détruire dans certains cas, que nous nous abstiendrons de préciser, parce que tout le monde les prévoit, la puissance paternelle et le lien sacré des familles... De scandaleux procès ont déjà éclaté devant les tribunaux, notamment le procès intenté par M. Loveday, relativement à la disparition de sa fille; procès dans lequel on a eu la douleur de voir citer les noms de M. l'archevêque de Paris, Quelen ; de M. l'abbé de Sambucy, etc..... L'on a vu, déjà, une foule de demoiselles, mineures, séduites et ravies par le cloître à leurs parents; les réclamations, les poursuites légales de ces familles désolées, sont restées et resteront toujours sans effet, parce que l'autorité spirituelle les arrêtera ou les rendra nulles. Sans doute le ministre des affaires ecclésiastiques exprimera, il aura même, nous en sommes persuadés, l'intention de se conformer strictement aux lois de l'État; mais sa loyauté personnelle sera la seule garantie de l'exécution de sa parole : et quelle garantie effective peut présenter le pouvoir d'un ministre qui, après avoir officiellement déclaré que les jésuites n'existent pas en France, en congrégations religieuses, sera forcé de déclarer, dans le sein même de la représentation nationale, que ces corporations de jésuites existent depuis plusieurs années dans le royaume?..... La France est donc menacée de voir le monachisme inonder le royaume, le couvrir de ténèbres, dévorer son sol et y tarir toutes les sources de la prospérité publique.

Dans son rapport à la chambre des pairs, le duc Mathieu de Montmorency a dit : « ...Peut-être, à la
« suite d'une expérience qui recommence depuis quel-
« ques années, nos enfants sont-ils destinés à revoir
« ces vœux perpétuels et cette mort civile qui n'est pas
« toujours, mais dans ces derniers temps en avait été
« la conséquence inséparable. » M. Mathieu de Montmorency témoignait ses regrets de ce que le projet de

loi ne permettait à la religieuse que de disposer du quart de ses biens ; il voulait que la religieuse pût disposer de la moitié, ou du tiers. Quelle source future de prospérité pour l'État ! que d'avantages pour les familles !

28. — *Convention conclue à Milan entre l'empereur d'Autriche et le roi des Deux-Siciles.* — « Art. I*er*. L'armée auxiliaire continuera à rester à la disposition de S. M. sicilienne jusqu'à la fin du mois de mars 1827, aux conditions fixées par la convention conclue à Naples le 18 octobre 1821, et selon les modifications stipulées par les articles additionnels signés à Naples le 24 avril 1823, et par ceux également signés à Naples le 31 août 1824, auxquels sont ajoutés les articles suivants... » Par ces articles d'une bienveillance touchante, le cabinet de Vienne entend que « la prolongation du terme de l'occupation ne doit entraîner *nulle charge pour les finances de S. M. sicilienne* » (quoique cette prolongation dévore en grande partie les ressources de ce petit royaume); le cabinet de Vienne entend aussi, que « nulle charge pour les finances de l'Autriche ne doit « d'un autre côté résulter de la prolongation du terme « de l'occupation »; en conséquence, il a la bonté d'accorder que « le nombre des troupes autrichiennes sera diminué proportionnellement dans les deux parties du royaume en deçà et au-delà du Phare, de manière à produire des économies telles à pouvoir *prolonger* l'occupation jusqu'au terme fixé par l'article I*er* de la convention (fin de mars 1827), sans dépasser les dépenses fixées par les art. additionnels du 31 août 1824, et en arrêtant le *minimum* de la réduction au nombre de quinze mille hommes »... En vérité, les Napolitains auraient bien mauvaise grâce de ne pas tenir compte à l'Autriche des vives sollicitudes qu'elle témoigne pour

leur repos, pour leur bien-être ; de ne pas bénir le cabinet de Vienne des économies si bienfaisantes apportées dans les finances siciliennes sous le rapport de l'occupation militaire ; de ne pas se sentir, enfin, très-heureux de l'espérance qu'il laisse entrevoir de réduire encore les troupes formant l'armée d'occupation. M. de Metternich doit être honoré comme un second saint Janvier par les sujets de Ferdinand !

29. — Charles x est sacré à Reims... La consécration et les onctions ont lieu avec le saint-crême, consacré à cet effet par l'archevêque de Reims ; « saint-crême dans lequel a été opéré, le 22 mai, le mélange des parcelles de la matière de la sainte-ampoule qui en avaient été extraites par le curé de Saint-Remi et le principal marguillier de cette église, en octobre 1793, quelques heures avant le brisement de ladite sainte-ampoule, exécuté sur la place publique de Reims, par Rhull, membre et commissaire de la convention nationale : dans le saint-crême, a été opéré également le mélange des parcelles de la sainte-ampoule, ramassées en 1793, après le brisement sur la place de Reims, par d'autres citoyens animés d'un zèle religieux... » Le *Moniteur* des 23 et 24 mai donne à ce sujet des renseignements curieux ; celui du 25 annonce que la transfusion faite par l'archevêque des matières extraites et conservées de la sainte-ampoule a eu lieu à huis clos, mais en présence des autorités ; enfin, le *Moniteur* du 26 ajoute aux détails donnés l'authenticité de la transfusion des parcelles de la précieuse relique... Si leur conservation a été ignorée ou tenue secrète depuis 1814 jusqu'à ce jour, ce n'est pas une raison pour révoquer ce fait en doute ; car Louis xviii n'avait pas jugé à propos de se faire sacrer, soit que le pape eût refusé son autorisa-

tion, ayant lui-même sacré, au nom de Dieu, Napoléon comme légitime souverain de la France; soit que Louis XVIII, impotent et perclus, n'eût pu être facilement transporté à Reims. Mais combien il est heureux que Napoléon, dont la police (dirigée à la préfecture par l'abbé Bertrand, et au ministère par l'abbé Desmarest, tous les deux fils de pauvres artisans culotiers en peau, de Compiègne) était si zélée, si active, si investigatrice et inquisitoriale, que Napoléon n'ait pas eu soupçon de la conservation de ces parcelles de l'huile sainte! Nul doute que l'usurpateur ne les eût fait servir à sa consécration religieuse; nul doute encore, que le souverain pontife Pie VII n'eût oint le front et les mains du meurtrier d'un prince Bourbon, du duc d'Enghien, de l'huile céleste réservée pour les légitimes successeurs de saint Louis!.

Charles X prononce le serment du sacre; il est ainsi conçu : « En présence de Dieu, je promets à mon « peuple de maintenir et d'honorer notre sainte reli- « gion, comme il appartient au roi très-chrétien et au « fils aîné de l'Église; de rendre bonne justice à tous « mes sujets; enfin de gouverner conformément aux « lois du royaume et à la Charte constitutionnelle que « je jure d'observer fidèlement : qu'ainsi Dieu me soit « en aide et ses saints Évangiles. »

La formule de ce serment diffère de la formule du serment prononcé, jusqu'à ce jour, par tous les rois de France; madame de Staël a dit, avec vérité : «..... « Les premiers princes de la troisième race s'intitu- « laient : rois par la grâce de Dieu et *par le consente-* « *ment de la nation*, et la formule de leur serment « ensuite contenait la promesse de conserver les lois « et les droits de la nation....... Jusqu'au sacre de « Louis XVI, inclusivement, le consentement du peu-

« ple a toujours été rappelé comme la base du droit
« du souverain au trône.....». Si ce rappel n'est pas
exprimé dans le sacre de Charles x, le serment prononcé par le monarque y supplée d'une manière positive, puisqu'il jure d'observer fidèlement la Charte
constitutionnelle qui reconnaît, d'une manière explicite, que la souveraineté réside dans la personne du
roi, dans la chambre des pairs et dans la chambre des
députés des départements, c'est-à-dire la représentation nationale : Louis xviii a reconnu la souveraineté
nationale, il a dit (dans sa proclamation de Saint-Ouen,
2 mai 1814) : «..... Rappelé, par l'amour de notre
« peuple, au trône de nos pères !...» Et quelle garantie
plus forte et plus solennelle la France pourrait-elle
avoir, aujourd'hui, du maintien et de la stricte observation de la Charte constitutionnelle, que la parole de
Charles x, d'un prince si connu par sa franchise et sa
loyauté chevaleresque; quelle garantie plus sacrée,
que le serment prononcé par un roi chrétien et si éminemment pieux ?

Le serment du sacre est exempt, et pour la première
fois depuis cinq siècles, de la promesse faite à Dieu
d'exterminer les hérétiques : cette promesse était impie,
elle allait contre la loi de Dieu, loi de tolérance, de
miséricorde et d'amour, imposée par notre divin Sauveur; le serment d'extermination était, de plus, formellement contraire à l'article 5 de la Charte! Les
chrétiens professant la religion réformée sont, d'après
les doctrines ultramontaines, des hérétiques, des réprouvés, et Louis xiv les faisait mitrailler et sabrer
par ses dragons : en assurant à la religion et au culte
de l'Église réformée la même liberté, la même protection qu'à la religion et au culte de l'Église romaine, la
Charte rendait donc obligatoire et indispensable l'abro-

gation de la formule du serment du sacre relative à l'extermination des hérétiques.

La cérémonie du sacre a été environnée de la plus grande pompe; tous les assistants, convoqués pour cette solennité, étaient couverts d'or et chargés de décorations : les assistants ecclésiastiques, et surtout les prêtres officiants, étaient resplendissants de broderies et de pierreries : on distinguait, parmi ces derniers, les riches ornements sacerdotaux de l'archevêque de Bourges (Villèle), sur lesquels brillait en première ligne le fameux monogramme de la secte des jésuites (I H S) : cet ecclésiastique, petit abbé de village avant la révolution, est parent du président du conseil des ministres (Villèle), et descend, comme ce dernier, d'une famille de la classe du peuple, anoblie par achat de charge.

La cérémonie de l'ordre du Saint-Esprit, pour la réception des chevaliers nommés, précédemment, par le feu roi ou par le roi régnant, a lieu le lendemain du sacre : on remarque parmi ces cordons bleus plusieurs noms anciens et des noms tout-à-fait bourgeois; par exemple : ceux de MM. Decaze, Pasquier, Desèze, Lainé, etc. Après la cérémonie, le roi tient un chapitre de l'ordre du Saint-Esprit, dans lequel Sa Majesté nomme vingt-un cordons bleus, parmi lesquels on distingue MM. Pastoret, Ravez, etc., nés dans la classe plébéienne. Pour être chevalier des ordres, il n'y a plus besoin désormais d'être noble; il n'est même plus nécessaire d'être catholique, d'être Français : les statuts de l'ordre sont tombés en désuétude; et l'on peut dire, sans manquer de respect aux prérogatives de la couronne, que l'ordre du Saint-Esprit a beaucoup perdu de son lustre : c'est une décoration qui prouve qu'on est bien à la cour, rien de plus.

A l'occasion de la cérémonie du sacre, Charles x a

accordé un grand nombre de distinctions honorifiques; Sa Majesté a fait des promotions de grades et d'emplois, dans les fonctions civiles, ecclésiastiques, militaires, judiciaires. — Amnistie en faveur de 58 individus condamnés pour délits politiques, et de 72 individus, transfuges, condamnés pour mêmes délits; les uns et les autres resteront néanmoins soumis, pendant cinq ans, à la surveillance de la haute police : à la réserve de huit ou dix, tous ces individus sont des hommes obscurs dont l'amnistie vient apprendre les noms au public. — Amnistie pleine et entière en faveur des individus condamnés, pour délits politiques ayant lieu par la voie de la presse, à des peines correctionnelles. — Amnistie pleine et entière en faveur de tous les individus condamnés pour délits ou contraventions relatifs aux lois sur les forêts, sur la pêche, etc., sauf la réserve du remboursement des frais avancés par le domaine. — Une amnistie a été, selon l'usage, accordée aux déserteurs des armées de terre et de mer.

30. — La cérémonie du sacre fait éclore une foule d'odes et de pièces de vers; elles attestent les bonnes intentions de leurs auteurs.

M. Baour de Lormian publie un poème de deux à trois cents vers, intitulé : *Le Sacre de Charles x*. — Ce poème est une gazette lyrique, et un procès-verbal très-correct de l'auguste cérémonie. M. Baour avait chanté le roi de Rome et célébré, en vers de toutes les mesures, la gloire, les bienfaits, les vertus de l'empereur Napoléon : d'après le système de compensation adopté par tous les flatteurs pensionnés de l'usurpateur, M. Baour de Lormian * ne pouvait se dispenser

---

* M. Baour a borné son ambition nobiliaire au nom de Lor-

de prodiguer l'insulte et l'outrage au despote découronné, il le montre, tantôt « frappé d'un délire sauvage », tantôt « élevant sa chute sur un trône sans base » : ensuite, c'est « un nouveau César qui croit atteler la fortune et le monde à son char », ou « un fleuve écumant qui arrache les forêts », ou « un homme maudit qui brise les couronnes au front des potentats, et disperse les colonnes de leurs palais envahis », ou « un nouveau Briarée qui juge que l'Éternel a pesé son destin » : enfin, « réprouvé des mortels, de sa chute certain, pour la première fois son cœur (le cœur de Napoléon) altier soupire..... »

mian : c'est celui d'un petit pré situé aux portes de Toulouse, appartenant à sa famille. En mettant la particule *de* devant son nom de campagne, il a laissé roturier son nom de famille, ce qui prouve une certaine modestie héraldique. M. Genou ou Genoud n'a pas été de cette simplicité-là : fils d'un limonadier établi sur la place Saint-André à Grenoble (Isère), M. Genou a alongé son nom de famille (sans doute avec l'autorisation légale nécessaire en pareil cas), et l'a placé entre les deux particules *de*, d'où est advenu M. de Genoude. Peu importe, du reste, cette promotion nominale : si M. de Genoude faisait de la bonne prose, on n'y regarderait pas de plus près qu'à la particule de M. de Baour de Lormian, dont les vers sont toujours harmonieux, même lorsqu'ils n'expriment rien ; mais M. de Genoude est un homme illettré et un pitoyable écrivain. M. le comte Desèze n'a point suivi l'exemple donné par M. Genou, il a, au contraire, raccourci son nom, et fait de ses deux premières lettres une particule nobiliaire, en sorte que M. Desèze s'appelle de Sèze. Nous rapportons ces bagatelles pour montrer les ravages de cet esprit de vanité qui a saisi les Français de toutes les classes depuis que Bonaparte a versé sur la France le tonneau des titres et des distinctions nobiliaires ! Tout homme sensé se moque de cette vanité nobiliaire ; Louis XV en riait à cœur-joie : un M. Quatremère ayant demandé des lettres de noblesse, Louis XV dit : « J'y consens, mais à condition que « M. Quatremère mettra le *de* à la fin de son nom. »

MM. de Pradt et de Châteaubriand avaient été plus droit au fait; le premier n'a pas rougi d'appeler Napoléon : Jupiter-*Scapin*; le second, de montrer *Buonaparte* sous le masque d'Alexandre, de César, faux grand homme, homme de peu, enfant de petite famille, etc. (*De Buonaparte et des Bourbons,* par M. le vicomte de Châteaubriand; Paris, 1814.) Au reste, M. de Pradt, M. de Châteaubriand, et tous les Walter-Scott d'Angleterre et de France ont beau vouloir déprimer Napoléon, ce grand nom les écrasera de sa gloire.

M. Baour de Lormian a mis dans son poème un luxe de principes politiques et religieux véritablement édifiant, ce qui ne l'a pas empêché de faire un joli petit poème descriptif : mais M. Baour a sur M. de Lamartine un très-grand avantage, celui de savoir distinguer les époques et respecter les convenances... Le chantre des *Méditations, etc.,* a voulu célébrer aussi la solennité de Reims; dans une tirade poétique, intitulée : *Le Chant du Sacre,* M. de Lamartine a poussé l'oubli de tous les devoirs au point d'insulter la famille royale dans la personne d'un de ses princes, et cela au moment où le chef de cette auguste dynastie va être consacré par l'huile sainte! M. de Lamartine suppose que le roi est interrogé par l'archevêque de Reims : « Quel « est ce prince? » demande le prélat, en indiquant le duc d'Orléans. Le roi répond :

« D'Orléans :
« Ce grand nom est couvert du pardon de mon frère;
« Le fils a racheté les armes de son père;
« Et, comme les rejets d'un arbre encor fécond,
« Sept rameaux ont caché les blessures du tronc. »

M. de Lamartine n'a pas respecté le sang royal, ce sang respectable dans tous ses canaux comme dans sa source..... Cette petite *philippique* produisit un grand scandale ; les vers furent supprimés dans la seconde édition.

Juin 6. — Charles x revient à Paris et reçoit, à la barrière de la Villette, les félicitations du corps municipal : Sa Majesté se rend ensuite à l'église métropolitaine, où un *Te Deum* est chanté... Sa Majesté daigne honorer de son auguste présence le splendide banquet qui lui est offert par la ville de Paris..... Des réjouissances publiques ont lieu aux Champs-Élysées, des comestibles y sont distribués au peuple..... La capitale est illuminée.

9. — La princesse Pauline Borghèse, sœur de Napoléon, meurt à Florence des suites d'une maladie de consomption ; la vie déréglée de cette princesse l'avait souvent exposée à des accidents graves, et Napoléon avait dit, au sujet d'un de ces accidents : « Elle doit « souffrir ; c'est un ancien soldat dont les blessures se « sont rouvertes. » Les restes mortels de la princesse sont transportés à Rome..... Elle institue ses deux frères, Louis et Jérôme Bonaparte, héritiers de ses biens ; quant à Lucien Bonaparte, elle lui accorde le pardon des torts qu'il a eus envers elle, legs dont le prince de Canino se serait fort bien passé *. Joseph Bonaparte

---

* Lucien a été, dit-on, outré au dernier point du testament de sa sœur ; il s'attendait qu'elle lui léguerait une forte somme d'argent, et l'on sait si Lucien aime l'argent ! Dans son ministère de l'intérieur, le républicain Lucien vendait tout au poids de l'or ; les exactions, les concussions qu'il commit dans son administration sont à peine croyables ; il demandait, ou plutôt il volait sans la moindre pudeur. Lui présentait-on un projet d'utilité publique, un plan d'établissement favorable au commerce, à l'industrie, etc., sa réponse ordinaire était : « C'est « très-bien vu, cela doit produire un grand bien ; mais je ne

est porté pour mémoire; une forte somme d'argent est laissée aux filles de Caroline Bonaparte (madame veuve Murat) sa sœur; elle laisse des sommes plus ou moins considérables à plusieurs cardinaux romains, etc.....
Cette princesse ne cachait pas ses adultères, elle se glorifiait même de ses incestes.

11. — La statue de Pichegru est fondue d'un seul jet, aux ateliers de la fonderie royale : elle restera exposée quelque temps dans la capitale, avant d'être envoyée à Besançon; malgré les prétentions de la petite ville d'Arbois (Jura), le monument est adjugé en dernier ressort au chef-lieu du département du Doubs.

Honorer la mémoire des hommes qui rendent de bons, d'illustres services à la patrie et au prince, c'est rendre hommage aux principes conservateurs de l'ordre social, c'est inspirer de nobles sentiments aux citoyens..... Mais la conduite militaire et politique de Pichegru a-t-elle été conforme aux devoirs du sujet envers le gouvernement? pouvait-il, sans se rendre coupable de rebellion, de trahison, traiter avec les puissances étrangères, c'est-à-dire avec les ennemis de l'État, et violer toutes les lois qu'il avait juré d'ob-

« vois rien dans tout cela pour la famille, il n'y a rien pour le
« ministre. » Ce Lucien aurait vendu et mangé la France.

A son retour de l'ambassade de Lisbonne, Lucien rapporta de Portugal et d'Espagne des tableaux pour une somme de cinq millions, huit à neuf millions en or, et trente-six mille karats de diamants, de toutes couleurs, que des négociants hollandais achetèrent au prix de sept millions cinq cent mille francs environ. Lucien Bonaparte, empereur ou roi, eût été un Héliogabale; il a le caractère, tous les vices, tous les défauts qui caractérisaient l'empereur romain, dont les histoires nous ont transmis les épouvantables désordres.

server? lui était-il permis d'aiguiser le fer de la guerre civile, et de s'armer du poignard des assassins pour renverser les lois et détruire le gouvernement de son pays ? L'histoire a déjà prononcé, elle a dit : *Le général-législateur Pichegru mérite le mépris de la postérité*

Jusqu'à ce jour, aucune proposition n'a été faite pour ériger une statue au général Moreau : il mérite cet honneur presque autant que Pichegru.

12. — Clôture de la session de 1825 des chambres législatives; la session avait été ouverte le 22 décembre 1824..... Elle a produit la loi sur le sacrilége, la loi concernant l'indemnité d'un milliard en faveur des émigrés, la loi portant création des rentes 3 pour cent, la loi relative à l'autorisation et à l'existence légale des congrégations et communautés religieuses de femmes.

12. — Ordonnance du roi portant convocation des conseils généraux et d'arrondissement... La durée de la première partie de la session des conseils d'arrondissement est fixée à dix jours; la durée de la seconde partie à cinq jours : la durée de la session des conseils généraux de département à quinze jours. —Les préfets nomment les membres de ces conseils et les président; par conséquent, le ministère dispose en maître des votes de ces assemblées; ce sont (dit-on), des bureaux ministériels qui compriment le vœu national, et s'embarrassent peu en général des besoins du peuple et de l'amélioration des administrations locales.

13. — Loi relative à la fixation du budget des dépenses et des recettes de 1826. — Les dépenses de la

dette consolidée et de l'amortissement sont fixées, pour l'exercice 1826, à la somme de . . 241,585,785 fr.
(4,000,000 fr. de plus que pour l'exercice de 1825.)

Les dépenses générales de service
à la somme de 672,918,714

Total 914,504,499 fr.

(24,663,916 fr. de plus que pour l'exercice de 1825.)

Il est essentiel de remarquer que, dans la fixation des dépenses générales du service, les dépenses départementales et communales sont portées pour mémoire.

Le budget des recettes est évalué, pour l'exercice 1826, à la somme de . . . . . . 924,095,704 fr.

(24,585,121 fr. de plus que pour l'exercice de 1825.)

« Le ministre des finances est autorisé à créer, pour le service de la trésorerie et les négociations avec la Banque de France, des bons royaux portant intérêt, et payables à échéance fixe. Les bons royaux en circulation ne pourront excéder cent vingt-cinq millions. Dans le cas où cette somme serait insuffisante pour les besoins du service, il y sera pourvu au moyen d'une émission supplémentaire qui devra être autorisée par ordonnance du roi, et dont il sera rendu compte à la plus prochaine session des chambres. »

Malgré les précautions ou plutôt les formalités indiquées par la loi, l'émission facultative des bons royaux, c'est-à-dire d'un papier-monnaie dont le ministre des finances décide la multiplication, l'émission des bons royaux offre de graves inconvénients; elle ouvre la porte à toutes les sortes de dilapidations : en effet, elle donne à un ministre, qui ne serait pas probe, la facilité d'accroître à volonté et d'une manière clandestine les dépenses générales, sous le commode prétexte de pourvoir au service de la trésorerie; aucun compte explicatif et probatif de la quantité de bons royaux en circulation et de la quantité qui en est retirée, n'est fourni au public : un exposé sommaire est soumis à la chambre, à cette chambre septennale qui sanctionne avec éloges toutes les dispositions financières de M. de Villèle! La création de bons royaux, qu'on peut appeler les *assignats* de la restauration, est un véritable emprunt secret, abandonné à la discrétion du ministre des finances, dont la loyauté et l'économie deviennent en pareil cas les seules garanties réelles que puissent avoir l'État, la nation; d'une part pour l'emploi légal de ses deniers, et d'autre part pour l'emploi spécial déterminé par la loi du budget.

L'émission des bons royaux, ainsi livrée au bon plaisir ministériel, en cas d'insuffisance de la quantité de ces bons accordée par la loi, doit nécessairement conduire dans un temps donné à un énorme déficit dans les finances de l'État.

6 Juillet. — Ordonnance du roi, rapportant l'ordonnance, du 26 juin 1823, qui transférait de Châlons-sur-Marne à Toulouse l'école royale des Arts et Métiers, et qui établit à Toulouse une école vétérinaire... L'école des Arts et Métiers fut fondée par Louis XVI, d'après les conseils et les vues du duc de La Rochefoucauld-Liancourt, citoyen dont le patriotisme, la bienfaisance et les vertus honorent l'humanité : mais cette école a été frappée de l'anathême des jésuites, ennemis de l'ordre constitutionnel et de toute espèce d'amélioration dans la condition des classes moyennes de la société; la ville de Châlons est donc privée d'un établissement qui produisait chaque jour les plus heureux

effets : pour dissoudre cette école, le ministère a saisi avec empressement l'occasion de l'insubordination de quelques élèves, insubordination causée par les pratiques superstitieuses auxquelles la faction jésuitique prétendait les astreindre, et par les vexations multipliées d'un des surveillants de l'école : les élèves signalés comme les plus coupables sont arrêtés et traduits chargés de chaînes devant la cour d'assises; les autres sont renvoyés, et l'école est fermée... Les jésuites ont fait décider que l'établissement serait transporté à Toulouse, ville d'ignorance, de superstition, de barbarie, où les *bons pères* ont de tout temps exercé leur influence corruptrice. Toulouse, ne possédant pas les localités nécessaires pour l'école des Arts et Métiers, il fallait y pourvoir aux dépens de la fortune publique, et sans être sûr encore que la transplantation de l'école dans un sol aussi ingrat produirait quelque bien : heureusement, malgré tous les jésuites du Midi, la force des choses a fait sentir le vice de l'ordonnance du 26 juin 1823, elle est annulée; mais, l'école rendue à la ville de Châlons ne sera plus dirigée d'après les principes et les règles qui la rendaient si utile : l'enseignement des arts libéraux, et, en première ligne, de l'horlogerie, y sera proscrit; ces arts développent les facultés intellectuelles, et c'est précisément ce que redoutent les jésuites; ils ne veulent pas des artistes éclairés, mais des ouvriers grossiers et ignorants dont ils puissent égarer et corrompre l'esprit : ainsi, l'école des Arts et Métiers, fondée par Louis XVI, sera rétablie dans la forme, et à peu près détruite au fond.

L'ordonnance établit une école vétérinaire à Toulouse; elle sera très-bien dans cette ville, le département de la Haute-Garonne étant de sa nature très-sujet aux épizooties, aux contagions de toutes les espèces.

11. — Entérinement au sénat d'Haïti de l'ordonnance de S. M. Charles x, relativement à la récognition de l'indépendance pleine et entière du gouvernement de Saint-Domingue (V. 17 avril). Cette ordonnance a donné lieu à des négociations animées, entre l'envoyé du gouvernement français chargé de la transmettre au président de la république d'Haïti, Boyer, et les commissaires nommés par le président ; les conférences ont duré plusieurs jours avant d'arriver à un résultat satisfaisant. « La rédaction de l'article Ier, qui ouvre à
« toutes les nations les ports de Saint-Domingue, fut
« considérée comme un moyen que se réservait la
« France de revenir sur la concession de l'article 3.
« On était décidé à s'exposer à tout plutôt que d'ad-
« mettre une clause dans laquelle on croyait entrevoir
« l'anéantissement de la concession elle-même. » (Communications données à la chambre des députés, séance du 8 mars 1826, par le président du conseil des ministres.) La négociation allait être rompue, lorsque le président Boyer fit reprendre les conférences, et déclara à l'envoyé français : « Que d'après les explications
« qui lui avaient été données, et confiant dans la loyauté
« du roi, il acceptait au nom du peuple d'Haïti l'or-
« donnance de S. M., et qu'il allait faire les disposi-
« tions nécessaires pour qu'elle fût entérinée au sénat
« avec la solennité convenable... » (V. 31 octobre.)

17. — Proclamation de Jean-Pierre Boyer, président d'Haïti, relativement à la récognition par la France de l'indépendance de cette ancienne colonie... « Haïtiens ! une longue oppression avait pesé sur Haïti : notre courage et des efforts héroïques l'ont arrachée, il y a vingt-deux ans, à la dégradation pour l'élever au niveau des États européens : mais il manquait à votre gloire un

nouveau triomphe. Le pavillon français, en venant saluer cette terre de liberté, consacre en ce jour la légitimité de cette émancipation... Haïtiens ! une ordonnance spéciale de S. M. Charles x, en date du 17 avril dernier, reconnaît l'indépendance pleine et entière de votre gouvernement. Cet acte authentique, en ajoutant la formalité du droit à l'existence politique que vous aviez déjà acquise, légalisera aux yeux du monde le rang où vous vous êtes placés, et auquel la Providence vous appelait... » (V. 17 avril, 11 juillet, 31 octobre.)

L'île de Saint-Domingue est donc à jamais perdue pour la France, de droit comme de fait ! Les habitants de cette île ont conquis leur liberté, et les hommes placés à la tête de son gouvernement ont montré, dans les négociations ayant pour objet la reconnaissance de son indépendance, beaucoup plus de lumières, de talents et même d'adresse diplomatique, que les ministres français ; ceux-ci ont commis erreurs sur erreurs ; ils se sont traînés de fautes en fautes, depuis M. Malouet jusqu'à M. Chabrol... Enfin, nos ministres ont obtenu cent cinquante millions pour prix de la vente du droit de souveraineté de la métropole, et des stipulations avantageuses pour le pavillon et le commerce français, mais sans aucune garantie pour le paiement des sommes, pour l'exécution des stipulations commerciales.

L'ordonnance du 17 avril peut, néanmoins, être considérée comme une mesure sage et politique, puisque la France ne pouvait plus faire rentrer, par la force, son ancienne colonie sous le joug de la métropole : mais, l'ordonnance susdite est-elle conforme au régime légal, constitutionnel, dont les ministres ne peuvent s'écarter sans prévarication ? Nous ne le pensons pas, malgré l'article 14 de la Charte, réclamé par l'ordonnance : car on ne saurait légalement induire des dispositions de cet article, que la couronne a le droit de disposer, sans le concours des chambres, d'une partie quelconque du territoire : s'il en était ainsi, la couronne pourrait vendre, aliéner, céder à volonté une ville, un département, plusieurs départements. Qu'on ne cite pas à l'appui d'une telle disposition, les traités de Paris, 1814 et 1815; ils ne peuvent faire autorité en faveur de la couronne, puisqu'il y avait alors force majeure contre la France..... Il est des matières d'une telle importance, qu'elles nécessitent et excusent les répétitions. La cession de souveraineté de Saint-Domingue et celle des établissements, arsenaux et biens de l'État dans cette colonie française, sortent des attributions de l'article 14 de la Charte; car l'ordonnance ne porte pas simplement sur un traité de paix, d'alliance et de commerce : elle fait acte de souveraineté; or la souveraineté (on ne saurait trop le redire dans l'intérêt même du trône, de la légitimité, et de l'auguste dynastie des Bourbons), ne réside pas, en France, dans la personne seule du roi : elle réside, collectivement, dans la personne du roi et dans les deux chambres législatives. Ces observations ne sortent pas de l'ordre constitutionnel; il est donc permis de les énoncer, sans manquer de respect à la couronne, sans porter la moindre atteinte, Dieu nous en garde, aux prérogatives dont la Charte a doté la royauté constitutionnelle.

Ainsi que pour la liquidation du milliard des émigrés, il sera nommé une commission pour régler la répartition des cent cinquante millions des colons de Saint-Domingue; elle occasionnera des frais considérables; les sinécuristes, protégés ou favoris du ministérialisme, seront nommés membres de cette commission et enlèveront aux colons une partie de l'indemnité.

20. — Ordonnance du roi, qui prescrit l'établissement à Paris d'une maison centrale de hautes études ecclésiastiques..... Article 1ᵉʳ. Cette maison sera composée de sujets d'élite désignés par les évêques diocésains. 2. Nul ne pourra y être admis sans être engagé dans les ordres sacrés, et sans avoir terminé le cours ordinaire de théologie et d'université. Tous devront soutenir des thèses publiques en Sorbonne, en présence des professeurs et docteurs de la faculté de théologie de Paris..... Une commission ecclésiastique présentera à la nomination du roi les chefs de l'établissement, et sera chargée de rédiger les statuts et réglements dudit établissement.

Quelque utile que puisse paraître un semblable établissement, l'opinion publique ne l'envisage pas sans frayeur; elle se persuade que la secte des jésuites prédominera dans le choix des chefs présentés à la nomination royale, ainsi que dans l'enseignement des doctrines. Déjà, et en violation des lois les plus solennelles, les jésuites sont parvenus à s'emparer de la plus grande partie des professorats de l'université et des grands colléges de France; ils ont fondé, avec l'autorisation et l'appui du ministère, un grand nombre de séminaires; encore quelques mois, et les diverses branches de l'instruction publique tomberont toutes dans leurs mains! Alors seront accomplis les vœux exprimés par M. de Châteaubriand (V. 27 avril)!.....

Les sommes que nécessite l'établissement des hautes études, ne peuvent être fournies et admises dans le budget du ministre des affaires ecclésiastiques, qu'en vertu du vote des chambres législatives, et l'établissement lui-même ne peut exister qu'en vertu d'une loi; une loi n'est-elle pas nécessaire pour la simple fondation d'un séminaire? Dépend-il de la volonté ministérielle de créer, par ordonnance, des établissements religieux? Voilà des questions ardues, comme disait Pascal, mais aussi faciles à résoudre, Charte en main, que les questions théologiques traitées par l'immortel auteur des *Lettres provinciales*..... On voit, ici, à quel point la responsabilité ministérielle de M. l'évêque d'Hermopolis se trouve compromise, quelles que puissent être d'ailleurs la pureté de son zèle et la sainteté de ses intentions, en présentant l'ordonnance susdite à la signature royale. Mais, à quoi se réduit définitivement, en France, la responsabilité des ministres? A un vain mot, qui se perd dans les airs.

24. — Ordonnance du roi qui supprime l'intendance du garde-meuble de la couronne, et qui place cette partie du service dans les attributions immédiates du ministre secrétaire d'État de la maison du roi..... La création d'un ministère de la maison du roi, avec titre de secrétaire d'État, c'est-à-dire, d'un ministre payé par la nation et ayant voix délibérative au conseil des ministres, est une véritable antinomie; car, la responsabilité ministérielle ne saurait, dans aucun cas, atteindre le ministre de la maison du roi en la qualité officielle qui lui est attribuée par son titre, le roi étant inviolable, au-dessus et hors de toute responsabilité, même morale. Le ministre de la maison du roi n'est qu'un homme d'affaires, choisi par le monarque pour diriger les recettes et dépenses de la liste civile accordée par les chambres législatives, et pour gouverner selon la seule volonté royale l'administration des domaines de la couronne : un semblable ministre ne doit ni ne peut prendre une part quelconque à la délibération, ou à la conduite des affaires publiques; ce n'est pas l'homme de l'État, c'est l'homme de la caisse du prince. La Charte et tous les principes du gouverne-

ment-constitutionnel repoussent un semblable ministère.

26. — *Manifeste de la nation grecque.* — Obligés de soutenir, avec des forces très-inférieures, une guerre de barbarie et de destruction que la Porte-Ottomane est résolue de continuer jusqu'à leur entière extermination, les malheureux Grecs ont trouvé, ou plutôt ils se flattent de trouver quelque appui dans la générosité intéressée de la Grande-Bretagne ; victimes de la neutralité des grandes puissances qui fournissent secrètement à la Porte-Ottomane les moyens de ravitailler ses places et d'exécuter ses mouvements militaires, les Grecs ont oublié les horreurs de Parga et vont se jeter dans les bras de l'Angleterre : en conséquence « le clergé, les représentants du peuple et les chefs civils et militaires de terre et de mer de la nation grecque..... Considérant que le gouvernement de la Grande-Bretagne, heureux de conduire un peuple libre, est le seul qui observe une stricte neutralité, sans daigner suivre l'exemple des violations manifestes et de ces distinctions si contraires à la raison, que d'autres n'ont pas cessé de pratiquer en Grèce, à Constantinople et en Égypte; — considérant que l'indifférence du gouvernement britannique ne suffit pas pour balancer les persécutions que d'autres exercent contre la Grèce, et auxquelles ils donnent tous les jours une nouvelle extension ; — considérant que, dans cette lutte extraordinaire, les Grecs doivent sortir victorieux, ou s'ensevelir sous les ruines de leur patrie, à cause des suites déplorables que la nature de cette lutte a entraînées avec elle, et de sa longue durée, deux causes qui ont rendu cette alternative inévitable ; — considérant enfin que, puisqu'une faveur particulière de la Providence a

placé les forces de la Grande-Bretagne si près de nous, la Grèce doit en profiter à temps, en fondant ses espérances sur la justice et l'humanité qui animent cette grande puissance ;... arrête... La nation grecque place volontairement le dépôt sacré de sa liberté, de son indépendance nationale et de son existence politique sous la défense absolue de la Grande-Bretagne... »

En vertu de cet acte fondamental de la nation grecque, le gouvernement anglais sera autorisé, en temps et lieu, à s'investir du protectorat de la Grèce, et cette terre de liberté et d'héroïsme aura peut-être l'avantage de passer sous le joug britannique qui la déclarera indépendante comme les îles Ioniennes... Les Grecs continueront à épuiser leurs forces dans la lutte qu'ils ont à soutenir contre la férocité ottomane ; les Anglais ne leur prêteront que de tardifs et perfides secours : et lorsque la Grèce sera arrivée au dernier degré d'impuissance politique, le cabinet de Saint-James la protégera avec sa générosité ordinaire ; il la classera dans la liste de ses nababies d'Europe... Selon toutes les apparences, la cause des Grecs sera définitivement jugée dans un congrès, où la Russie et l'Angleterre reconnaîtront à l'envi l'indépendance de la nation grecque : si l'influence russe dispose des délibérations de ce congrès, la Grèce aura un hospodar nommé par le cabinet de Saint-Pétersbourg ; si l'influence anglaise prédomine, la Grèce aura un lord haut-commissaire, et sera incorporée de fait dans les colonies anglaises. Tel est l'avenir des Grecs : grâce à la faiblesse et à l'ineptie politiques de M. de Villèle, qui laisse la France sans considération comme sans influence dans la balance politique de l'Europe !....

27.—Un incendie réduit en cendres, dans l'espace

de vingt-quatre heures, les deux tiers de la ville de Salins (Jura); 327 maisons sont consumées, et 800 familles se trouvent au même instant sans toit, sans vêtement et sans pain..... L'estimation des maisons incendiées s'élève à près de trois millions, celle du mobilier consumé à plus de quatre millions! Les trois compagnies d'assurances pour les incendies, établies à Paris, n'ont à acquitter, en faveur des infortunés Salinois, qu'une somme d'environ 350,000 francs : les victimes du désastre ont donc à supporter une perte effective d'environ sept millions.

Le ministre de l'intérieur (Corbière) met sur-le-champ à la disposition du préfet du Jura une somme de 200,000 fr. pour être distribuée aux victimes de l'incendie; tous les théâtres de la capitale et des départements, les administrations, l'armée, et une foule de simples citoyens s'empressent de venir à leur secours : une souscription est ouverte dans les bureaux de M. Laffitte, banquier, qui souscrit personnellement pour dix mille francs : le commerce de Paris et celui des départements répondent à l'invitation de M. Laffitte; plusieurs villes du département du Doubs, et notamment Besançon, son chef-lieu, ont offert aux incendiés les premiers secours que réclamait leur affreuse position..... Bientôt, des sommes considérables seront déposées : mais tels sont les vices administratifs engendrés par le despotisme impérial, et si soigneusement entretenus et respectés par les ministres de la restauration, que les infortunés Salinois verront des retards sans nombre apportés à la reconstruction de leurs demeures; il y aura d'interminables conflits entre les autorités locales et l'administration supérieure qui prétendra disposer, selon sa volonté, de la répartition des sommes fournies par les souscriptions particulières; l'hiver fera éprouver aux

Salinois toutes ses rigueurs, avant que ces sommes puissent arriver à leur destination !

Les sommes reçues à Paris par souscription, en faveur des incendiés, se sont élevées à près de 750,000 francs; mais est-ce aux officiers municipaux, ou aux chef et sous-chefs du département à décider de leur distribution et de leur emploi? qui doit prononcer sur le mode et l'architecture des maisons à reconstruire? quelle est l'autorité administrative compétente pour décider un point si important, etc.? Telles sont les questions qu'on agitera pendant plusieurs mois; et, en attendant leur solution, des citoyens mourront de froid ou de misère. En Angleterre, aux États-Unis, un ministre se fût rendu de sa personne, sur ce théâtre de la désolation publique, pour y répandre à pleines mains les secours du gouvernement et les dons des particuliers, pour en faire aux malheureux incendiés une distribution aussi prompte que bien entendue: en France, la jalousie de pouvoir et l'amour-propre des administrateurs font perdre, en toutes choses, un temps précieux ; mais les Salinois auraient tort de s'en plaindre; ils doivent, au contraire, s'estimer fort heureux que le ministre des finances n'ait pas converti provisoirement en trois pour cent les sommes provenant de la souscription, par bienveillance pour les incendiés, afin de les faire jouir des intérêts de la somme souscrite jusqu'à l'époque où il aurait été statué définitivement sur son emploi, et sur le mode de reconstruction à suivre : c'eût été, de la part de M. de Villèle, le *nec plus ultrà* de la régularité administrative.

30. — Article ministériel inséré dans *le Moniteur*.— La loi portant création de rentes trois pour cent, et la loi portant conversion facultative (c'est-à-dire forcée) de

rentes cinq pour cent, en rentes trois pour cent, ou en rentes quatre et demi pour cent (V. 27 avril et 1ᵉʳ mai 1825), ont excité en France une animadversion générale : les écrivains salariés par M. de Villèle tenteront vainement d'en atténuer les effets. Ce ministre fera insérer dans *le Moniteur* de ce jour, 30 juillet, une allocution politico-financière, dans laquelle seront entassés tous les sophismes et toutes les absurdités que peuvent enfanter la déception et l'ignorance en matière économique. L'allocution ministérielle ne vaut pas la peine d'être réfutée ; mais elle affecte des intérêts trop majeurs pour qu'il soit possible de passer sous silence l'effronterie financière et politique du président du conseil des ministres..... Il est véritablement curieux de voir M. de Villèle poser en principe, que plus un État contracte de dettes publiques, plus la prospérité de l'État s'accroît et se consolide ; c'est l'histoire des exécuteurs qui étranglaient don Carlos : « Monseigneur, tout ceci est « pour votre bien. » Il n'est pas moins curieux de voir M. de Villèle féliciter l'Angleterre de l'énormité de sa dette publique : « C'est ainsi que les dix-neuf milliards « dont l'Angleterre est grevée, et l'effroi d'un pareil « capital, dont l'imagination même ne peut concevoir « l'acquittement, *disparaissent* pour les générations futures devant les immenses avantages d'une puissance « achetée à ce prix, il est vrai, mais le payant à l'instant même, *et pour l'avenir,* avec le commerce de « l'univers. Pour l'Angleterre, chargée d'un poids si « lourd, l'énormité de la dette publique n'est-elle pas « compensée par les ressources du plus grand fonds « *mobilier* qu'une nation puisse acquérir ? Et ce fonds « mobilier répond d'elle, en quelque sorte, puisqu'il la « surpasse. » Les Anglais seraient, en vérité, bien ingrats s'ils n'ouvraient pas une souscription pour frapper une médaille en l'honneur de M. de Villèle. — Quelle ignorance des premiers éléments de la science économique! Fonder la prospérité et l'existence d'un État sur un fonds mobilier! Le régisseur de l'habitation Panon-Desbassyns, à l'île Bourbon, a-t-il pu ignorer la situation où se trouvait l'Angleterre en 1810 et 1811, par l'effet du blocus continental? cette situation était désespérée : si Napoléon n'eût pas entrepris sa folle et inconcevable campagne de Russie, s'il n'eût pas violé lui-même le blocus continental, et, même encore, s'il n'eût pas été plus tard trahi par des généraux et de hauts fonctionnaires de l'empire, c'en était fait de la dette publique et de l'existence de l'Angleterre..... Ce n'est pas le commerce, c'est l'agriculture qui fonde et consolide la prospérité des États : la puissance maritime et la suprématie commerciale de l'Angleterre, pour si colossales qu'elles soient, n'en sont pas moins factices, accidentelles, temporaires : le cabinet de Saint-James le sait un peu mieux que M. de Villèle. Dans ce moment où la Russie marche à grands pas à l'invasion de la Turquie et de la Perse, c'est-à-dire, à la conquête du commerce des Indes, le cabinet de Saint-James ne peut rien empêcher et se voit réduit à implorer la modération de l'empereur Nicolas!... Il peut en effet suffire d'un changement de direction dans le commerce des Amériques et des Indes, pour entraîner en Angleterre une banqueroute générale. Sans doute, la puissance navale de la Grande-Bretagne est aujourd'hui supérieure à toutes les forces navales des États européens : mais, avant cinquante ans, les États-Unis apprendront au cabinet de Saint-James que son pavillon ne doit plus croiser en maître dans les mers de l'Europe et dans celles des deux Indes..... D'un autre côté, l'invention des bâtiments à vapeur finira par réduire l'Angleterre aux justes proportions de puissance qui lui appartiennent sous les doubles rapports de son sol et de sa population. — M. de Villèle exalte les ressources du fonds mobilier, du commerce : pourquoi donc ne pas appliquer ces ressources à l'augmentation de la dette publique de France? Loin de là, le Colbert des jésuites et des contre-révolutionnaires s'efforce de retirer au commerce ses capitaux pour les engloutir dans l'agiotage des fonds publics; et au lieu d'ouvrir, par une large et forte politique, les ports de l'Amérique méridionale aux manufactures et à l'industrie françaises, il leur ferme ces ports en adoptant un système étroit et faible qui compromet de plus en plus le commerce français dans ses débouchés américains !

M. de Villèle dit, avec une édifiante componction : On « éprouve un sentiment douloureux quand on songe à « la guerre que subit chaque jour une loi rendue (les « trois pour cent et la conversion des cinq), une loi « qui contient, on ose le proclamer, non pas seulement les destinées financières de la France, mais « son avenir politique tout entier. Des oppositions qui « ne savent ce qu'elles font, et des oppositions qui le « savent trop, essaient de tourner contre le succès de « la conversion justement cette facilité, cette *bonne* « *foi facultative* dont on l'a entourée, et cultivent jusqu'au dernier jour les précieuses hésitations de la « routine ou de *l'intérêt,* en leur présentant comme « impossible le remboursement du capital dont ils ne « doivent pas pour cela même laisser diminuer le prix « dans leurs mains...» Autant de lignes, autant d'inepties. En vérité, les rentiers sont inexcusables de préférer cinq mille francs de rente à trois mille et même à quatre mille cinq cents!... Les Montesquieu de M. de Villèle qui lui font, à prix d'or, une réputation d'homme d'État dans les colonnes du *Journal de Paris*, de *la Gazette de France* et du *Moniteur*, ces écrivains à gages de tous les ministères et de tous les despotismes passés, présents et futurs, n'obtiennent pas un moment de crédit dans l'opinion publique : des phrases plus ou moins académiques ne prévaudront jamais contre la vérité des faits. M. Laffitte a beau appuyer de l'autorité de son nom et de ses chiffres de banque les conceptions financières de M. de Villèle*, elles n'en sont pas moins fausses en principe et désastreuses dans leurs conséquences. Tous les banquiers de l'univers se coaliseraient même pour élever jusqu'aux nues l'excellence des trois et la conversion des cinq pour cent, les deux lois n'en seraient pas moins déplorables pour le crédit public, le commerce et l'industrie! D'ailleurs, les ban-

* M. Laffitte soutient, de tout son crédit financier, la création des rentes trois pour cent ; il dit, il écrit que cette mesure produira les plus heureux résultats pour l'État, le commerce, l'industrie : M. Laffitte parle en banquier, et en banquier intéressé dans l'opération ministérielle de M. de Villèle; mais M. Laffitte n'est pas homme d'État... La création des rentes trois pour cent a déjà causé de grands maux ; le commerce et l'industrie en ressentiront encore les effets dans dix ans : la défiance générale, excitée par les opérations du ministre des finances, est cause qu'une foule de capitalistes se jettent dans d'imprudentes spéculations, telles que de grandes constructions de maisons, des expéditions commerciales dans toutes les parties du globe, expéditions mal calculées, faites sans mesure, et qui s'engorgent les unes les autres, etc., etc. ; on retire ses capitaux des fonds publics, on se précipite dans des spéculations aussi intempestives que hasardeuses; il en résulte un grand nombre de banqueroutes, et le commerce et l'industrie éprouvent de jour en jour une nouvelle gêne et de nouveaux embarras : beaucoup de particuliers se ruinent ; mais les banquiers se gorgent d'or, agiotant sur les effets publics : et des écrivains distingués se mettront aux gages des banquiers, leur composeront des brochures, et en feront très-éloquemment des Colbert et des Pitt!

quiers plaident ici leur propre cause, et non celle de l'État; Montesquieu a dit : « Les banquiers sont faits « pour changer de l'argent, et non pas pour en prêter. « Ils sont utiles lorsque le prince ne s'en sert que pour « changer ; et, comme le prince ne fait que de grosses « affaires, le moindre profit fait un grand objet pour « le banquier même. Si, au contraire, on les emploie « à faire des avances, ils chargent le prince de gros « intérêts. » Adopter un système de création indéfinie de dettes publiques, et exiger la conversion des rentes portant un intérêt de cinq en rentes portant un intérêt moindre, ce n'est pas améliorer les finances d'un État, c'est les détériorer en les chargeant d'un capital beaucoup plus fort : mais, il faut en convenir, c'est assurer aux banquiers des bénéfices incalculables; il est donc tout simple que les banquiers, pour attirer à eux tous les fonds des capitalistes, préconisent les 3 pour cent et le système de conversion de M. de Villèle: ce ministre les rend maîtres en quelque sorte des destinées de la monarchie, ce qui est à la fois une grande faute et un grand mal. Les deux lois en faveur desquelles s'extasie, aujourd'hui, le *Moniteur* de M. de Villèle, contiennent la ruine du crédit public, la ruine des rentiers, la destruction du droit électoral, la servilité de la chambre septennale, une indemnité secrète pour les jésuites, la dotation occulte de cette secte impie et régicide, sa domination en France, la suppression dans un temps donné de la Charte constitutionnelle, et au bout de tout cela une révolution..... si M. de Villèle reste long-temps ministre!!!

1ᵉʳ Août. —Mort du marquis de Puységur, lieutenant général (petit-fils du maréchal de Puységur), à Buzancy, près Soissons (Aisne). Il est auteur d'un ouvrage intitulé : *de l'Art de la Guerre*, ouvrage estimé des tacticiens, malgré l'esprit de système de l'auteur. M. de Puységur était un original, connu dans le monde par un esprit étendu et un jugement faux ; et des savants rêve-creux, par ses ouvrages sur le *magnétisme animal*.

7. — Ordonnance du roi sur les écoles d'hydrographie et sur la réception des capitaines du commerce... Le ministre Chabrol, dépourvu de l'instruction et des connaissances nécessaires à un administrateur en chef de la marine, paraît animé des meilleures intentions ; l'ordonnance soumise à la sanction du roi doit être envisagée dans cet esprit : mais les juges naturels de la matière, les personnes versées dans la science de la navigation et du commerce, ne croient pas que les mesures théoriques et pratiques proposées par M. Chabrol obtiennent le succès promis : il faut tourner les yeux de l'autre côté de la Manche, dans toutes les questions navales et commerciales; ce sont les réglements anglais qu'il conviendrait d'adopter et de suivre sans déviation, pour arriver, enfin, à un bon système pratique dans cette partie; et il faudrait encore imprimer à ce système le caractère de loi ; car une ordonnance, pour si bonne et judicieuse qu'elle soit, n'est pas une loi, elle peut être révoquée selon l'intérêt ou le caprice ministériel : que d'ordonnances, rendues depuis 1814, ont été révoquées, le plus souvent sans nécessité, sans utilité publique, et en violation manifeste des droits qu'elles avaient consacrés !

21. — Ordonnance du roi, concernant le gouvernement de l'île Bourbon et de ses dépendances. — Elle contient sept titres, divisés en sections et chapitres,

renfermant près de deux cents articles divisés en un aussi grand nombre de paragraphes; jamais la bureaucratie ne s'était mise en si grands frais : un pareil développement d'articles suffirait pour la rédaction des chartes, ou constitutions politiques de tous les gouvernements de l'Europe.

La Charte dit (article 73) : « Les colonies seront « régies par des lois et des réglements particuliers. » La couronne a donc le droit de faire tous les réglements qui lui paraissent convenables au gouvernement et à l'administration des colonies; mais le mot de lois, compris dans l'article 73 de la Charte, implique la nécessité où se trouve la couronne d'avoir recours aux chambres législatives, en tout ce qui concerne la législation qui régit ou doit régir les colonies françaises.

L'ordonnance rendue sur le rapport du ministre Chabrol, est une constitution politique tout entière; elle établit le pouvoir absolu du gouverneur sur les administrés; sans doute l'éloignement où la colonie se trouve de la métropole exige cette dictature administrative, exécutive, et presque législative; il serait par conséquent oiseux et inconvenant de discuter le mérite des propositions présentées par M. Chabrol; d'ailleurs, les colonies françaises sont d'une si faible importance pour la France, depuis la perte définitive de Saint-Domingue! Quant à la colonie de l'île Bourbon, elle est à la merci des Anglais, depuis leur prise de possession de l'île de France; ils nous ont rendu Bourbon en 1814, parce que cette colonie ne leur était bonne à rien; ce n'est qu'un champ de sucre et de café. En nous dépouillant de l'île de France, le cabinet de Saint-James a détruit notre influence politique dans l'Inde; nous ne pouvons même y hasarder notre pavillon qu'avec permission anglaise; quant à notre influence commerciale dans cette partie du monde, elle est entièrement soumise au monopole britannique. Les traités de Paris (1814 et 1815) ont fait descendre la France au dernier rang de puissance coloniale; leurs articles secrets ne lui ont-ils pas imposé la condition de n'armer qu'un nombre déterminé de vaisseaux de guerre? le traité patent de 1814 n'a-t-il pas astreint (article 12) S. M. T. C. « à ne faire aucun ouvrage de fortification dans les « établissements qui lui doivent être restitués, et qui « sont situés dans les limites de la souveraineté britan- « nique sur le continent des Indes, et à ne mettre dans « ces établissements que le nombre de troupes néces- « saire pour le maintien de la police? » Les articles secrets de ce traité (assure-t-on) défendent à la France de mettre en mer au-delà de tel nombre de vaisseaux de ligne et de frégates. Ne fallut-il pas demander à l'amirauté anglaise (1816) la permission d'envoyer à Naples un vaisseau de ligne, à moitié désarmé, pour y prendre et conduire en France la princesse sicilienne, épouse du duc de Berry?... Les clauses de l'infâme traité de 1763 se retrouveraient-elles toutes dans le traité de 1814, à l'exception d'un commissaire anglais dans nos ports, pour en surveiller l'exécution? Enfin, les mesures adoptées depuis la restauration, et notamment par le ministère Villèle, ont consommé notre ruine dans l'Inde; le neveu de ce ministre, M. Panon dit des Bassyns, y a mis la dernière main : nos feuilles publiques ont retenti, naguère, des actes arbitraires commis à Pondichéry par ce jeune, imprudent et tout-puissant administrateur, petit-fils d'un mulâtre affranchi.

29. — Traité et convention signés à Rio-Janeiro, par lesquels le roi de Portugal reconnaît l'indépendance du Brésil (V. 7 septembre 1825).

31. — Ordonnance du roi, portant qu'à partir de l'exercice de 1824, les crédits, qui n'auront pas été employés par des paiements effectués au 30 novembre de la seconde année de l'exercice, seront clos et annulés; et que faute par les créanciers de réclamer leur paiement aux caisses du trésor royal, avant ladite époque du 30 novembre, les ordonnances délivrées à leur profit seront annulées, sans préjudice des droits des créanciers, et sauf réordonnancement, s'il y a lieu. — Cette ordonnance a pour but de mettre et de laisser à la disposition du ministre des finances les fonds non réclamés, c'est-à-dire de les employer à soutenir le crédit des rentes trois pour cent : toutes les opérations de M. de Villèle tendent à cette fin ; les finances de l'État et les libertés publiques sont sacrifiées à cette spéculation financière, qui influe déjà d'une manière funeste sur l'agriculture et l'industrie; elles seront privées des capitaux nécessaires à leur prospérité, mais les bénéfices des agioteurs de la bourse augmenteront en proportion, et nos banquiers auront des richesses de rois.

1ᵉʳ Septembre. — Ordonnance du roi portant établissement d'une commission préparatoire de onze membres, à l'effet de rechercher et de proposer, 1° le mode des réclamations à faire par les anciens colons de Saint-Domingue ou leurs ayant-cause; 2° les bases et les moyens de répartition pour les sommes qui leur sont destinées. — Le gouvernement d'Haïti acquittera-t-il loyalement le paiement des cent cinquante millions auquel il est tenu ? en aura-t-il la faculté ? Les événements ultérieurs ne tarderont pas à démontrer que, soit avant, soit après l'ordonnance du 17 avril 1825, les ministres du roi n'ont pas suivi une conduite conforme aux véritables intérêts de l'État et aux intérêts des malheureux colons.

La commission instituée en leur faveur apportera de longs délais dans l'examen et l'admission de leurs réclamations ; ils se plaindront long-temps après, de n'avoir pas encore obtenu partie de leur indemnité... Et où en seraient les colons, et avec eux le commerce français, si le gouvernement d'Haïti ne réalisait pas les paiements qu'il est obligé d'effectuer ; si ce gouvernement retirait ou contestait, ou modifiait les avantages que l'ordonnance du 17 avril a stipulés pour le commerce français ; s'il en venait à faire la guerre à la France par ses tarifs des droits d'entrée et de sortie ? Quels moyens aurait la France pour espérer le redressement de tels griefs ?

4. — Le libérateur Bolivar est réélu, à l'unanimité, président de la république de Colombie ; le docteur Christoval Mendoza est nommé vice-président. — Précédemment, Bolivar a présenté une pétition pour obtenir sa retraite ; sa demande a été rejetée à la presque unanimité... Depuis son apparition sur la scène publique, Bolivar n'a pas démenti un seul instant le caractère de patriotisme et la grandeur d'âme qui lui ont acquis à ce jour une si haute renommée. Si le libérateur de l'Amérique méridionale persévère dans cette héroïque conduite, si l'ambition ne vient pas égarer son génie, s'il conserve dans toute sa pureté le titre de grand citoyen que lui ont mérité ses vertus et ses talents, le nom de Bolivar sera placé au-dessus du nom des plus grands rois, à côté de celui des plus grands hommes des temps anciens et des temps modernes : nouveau Washington, il jouira d'une gloire immortelle... Mais que d'obstacles, que de dangers n'a-t-il pas encore à surmonter ! Le stylet espagnol est toujours dirigé contre son cœur. Bolivar a failli depuis peu être assassiné à

Lima, et c'est la huitième ou neuvième fois qu'il échappe aux poignards des agents du gouvernement espagnol.

7. — Publication du traité de récognition de l'indépendance du Brésil par le Portugal, fait dans la ville de Rio-Janeiro, le 29 août 1823, sous la médiation de l'Angleterre, par l'entremise de sir Charles Stuart qui a signé ledit traité. « S. M. T. F. reconnaît que le Brésil tient le rang d'un empire indépendant et séparé des royaumes de Portugal et d'Algarve, et son très-bien et très-estimé fils don Pédro comme empereur; cédant et transportant de sa libre volonté la souveraineté dudit empire à sondit fils et à ses successeurs légitimes ; S. M. T. F. prenant seulement et réservant le même titre pour sa propre personne. » — L'indépendance pleine et entière du Brésil est reconnue par cet article 1ᵉʳ : mais les affaires des deux gouvernements, Portugais et brésilien, ne tarderont pas à se compliquer d'une manière grave, malgré le texte si positif du traité : à la mort du roi son père, l'empereur reprendra son droit au titre de roi de Portugal ; et cette monarchie décrépite, qui tient si peu de place en Europe, y suscitera de grandes divisions ; elle éprouvera elle-même de sanglantes catastrophes, et subira d'innombrables calamités... Le traité du 29 août a gardé le silence relativement à la succession du Portugal ; c'est une grande inadvertence de la part des hautes parties contractantes : elle sera réparée d'une manière officielle et authentique, le 7 décembre suivant; le droit que l'empereur du Brésil tient de sa naissance à l'héritage du sceptre de son auguste père, le roi Jean VI, sera expressément reconnu et confirmé (V. 7 décembre 1825. V. également 15 novembre 1825).

8. — Le général Lafayette quitte les États-Unis, et revient en France..... Après une année de séjour sur la terre américaine, *l'hôte de la nation* s'embarque sur la frégate la *Brandywine*, construite, par ordre du gouvernement, dans les chantiers de Washington, capitale des États-Unis, pour le reconduire en France ; on a donné à cette frégate le nom de *Brandywine*, en commémoration de la bataille livrée, pendant la guerre de l'indépendance, sur les bords de la petite rivière de Brandywine, où le général avait été blessé..... A son départ, le grand citoyen reçoit les plus touchants adieux des ministres, des chefs civils et militaires, des membres du congrès et de l'élite de la population de Washington, réunis dans l'hôtel du président : la nation entière exprime, par l'organe de M. Quincy Adams, les sentiments d'amour, de reconnaissance et de respect dont elle est pénétrée pour M. Lafayette ; il s'embarque au milieu des acclamations des habitants de Washington, et au bruit des salves d'artillerie....... Le général Lafayette débarquera, le mois suivant, au Havre (Seine-Inférieure) ; ses compatriotes n'auront pas la liberté de lui témoigner la joie que leur fait éprouver son retour ; la police défendra tout rassemblement, toute manifestation d'opinion nationale à cet égard !

20. — Traité d'union, de ligue et de confédération, conclu entre la Colombie et le Mexique, publié à Mexico ; il a pour but d'unir les ressources des deux républiques, pour maintenir leur indépendance commune contre la domination de l'Espagne, ou de toute autre nation étrangère.

Les articles de ce traité spécifient : les forces de terre et de mer à fournir, en cas de nécessité, par les parties contractantes, ainsi que la manière d'en disposer contre l'ennemi ; les garanties mutuelles de l'intégrité de leurs territoires respectifs, tels qu'ils étaient avant la guerre actuelle contre l'Espagne. Ils stipulent, en cas de troubles intérieurs dans le territoire de l'une des parties contractantes, l'extradition, par l'autre partie, des séditieux ou des traîtres qui s'y seraient réfugiés... L'article 11 détermine la formation d'un congrès, afin de consolider l'union entre les deux États. Par l'article 13, les parties s'obligent à inviter les autres États de l'Amérique, *ci-devant colonies espagnoles*, à adhérer a ce traité d'union, de ligue et de confédération perpétuelle. L'article 14 dit : « Aussitôt qu'on sera parvenu à ce but important, on assemblera un congrès général des États de l'Amérique, auquel se rendront les plénipotentiaires de tous ces États; le but de ce congrès sera d'établir des relations intimes entre tous et chacun de ces États, et de confirmer celles qui existent : il servira en outre de conseil dans les grandes occasions, de point de réunion dans les dangers communs, d'interprète fidèle dans les traités publics, en cas qu'il survienne des malentendus, et d'arbitre s'il s'élevait des différends. » L'article 17 porte : « Ce traité d'union, de ligue et de confédération perpétuelle ne sera pas regardé comme affectant d'une manière quelconque la souveraineté nationale de l'une ou de l'autre des parties contractantes, sous le rapport de ses lois et de la forme de son gouvernement, ou de ses relations extérieures ; mais, les deux parties contractantes s'engagent positivement à ne pas consentir à une demande quelconque d'indemnité, de tribut, d'impôt, qui serait faite par l'Espagne, pour la perte de sa suprématie sur ces contrées, et par toute autre nation en son nom. — Elles s'engagent aussi à ne pas faire avec l'Espagne, ou avec toute autre nation quelconque, de traité au préjudice de leur indépendance; mais de maintenir dans tous les temps leurs intérêts mutuels, avec la dignité et l'énergie qui conviennent à des États libres, indépendants, amis et confédérés. — L'isthme et la ville de Panama ont été proposés pour la réunion du congrès, comme étant, par leur position, le lieu le plus favorable pour cette réunion. »

Ces dispositions politiques sont conformes aux intérêts des États de l'Amérique méridionale; elles prouvent à l'Espagne que le cabinet de Madrid doit renoncer à tout espoir de les replacer sous son joug. Sans doute, les nouveaux États seront exposés long-temps encore aux troubles et aux dissensions que les partisans de la métropole s'efforceront d'y exciter; mais si les chefs des nouveaux gouvernements usent avec sagesse et fermeté des pouvoirs qui leur sont attribués, leur indépendance se consolidera et deviendra inébranlable..... Les grandes crises nationales ne sauraient être exemptes de désordres, même de grands désastres; car elles froissent nécessairement beaucoup d'intérêts privés, et provoquent toutes les ambitions politiques. Montesquieu a dit : « Les dieux, qui ont donné à la plupart « des hommes une si lâche ambition, ont attaché à la « liberté presque autant de malheurs qu'à la servitude. « Mais, quel que doive être le prix de cette noble li- « berté, il faut bien le payer aux dieux... La mer en- « gloutit les vaisseaux, elle submerge des pays entiers; « et elle est pourtant utile aux humains. »—L'exemple des États-Unis, le plus sage, le plus probe, et le plus fort de tous les gouvernements, doit servir de leçon et de guide aux directeurs des nouvelles républiques : en suivant une route si honorable et si sûre, ils finiront par triompher de tous les obstacles intérieurs et extérieurs apportés à la régénération de ces magnifiques contrées, et ils assureront leur dignité, leur prospérité et leur repos.

Sans doute, l'Amérique méridionale ne se trouve pas dans l'état de civilisation et d'instruction politique dont jouissait l'Amérique septentrionale au moment de sa séparation de la Grande-Bretagne; elle aura, peut-être, à craindre de grands ambitieux qui chercheront à usurper le pouvoir souverain : elle a des préjugés religieux et nobiliaires à vaincre, et tous les résultats d'une vicieuse administration de trois siècles à corriger, ou plutôt à détruire : mais les nouvelles républiques ont aussi devant leurs yeux la révolution des États-Unis, et surtout la révolution française. Ces deux grands événements doivent leur tenir lieu de leçons et d'expérience; ils ont répandu des flots de lumières dans les Deux-Mondes, et préparé l'affranchissement légal de toutes les nations.

29. — Convention de commerce et de navigation entre l'Angleterre et les villes Anséatiques. — Ce traité en neuf articles, conçu dans les principes d'une saine et large politique commerciale, établit une parfaite réciprocité de droits entre les deux parties contractantes : les deux hommes d'état les plus versés dans la science économique, Georges Canning et William Huskisson, ont mis de côté dans la transaction toute cette routine de restrictions et de préjugés qui a si long-temps entravé les relations commerciales des peuples. Voilà la bonne marche; c'est ainsi que l'Angleterre fera ses traités avec les nouvelles républiques de l'Amérique méridionale, et s'adjugera provisoirement les bénéfices du commerce de ces immenses contrées, inépuisables de fécondité et de richesses. Le ministre de la marine

(Chabrol) devrait méditer ces traités ; il ne peut être à une meilleure école, s'il est jaloux d'acquérir les connaissances nécessaires dans les hautes fonctions dont il se trouve investi.

30. — Une proclamation du roi d'Angleterre fait défense à tous les sujets de S. M. de prendre les armes pour ou contre les Grecs ; elle leur enjoint d'observer strictement, tant à l'égard de la Porte ottomane et des Grecs, qu'à l'égard de tous autres belligérants avec lesquels S. M. est en paix, les devoirs de neutralité, et de respecter à l'égard de tous et chacun d'eux, l'exercice des droits des belligérants, dont S. M. a toujours réclamé l'exercice lorsqu'elle-même s'est malheureusement trouvée engagée dans une guerre...

Le cabinet de Saint-James suit toujours, et sans déviation aucune, le système d'égoïsme et d'obliquité, qui constitue son droit public. Pendant les vingt-deux années de guerre de la révolution française, l'on a vu de quelle manière ce cabinet entendait et pratiquait la neutralité, avec quelle équité il respectait les droits des puissances neutres ou belligérantes... Dans ces derniers temps, l'Espagne a été cruellement victime de la neutralité britannique, la Grèce n'en éprouvera pas des effets moins désastreux ; et si le cabinet de Saint-James étend les bienfaits de sa *non-intervention* dans les affaires intérieures de Portugal qui prennent chaque jour un caractère plus sérieux, ce petit royaume deviendra sans nul doute, comme celui d'Espagne, le théâtre de désordres et de calamités dont les envoyés anglais pourront se donner tranquillement le spectacle à eux-mêmes, après les avoir provoqués et favorisés sous main de tout leur pouvoir...

M. Canning proclame les principes les plus libéraux; on le dit animé personnellement de sentiments favorables à la liberté religieuse et civile : l'on va même jusqu'à certifier qu'il désire l'affranchissement constitutionnel des peuples. Rien de mieux, assurément; mais manifester de bons principes ou les appliquer à la conduite du cabinet, sont deux choses absolument distinctes : la politique diplomatique dicte le langage, l'intérêt national décide la conduite. Or, dans la position où l'Angleterre se trouve réduite et presque ensevelie aujourd'hui par l'énormité de sa dette publique, le libéralisme du cabinet ne peut guère être autre chose que l'égoïsme national, et par suite le machiavélisme ministériel. La vieille Angleterre n'est plus; et, avec les meilleures intentions du monde, M. Canning ne la ressusciterait pas; ce ministre aurait trop d'ennemis à vaincre, et des ennemis trop puissants!... Il reste une Angleterre qui vend et veut vendre à tout prix, même au prix de ses libertés nationales, du coton, du sucre et du café : en dernière analyse, la liberté ou l'esclavage des peuples importe peu aux conseils de la Grande-Bretagne ; cette haute question morale ou légale se décide tout entière dans Downing-Street, d'après le bilan annuel du budget. Le monde a frémi des barbaries que le ministère anglais a laissé commettre à Parga, à Ypsara, et de celles qu'il a commises lui-même envers les malheureux Grecs! — Puissent les événements qui se pressent de toutes parts en Europe, ne pas fournir aux amis de l'humanité, aux défenseurs de la liberté constitutionnelle, de nouvelles preuves, et des preuves plus sanglantes encore de la perfidie et du machiavélisme de la non-intervention, ou de la neutralité, ou de l'alliance britanniques !

6 Octobre. — Mort du comte de Lacépède, pair de

France, membre de l'Académie des Sciences, atteint de la petite vérole à l'âge de 69 ans.

Il laisse un nom célèbre, comme savant et naturaliste ; il a donné à la science de la nature des ouvrages remarquables : l'*Histoire générale des cétacées, des quadrupèdes ovipares, des poissons, des reptiles*, etc... Comme homme public et grand fonctionnaire de l'État, M. de Lacépède laisse un nom flétri. Membre de l'assemblée législative, il ne s'éleva contre aucune des lois révolutionnaires qu'elle décrétait journellement; renfermé dans un lâche silence, il n'osa même pas improuver la fatale journée du dix août, les horribles journées des 2-6 septembre 1792. Il fut courtisan de l'arbitraire directorial, se mit aux gages du despotisme consulaire, et prodigua son encens à la tyrannie impériale.

Il avait félicité, au nom de l'Institut national, le conseil des cinq-cents d'avoir rendu le décret ordonnant à tous les fonctionnaires publics de prêter, chaque année, dans une fête solennelle, le serment de *haine à la royauté*. Comblé de grâces, de faveurs et de distinctions honorifiques par Napoléon, il l'accabla des plus serviles flatteries; il surpassa dans l'art des courtisans tout ce que l'ancien régime de Versailles avait offert de plus honteusement vil. Il prodigua à l'usurpateur du trône des Bourbons, au meurtrier du duc d'Enghien, des adulations dont Fontanes, Fontanes lui-même se montra jaloux, tant ces adulations étaient sans retenue, sans pudeur. — A l'époque du divorce de Napoléon, M. de Lacépède lui décerna, au nom de l'histoire, les plus basses flatteries. « ... En ne portant
« même nos regards que sur les prédécesseurs de Na-
« poléon, nous voyons treize rois que leur devoir de
« souverain a contraints à dissoudre les nœuds qui les

« unissaient à leurs épouses ; et, ce qui est bien digne
« de remarque, parmi ces treize princes, nous devons
« compter quatre des monarques français *les plus ad-*
« *mirés* et *les plus chéris*, Charlemagne, Philippe-
« Auguste, Louis xii et Henri iv..... » Nos rois ne
se faisaient faute du divorce, lorsque leurs intérêts ou
leurs passions l'exigeaient : remarquons à ce sujet que
la France doit son bonheur à cette faculté du divorce,
que M. le duc de Rivière appelait *de la bigamie plâtrée*, quoiqu'il eût épousé une femme divorcée, madame Laferté. Si le bon Henri iv n'eût pas fait prononcer son divorce, les Bourbons s'éteignaient dans la
branche directe, et nous n'aurions eu ni Louis *le Juste*,
ni Louis *le Grand*, ni Louis *le Bien - Aimé*, ni le
vertueux Louis xvi, ni le législateur Louis xviii ; le
divorce était donc une très-bonne institution politique, et pouvait devenir une excellente institution
civile.

M. de Lacépède avait surmonté toute honte : après
les désastreuses campagnes de Russie, d'Allemagne
(1812, 1813); il ne rougit pas d'appeler Napoléon *le
père de la patrie, le père de ses sujets :* il signalait
l'absence du despote, comme une *calamité nationale*,
et sa présence, comme un *bienfait qui remplissait de
joie et de confiance tout le peuple français :* enfin,
M. de Lacépède eut le courage de dire, et de dire en.
sa qualité de sénateur et d'orateur du sénat, que la
conscription (ce minotaure sénatorial qui dévora deux
millions de Français, 1801 à 1814), « n'enlevait que *le*
« *luxe de la population.* » En parlant de ces conscrits
envoyés à la boucherie héroïque, l'académicien-natu-
raliste-sénateur disait avec une élégante onction : « Par-
« venus à l'âge où l'ardeur est réunie à la force, ils
« trouveront dans l'exercice militaire des jeux salu-

« taires et des délassements agréables. » Pour dépasser les Pallas, les Narcisse et les Séjan, il ne manquait à M. de Lacépède, que de faire une ode anacréontique sur les délices de la guerre et la volupté des champs de bataille!

Honorons le savant, le naturaliste; livrons au mépris de nos neveux le déserteur de la liberté constitutionnelle, et le flatteur du despotisme impérial. M. de Lacépède fut membre du corps législatif, du sénat, de la chambre des pairs; et peu de députés, de sénateurs, de pairs, prostituèrent aussi lâchement le patriotisme et la religion du serment.

13. — Mort de Maximilien-Joseph, roi de Bavière; une apoplexie foudroyante termine ses jours, à l'âge de 69 ans. Il a pour successeur au trône, le prince royal, Charles-Louis-Auguste, né en août 1786, marié en 1810, à une princesse de Saxe-Hildburghausen... L'avénement de ce prince au trône de Bavière, annonce un bon roi et promet d'heureuses destinées à la nation.

Maximilien fut un roi très-ordinaire. Il laissa les finances de l'État dans le plus grand embarras, tant ses dissipations avaient été considérables pendant tout le cours de son règne..... On vit ce prince manquer à tous les devoirs de la reconnaissance, envers son auguste bienfaiteur, et se manquer de respect à lui-même par l'indécente légèreté de sa conduite à l'époque de l'assassinat de Louis XVI, qui l'avait comblé de dons et de faveurs : il poussa l'oubli de toutes les bienséances au point de passer, dans un bal public, à Manheim, toute la nuit du jour où l'on apprit dans cette ville la nouvelle de la fin du roi-martyr. Sorti de la classe des petits princes et créé roi par la grâce de Napoléon, il lui prodigua les complaisances, les adulations, les servilités de toute espèce : pendant son séjour à Paris sous le régime impérial, le roi de Bavière se montra, trait pour trait, ce qu'avait été dans cette capitale, vingt-cinq ans auparavant, le prince Maximilien, ou *Max*, colonel du régiment d'Alsace, pensionné de la cour de France et du *Livre-rouge*... Duc de Deux-Ponts, mais sans duché, sans ressources pécuniaires en 1795 et dans les années suivantes, il était devenu électeur de Bavière en 1799, par la mort de Charles-Théodore, son oncle.

Ce prince était naturellement bon ; on ne lui a reproché aucun acte de tyrannie ; on ne saurait même lui imputer une seule injustice de quelque importance : il était très-populaire ; monté sur le trône, il le fut encore davantage, et se montra familier, même avec les gens du peuple ; il aima ses sujets presque autant que ses plaisirs : dépourvu de connaissances solides, de fermeté et même d'esprit de suite dans ses résolutions, il ne possédait aucune des hautes qualités qu'exige le gouvernement d'un royaume. Néanmoins, ses peuples ne furent point malheureux, il en fut aimé, et leurs regrets honorent sa mémoire : mais, sous son règne, la Bavière demeura, comme puissance d'Allemagne, surtout depuis 1814, dans un état très-secondaire sous les rapports d'influence politique ; il commit la faute énorme de s'allier étroitement avec l'Autriche, ennemie naturelle de la Bavière comme de l'Allemagne : dès 1813, Maximilien perdit, de gaîté de cœur, l'occasion d'élever son royaume à un degré d'indépendance et de force qui lui eût permis de résister avec gloire, avec succès, aux vues ultérieures du cabinet de Vienne ; il trahit Napoléon, auquel il devait sa couronne ; et ce fut par l'ordre exprès de Maximilien, ordre donné sans nulle hésitation, que le général de Wrède vint attaquer, à Hanau, Napoléon et les débris de son armée qui battaient en retraite sur Mayence.

31. — Convention conclue entre MM. Saint-Cricq et de Mackau, commissaires nommés de la part de la France d'une part; et MM. Rouannez et Daunec, sénateurs, et le colonel Fremont, aide de camp du président de la république d'Haïti, d'autre part... Cette convention a pour but d'expliquer l'article 1er de l'ordonnance du 17 avril (V. 17 avril et 11 juillet) « en ce sens, qu'en ouvrant les ports d'Haïti aux vaisseaux de toutes les nations, on n'avait entendu gêner en aucune manière la faculté acquise au gouvernement d'Haïti par le fait même de son indépendance, de fermer ou d'ouvrir ses ports aux nations amies ou ennemies de la république; » elle étendait à l'île entière la faveur du demi-droit à l'entrée comme à la sortie des marchandises importées ou exportées par des navires français, faveur qui, par une délicatesse facile à apprécier, n'avait été stipulée dans l'ordonnance royale que pour l'ancienne partie française seulement. Cette convention établissait d'ailleurs des conditions de réciprocité dans les autres rapports du commerce des deux nations. L'avenir nous apprendra les raisons qui en ont différé ou empêché la publication..... » (*Annuaire*, etc., de Le Sur, Paris, 1825, page 290.)

15 Novembre. — Loi ou édit perpétuel, donné à Lisbonne, le jour de la ratification du traité du 29 août dernier, etc. (V. 29 août 1825)..... Le roi Jean VI dit dans cette loi ou édit perpétuel : « ..... Nous avons ré-
« solu de céder et transférer au plus cher de nos en-
« fants, don Pedro d'Alcantara, héritier et successeur

« des royaumes ci-dessus nommés (le Portugal, le
« Brésil, les Algarves) nos droits sur l'État du Brésil
« que nous élevons au rang d'empire, réservant toute-
« fois à notre auguste personne le titre viager de son
« empereur. — Ceci est fait dans l'esprit du traité d'a-
« mitié et d'alliance conclu à Rio-Janeiro, le 29 du
« mois d'août dernier, que nous avons ratifié aujour-
« d'hui, dans la ferme persuasion qu'il procurera à
« tous nos sujets les bienfaits et les avantages sur les-
« quels notre cœur paternel leur donne le droit de
« compter. Nous prenons, pour toute notre vie, le
« titre d'empereur du Brésil, et nous reconnaissons le
« plus cher de nos enfants, don Pedro d'Alcantara,
« *prince royal de Portugal et des Algarves*, en sa
« qualité d'empereur du Brésil, avec pleine souverai-
« neté sur cet empire..... »

Il est difficile de réunir plus de droits et des droits plus légitimes que ceux de don Pedro à la couronne de Portugal et des Algarves..... Don Miguel les méconnaîtra, les violera à main armée : mais quelle probité politique, quelle fidélité à son légitime souverain, doit-on attendre d'un prince qui a attenté à l'autorité et à la vie de son père ?

20. — Première application de la loi rendue sur le sacrilége, à la cour d'assises de Strasbourg (Bas-Rhin). Les nommés Wendlingi et Wilmuth sont traduits devant cette cour pour vol d'un crucifix dans une des églises de la ville. Le premier de ces accusés, qui avait été chargé par l'autre de vendre le crucifix à un juif, est acquitté : Wilmuth est condamné à dix ans de reclusion et au carcan, conformément au second paragraphe de l'article 10 de la loi du 20 avril 1825, concernant le vol des objets (autres que les vases sacrés) destinés à la

célébration des cérémonies de la religion. D'après le Code pénal, le vol dans une église, sans circonstance aggravante, n'était puni que correctionnellement, d'un an de prison au moins et de cinq au plus. Ce même crime, d'après la loi du sacrilége, est puni de cinq ans au moins et de dix ans au plus de reclusion, peine afflictive et infamante qui entraîne le carcan et la surveillance de la haute police : s'il y avait eu vol des vases sacrés, la peine applicable aurait été celle des travaux forcés à temps.

28. — Mort du lieutenant général comte Foy, député du département de l'Aisne (Laon), à cinq heures du soir, à Paris, des suites d'un anévrisme : il était né à Ham (Somme) le 3 février 1775. Il laisse une veuve et cinq enfants en bas âge, avec une fortune très-modique : la mort de ce député est une calamité nationale.

30. — Obsèque du général Foy.

En 1791, la France avait perdu le plus célèbre de ses orateurs politiques, le dictateur de l'opinion nationale, l'oracle du peuple, l'homme qui remuait à son gré les passions politiques, et qui possédait toute l'éloquence, tout le luxe de ces passions. Des honneurs extraordinaires furent décernés à Mirabeau, ses restes divinisés reçurent le plus beau triomphe qu'un particulier eût jamais obtenu de l'amour de ses concitoyens, ou de l'enthousiasme des partis..... La douleur, ou la consternation, fut générale, unanime, dans la capitale, dans les provinces ; et la nation en corps assista, en quelque sorte, aux funérailles du premier et du plus véhément défenseur de ses libertés, de ses droits : enfin, comme l'a dit un écrivain national, « Jamais « prince passant du trône au caveau funèbre ne fut

« suivi d'un cortége aussi nombreux que cet orateur
« condamné tout à coup à l'éternel silence. »

En 1824, Paris fut témoin des funérailles de Louis XVIII ; toutes les pompes de la royauté avaient été déployées pour cette cérémonie : le char funèbre était chargé des emblêmes de la souveraine puissance ; la population entière de la capitale vit le cortége royal défiler sur les boulevards ; un immense concours de fonctionnaires publics, militaires et civils, que rendait encore plus remarquable l'absence de tous fonctionnaires ecclésiastiques, conduisit le cercueil aux caveaux de Saint-Denis : mais ces funérailles ne reçurent pas l'hommage le plus flatteur que les sujets puissent accorder à leur prince ; grâce aux fautes des ministres, le peuple n'eut pas de larmes pour le catafalque royal ; Louis XVIII fut privé de la douleur, des regrets du peuple, qui eût traîné son char funèbre si sa Charte eût été loyalement exécutée par les dépositaires de son pouvoir.

Le chancelier d'Aguesseau a dit : « Le peuple, libre « dans son suffrage, donne la gloire et ne la vend jamais..... » Le général Foy prouve la vérité de cette maxime. Jamais apothéose ne fut si éclatante, si illustre ; elle est nationale ! Ce n'est point une couronne royale, ce n'est pas une couronne de comte, c'est une couronne civique, une feuille de chêne, qui sont déposées sur le cercueil du député : point d'armoiries, aucune de ces vanités éphémères dont s'enorgueillissent les grands de la terre ; une épée, mais une épée qui ne fut jamais tirée de son fourreau que pour la liberté, la patrie.....

Funérailles immortelles ! La capitale est plongée dans le deuil ; cent mille citoyens environnent le cercueil du grand citoyen ; on entend leurs soupirs, on voit leurs larmes. Aucune pompe, aucune décoration, ne viennent ici éblouir les yeux, surprendre les cœurs, tromper le peuple; le char funèbre est celui d'un simple particulier, d'un bourgeois; mais il est environné de la reconnaissance et de l'estime publiques, il brille d'une splendeur et d'une gloire qui effacent la magnificence de ces chars de triomphe que les rois et les empereurs se décernent après leur mort. Des milliers de jeunes étudiants en droit et en médecine, de commis des maisons de banque, de commerce, de manufacture, etc., se disputent l'honneur de porter, de toucher les restes mortels du député de l'Aisne, qui soutenait les libertés publiques à la tribune nationale avec la même intrépidité que le général avait défendu l'indépendance de la France sur les champs de bataille... Généreuse et brave jeunesse, oui, tu assures à la patrie une bonne, une noble génération de citoyens.

Quelles obsèques! L'affluence des assistants est immense, et l'ordre le plus parfait et le plus admirable sentiment de décence religieuse sont constamment manifestés par cette réunion de citoyens de tous les âges, de toutes les classes, de tous les rangs. Malgré une pluie assez abondante et continuelle, cent mille personnes suivent à pied, tête nue, avec un respect pieux, dans le plus profond silence, dans ce silence d'affliction qui est à la fois de l'amour, du recueillement et de la douleur, cent mille personnes suivent ce char funèbre vers lequel s'épanchent tant de regrets, tant de sanglots; nul désordre, nul embarras, pas le plus petit trouble; tout est calme, religieux, national; tout, dans cette auguste cérémonie, est digne du général Foy et de la nation française. Les agents provocateurs, les artisans salariés du trouble ne sont pas sortis de leur antre; la force armée n'a pas eu besoin de paraître au milieu de la pompe nationale, la douleur publique tient lieu de force armée; le peuple a senti sa position, sa dignité : il a été sage, il a été grand.

Que les hypocrites et insolents détracteurs de la dignité nationale, que les valets et les sbires du despotisme ministériel disent, après un tel exemple, que les Français ne sont pas faits pour la liberté constitutionnelle! Oui, le généreux patriotisme de 1789, qui avait si longtemps sommeillé; ce patriotisme constitutionnel que le despote de la gloire militaire voulut écraser sous ses chars de triomphe, et que le plus vil, le plus odieux des ministères s'était flatté d'étouffer sous le poids de la superstition et de l'ignorance : oui, le patriotisme de 1789 et de la Charte s'est réveillé sur le cercueil du Français qui défendit toute sa vie la cause nationale!— Les enfants du grand citoyen deviennent les enfants de la nation; la nation les adopte. Leur père ne leur a laissé pour fortune que la gloire de son nom; la France les dotera, et M. Casimir Périer aura l'honneur d'être nommé leur subrogé-tuteur..... Une souscription nationale est ouverte « pour l'érection d'un monument à la mémoire du général Foy, et pour offrir un don à sa famille; » Tout ce qui porte un cœur français, participe à cet acte de gratitude nationale : dans les deux premiers jours, la souscription s'élève au-dessus de deux cent mille francs; elle sera portée à un million!

Le général Foy mérite les honneurs que la nation rend à sa mémoire, à sa famille; c'était le Français, le citoyen par excellence. Inaccessible à la corruption ministérielle qui, dans ces dernières années, a souillé, avili, dégradé presque tous les hommes investis jusqu'alors de l'estime publique : ennemi déclaré, loyal et intrépide de ces ministres qui trafiquaient sans pudeur des libertés de la France, et faisaient descendre une grande nation au niveau des puissances subalternes, de ces puissances qui obéissent aux ordres, aux influences, aux caprices de l'étranger : toujours disgracié par le pouvoir, et se vengeant de ses disgrâces en prenant de plus en plus immuable possession de l'estime nationale, le général Foy ajoutait chaque année à sa propre gloire, en exprimant chaque année avec une nouvelle force son mépris pour les faveurs et les dons empoisonnés du ministère de 1822! Membre de la Chambre des députés, il mit à découvert les desseins secrets du ministère Villèle ; il poursuivit de son éloquence toute française les attentats de ce ministère contre la Charte constitutionnelle : il condamna au supplice de la tribune nationale la vanité, l'impéritie et les dilapidations des hommes chargés de gouverner la France; il força ces hommes de rougir de leurs œuvres; et, chose qu'on n'avait pas encore vue en France, il réduisit les ministres de 1822 à se mépriser eux-mêmes autant que le public les méprisait.

De quelles armes se servait donc le général Foy pour combattre, avec un si éclatant succès, un ministère que ses iniquités politiques semblaient rendre chaque jour plus puissant et plus tyrannique, en même temps qu'elles le rendaient chaque jour plus vulnérable et plus odieux ? ses armes étaient l'amour de la liberté, le patriotisme, la loyauté.

Toujours animé du même courage en montant à la tribune, il ne consultait jamais ses forces ; il cédait toujours aux inspirations de son âme ; et si, dans les derniers temps, le général Foy ne déployait pas la même énergie à cette tribune où sa voix accusatrice était la voix nationale, on doit l'attribuer à l'affaiblissement de ses moyens physiques ; son âme forçait les ressorts de sa constitution ! Un si généreux dévouement a déterminé, peut-être, mais a certainement hâté la fin de son existence, il est mort d'un anévrisme : en sorte qu'on peut dire que le général Foy s'est offert en sacrifice à la liberté constitutionnelle.

Avant lui, plusieurs orateurs avaient illustré en France la tribune politique ; les discours de Mirabeau, de Barnave, de Portalis *le père*, de Cazalès, de Clermont-Tonnerre, de l'abbé de Montesquiou, de l'abbé Maury, de Bureaux de Pusy, de Thouret, de Vergniaud, de Guadet, de Lainé, de Manuel, de de Serre, etc., ces discours resteront, comme modèles à certains égards ; ils offrent de belles parties et caractérisent, surtout, les époques où ils furent prononcés... Ne craignons pas de le reconnaître, certains de ces orateurs dont les talents exercèrent une grande influence sur les destinées de l'État, furent, sous divers rapports, supérieurs au général Foy ; le député de l'Aisne n'avait pas la force de pensée, la véhémence de débit, et ces foudroyantes expressions que Mirabeau réunissait à un si haut degré ; il ne possédait pas, non plus, cet art consommé avec lequel Vergniaud embrassait tous les points de la discussion, et entraînait à la fois la conviction et la persuasion des auditeurs, tant son raisonnement, ses déductions et la magie de son style, ou plutôt de son génie oratoire, étaient admirables : disons, en passant, que M. Mauguin paraît être l'orateur auquel est réservée la gloire de reproduire parmi nous les chefs-d'œuvre oratoires de Vergniaud... L'histoire placera également le général Foy au-dessous de Manuel qui partage, seul jusqu'ici, avec Vergniaud le titre de prince des orateurs : l'histoire assignera le rang du député de l'Aisne entre Mirabeau et Cazalès, en lui reconnaissant toutefois une qualité dont ceux-ci furent privés, celle de maîtriser l'ardeur et d'arrêter l'essor de l'indignation, même la plus juste, contre les actes arbitraires des ministres* : voilà le grand mérite du général Foy ; son éloquence avait le caractère et la franchise militaires ; toutes ses tournures oratoires étaient martiales, mais sages autant que fortes, et nobles autant que libres ; la puissance de ses paroles résidait dans le patriotisme du citoyen encore plus que dans l'énergie du député, et dans l'incorruptibilité du député encore plus que dans les talents de l'orateur : par une destinée unique, la réputation militaire, politique et civile du général Foy était sans tache ; son âme et son caractère se trouvaient ainsi, dans un accord qu'il serait presque permis d'appeler chevaleresque, tant l'un et l'autre étaient restés purs des atteintes de la calomnie; la vénale ambition de Mirabeau, l'aristocratique vanité de Cazalès, l'esprit révolutionnaire de Vergniaud, le cupide royalisme de M. de Serres** étaient des choses que le général Foy ne pouvait pas

---

* Le général Foy ne s'oublia que dans une seule occasion, dans la discussion relative à la loi de l'indemnité *due* aux émigrés (V. 17 avril). Mais M. Duplessis-Grenedan avait tellement violé les convenances parlementaires et la Charte elle-même, en appelant les propriétés nationales des propriétés *volées*, que le général Foy est sans doute excusable de s'être livré, dans cette conjoncture, à toute l'indignation que de telles paroles devaient exciter.

** M. le garde des sceaux, de Serres, ne cessait de parler de la médiocrité de sa fortune; et son épouse, qui précéda, dans les bonnes grâces de Louis XVIII, madame la comtesse du Cayla, ne laissait pas ignorer au monarque cette *médiocrité*; Louis XVIII lui accordait assez fréquemment, dit-on, des bons sur sa cassette... Lorsque M. de Serres quitta les sceaux, la caisse du sceau des titres contenait 400,000 francs ; on dit, dans le temps, que M. de Serres demanda au roi cette somme à titre de *gratification*, l'obtint et l'emporta : nous ignorons si les bruits qui circulèrent à cet égard étaient fondés... Dans l'origine,

comprendre, tant son esprit et son cœur avaient conservé leur chasteté et leur élévation natives; la patrie, la liberté constitutionnelle, c'est-à-dire la Charte,

les fonds de la caisse du sceau des titres furent destinés à alléger le budget des pensions de retraite à accorder à d'anciens magistrats; c'est pour ce motif que les appointements qui courent après décès et avant le remplacement des fonctionnaires de l'ordre judiciaire sont versés dans cette caisse qui, d'ailleurs, est abondamment alimentée par la vanité : les titres et les majorats y sont taxés fort cher; de nombreux hauts et bas employés y vivent en chanoines.

Madame de Serres perdit d'une manière assez particulière, ainsi qu'on l'a raconté dans le temps, la faveur dont l'honorait Louis XVIII. — Le monarque était enchanté des agréments de cette dame, et surtout du style correct, gracieux et léger autant que spirituel, des billets qu'elle lui écrivait; il ne cessait d'en parler à madame du Cayla : celle-ci, douée d'un tact exquis, avait jugé différemment la favorite* éphémère ; et, en femme avisée, elle voulut éclaircir ses doutes et désabuser le monarque. En conséquence, madame du Cayla choisit le moment où monsieur le garde des sceaux est au conseil, et où M. le comte de Barente donne ses audiences, et envoie un de ses gens à madame *Annette* de Serres, à qui elle écrit « que devant donner une brillante soirée, elle ne veut « pas faire partir ses nombreuses lettres d'invitation avant « d'être certaine que, n'ayant pas d'engagement ce jour-là, « elle aura la certitude de l'y voir, sinon, elle changera son « jour. Elle la prie en conséquence de lui répondre de suite, « et par le retour de son messager. » — Enchantée de l'invitation, madame de Serres envoie en toute hâte son acceptation et ses remercîments, consignés dans un billet qu'elle veut rendre spirituel, et qui n'est que ridicule; billet fatal, où il y a absence totale de style et d'orthographe.... Aussitôt que madame du Cayla a parcouru ce billet, elle vole comme un trait auprès du monarque, si bon connaisseur en fait de style, et qui s'en était fait un d'après la manière de Dorat, son auteur favori. Louis XVIII reconnaît bien l'écriture, mais ne reconnaît pas

* Par favorite nous n'entendons pas maîtresse.

voilà l'âme, la vie du général Foy, et voilà le secret, le génie de son éloquence ! Doué des plus rares attributs de la vertu politique, il devait être, et il fut le plus constant, le plus redoutable ennemi d'un ministère qui sacrifiait la patrie et la Charte aux sordides calculs de la cupidité, de la fraude et du despotisme de cour, de secte, et de parti : le général Foy attacha certains hommes du pouvoir au carcan national; ils y resteront! il burina leurs noms sur la colonne de l'infamie ; ils y seront écroués par l'histoire. Et quels services n'a-t-il pas rendus, au moment de sa mort, à la cause nationale ? Sa vertueuse éloquence avait puissamment contribué à réveiller l'esprit public; sa mort vient donner à la France cette énergie, cette sagesse, cette dignité, qui ont préparé les élections de 1827 : crise nationale qui peut être appelée le *neuf thermidor* de la restauration. — A cette occasion, l'on doit remarquer la différence des mœurs politiques à deux grandes époques de notre histoire contemporaine : au neuf thermidor de la convention (1794), les vainqueurs envoient les vaincus à l'échafaud; au neuf thermidor de la restauration (1827), les vainqueurs se contentent d'envoyer les vaincus au pilori de l'opinion publique.

Honneur et respect à la mémoire, à la famille du général Foy : son nom sera gravé dans le cœur de tous les Français dignes de ce titre.

du tout le style de madame de Serres, il ne revient pas de sa surprise; dès-lors l'épouse du ministre cesse d'avoir accès familier auprès du prince, et madame du Cayla devient, à son tour, la dépositaire des secrets de l'État. — *Nota*. On a négligé de s'assurer si la brillante soirée au faubourg Saint-Germain eut lieu, et si l'ex-favorite s'y rendit; cela n'importe pas à l'histoire du temps....

1ᵉʳ Décembre. — Mort d'Alexandre 1ᵉʳ, empereur de toutes les Russies, à l'âge de quarante-huit ans. Ce prince était né le 23 décembre 1777; il avait épousé, le 9 octobre 1793, Élisabeth (surnommée Alexiewna), princesse de Bade, dont il n'eut pas d'enfants. Il était monté sur le trône de Russie le 24 mars 1801, après l'assassinat de l'empereur Paul 1ᵉʳ, son père.

Aussitôt que la nouvelle de sa mort arrive à Saint-Pétersbourg, le grand-duc Constantin est proclamé empereur de toutes les Russies. S. A. I. le grand-duc Nicolas prête, le premier, serment devant le sénat, et reçoit ensuite celui du sénat et des troupes de la garnison. On attend avec impatience, à Saint-Pétersbourg, le grand-duc Michel, qui doit précéder l'empereur Constantin..... Le nouvel empereur (qui régissait, sous le titre de vice-roi, le royaume de Pologne, au nom de l'empereur Alexandre son frère), doit quitter Varsovie le 8 décembre; il sera proclamé solennellement le 16 à Saint-Pétersbourg; tous les corps militaires et civils se rendront près de lui, et assisteront à son intronisation..... Le 24, aucune disposition pour le départ du nouvel empereur n'était encore faite à Varsovie, où il paraissait attendre, pour faire connaître ses volontés, le résultat de la mission par lui donnée à son auguste frère, le grand-duc Michel, se rendant à Saint-Pétersbourg.

La mort de l'empereur est attribuée à plusieurs causes. Selon les uns, ce prince aurait été atteint d'une fièvre bilieuse à laquelle se serait jointe une esquinancie, et il aurait succombé après quinze jours de maladie. Ces personnes assurent qu'Alexandre s'était senti indisposé le 17 novembre; que les premiers symptômes n'eurent rien d'inquiétant, mais que, le 27, trois jours seulement avant sa mort, une fièvre inflammatoire qui avait obligé le malade de s'aliter, fit des progrès effroyables.

Selon les autres, la fin de l'empereur aurait été occasionée par les suites d'un érysipèle à la jambe, survenu après une chute de drowski, faite plusieurs années auparavant ; érysipèle que le monarque n'avait pas voulu qu'on traitât selon les règles usitées en pareil cas : l'humeur du mal de jambe serait remontée et aurait déterminé la mort.

Enfin, s'il fallait s'en rapporter à des bruits assez généralement accrédités, ou répandus, mais que nous croyons dénués de fondement, l'autocrate de toutes les Russies aurait péri, le 27 novembre, de mort violente, dans la barque qui le transportait à Taganrock, au retour de sa visite de la presqu'île de la Crimée, et au moment où il se disposait à passer en Bessarabie où tout était disposé pour sa réception. Afin de rendre vraisemblable cette dernière assertion, les personnes qui l'ont adoptée prétendent qu'il existait, à Saint-Pétersbourg, dans la classe des grands seigneurs, et dans l'armée, une conspiration contre la personne de l'autocrate; que les principes de liberté infiltrés en Russie par la révolution française, et rendus plus intenses par le séjour des armées russes en France dans les années 1814, 1815 et suivantes, et surtout par les nouvelles communications et relations établies entre les Français et les Russes ; que ces principes de liberté se propageaient d'une manière sensible dans les premières classes de l'État, à Saint-Pétersbourg, à Moscou, et dans plusieurs grandes villes de l'empire. Alexandre effrayé, dit-on, des progrès que faisait chaque jour cet esprit jusque dans le sein de sa cour, était néanmoins fermement résolu de ne faire aucune concession aux besoins du siècle, et l'on ne saurait guère douter de cette disposition de l'autocrate, en examinant sa conduite comme chef de la *sainte-alliance*; de jour en jour, son inquiétude sur les progrès des idées constitutionnelles ou libérales devenait plus vive, plus marquée; et son voyage en Crimée n'avait été, selon des personnes se disant bien informées, qu'un prétexte pour déguiser ces craintes et échapper à de certains dangers : enfin, ses principaux officiers voyaient, dit-on, avec un vif mécontentement qu'il n'osait pas entreprendre, contre la Turquie, une guerre objet de tous leurs vœux. Tous ces motifs, dirigés vers le même but, auraient porté les conspirateurs à hâter la fin d'un règne sous lequel ils désespéraient de voir commencer les brillantes hostilités qu'ils dévoraient d'impatience, et d'obtenir les institutions constitutionnelles, si favorables à la liberté et à la propriété individuelles, dont le progrès des lumières, l'esprit du siècle et l'exemple de la France, leur avaient fait apprécier les bienfaits...

Il est assez ordinaire de voir les empereurs de Russie périr de mort violente; aussi le public ajoute-t-il foi, sans examen, aux rumeurs qui circulent relativement à celle d'Alexandre : elles ne s'appuient cependant sur aucune preuve; l'histoire seule pourra donc lever le voile qui couvre les derniers jours de cet empereur; elle dira s'il faut attribuer sa fin à l'empoisonnement, au meurtre, ou seulement à la nature.

Quoi qu'il en soit, Alexandre meurt à une distance immense de sa capitale, dans un pays barbare, dénué de tous les secours, et privé des simples commodités dont jouit le moindre bourgeois des pays civilisés.....
Dans cet instant suprême où disparaissent toutes les illusions de la puissance, où la conscience et ses remords parlent en maîtres aux souverains de la terre, Alexandre a pu se rappeler quelle avait été la fin de Paul I*er*, son père, restée sans vengeance!

Peu de souverains furent placés par la fortune dans des circonstances aussi heureuses, aussi grandes que celles dont le règne d'Alexandre se trouva rempli. Les événements le favorisèrent outre mesure, et presque toujours à son insu ; il n'en prépara aucun, et il recueillit tous les bénéfices des hasards les plus extraordinaires : il y eut même une époque où il parut réservé à cet autocrate d'être le bienfaiteur de l'humanité, le soutien des rois et le libérateur des peuples : Alexandre a-t-il répondu à cette destinée sublime, ou n'a-t-il été qu'un ambitieux et un despote décoré du titre de philanthrope et de grand?

En montant sur le trône, il annonça l'intention d'y faire asseoir avec lui la justice et l'humanité ; il appela les sciences et les belles-lettres à leur secours ; il parut sentir que plus il répandrait l'instruction et les lumières dans ses sauvages États, plus il rendrait facile la soumission des sujets et douce l'obéissance aux lois : il sembla reconnaître que le plus sûr moyen d'assurer la stabilité du pouvoir suprême, est d'imposer soi-même des bornes à ce pouvoir..... Les premières années de son règne promirent un bon prince : il fixa ses regards sur l'administration de la justice; le despotisme, la corruption et la barbarie avaient disposé jusqu'alors, en Russie, de tous les actes judiciaires : le monarque entendit les cris de l'humanité; il apporta dans la jurisprudence criminelle, dans l'administration de la justice civile, les améliorations compatibles avec la faible lueur de civilisation qui veut se faire jour à travers la barbarie native de son peuple; il promulgua de bons, de sages réglements dans diverses parties de l'administration intérieure; il diminua l'influence de la noblesse, et organisa le sénat russe de manière à en faire un corps intermédiaire entre le trône et la noblesse; se flattant de rendre le sénat-dirigeant assez fort pour consolider le pouvoir impérial et le garantir des conspirations habituelles d'une noblesse qui, depuis tant de siècles, opprimait violemment le monarque et le peuple. Alexandre se montra et mit une grande affectation à se montrer tolérant, affable, bon, généreux : il devint les délices de ses peuples, ils le bénirent, et bientôt ils oublièrent l'événement déplorable qui avait mis la couronne sur son front.

On ne saurait, sans injustice, refuser à ce monarque absolu la gloire d'avoir beaucoup fait pour la prospérité de la Russie, surtout sous le rapport de sa domination ou de son influence politique. Dans le nord, il a réuni à l'empire russe la Finlande et une partie de la Pologne qu'il a érigée en royaume; au midi et à l'orient, la Bessarabie et les provinces persanes situées au-delà de l'ancienne frontière russe, et jusqu'à l'Araxe et au Kur. Alexandre a établi, dans les provinces presque désertes de son immense empire, des colonies militaires, à l'exemple des Romains; ce sont autant de corps de réserve, destinés à fondre un jour sur la Turquie, sur l'Allemagne et sur l'Europe! Il a formé des établissements coloniaux et commerciaux dans les contrées les plus septentrionales de l'Amérique, aux îles Alléiennes, pour joindre le monopole des pelleteries du nord-ouest de l'Amérique au monopole des pelleteries du nord-est de cette partie du globe dont le commerce russe est exclusivement investi. Alexandre, enfin, a étendu, consolidé l'influence du cabinet de Saint-Pétersbourg dans les quatre parties du globe, et montré partout la Russie conquérante, ou protectrice, ou médiatrice.

Mais, de quelques titres pompeux dont la flatterie ait accablé Alexandre, après les événements de 1814, ce souverain mérite-t-il d'être appelé grand homme? Non. Dictateur du continent, après la catastrophe de Napoléon, l'autocrate russe a voulu retenir ou plonger les nations dans l'esclavage : et quelle a été sa conduite, lorsqu'il n'avait plus ni résistances, ni oppositions à craindre en Allemagne, en Italie, en France?..... Alexandre dirige tous les efforts de sa puissance contre les libertés constitutionnelles des peuples, libertés qu'il leur a promises ou garanties dans de solennelles et religieuses proclamations; il asservit la philosophie, les belles-lettres et la presse; il charge de chaînes l'opinion publique; il impose silence, sous peine de mort, aux légitimes vœux des nations, à ces vœux qu'il a provoqués et favorisés naguère avec la plus philanthropique ostentation; il met l'Espagne et l'Italie sous l'ignominieux, sous le barbare joug du monachisme et du pouvoir absolu; il veut faire rétrograder en France l'esprit de civilisation, en soutenant les hommes qui veulent que ce beau royaume passe sous les fourches caudines de l'ancien régime, des priviléges et de la superstition, après avoir cependant (proclamation du 31 mars 1814) reconnu et laissé aux Français, tant en son nom qu'en celui de tous les souverains alliés, le droit et la faculté de se choisir le gouvernement qui leur conviendrait, à l'exception seulement de Napoléon et de la famille impériale; après avoir méconnu les légitimes droits de la maison de Bourbon* et s'être exprimé contre elle

---

* A l'époque du congrès d'Aix-la-Chapelle, l'empereur Alexandre fut visiter la belle filature de laine de M. Ludwig, située près du bois, appelé *bois Pauline;* le monarque accepta le déjeûner qui lui fut offert par le manufacturier. La pièce dans laquelle ce déjeûner fut servi était tapissée de gravures qui représentaient divers exploits de Napoléon, et dans l'une d'elles était figurée son entrevue avec Alexandre sur le Niémen.

de la manière la plus inconvenante (V. *Récit historique sur la restauration de la royauté*, etc., par M. de Pradt); après avoir promis à la France, pour prix de la chute de Napoléon, après avoir garanti aux Français des institutions libérales ; après avoir exigé de Louis XVIII que ses peuples fussent dotés d'une constitution politique adaptée à l'esprit du siècle et aux besoins de la nation ! Il démembre la France, et il a dit, il a répété à satiété qu'il voulait que la France fût grande et forte : il a dit aux Français (2 avril 1814) : « ..... Je suis l'ami du peuple français... Il est juste, « il est sage de donner à la France des institutions « fortes et libérales qui soient en rapport avec les lu- « mières actuelles..... » Et il se rend le complice, le soutien, l'agent provocateur des ultra-royalistes, c'est-à-dire, des ennemis du trône et du peuple !....

C'est avec l'approbation formelle d'Alexandre que Napoléon a opprimé la France et ravagé l'Europe depuis 1805 jusqu'en 1812; et Alexandre s'est honoré de l'alliance, de l'amitié, de la familiarité de Napoléon ; et il a été son courtisan, son flatteur ; et il n'a songé à mettre d'obstacles à l'oppression que le dominateur de la France exerçait sur l'Europe, que lorsque cette

---

Celle-ci fixa particulièrement l'attention de l'empereur. Après l'avoir considérée pendant quelques moments, il dit : « C'est « vrai, c'est vrai; mais pourquoi n'en fit-il pas autant en 1815 « sur la Loire, au lieu d'aller se livrer aux Anglais ? Il le pou- « vait ; et, s'il l'avait fait, il serait peut-être encore empereur « des Français. — Mais, observa M. Ludwig, la maison de « Bourbon ? — La maison de Bourbon ! répondit vivement « l'empereur; oui, vous avez raison, c'était alors un obstacle; « mais il l'aurait pu en 1814, quand *les Bourbons n'étaient* « *encore pour rien dans la guerre.* » (*Examiner* extrait de la *Revue britannique*, tom. III, 6ᵉ livraison ; décembre 1825, pag. 359 et suiv.)

oppression a menacé la Russie, et l'a menacée dans l'intérieur même de ses provinces ! Il s'est montré ingrat, il a été barbare envers Napoléon qui lui avait accordé la liberté et la vie à Austerlitz ; il a dévoué le monarque, le capitaine, le grand homme dont il regardait l'amitié comme *un bienfait des dieux*, il l'a livré aux tortures que le cabinet anglais lui a fait si lâchement subir pendant cinq années ; il n'a pas manifesté la plus légère émotion sur le sort du captif de Sainte-Hélène ; il s'est refusé jusqu'à la facile gloire de sauver les jours du vainqueur de la Moskowa *!

Alexandre a en quelque façon imposé au gouvernement français la plupart des ministres et la plupart des lois qui ont porté de si graves atteintes à nos libertés nationales ; il s'est abaissé jusqu'à écrire à l'avocat général Marchangy pour le féliciter de la véhémence, de l'acharnement de son zèle dans la conspiration dite de la Rochelle (5 septembre 1822), affaire où ce magistrat s'était étudié d'une manière barbare à aggraver

---

* * Alexandre pouvait et devait intervenir, auprès de Louis XVIII, en faveur du maréchal Ney (quelque coupable qu'eût été sa conduite), placé sous la sauvegarde d'un traité. Ici l'on ne peut éviter un rapprochement historique : madame de Bonchamp est prise par les rebelles ; elle est condamnée à mort, et va être exécutée en vertu des lois en vigueur à cette époque ; les représentants du peuple en mission dans la Vendée lui font grâce, parce qu'elle a sauvé quatre mille prisonniers républicains qui allaient être massacrés sans sa courageuse et noble intervention auprès de son époux : la grâce accordée à madame de Bonchamp est confirmée par le comité de salut public, par ce comité où siégeaient Robespierre, Barrère, Saint-Just, Couthon : cette grâce est sanctionnée par décret de la convention nationale !!! Le maréchal Ney a sauvé, dans la campagne de Russie, à la Bérézina, les jours de cinquante mille Français ; cinquante mille familles lui doivent la conservation d'un père, d'un fils, d'un époux ; il est fusillé. (*Voyez* 7 juillet 1826.)

la situation des accusés, et à diffamer en quelque sorte leurs éloquents défenseurs. Alexandre a provoqué et sanctionné toutes les violations de foi, tous les démembrements de territoire opérés dans les congrès de Vienne, de Troppau, de Laybach, de Vérone; il a forcé la France, 1823, d'entreprendre la guerre d'Espagne, sous peine de subir elle-même la guerre sur le Rhin : (M. de Villèle l'a officiellement déclaré à la tribune de la chambre des députés). Cet empereur a attiré sur l'Espagne et sur le Portugal plus d'orages, plus de calamités que Napoléon n'en avait répandus sur les deux royaumes; en un mot et enfin, se plaçant sous la direction de M. de Metternich, dans l'espoir de faire tourner au profit de l'ambition russe les vues si perfidement despotiques du ministre autrichien, Alexandre se déclarant chef de la sainte-alliance (traité mystique, fait par et pour le pouvoir absolu), Alexandre a voulu au nom de la religion mettre les nations dans les fers, les étouffer dans l'ignorance et la superstition, et détruire jusque dans leurs fondements toutes les libertés constitutionnelles promises aux peuples : libertés que Jésus-Christ a déclarées, dans sa céleste justice, dans sa divine bonté, être les premiers droits de l'homme sur la terre.

Tel a été le bienfaiteur des nations, le libérateur de l'Europe, l'autocrate par excellence, que les cent voix de la Renommée ont long-temps proclamé *le plus grand des monarques!* Tel est Alexandre dépouillé des vertus politiques dont il avait revêtu le masque, tel est ce monarque réduit à sa juste valeur.

Et quelles sont les rares qualités, les actions sublimes, les faits héroïques, les actes militaires qui ont signalé la carrière de cet empereur devenu si célèbre? A-t-il livré en personne une grande action, couru les dangers d'un champ de bataille, supporté les fatigues du bivouac? a-t-il hasardé sa vie dans les combats, et fait preuve de talents comme homme de guerre *? Enfin, s'est-il montré supérieur dans les revers, et véritablement modéré dans les succès? Rien de tout cela : mais Alexandre, il faut en convenir, a joué admirablement la modération, la modestie, la bonté, la loyauté, l'amour de la paix, l'amour de la liberté. Cet empe-

* Pendant tout le cours de la campagne de Russie, qui pouvait décider de sa couronne et de sa vie, Alexandre ne parut pas une seule fois sur le champ de bataille; il n'eut aucune part aux succès obtenus contre Napoléon et son armée. Les prodigieux et si épouvantables résultats de cette guerre sont dus, 1° à l'inconcevable imprudence de Napoléon, qui séjourne pendant six semaines sur les ruines de Moscou ; 2° à l'impéritie des deux généraux investis de la confiance diplomatique de Napoléon : l'un, le général Andréossy, ne se doute pas que la paix entre la Russie et la Porte ottomane vient d'être conclue (traité de Bucharest, 16 mai 1812 ; ce traité permet à la Russie d'envoyer ses armées de Bessarabie et de l'Ukraine au secours de la grande armée de Moscovie, ce qui décide les catastrophes de la retraite de Moscou); l'autre négociateur, le général Law-Lauriston, entretient Napoléon dans de fausses espérances de négociations de paix, et se laisse jouer comme un enfant par Kutusoff et Alexandre ; 3° à la trahison de certains généraux qui correspondaient secrètement avec les généraux russes! Le brave et loyal duc de Vicence (Caulaincourt) a laissé des mémoires, déposés en lieu sûr, qui jetteront un grand jour sur les désastres de la campagne de Russie et sur la conduite de plusieurs généraux français ; nous avons eu connaissance de ces mémoires par M. le duc de Vicence, qui voulut bien nous honorer de cette marque d'estime et de confiance. Ces mémoires seront connus du public lorsque l'époque désignée par M. le duc de Vicence pour leur publication sera arrivée. Quelles que soient la jactance et la vanité des officiers russes, leurs victoires de 1812 ne leur appartiennent pas; ils les doivent à l'impéritie des diplomates Andréossy et Lauriston, à la trahison de certains généraux français, et surtout aux rigueurs de l'hiver.

reur a fait, à Paris, beaucoup de largesses et d'actes de libéralité; il a donné des secours à tous les individus qui ont eu le courage d'invoquer sa bienfaisance ; il s'est montré accessible et plein de confiance dans la loyauté française : cette conduite est honorable, mais n'a rien du reste qui doive exciter la reconnaissance des Français, qui devaient si chèrement payer les frais de *tant de bonté*... Les écrivains stipendiés, les hommes de la contre-révolution ont élevé aux nues la générosité du grand empereur pendant son séjour à Paris! Introduit par la trahison dans cette immense capitale, étonné, effrayé de se voir vainqueur de la France, ou plutôt de Napoléon abandonné par les Français, Alexandre a eu la sagesse de se montrer modéré; il n'a pas compromis un succès dont il avait désespéré quelques jours auparavant; et cette prudence a consolidé pour lui tous les succès de la trahison : succès encore incertain!.....

Redisons-le : après avoir contracté une alliance intime avec le dévastateur de l'Europe, Alexandre n'a répudié cette alliance que lorsque Napoléon est venu l'attaquer dans le sein de ses États; jusqu'alors il avait été le fauteur et le complice de la tyrannie de Napoléon : les deux autocrates ne s'étaient-ils point partagé, à Tilsitt, à Erfurt, la domination et l'esclavage des nations européennes?..... Alexandre a fait incendier Moscou ; il a trompé les peuples de l'Allemagne en leur promettant une liberté qu'ils attendent encore ; il a abusé la loyauté et la bonne foi des Français, en leur promettant de les laisser libres, puissants et forts, il a asservi la Pologne, envahi la Finlande, et remis l'Europe sous le joug du pouvoir absolu; et, au déclin de ses jours, ce monarque si vanté pour sa bonne foi, sa modération et sa philanthropie, a vu la sainte-alliance, œuvre d'ambition, de duplicité et de despotisme, renversée sur lui-même; il a vu l'Angleterre décliner son influence, et la France secouer les chaînes qu'il lui avait forgées : Alexandre, environné de conspirateurs, déchiré d'inquiétudes et peut-être de remords, a trouvé à Taganrock une autre Sainte-Hélène! Il meurt aussi misérablement qu'un pacha auquel le grand-seigneur a envoyé le cordon...

Alexandre est un faux grand homme; doué d'un esprit fin et délié, d'une âme souple et d'une fausseté onctueuse; son caractère était froid et machiavélique. Alexandre avait peu d'instruction; il était dépourvu de connaissances solides, et très-susceptible, par conséquent, de recevoir toutes les impressions du mysticisme et de l'illuminisme. Pour la Russie, ce prince doit être un grand souverain, il a fait de la Russie la première puissance de l'Europe*. Pour la France, et pour toutes les nations de l'Europe, ce prince aura été un fléau, un autre Napoléon; mais un Napoléon sans lauriers, sans génie, sans trophées, sans monuments. L'ambition et le despotisme des deux empereurs auront été les mêmes, seulement la manière de les exercer a été différente; l'un s'appuyait sur une gloire immortelle, l'autre sur une fourberie de tous les instants.

Napoléon avait très-bien caractérisé Alexandre : « Il « est beau et faux comme un Grec; » comment Napoléon a-t-il donc pu être sa dupe et devenir sa victime? Ici l'on est obligé de reconnaître la faiblesse de Napoléon et le peu de portée de son esprit en matière politique; il s'est laissé abuser, jouer comme une femmelette par un des hommes d'État les plus médiocres,

---

* Le sénat-dirigeant de Saint-Pétersbourg a décidé (16 décembre) qu'une statue colossale serait érigée à l'autocrate avec cette inscription : *La Russie à Alexandre I*ᵉʳ.

les plus ennemis des libertés nationales, par M. de Metternich; il n'a connu la duplicité autrichienne qu'après être tombé au fond de l'abime où elle le précipitait, en lui offrant une archiduchesse pour épouse; l'homme qu'un Metternich avait pu tromper devait se laisser prendre à l'amitié d'Alexandre.....

3-5. — Arrêts de la cour royale de Paris, qui déclarent : qu'il n'y a lieu de prononcer la suspension du journal intitulé *le Constitutionnel*, et du journal intitulé *le Courrier français*, et qui, néanmoins, enjoint aux éditeurs et rédacteurs de ces journaux d'être plus circonspects à l'avenir..... Les *considérants* des deux arrêts présentent une haute importance; ils portent, relativement au *Constitutionnel:* « ..... Que ce
« n'est ni manquer au respect dû à la religion de l'État,
« ni abuser de la liberté de la presse, que de discuter
« et combattre l'introduction et l'établissement dans le
« royaume, de toute association non autorisée par les
« lois, que de signaler des actes notoirement constants
« qui offensent la religion et même les mœurs, soit les
« dangers et les excès non moins certains d'une doc-
« trine qui menacerait à la fois l'indépendance de la
« monarchie, la souveraineté du roi et les libertés pu-
« bliques, garanties par la Charte constitutionnelle et
« par la déclaration du clergé de France de 1682,
« déclaration toujours reconnue et proclamée loi de
« l'État. » — Et relativement au *Courrier français :*
« Que la plupart des articles du *Courrier français...*
« sont blâmables, quant à leur forme, et qu'au fond,
« ils ne sont pas de nature à porter atteinte au respect
« dû à la religion de l'État; qu'à la vérité, plusieurs
« autres desdits articles présentent ce caractère, mais
« qu'ils sont peu nombreux et paraissent avoir été pro-

« voqués par certaines circonstances qui peuvent être
« considérées comme atténuantes; considérant que ces
« circonstances résultent principalement de l'introduc-
« tion en France de corporations religieuses défendues
« par les lois, ainsi que des doctrines ultramontaines,
« hautement professées, depuis quelque temps, par
« une partie du clergé français, et dont la propagation
« pourrait mettre en péril les libertés civiles et reli-
« gieuses de la France....., etc. »

Ces deux arrêts attestent que les libertés civiles et religieuses de la France peuvent être mises en péril par l'introduction et l'établissement des jésuites dans le royaume, et par une partie du clergé français, professant hautement depuis quelque temps des doctrines ultramontaines..... Eh bien! le ministre des affaires ecclésiastiques, l'évêque *in partibus* d'Hermopolis (Frayssinous), affirmera publiquement qu'il n'y a pas de jésuites en France; et le procureur général, Bellart, si ardent à poursuivre les moindres délits relatifs à la presse, ne fera point de réquisitoire contre l'introduction et l'établissement des jésuites en France; il les protégera au contraire de toute l'influence de ses fonctions judiciaires; il lancera de violents réquisitoires contre les journaux qui ont signalé les dangers dont la secte jésuitique menace le trône et les libertés publiques; ce procureur général dénaturera les faits, mentira sciemment à sa propre conscience, et niera qu'il fasse jour en plein midi; M. Bellart entassera sophismes sur sophismes, et absurdités sur absurdités; il se fera l'apôtre du mensonge, de la superstition et des plus ridicules momeries; il signalera la philosophie comme l'ennemie de la religion, de la royauté, de l'ordre social... Jamais jacobin de 1793 n'exhala plus de fureur en demandant la destruction de l'ordre social; jamais inquisiteur, ou jésuite du seizième siècle, ne mit à défendre les abominables principes de sa secte, autant de violence que M. Bellart en déploie contre la tolérance et la liberté constitutionnelle; ce procureur général trace ses philippiques judiciaires dans un style boursouflé et rempli de barbarismes; il n'outrage pas moins la grammaire que la raison. On peut, sans être injuste, appeler M. Bellart un jacobin *blanc* et *noir;* il aura justifié ce titre, sans interruption, de 1814 à ce jour. Comme quelques jacobins rouges, M. Bellart eut des mœurs douces et des vertus privées, mais l'ambition et la peur changent les hommes de caractère faible.

MM. Dupin et Mérilhou ont défendu *le Constitutionnel* et *le Courrier français*, avec ce talent supérieur dont ils ont déjà donné tant de preuves; ces célèbres avocats ont combattu avec une logique et une éloquence vraiment admirables, tous les sophismes, tous les motifs de condamnation énoncés ou soutenus par monsieur l'avocat général. Dans cette circonstance, la magistrature s'est montrée digne de ses anciens temps : aussi, après la prononciation des arrêts (cour royale, audience solennelle, 3 et 5 décembre; V., *le Constitutionnel* des 4 et 6), la salle a retenti d'un *vivat* universel; et les voûtes du Palais-de-Justice ont répété, pendant plusieurs minutes, les acclamations de *vive le roi! vive la magistrature! vive la cour royale de Paris!*

7. — Note de M. de Palmella, ambassadeur extraordinaire et ministre plénipotentiaire de S. M. T. F. près la cour de Londres. — Cette note a pour objet de réparer le silence gardé dans les traité et convention signés à Rio-Janeiro le 29 précédent (V. 29 août et 7 septembre 1825), relativement à la succession du Portugal : M. de Palmella, au nom de S. M. T. F., de-

mande formellement au cabinet anglais, que « S. M. B.
« garantisse la succession de la couronne de Portugal à
« la personne de son fils et son légitime héritier, l'em-
« pereur don Pedro. » Le roi Jean VI, légitime souverain du Portugal, a incontestablement le droit de décider de la succession au trône de Portugal, et ce souverain use de ce droit avec une sagesse et une prévoyance remarquables ; la note diplomatique de son ambassadeur extraordinaire et ministre plénipotentiaire porte : « Il est hors de doute que le silence ob-
« servé dans le traité du 29 août, relativement à la
« succession du Portugal, ne peut en aucune manière
« affecter le droit que S. M. l'empereur du Brésil tient
« de sa naissance à l'héritage de son auguste père :
« mais il est également clair qu'à cause de la distance
« où l'empereur don Pedro se trouve du Portugal,
« l'époque de son accession au trône pourrait être pour
« la nation portugaise une période de difficultés et de
« troubles que la prévoyance paternelle de S. M. T. F.
« voudrait détourner à tout prix..... » Le roi Jean VI a été sur le point d'être détrôné et assassiné par l'infant don Miguel (27 mai 1823, 4 mai 1824) : persuadé qu'un mauvais fils ne peut être qu'un mauvais frère et un mauvais roi, Jean VI veut que les droits de l'empereur don Pedro, son fils aîné, à la couronne de Portugal, ne puissent pas être contestés et usurpés par l'infant don Miguel qui, jusqu'à ce jour, s'est joué des devoirs les plus sacrés ; mais cet infant respectera-t-il les volontés de son père, de son roi, après avoir attenté à son autorité et à ses jours ? Les événements ultérieurs prouveront que don Miguel n'abandonnera pas les voies criminelles dans lesquelles il s'est engagé.

9. — La nouvelle de la mort de l'empereur Alexan-

dre (V. 1ᵉʳ décembre) arrive à Saint - Pétersbourg. « Aussitôt les membres de la famille impériale, le conseil de l'empire et les ministres, se rassemblèrent au palais, où S. A. I. le grand - duc Nicolas prêta le serment de fidélité à S. M. l'empereur Constantin, et après lui tous les fonctionnaires de l'État qui se trouvaient présents. »

Le sénat-dirigeant publie à cette occasion un ukase ; on y lit : « ..... Le sénat-dirigeant, après avoir prêté,
« en assemblée générale, serment de fidélité à l'héritier
« légitime du trône, S. M. I. notre souverain, l'empereur Constantin, a ordonné, 1° de faire connaître
« partout cet événement par des ukases imprimés ;
« 2° d'envoyer à toutes les autorités militaires et civiles
« la formule du serment qu'elles ont à prêter, comme
« fidèles sujets de S. M. I., et de leur prescrire, par
« des ukases, qu'aussitôt après ces communications
« elles aient à faire prêter serment à tous les fidèles
« sujets mâles de l'empereur, quels que soient leur
« rang et leur état, à l'exception des paysans de la couronne et des domaines seigneuriaux, ainsi que des
« serfs, et à envoyer au sénat les procès - verbaux de
« cette prestation de serment, revêtus des signatures
« des individus qui l'ont prêté..... Il sera fait à S. M.
« l'empereur un rapport sur cette résolution du sénat-
« dirigeant. »

Par ces actes solennels, le grand-duc Constantin a été reconnu souverain légitime et empereur de toutes les Russies, sous le nom de « l'empereur Constantin. »

La famille impériale a reçu à Saint-Pétersbourg des nouvelles de Taganrock, en date du 3 décembre (Alexandre est mort le 1ᵉʳ); ces nouvelles portent :
« L'impératrice Élisabeth supporte avec beaucoup de
« fermeté la vive affliction que lui cause une perte aussi

« douloureuse pour elle et si malheureuse pour l'em-
« pire, et S. M. se porte passablement (V. 4 mai). Elle
« a écrit elle-même à l'impératrice Marie. »

11. — On lit dans le *Moniteur :* « On mande de
« Rome que, sur la demande d'un gouvernement
« étranger, la police a saisi les papiers du prince de
« Montfort (Jérôme Bonaparte, ex-roi de Westphalie),
« dans le château solitaire, aux environs de Fermo,
« sur la mer Adriatique, où il a passé le dernier été.
« Madame Murat (Caroline Bonaparte, ex-reine de
« Naples) a demandé la permission de résider à Rome,
« mais elle a eu un refus. Enfin, le comte de Saint-Leu
« (Louis Bonaparte, ex-roi de Hollande) veut quitter
« Rome pour s'établir à Florence; mais il n'a pas encore
« pu trouver un acheteur pour son palais de Rome... »
Plus les cabinets étrangers persécutent les membres de
la famille impériale de Napoléon, après avoir reconnu
par le traité de Fontainebleau (1814) les titres de ma-
jestés et d'altesses impériales et royales dont ils se trouvaient investis à cette époque, plus ces cabinets rap-
pellent à l'admiration des peuples la gloire dont s'est
couvert le chef de cette famille. Poursuivre le malheur
jusque dans les asiles où il s'est réfugié, est une lâcheté; voler les papiers des exilés, faire incendier leurs
demeures pour s'emparer de ces papiers (aux États-
Unis), est un attentat contre le droit des gens! L'on
est bien petit, bien faible, lorsqu'on s'acharne aussi
bassement, aussi cruellement contre les débris de la famille du plus grand homme dont puissent s'illustrer les
temps anciens et les temps modernes; c'est le conserver,
le consacrer dans la mémoire des peuples; ce qui est
une grande faute... Aujourd'hui il n'y a pas de si mince
général, Prussien, Russe, Autrichien ou Anglais, qui

ne se regarde comme un plus grand capitaine que Napoléon : il n'y a pas en Europe de ministre, de fonctionnaire public qui ne croie pour son compte avoir renversé cet homme prodigieux, qui ne s'imagine en conséquence posséder un génie supérieur au sien; on part de là, et l'on veut faire du despotisme avec de la honte, comme il faisait du despotisme avec de la gloire. Mais on a beau dénigrer, calomnier le consulat et l'empire, le nom de Napoléon grandit tous les jours, et il grandit précisément de toute l'incapacité, de toute la petitesse des conseils et des ministres qui dirigent les affaires de l'Europe. Tous les folliculaires de la restauration, titrés ou non titrés, tous les Thersytes de la contre-révolution et du jésuitisme, ne pourront rien contre une si haute renommée.

« Hercule a-t-il péri sous l'effort du Pygmée ? »

Insulter la gloire de Napoléon, c'est la rendre plus présente à tous les esprits; un moyen plus sûr et plus honorable de faire oublier, s'il se peut, Napoléon, serait de ne pas traquer comme des bêtes féroces les mêmes individus auxquels tous les rois de l'Europe avaient rendu leurs hommages et fait servilement la cour... Le chef de cette famille impériale et royale, abîmé par son ambition, a péri dans un gouffre de gloire, ne laissant après lui d'autres droits que ceux d'une impérissable renommée. Son fils est dénationalisé, ce n'est plus qu'un prince autrichien, pas autre chose; les membres de cette famille qui survivent à l'homme extraordinaire, sont condamnés à s'éteindre dans leur nullité; ils ne doivent plus exciter que la pitié... Un des grands malheurs de Napoléon Bonaparte est d'avoir eu une famille dont tous les membres dépourvus de talents, de connaissances, de qualités estimables, étaient pétris de vanité, de cupidité et de vices.

19. — La cour royale de Paris se déclare incompétente pour juger l'affaire Ouvrard, relativement aux marchés d'Espagne...Deux des individus impliqués dans cette affaire, les généraux Guilleminot et Bordesoulle, ont été nommés membres de la chambre des pairs : d'après la Charte, ces deux prévenus ne peuvent plus être jugés que par la cour des pairs...

Le *considérant* de l'arrêt porte : « Considérant que « de l'instruction faite par la cour, il résultait qu'il était « important d'examiner et d'approfondir par les voies « judiciaires des faits qui concernent les lieutenants gé- « néraux Guilleminot et Bordesoulle, pairs de France : » la cour se déclare incompétente pour faire cet examen ; et attendu que ces faits ayant une évidente connexité avec ceux imputés à d'autres individus justiciables de la cour, il y avait tout lieu de joindre le tout, elle ordonnait qu'à la diligence du procureur général du roi, les pièces et la procédure seraient renvoyées devant qui de droit.

21. — Ordonnance du roi qui convoque les deux chambres législatives pour le 31 janvier 1826.

24. — Manifeste de l'empereur Nicolas 1er, annonçant son avénement à l'empire de toutes les Russies.

«... Lorsque la nouvelle de ce triste événement (la mort d'Alexandre) nous arriva, le 27 novembre (9 décembre), nous nous empressâmes, dans ce moment même de douleur amère, de remplir un devoir sacré, et, ne suivant que le mouvement de notre cœur, de prêter serment de fidélité à notre cher frère aîné, le grand-

duc Constantin Césarowitsch, comme à l'héritier légitime du trône de Russie par droit de naissance. — Nous venions d'acquitter ce devoir, quand nous apprîmes par le conseil d'État qu'il avait été commis à sa garde, le 15 octobre 1823, un écrit revêtu du sceau du défunt empereur, avec une lettre autographe de S. M., par laquelle il recommandait au conseil d'État « de con-
« server ce paquet jusqu'à nouvel ordre, et, en cas de
« mort de l'empereur, d'ouvrir *avant toute résolution*
« *ultérieure* le paquet en séance extraordinaire ; que
« cet ordre venait d'être exécuté par le conseil d'État,
« et qu'on avait trouvé dans le pli les pièces suivantes : »
1° une lettre du grand-duc Constantin Césarowitsch, en date du 14 janvier 1822, adressée au défunt empereur, par laquelle S. A. I. renonçait à la succession au trône à lui dévolue par droit de naissance; 2° un manifeste du 16 août 1823, avec la signature autographe de S. M. I., par lequel, en raison des motifs de renonciation présentés par le grand-duc Constantin Césarowitsch, et admis par S. M., elle arrêtait que nous, frère puiné du grand-duc renonçant, étions l'héritier du trône, conformément aux lois fondamentales de l'empire. Nous avons été informés depuis, que le même acte avait été déposé entre les mains du sénat-dirigeant, dans le sacré synode et dans l'église métropolitaine de l'Ascension de Moscou... »

Le manifeste contient plusieurs actes, savoir :
« 1° une lettre du grand-duc Constantin, adressée à S. M. l'impératrice mère, où S. A. I. renouvelait sa résolution antérieure de s'en référer à l'acte de renonciation servant de réponse au rescript du défunt empereur en date du 2 février 1822, et terminait par renoncer solennellement à tous ses droits, et les reconnaissait transmis sur notre tête et sur notre descen-

dance, conformément aux lois de l'hérédité du trône; 2° une lettre adressée à notre propre personne, où S. A. I. réitérait sa détermination primitive, en nous donnant le titre de *majesté impériale*, ne se réservant que celui de *Césarowitsch* comme ci-devant, et se disant enfin le plus fidèle de nos sujets*. » —..... « D'après tous les actes sus-mentionnés, et en conformité des lois existantes sur l'ordre de succession, nous, plein de respect pour les décrets impénétrables de la Providence qui nous guide, nous montons sur le trône de toutes les Russies ainsi que sur le trône de Pologne qui en est inséparable, ainsi que le grand-duché de Finlande, et nous ordonnons....., etc. »

Il est singulier, il est remarquable que le conseil d'État n'ait pas ouvert le dépôt commis à sa garde, au moment même où la nouvelle de la mort d'Alexandre parvint à la famille impériale; on peut même s'étonner que le sénat-dirigeant et le sacré synode soient restés dans le même silence et dans la même inaction; que ces corps aient prêté serment de fidélité à l'empereur Constantin; que le sénat-dirigeant se soit donné le temps de publier et d'expédier les ukases ordonnant à toutes les autorités militaires, civiles et religieuses, de prêter serment de fidélité à l'empereur Constantin... Certes, s'il exista jamais un devoir sacré pour un grand corps de l'État, c'était le devoir imposé par l'empereur Alexandre au conseil d'État, au sénat-dirigeant, au sacré synode, puisqu'il leur était ordonné, et très-spécialement au conseil d'État, « en cas de mort de l'empe-« reur, d'ouvrir, *avant toute résolution ultérieure*, le

---

* Le manifeste impérial n'indique pas la date de ces deux lettres du grand-duc Constantin à S. M. l'impératrice mère, et à S. M. l'empereur Nicolas.

« paquet en séance extraordinaire. » Le retard apporté dans l'accomplissement de ce devoir par le conseil d'État doit être attribué, sans doute, à la profonde douleur dont auront été frappés les membres de ce conseil en apprenant la mort d'Alexandre, quoiqu'il fût naturel de s'attendre à cet événement d'après les courriers arrivés de Taganrock à Saint-Pétersbourg les jours qui précédèrent la mort de cet empereur. Que de désastres ne pouvait pas causer le retard apporté par le conseil d'État, si le grand-duc Constantin n'eût pas religieusement observé les actes de renonciation qu'il avait précédemment signés !.... Des troubles infiniment graves éclateront, dès le 26, à Saint-Pétersbourg. — Jusqu'au 24, l'autorité de l'empereur Constantin a été pleinement reconnue; partout le serment de fidélité lui a été prêté, et partout des ukases ont été publiés en son nom; sa renonciation au trône paraît donc avoir été libre et volontaire; elle a eu sans doute pour objet d'éviter de grandes difficultés..... Mais, quels que soient les motifs qui ont pu influencer et déterminer Constantin, sa renonciation au trône n'en est pas moins extraordinaire. Un journal anglais (*Globe and Traveller*) a dit à ce sujet : « Il est donc extrêmement improba-
« ble, d'un côté, que si Nicolas eût voulu usurper le
« trône, il eût souffert que son frère acquît l'influence
« que donne la possession et la sanction d'un serment
« général d'allégeance; et, d'un autre, il n'est pas
« moins invraisemblable qu'un prince d'un caractère
« aussi décidé que Constantin ait pu se laisser induire
« par des menaces a abandonner la position avanta-
« geuse qu'il avait ainsi obtenue, surtout étant entouré
« immédiatement d'une armée sur laquelle les cons-
« pirateurs supposés ne pouvaient obtenir aucune in-
« fluence. La résistance opposée à la proclamation de

« Nicolas, même après la renonciation formelle de son « frère, prouve à quel point eût été dangereuse et « même impraticable la tentative de le déposer. Son « frère et lui doivent d'ailleurs sentir les difficultés « d'une telle entreprise..... »

Un journal anglais, considéré comme ministériel, *le Courrier*, dit : «..... C'est en effet (la renonciation « de Constantin) une de ces transactions dont les véri- « tables motifs, s'ils sont jamais connus, seront plus « probablement révélés par l'historien futur que par « le politique vivant..... On peut s'attendre à différen- « tes versions, et l'on peut supposer que chacune d'elles « contiendra quelque portion de vérité; mais l'homme « d'État le plus délié ne pourrait faire sortir la vérité « tout entière de ces pièces disjointes..... » Ce journal est dans la persuasion que Nicolas continuera le règne pacifique d'Alexandre, et que ses dispositions, dénuées d'ambition, seront conformes au repos et au maintien de l'équilibre en Europe. — Un autre journal (*British-Press*) va plus loin : «..... Le nouvel em- « pereur ayant déclaré l'intention d'adhérer à la poli- « tique d'Alexandre, il est hors de doute que la paix « de l'Europe ne sera pas troublée, et nous félicitons « sincèrement nos lecteurs de ce résultat heureux « et presque inattendu. Le caractère impétueux de « Constantin pouvait faire redouter son règne ; mais « son abdication en faveur du doux et pacifique Ni- « colas a dissipé toutes les alarmes que la mort d'A- « lexandre était sans cela faite pour inspirer. » L'on peut se tromper en politique, mais pas aussi grossière- ment, ou aussi complaisamment, que se trompent, dans cette conjoncture, les journalistes anglais.

25. — David, peintre d'histoire, banni de France

en vertu de la loi d'amnistie (12 janvier 1816), meurt à Bruxelles, où il s'est réfugié; il a trouvé dans le royaume des Pays-Bas un asile et la considération due à ses sublimes talents.

La famille fait procéder à l'embaumement du corps et à son dépôt à l'église de Sainte-Gudule, en attendant le succès de ses démarches auprès du gouvernement français, pour obtenir la rentrée en France des restes mortels d'un homme dont le pinceau et le génie ont illustré la patrie; le dépôt du corps à Sainte-Gudule donne lieu à un acte de tolérance vraiment chrétienne : David est mort sans avoir reçu les secours de la religion; le vicaire, Michel, administrant l'église pendant la maladie du curé, a cru devoir en référer à S. A. monseigneur le prince de Méau, archevêque de Malines; le digne prélat a décidé « qu'on accepterait « le dépôt offert par la famille David, et qu'il se réser- « vait de fixer le jour et la pompe à observer pour les « obsèques. » Honneur à l'archevêque de Malines! Il est dans les voies de Jésus-Christ.

Le directeur de l'Académie de Bruxelles et une députation de ce corps se rendent chez M. Ramel, ancien collègue et ami de David, et le prient de transmettre à la famille du défunt, leur demande de conserver à Bruxelles la dépouille mortelle du grand peintre; ils l'instruisent que l'académie vient d'ouvrir une souscription, déjà remplie en partie, pour subvenir aux frais du monument qu'ils se proposent d'élever en son honneur : mais la famille est jalouse de rendre à la terre natale les restes de David; elle répond à la députation que, dans le cas où, comme elle l'espère, le ministère de M. de Villèle en permettra la rentrée en France, les enfants de David laisseront son cœur à la ville de Bruxelles; que, dans le cas contraire, ils se contenteraient d'emporter son cœur, et confieraient le corps à la terre hospitalière où leur père a trouvé un si honorable asile pendant ses dernières années.

L'exposition publique du corps a lieu (le 7 janvier 1826) : la tête du lit de parade est surmontée du beau tableau représentant Bonaparte, passant le mont Saint-Bernard. Le public se porte en foule à cette exposition ; elle est remarquable par le nombre de personnages de distinction qui rendent, dans cette conjoncture, hommage au génie et aux vertus privées de David..... Une plaque, portant l'inscription suivante, est placée sur le cercueil :

« Jacques-Louis David, né à Paris le 31 août 1748;
« Député à la Convention nationale (1793);
« Premier peintre de l'empereur Napoléon (1804);
« Commandeur de l'ordre de la Légion-d'Honneur;
« Membre de l'Institut de France;
« Des académies de Vienne, Berlin,
« Milan, Côme, Turin, Naples, Amsterdam,
« La Haye, Gand, etc., etc.;
« Mort en exil à Bruxelles, le 25 décembre 1825;
« Auteur des tableaux suivants : »

(*Suit la liste des chefs-d'œuvre de David.*)

Le dépôt du cercueil à l'église de Sainte-Gudule a lieu avec la plus grande pompe. Le gouverneur de Bruxelles, toutes les personnes de distinction de cette capitale, une foule d'étrangers de toute nation, suivent le cortége : on y remarque les pauvres des hospices, ils offrent un dernier et bien sincère hommage à l'homme bienfaisant * dont les talents ont soulagé leur misère.

Le 16 janvier 1826, les enfants de l'illustre peintre

* Tous les tableaux faits par David à Bruxelles furent exposés au profit des pauvres; la ville de Gand sollicita la même faveur et l'obtint : l'exposition produisit une somme considérable.

adressent au président du conseil des ministres, Villèle, une demande pour supplier le gouvernement de permettre que les restes de leur père soient rapportés en France; ils se proposent de le faire inhumer au cimetière du père La Chaise... Le 23 janvier, ils renouvellent leur demande, en audience particulière du ministre; M. de Villèle leur dit : — Que tout en approuvant le sentiment qui l'a dictée, il ne peut donner de réponse sur un objet si important, sans avoir consulté le conseil des ministres : que cependant il croit que la rentrée du corps sera refusée, attendu que l'on craindrait que cela ne servît de prétexte aux malveillants, pour renouveler des scènes semblables à celles qui avaient eu lieu au convoi du général Foy*. « Le corps de votre père, ajoute le ministre maître de la France, ne peut traverser Paris inconnu; il s'ensuivra des désordres qui entraîneraient l'emploi de la force armée, et c'est à quoi le gouvernement ne veut pas s'exposer. »

M. de Villèle évitant de répondre à la lettre du 16 janvier 1826, les MM. David lui écrivent de nouveau le 27, pour connaître la décision du gouvernement; le soir même, M. Jules David reçoit la réponse suivante : « Ainsi que j'avais eu l'honneur de vous l'annoncer, monsieur, j'ai mis sous les yeux du conseil des ministres la demande contenue en la lettre que vous

---

* Jamais obsèques n'eurent lieu avec plus d'ordre, de décence et de tranquillité publique, que les obsèques du général Foy..... Mais la profonde douleur causée dans toute la France par la perte de ce grand citoyen, de cet incorruptible député, était une protestation nationale contre le despotisme vil et mesquin dont le président du conseil des ministres accablait les libertés publiques. M. de Villèle craint les honneurs rendus aux grands hommes : de tels honneurs ne le regarderont cependant jamais; il doit être bien tranquille à cet égard.

m'avez écrite sous la date du 16 de ce mois. — Le conseil n'a pas pensé que cette demande pût être accueillie, et j'ai dès-lors le regret de vous faire connaître qu'il m'est impossible d'y donner suite. — Agréez, etc.

Signé, Joseph de Villèle. »

Contre toutes les règles de la correspondance ministérielle, la réponse du premier ministre ne fait pas mention de l'objet de la demande, elle le laisse dans le vague ; silence remarquable : il prouve l'excès de réserve, ou plutôt de petitesse d'un ministre qui n'ose spécifier l'objet pour lequel il transmet une décision du conseil... Nous donnons une certaine étendue à cet article nécrologique : d'abord, il s'agit d'un grand homme, comme artiste ; puis, l'arbitraire et la faiblesse de M. de Villèle se montrent ici à découvert : eh quoi! l'on ne peut permettre aux restes de David de reposer en terre française, lorsque la dépouille mortelle de Cambacérès, ce régicide si atrocement cruel au 20 janvier 1793, a reçu, publiquement, de grands honneurs funèbres dans Paris!

La proscription et l'exil doivent-ils donc s'étendre jusque sur les cadavres ? Où est la loi qui punit après la mort ? sur quelle loi pourrait-on fonder la proscription des ossements ? observaient les MM. David à M. de Villèle.

La proscription et l'exil ne peuvent rien, du moins, contre la mémoire d'un homme illustre... Nous n'entendons point juger la conduite publique de David, elle est du ressort de la postérité : sans doute l'homme public fut coupable, mais le coupable est tout couvert du divin pardon de Louis XVI. Nous ne parlons ici que de l'homme privé, de l'artiste sublime qui honora le nom français, qui fut le Michel-Ange, le Raphaël de son siècle et de la France.

La famille David fera publier dans le *Constitutionnel* et le *Courrier français* une énergique déclaration, relativement à l'arbitraire dont elle se dit victime. Le corps du banni de 1816 sera inhumé avec les plus grands honneurs (le 10 février 1826), dans le cimetière de Sainte-Gudule, à Bruxelles; son cœur sera rapporté en France, et déposé dans le tombeau de famille au cimetière du père La Chaise; un monument sera érigé, dans l'église de Sainte-Gudule, en l'honneur de David... La commission de souscription invitera les nombreux élèves que David a laissés en France, à se joindre à ceux des Pays-Bas, pour concourir à cette érection : mais, cette école française que David a recréée, et dont la plupart des chefs sont ses élèves et lui doivent leur gloire, l'école française ne répondra point à un si noble appel. Les Gérard, les Gros, les Langlois, les Rouget, etc.; pas un de ces noms ne viendra se placer parmi les noms des artistes des Pays-Bas, qui honoreront le génie de David : les peintres français craignent, apparemment, de déplaire à M. de Villèle... Pélisson et La Fontaine, qui valaient certainement des peintres, furent plus généreux envers le malheureux Fouquet : ils ne craignirent pas de déplaire au grand roi, à Louis XIV, amant de la fille La Vallière; et Fouquet n'était cependant, après tout, qu'un ministre des finances! En tout pays on trouve des ministres tant qu'on en veut; il ne faut qu'une ordonnance pour les créer : qu'ils aient du génie, des talents, peu importe, ils n'en sont pas moins ministres, et de grands ministres tant qu'ils sont en place..... Les grands artistes sont plus rares, la nature les produit avec une sorte d'avarice; c'est qu'elle fait effort en créant un homme de génie.

David était un homme de génie : passionné pour la gloire de son art, il avait le sentiment de sa dignité.

Cette dignité, il sut la conserver dans l'exil. Lorsque le duc Wellington pressa David de faire son portrait en pied, ou tout au moins son buste, le grand peintre répondit au général anglais : « Je ne peins que les « grands hommes. » Lorsque le roi de Prusse invita, et avec instance, le Français banni, à venir présider l'école de Berlin, David répondit : « Le premier pein- « tre de Napoléon, ne peut être premier peintre d'au- « cun souverain de l'Europe. » — Noble indépendance, attribut du vrai génie, si tu es vertu dans la condition ordinaire de la vie, tu es héroïsme dans un proscrit!

Les chefs-d'œuvre de David illustrent son nom ; ils honoreront la France, aussi long-temps que le génie et les beaux-arts conserveront, dans l'esprit humain, le haut rang qui leur appartient.

26. — A peine le manifeste de l'empereur Nicolas est-il publié à Saint-Pétersbourg, que des troubles sérieux éclatent à la vue de son palais. « Le gouverneur général, Miloradowitch, vient informer S. M. que la foule faisait entendre des acclamations et les cris de *vive Constantin!* »

Voici les renseignements et les détails que le gouvernement russe juge à propos de publier..... « Des compagnies du régiment de Moscou ont refusé de prêter serment de fidélité à S. M. I., se sont emparées des drapeaux et ont grièvement blessé leur chef de brigade, le général-major Schenschin, et le commandant du régiment, le général-major Frédéricks; des grenadiers du corps des marins de la garde, des soldats et officiers de l'artillerie, etc., se sont joints aux révoltés; la populace gagnée par l'argent et l'eau-de-vie qu'on lui distribuait (dit le rapport officiel), se rangeait de leur parti..... » Les révoltés, rangés en ordre de bataille sur la place du sénat, se montrèrent fermement déterminés à soutenir l'autorité de Constantin, et ne répondirent aux sommations qui leur furent faites de rentrer dans l'obéissance, que par des décharges de mousqueterie; le gouverneur militaire de Saint-Pétersbourg, comte Miloradowitch, fut blessé à mort d'un coup de pistolet qui lui fut tiré à bout portant : l'empereur lui-même, fut au moment de devenir la victime de ces rebelles; en vain le monarque leur fit-il entendre des paroles de douceur, de bonté, de clémence, il se vit réduit à la nécessité d'employer la force; il fit marcher contre eux les bataillons des gardes et les troupes demeurées fidèles; des décharges à mitrailles furent faites, la place fut balayée et jonchée de cadavres; la cavalerie chargea sur les révoltés, et les poursuivit dans toutes les directions ; plus de 500 personnes furent ramassées dans les rues : le soulèvement fut dissipé.

A six heures du soir, S. M. rentra au château, et le *Te Deum*, à l'occasion de l'avénement au trône, fut chanté en sa présence, ainsi que devant toute la cour et les autorités civiles et militaires.

Le château impérial fut environné pendant la nuit de forces imposantes, et des bivouacs furent établis de toutes parts.

On n'a pas de données exactes sur le nombre des tués et blessés de part et d'autre, mais il a dû être considérable; de nombreuses arrestations eurent lieu dans la soirée et dans la nuit; un grand nombre d'officiers furent préalablement transférés à la forteresse de Saint Pétersbourg..... On distingue, parmi eux, Bestoujeff, aide de camp du duc Alexandre de Wurtemberg; le colonel prince Troubeskoi, officier-major de service; le prince Odœwsky, cornette au régiment de la garde à cheval; le lieutenant Arbouzow, du bataillon de la marine; le capitaine Kahousky; le capitaine Southof et le lieutenant Panoff du régiment des grenadiers du corps; le prince Obolensky, aide de camp du lieutenant général Bistram, commandant l'infanterie de la garde; Gorski, ci-devant vice-gouverneur; deux Bestoujeff, l'un capitaine-lieutenant de vaisseau, l'autre aide de camp de l'amiral Moller; le prince Vadbolski; Boulatoff, commandant du sixième régiment des chasseurs, etc.; les listes d'arrestations désignent un grand nombre de capitaines, de lieutenants, et des officiers de toutes armes.

A la suite des événements de ce jour, il sera institué une commission d'enquête; elle fera connaître quantité de fauteurs ou complices de la conjuration; ils seront poursuivis selon toute la rigueur des lois : la plupart seront condamnés à mort, exilés en Sibérie, dégradés, etc., etc. La terreur règnera dans Saint-Pétersbourg, et étouffera, ou dissipera la conjuration.

Les événements qui viennent de troubler d'une manière si grave la capitale de l'empire russe; cette résistance contre le pouvoir absolu qui ne paraît pas avoir eu pour unique objet le choix d'un maître, semblent annoncer qu'une révolution doit éclater, tôt ou tard, dans l'intérieur de cet empire, et que, de manière ou d'autre, les principes constitutionnels finiront par y entrer.

31. — L'année 1825 a produit : la récognition, par ordonnance royale, de l'indépendance pleine et entière du gouvernement de Saint-Domingue (république d'Haïti), moyennant cent cinquante millions et des avantages commerciaux, stipulés en faveur du pavillon français. — La loi du sacrilége, ou, loi pour la ré-

pression des crimes et délits commis dans les églises, ou sur les objets consacrés à la religion catholique, ou autres cultes légalement établis en France. — La loi concernant l'indemnité à accorder aux anciens propriétaires de biens-fonds confisqués et vendus au profit de l'État en vertu des lois sur les émigrés, les condamnés et les déportés. — La loi sur la dette publique et l'amortissement. — L'établissement, par ordonnance royale, d'une maison centrale de hautes études ecclésiastiques. — La loi relative à l'autorisation et à l'existence légale des congrégations et communautés religieuses de femmes.

Le jésuitisme, le parti-prêtre (comme dit M. de Montlosier) et le parti des émigrés, ont fait de funestes progrès; l'arbitraire ministériel s'est étendu et fortifié dans toutes les branches de l'administration publique, et les libertés constitutionnelles ont été foulées aux pieds par les absolutistes et les ultramontains..... La dette publique s'est accrue d'un milliard, les dépenses ont dépassé d'environ cinquante millions les crédits primitifs; un grand nombre de communautés religieuses ont été établies; les manufactures, l'industrie et le commerce, ont éprouvé de grands embarras..... La chambre des députés a offert un caractère hautement prononcé de rétroactivité contre-révolutionnaire et de servilité ministérielle : l'opposition, c'est-à-dire, l'opinion nationale a été opprimée et même outragée par cette majorité compacte, par ces *trois cents* dont se targue, sans pudeur, le ministère Villèle.

L'année 1825 pourrait être considérée, sous le rapport des intérêts nationaux, des libertés publiques, comme une année *néfaste;* M. de Villèle conserve la direction du pouvoir! mais, d'un autre côté, le patriotisme constitutionnel acquiert chaque jour de nouveaux partisans et de nouvelles forces ; le système de fraude, de corruption et de despotisme, si opiniâtrement suivi par le ministère, est apprécié et repoussé par l'immense majorité de la nation ; les nombreux abus de pouvoir qui révoltent les esprits font sentir plus vivement le besoin de l'ordre légal : ainsi, quelque impuissante que soit l'opposition constitutionnelle dans la chambre des députés, il est permis d'espérer qu'elle finira par triompher de l'administration déplorable qui opprime et avilit la France depuis quatre années : les Français ont une entière confiance dans la loyauté du roi, dans son amour pour ses peuples ; ils espèrent tout de Charles x, si la vérité peut parvenir jusqu'au pied de son trône.

LIVRE DEUXIÈME.

ANNÉE 1826.

1ᵉʳ Janvier. — Publication, à Varsovie, du manifeste adressé par l'empereur Nicolas, en langue polonaise, aux habitants du royaume de Pologne. — « .....
« Polonais! nous avons annoncé que notre invariable
« désir sera de continuer le règne de feu l'empereur et
« roi Alexandre 1ᵉʳ, de glorieuse mémoire. C'est vous
« dire que les institutions qu'il vous a octroyées seront
« maintenues, et que je jure et promets devant Dieu
« de maintenir et faire exécuter de tout mon pouvoir
« la Charte constitutionnelle..... » Cette Charte déclarant, articles 1ᵉʳ et 3, indissoluble la réunion du royaume de Pologne à l'empire de Russie et prescrivant le même ordre de succession au trône, il existera un royaume de Pologne vassal de l'empire russe, et les Polonais jouiront du bienfait d'être sujets-esclaves russes. Le congrès de Vienne a prononcé l'arrêt : *fuit Polonia!* Désormais l'Allemagne est ouverte aux barbares du Nord... Quant aux institutions octroyées au royaume de Pologne par l'autocrate Alexandre, c'est du despotisme russe sous enveloppe constitutionnelle.

2. — Ordonnance du roi qui appelle 60,000 hommes sur la classe de 1825, et fixe leur répartition entre les départements du royaume... Il sera ultérieure-

ment statué sur les époques de leur mise en activité.

La conscription annuelle est exactement et rigoureusement levée : cependant l'armée, loin d'atteindre le pied de paix fixé par la loi, 240 mille hommes, ne dépasse pas 160 mille hommes de toutes armes, y compris les gendarmes : il serait même très-difficile de mettre aujourd'hui sur pied et en campagne plus de 80 mille hommes : de plus, le corps des sous-officiers est insuffisant, et ils sont en général peu instruits : les fausses et mauvaises mesures adoptées par M. de Clermont-Tonnerre ont produit ce résultat et désorganisé en quelque sorte l'armée, puisqu'il est de fait incontestable que les sous-officiers font l'esprit et la force d'une armée par la direction qu'ils impriment au soldat..... Les adversaires de ce ministre prétendent que les conscrits sont appelés dans leurs corps respectifs plusieurs mois après l'époque fixée, et qu'alors encore une partie seulement de ces conscrits est mise sous les drapeaux; que les soldats dont le service approche de son terme, sont renvoyés dans leurs foyers long-temps avant l'expiration de ce service; que la solde de service est cependant votée pour le complet, et non pour le nominatif; que les congés sont accordés très-facilement aux officiers, et ils le sont toujours sans appointements, pour le temps de leur durée; que les officiers en congé de semestre perdent la moitié de leurs appointements ; que les places fortes ne sont pas réparées; que l'achat nécessaire du matériel n'a pas lieu; qu'on peut, sans exagération, avancer que la moitié des fonds du budget alloué au ministre de la guerre (fonds surabondants pour le service militaire), reçoit une tout autre destination; que le gouvernement prussien, avec moitié moins de fonds pour la partie militaire qu'il n'en est alloué à M. de Clermont-Tonnerre, pourrait solder et entretenir sur pied

300 mille hommes, tandis que le gouvernement français, avec une somme double, n'en a pas plus de 160 mille sur pied; que, etc., etc. Nous aimons à croire mal fondées, du moins en partie, les imputations dirigées contre l'administration de M. de Clermont-Tonnerre; nous ne pensons pas qu'une partie des fonds accordés à son département soit divertie, comme on le prétend, de son emploi légal, et employée à solder des dépenses secrètes; nous sommes même persuadés que le ministre de ce département apporte dans tous ses actes le dévouement et l'exactitude dont il donna tant de preuves, sous le gouvernement impérial, au service de Joseph Bonaparte, et que cette exactitude et ce dévouement sont encore plus sincères et plus vifs sous le régime de la restauration, au service de Louis XVIII et de Charles X; mais, en dernière analyse, il y a beaucoup de conscrits, peu de soldats, et l'armée se trouve fort au-dessous de son complet au pied de paix : que serait-ce donc, si les événements exigeaient que l'armée fût mise sur le pied de guerre?... M. de Clermont-Tonnerre administre son département en grand seigneur de l'ancien régime, et d'une manière arbitraire : il use particulièrement de la plus partiale rigueur contre les officiers de la vieille armée : M. de Clermont-Tonnerre les réduit tant qu'il peut à la misère; ce ministre serait-il tout-à-fait étranger à la gloire dont se sont couverts les généraux et les officiers de la révolution, quoiqu'il ait servi dans leurs rangs?

3. — Mort du maréchal Suchet, duc d'Albuféra, pair de France, né à Lyon, en mars 1772, issu d'une famille plébéienne : il succombe à la suite d'une maladie douloureuse dont il était (dit-on) atteint depuis long-temps; ses dépouilles mortelles seront transportées à Paris.

Simple volontaire dans la cavalerie de la garde nationale de Lyon, il entra en 1792 dans un bataillon de volontaires de l'Ardèche (Privas), où il parvint au grade de chef de bataillon en septembre 1793; il commandait ce bataillon lors de l'expédition ordonnée par le conventionnel et représentant du peuple Maignet, contre le bourg de Bédouin (Vaucluse), 11 mai 1794... Le proconsul a arrêté que les autorités constituées, les nobles, les prêtres, les parents d'émigrés, et tous les individus suspects d'*incivisme* seront enfermés dans Bédouin; le bourg doit être consumé par les flammes, « afin de détruire jusqu'au nom de ce lieu infâme, où un arbre « de la liberté a été coupé pendant la nuit. » Le chef de bataillon Suchet, précédé par la commission révolutionnaire, est chargé d'exécuter la sentence prononcée par Maignet; sans doute à regret, et seulement par obéissance, il donne l'exemple, et met de sa main le feu aux maisons; il fait poursuivre, fusiller et sabrer un grand nombre d'habitants jusqu'au pied des montagnes, où ils se réfugient en voyant les flammes dévorer leurs habitations. On assure que le républicanisme du citoyen Suchet était porté à cette époque au dernier degré d'exaltation ; que c'était (d'après l'expression usitée en 1793 et 1794) un *franc terroriste*: qu'aussi jugea-t-il nécessaire, après le 9 thermidor, de quitter le territoire français et de se réfugier à Gênes, dont la neutralité était alors respectée; qu'il y avait ordre des représentants du peuple de l'arrêter comme *Robespierriste;* et qu'il ne rentra à son corps, qui se trouvait dans la rivière de Gênes, que lorsque la réaction thermidorienne le lui permit sans danger pour ses jours. Employé dans le grade de chef de bataillon à l'armée d'Italie, il fut nommé chef de brigade à Padoue, dans le dîner que Masséna (général de division, commandant la première division de l'armée d'Italie) donnait à Bonaparte au moment de son retour à Paris, après le traité de Campo-Formio (octobre 1797). Suchet dut le grade de chef de demi-brigade aux instantes sollicitations de Dupuis, chef de brigade de la 32ᵉ demi-brigade *, pour qui Bonaparte avait la plus grande affection; on pourrait même dire que ce grade fut arraché au général en chef, qui se refusait toujours aux instances de Dupuis, attendu (disait Bonaparte) que Suchet n'avait rien fait pour mériter les deux épaulettes. L'avancement de Suchet n'avait pas été, comme on voit, fort rapide dans l'espace de six années.

Chargé par le général Brune, commandant l'armée française en Suisse (près duquel il remplissait les fonctions de secrétaire-rédacteur), d'apporter au directoire (mars 1798) les drapeaux enlevés dans cette guerre, Suchet obtint le grade de général de brigade; Brune l'avait demandé dans son rapport au directoire, rapport rédigé par Suchet, mais sous la dictée de son chef. La réputation militaire du chef de demi-brigade de Pa-

* Sous la république, les régiments d'infanterie prirent la dénomination de *demi-brigades*. Chaque demi-brigade était composée de trois bataillons : un bataillon de ligne, et deux bataillons de volontaires.

Les chefs de ces demi-brigades prenaient le titre de *chefs de brigade*; ainsi, l'on disait : Le citoyen Dupuis, chef de la 32ᵉ brigade. Ces chefs signaient : *Le chef de brigade.....*, quoiqu'ils ne fussent que chefs de demi-brigades.

Deux demi-brigades formaient une brigade, commandée par un général de brigade.

Plusieurs brigades formaient une division, commandée par un général de division.

La cavalerie continua d'être divisée en régiments, les régiments en escadrons, etc.

Les demi-brigades n'ont été numérotées et organisées, puisque organisées il y a, que vers le printemps de 1794.

doue était nulle à cette époque, et rien n'annonçait la brillante renommée dont le nouveau général devait jouir quelques années plus tard : elle lui sera acquise par de nombreux faits d'armes, qui lui assigneront un rang distingué parmi les capitaines de Napoléon ; l'Italie et la Suisse seront témoins de sa bravoure et de ses exploits : en Espagne, il acquerra de la gloire et une immense fortune.

Suchet n'avait pas le génie militaire de Masséna, de Moreau, de Kléber, de Desaix, etc. ; mais ce général possédait l'art de donner à ses succès de guerre tout le prestige dont ils pouvaient être susceptibles ; il excellait dans l'art de rédiger les rapports ; et jamais courtisan de la gloire ne mit autant d'adresse à faire valoir son propre mérite... Suchet s'était montré, sous la convention, l'un des plus violents défenseurs de la liberté et de l'égalité républicaines ; il fut l'un des plus dévoués serviteurs du despotisme et de l'aristocratie sous Napoléon ; et, comme de raison, il devint, après la chute de l'empereur, l'un des plus fidèles sujets de la légitimité royale contre laquelle il avait combattu à outrance pendant vingt années. Le maréchal Suchet rendit de signalés services à la maison de Bourbon, avant même que ses droits ne fussent reconnus et proclamés par les souverains armés contre la France. Personne n'ignore aujourd'hui les causes de l'inaction du maréchal lors de la marche de Wellington sur Toulouse ; c'est principalement à cette inaction que le général anglais fut redevable de l'issue de la bataille : aussi les populations de cette partie de la France rendirent-elles au maréchal-duc de Napoléon la justice qu'il méritait [*].

Élevé aux plus hautes dignités militaires, et décoré

---

[*] A son arrivée à Castelnaudary (Aude), le 27 avril 1814.

du titre de duc d'Albuféra après la prise de Valence, le maréchal saisissait avec transport toutes les occasions de faire éclater son admiration et sa reconnaissance envers Napoléon * : en même temps, personne n'était plus jaloux de la représentation et des prérogatives at-

---

S. A. R. monseigneur le duc d'Angoulême daigna inviter à sa table les maréchaux Soult et Suchet; après le déjeûner, le prince se rendit aux vœux du public, qui désirait ardemment jouir de son auguste présence; l'air retentit des cris : *Vive le duc d'Angoulême! vive le maréchal Suchet!*..... Pas un seul petit cri en faveur du maréchal Soult. Qu'on dise après cela que la population de Castelnaudary ne payait pas au maréchal Suchet le juste tribut d'éloges que méritait son défaut de concours à la bataille de Toulouse..... C'est le cas de rappeler une anecdote, rapportée dans l'*Histoire de France*, etc., par l'abbé de Montgaillard, tom. VII, p. 449. « Dans le mois de juin 1814, un très-haut personnage se félicitant du succès de la bataille de Toulouse et de l'influence qu'elle avait eue sur les affaires du Midi, un général (aujourd'hui commandant de l'une des grandes divisions du royaume), qui s'était distingué dans cette bataille, se permit de lui dire, en présence de plusieurs généraux : « La victoire était assurée aux Français, et Wellington
« et toute son armée étaient enterrés sous les murs de Tou-
« louse, ou mettaient bas les armes, si Suchet eût fait un mou-
« vement et hâté sa marche, ainsi qu'il en fut pressé par douze
« courriers que lui dépêcha coup sur coup le maréchal Soult.
« — Oh! j'étais bien tranquille de ce côté (répondit le grand
« personnage); je savais à quoi m'en tenir : j'avais la parole
« du maréchal Suchet! »

* Le courrier qui apporta, au quartier général de l'armée d'Aragon et de Catalogne, la nouvelle de la victoire remportée à Lutzen (1813) par Napoléon, arriva à Gironne (Catalogne) dans la nuit et à une heure très-avancée..... Le maréchal Suchet se lève, fait appeler les principaux généraux de l'armée, leur communique la nouvelle qui le comble de joie : il fait lever son épouse qui s'habille à la hâte, et tous ensemble, improvisent un bal dans l'appartement même de madame la maréchale.

tachées au commandement militaire; il les exerçait en potentat *. Nous ne sommes pas juges des accusations que les Espagnols ont portées contre ce duc pour les actes de contrebande auxquels il se livrait (disent-ils) ostensiblement avec la place de Gibraltar, où il achetait des cargaisons de tabac qu'il forçait les provinces de son commandement d'acheter au prix fixé par lui : nous ne sommes pas juges des excès de pouvoir qu'il commettait (disent les Espagnols) dans les pays soumis à son autorité, en violation de sa parole, contre les stipulations formelles des traités, en faisant fusiller les prisonniers auxquels il avait garanti la vie sauve. Nous n'entendons ni admettre ni rejeter ces accusations, qui partent d'ailleurs d'ennemis ulcérés; elles sont du ressort de l'histoire.

Ce qui est incontestable, ce sont les services rendus par le maréchal à la maison de Bourbon en 1814, et dans les *cent jours* (1815), où la confiance de Bonaparte l'investit du commandement d'un corps d'armée dans les départements de l'Est. Suchet fut magnifique-

* Suchet tint en Espagne représentation de prince, et presque de souverain.....; précédé d'une garde nombreuse, il parcourait en triomphateur les rues de Gironne et de Barcelonne, jetait, dit-on, du haut de son balcon des épaulettes d'officier aux sergents qu'il lui plaisait d'élever au rang de sous-lieutenant, rendait ordonnances sur ordonnances, et donnait des fêtes dont la pompe tenait plus de la morgue d'une cour que de la discipline d'une armée. Les Catalans conserveront long-temps le souvenir des contributions que leur coûta la somptuosité du maréchal-duc .. On a dit, mais nous ne le croyons pas, qu'un adjudant sous-officier du 23ᵉ régiment d'infanterie légère, passa successivement, *dans la même journée*, aux grades de *sous-lieutenant*, *lieutenant*, et *capitaine* : ce sous-officier avait une très-belle écriture, et de plus il dansait à merveille...... M. le maréchal duc prisait fort ces deux genres de talents.

ment récompensé de son dévouement à l'auguste dynastie des Bourbons; Louis XVIII daigna le choisir pour un des témoins de la naissance du duc de Bordeaux (29 septembre 1820), et S. M. voulut bien, dans une conjoncture si chère aux cœurs de tous les Français, décorer le maréchal du cordon de l'ordre du Saint-Esprit..... — Sa veuve jouit (dit-on) d'une très-forte pension; jamais veuve de maréchal de France n'aurait été aussi largement rétribuée! Madame la duchesse d'Albuféra nage dans l'opulence, le maréchal ayant laissé en mourant une fortune colossale : la riche pension dont elle jouit n'en serait donc que plus honorable pour la mémoire de son illustre époux; la munificence royale aurait voulu récompenser dignement les services que l'illustre maréchal a rendus à la cause de la légitimité.

8. — Traité de commerce et de navigation conclu entre le Brésil et la France, fait à Rio-Janeiro... Il renferme 26 articles, dont les principaux tendent à établir et assurer la liberté réciproque de commerce et de navigation entre les sujets respectifs des parties contractantes. Les sujets français paieront généralement et uniquement les mêmes droits que paient ou viendraient à payer les sujets de la nation la plus favorisée, conformément au tarif général des douanes, qui, à cette fin, sera promulgué dans tous les ports du Brésil où des douanes sont ou seront établies... En parlant de la nation la plus favorisée, la nation portugaise ne devra pas servir de terme de comparaison, même quand elle viendrait à être privilégiée au Brésil en matière de commerce. — Cette restriction doit donner au commerce britannique de grands avantages sur le commerce français, par la facilité qu'auront les Anglais

de couvrir leurs marchandises du pavillon portugais.

Par les articles 8 et 9, les parties contractantes s'engagent à ne pas admettre et à expulser de leurs États, sitôt réquisition de l'une d'elles, les individus accusés de crimes de haute trahison, félonie, fabrication de fausse monnaie ou de papier qui la représente; à ne pas recevoir, à ne pas employer à leur service les individus qui *déserteraient* du service militaire de terre et de mer, les matelots déserteurs des navires marchands devant même être *arrêtés et remis* aussitôt qu'ils seront réclamés par les consuls ou vice-consuls respectifs... C'est étendre un peu loin le droit d'extradition, qui laisse souvent l'opprimé sans asile : la réserve d'un tel droit ne souille pas les traités que fait l'Angleterre.

Les stipulations de ce traité doivent être perpétuelles; cinq à six articles en sont restreints à une durée de six années, ils recevront dans quelques mois des modifications notables : malgré les concessions faites par le gouvernement français sur plusieurs objets commerciaux, le traité éprouvera dans son exécution des difficultés préjudiciables au commerce et à l'industrie de la nation française, difficultés que l'extrême impéritie du ministre des affaires étrangères, baron de Damas, n'a point prévues, et que son défaut de caractère ne pourra point surmonter.

11. — Le duc Mathieu Laval de Montmorency, membre de la chambre des pairs, président de la société catholique des bons livres, est nommé gouverneur de S. A. R. le duc de Bordeaux... M. de Montmorency apportera dans l'exercice de ces importantes fonctions les sentiments les plus pieux et les plus monarchiques; malheureusement, il est dépourvu des talents, des lumières et même des connaissances nécessaires pour ré-

pondre dignement à cet *immense et redoutable honneur*, comme il le dira lui-même : ce n'est assurément ni un Beauvillier, ni un Montausier; Dieu veuille qu'il ne soit pas du moins un La Vauguyon, inepte gouverneur qui éleva si défectueusement le vertueux et infortuné Louis XVI, qu'on pourrait regarder le gouverneur comme une grande cause de la perte du roi.

26. — Convention de navigation entre la France et l'Angleterre...« Elle a pour objet de rendre plus faciles les communications commerciales entre les sujets respectifs des parties contractantes, de simplifier et d'égaliser les réglements qui sont aujourd'hui en vigueur, quant à la navigation de l'un et l'autre royaume, par l'abolition réciproque de tous droits différentiels levés sur les navires d'une des deux nations dans les ports de l'autre, soit à titre de droits de tonnage, de ports, de phares, de pilotage, et autres de même nature; soit à titres de surtaxes sur les marchandises en raison de la non-nationalité du bâtiment qui les importe ou les exporte... » La convention susdite renferme huit articles, et établit le principe d'une parfaite réciprocité de liberté de navigation et de communication commerciale... Deux articles additionnels sont annexés à cette convention : ils interdisent aux navires français la liberté de faire voile pour les colonies anglaises possédées par la compagnie des Indes, et la liberté d'importer dans les colonies anglaises possédées par ladite compagnie des Indes, et d'exporter desdites colonies toutes marchandises dont l'importation et dont l'exportation par navires autres que ceux britanniques, ne seraient point prohibées; l'importation et l'exportation desdites marchandises étant permises au commerce français dans les autres colonies de la Grande-Bretagne... La présente

convention sera en vigueur pendant dix ans, à dater du 5 avril prochain, et au-delà de ce terme, jusqu'à l'expiration de douze mois, après que l'une des parties contractantes aura annoncé à l'autre son intention d'en faire cesser les effets : elle sera réciproquement mise à exécution dans toutes les possessions soumises à leur domination respective en Europe.

On voit que les ministres anglais entendent parfaitement les intérêts maritimes et commerciaux de leur pays; ils paraissent accorder beaucoup au commerce français, et lui laissent fort peu de chose : ils dictent la loi navale et commerciale! Mais aussi, MM. Georges Canning et William Huskisson sont d'autres hommes d'État que MM. de Villèle et Chabrol.

En définitive, cette convention tient le commerce français renfermé, vis-à-vis de l'Angleterre, dans des limites étroites; elle n'est qu'une convention de navigation, en vertu de laquelle le gouvernement anglais modifie les principes du fameux acte de navigation, passé sous Cromwel; modification peu importante au fond pour le commerce français.

26. — Jugement du tribunal de police correctionnelle du département de la Seine, qui condamne la femme Benoît, se qualifiant marquise de Campestre, à deux années de prison, 50 francs d'amende et aux frais : elle appellera de ce jugement, à la cour royale, qui confirmera ledit jugement; elle subira sa peine dans la prison de Saint-Lazare..... La femme Benoît était prévenue de nombreuses escroqueries; monsieur l'avocat du roi, Pécourt, les a exposées; douze chefs de prévention ont été énumérés contre elle; dix ont été considérés, par le tribunal, comme présentant le caractère d'escroquerie, deux ont été écartés.

Nous ne ferions pas mention de cette affaire, si les particularités qu'elle a dévoilées n'appartenaient à l'histoire de notre temps. La prétendue marquise de Campestre, née de Millo, nièce de M. Alphonse Beauchamp (écrivailleur, faiseur ou rédacteur de mémoires prétendus historiques), publiera, en 1827, des *Mémoires* où il sera dit : qu'elle aurait eu des liaisons intimes avec la plupart des ministres; s'il faut l'en croire, elle recevait chez elle les personnages du plus haut rang, et vivait dans l'intimité de madame la comtesse du Cayla; elle prétend même avoir puissamment contribué, par ses liaisons avec une dame *Ralichon*, à l'élévation de M. de Villèle au ministère des finances et à la présidence du conseil des ministres : s'il en était ainsi, l'ex-marquise de Campestre aurait rendu un bien mauvais service à la France.

31. — Ouverture de la session législative de 1826, par le roi en personne. — S. M. dit : « ..... J'ai con-
« clu avec S. M. britannique une convention, qui
« rendra plus uniformes et moins onéreuses les con-
« ditions auxquelles est soumise la navigation récipro-
« que des deux royaumes et de leurs colonies..... — Je
« me suis déterminé à fixer enfin le sort de Saint-Do-
« mingue. Le temps était venu de fermer une plaie si
« douloureuse, et de faire cesser un état de choses qui
« compromettait tant d'intérêts. La séparation défini-
« tive de cette colonie, perdue pour nous depuis plus
« de trente années, ne troublera point la sécurité de
« celles que nous possédons. — Une loi devient néces-
« saire pour la répartition de l'indemnité que j'ai ré-
« servée aux anciens colons; elle vous sera proposée...
« La législation doit pourvoir, par des améliorations
« successives, à tous les besoins de la société. Le mor-

« cellement progressif de la propriété foncière, essen-
« tiellement contraire aux principes du gouvernement
« monarchique, affaiblirait les garanties que la Charte
« donne à mon trône et à mes sujets.—Des moyens vous
« seront proposés, messieurs, pour rétablir l'accord
« qui doit exister entre la loi politique et la loi civile,
« et pour conserver le patrimoine des familles, sans
« restreindre cependant la liberté de disposer de ses
« biens...—Vous ne serez pas plus émus que moi de ces
« inquiétudes irréfléchies qui agitent encore quelques
« esprits, malgré la sécurité dont nous jouissons. Cette
« sécurité ne sera pas compromise, messieurs : comp-
« tez que je veillerai avec une égale sollicitude à tous
« les intérêts de l'État, et que je saurai concilier ce
« qu'exigent l'exercice des libertés légales, le main-
« tien de l'ordre et la répression de la licence. »

Le discours de la couronne annonce que le développement du commerce et de l'industrie élève de jour en
jour le produit des taxes sur les consommations et les
transactions, ce qui permet, entre autres améliorations
dans plusieurs services, d'ajouter au dégrèvement que les
contributions directes ont déjà obtenu cette année, un
nouveau dégrèvement de dix-neuf millions... Ce dégrèvement ne sera qu'un revirement d'impôts, et, malgré les
belles assurances ministérielles sur la prospérité toujours croissante de la fortune publique, un déficit de plus
de 200 millions sera plus tard avoué par les ministres!

Le discours reconnaît la nécessité d'une *loi* pour la
répartition de l'indemnité réservée aux anciens colons
de Saint-Domingue; comment les ministres qui pro-
poseront cette loi, n'ont-ils pas reconnu (l'année dernière) que, dans un régime constitutionnel, la reconnaissance de l'indépendance de Saint-Domingue ne
devait être opérée qu'en vertu d'une loi, c'est-à-dire,

avec le concours et la sanction des chambres législatives? Ils demandent aujourd'hui une loi pour valider l'exécution, non pas de l'ordonnance qui a prononcé l'indépendance de Saint-Domingue, mais de la partie de cette ordonnance qui a exigé une somme d'argent pour prix de la recognition de l'indépendance : quelle impéritie chez M. de Villèle!.... Le fonds de l'indemnité a été imposé par une ordonnance royale, et il faut une loi pour sa répartition! C'est placer l'exécution au-dessus de la disposition; quelle antinomie! *Nota*. Que deviendront, dans la répartition de l'indemnité, les droits à réclamer par les capucins, les pères blancs, etc., de Saint-Domingue? Ils étaient aussi colons, ils possédaient de nombreux esclaves, et exploitaient des sucreries, des caféières : qui touchera pour eux la portion d'indemnité? quel en sera l'emploi? Voilà un cas particulier, dont aucune ordonnance ne fera mention.

Des lois restrictives de la liberté de la presse et du droit de propriété sont annoncées dans le discours de la couronne; les ministres, cela n'est plus douteux, ont résolu de rétablir le droit d'aînesse et de substitutions, tel qu'il existait dans l'ancien régime ; droit universellement exécré en France..... Le discours de la couronne garde un profond silence sur nos relations commerciales et politiques avec les républiques de l'Amérique, sur les affaires de l'Orient, et sur la situation de la péninsule espagnole, de plus en plus dévastée par l'anarchie, le despotisme et la superstition, malgré le séjour de troupes françaises en Espagne, et les sommes considérables que la France y jette chaque année.

5 Février. — Ordonnance du roi qui nomme le sieur Ravez à la présidence de la chambre des députés; il est conseiller d'État, et premier président de la cour

royale de Bordeaux..... M. Ravez est le président le moins impartial qu'ait jamais eu la chambre ; partisan déclaré et constant du système ministériel de M. de Villèle, il seconde de tous ses efforts le centre et le côté droit dont les membres sont entièrement dévoués à toutes les propositions ou mesures anticonstitutionnelles : l'habileté de M. Ravez consiste principalement à scinder les discussions, et à préparer les voies à la clôture ; les membres du côté gauche, ou de l'opposition, accuseront formellement M. Ravez d'exercer une sorte de dictature sur les délibérations de la chambre : mais M. Ravez n'en continuera pas moins à rendre au pouvoir ministériel de signalés services dans ses fonctions de président ; ce n'est pas un homme d'État que l'ex-avocat Ravez, tant s'en faut ; mais c'est un praticien habile dans le choix des moyens tendant à diriger les discussions de la chambre, et à influencer ses délibérations selon les ordres ou la volonté de M. de Villèle.

9. — Le duc Mathieu Laval de Montmorency, élu membre de l'Académie-Française, prononce son discours de réception. — Cet académicien, d'une nouvelle espèce, est tout-à-fait inconnu dans la littérature et les sciences : il a bien, si l'on veut, acquis une sorte de célébrité par ses discours à l'assemblée constituante, surtout par ses déclamations en faveur des droits de l'homme, et par ses motions pour la suppression de la noblesse, des droits et distinctions honorifiques ; mais ce ne sont pas là des titres au fauteuil académique.

Depuis qu'il n'est plus nécessaire d'être homme de lettres pour s'asseoir dans ce fauteuil, M. Mathieu de Montmorency a des droits évidents à l'immortalité littéraire ; il est, en effet, membre de la chambre des

pairs, ministre d'État, membre du conseil privé, officier général, gouverneur du château de Compiègne, gouverneur de S. A. R. le duc de Bordeaux, etc., etc...
Le récipiendaire prononce un discours, aux trois quarts religieux, quelque peu littéraire, et tant soit peu politique; dans ce discours fait pour l'ancien régime, M. le duc Mathieu distribue, comme de raison, de pompeux éloges à Louis x1v et au cardinal de Richelieu : il loue sans restriction Bossuet et Fénelon, et tout le monde applaudira du moins au panégyrique du second de ces prélats : tout le monde partagera également l'admiration du récipiendaire pour Vincent de Paul, le prêtre le plus charitable et par conséquent le plus chrétien, le plus pieux dont puisse s'honorer la religion catholique.

Certainement, personne ne révoquera en doute la justice des hommages rendus à la loyauté et aux vertus de Charles x, et l'on trouvera d'une admirable justesse les paroles suivantes : « Vous attendez encore
« quelques paroles de moi, messieurs, et il me semble
« qu'un grand événement de ma vie me donne un de-
« voir de plus à remplir envers vous. J'ai l'intime con-
« viction que vous n'êtes pas tout-à-fait étrangers à
« cet immense et redoutable honneur, l'effroi de ma
« faiblesse, et la perpétuelle occupation de ma cons-
« cience (l'académicien veut parler de sa nomination
« de gouverneur de S. A. R. le duc de Bordeaux);
« quand je pense (V. 11 janvier), oui, messieurs,
« quand je pense à tout ce qui me manque, à toutes
« les sollicitudes, et à tous les besoins de garanties qui
« ont dû assaillir une auguste confiance, je ne peux
« douter, et il m'est doux de le croire, que le roi n'ait
« daigné faire entrer l'honneur de mon élection dans
« la balance de sa bonté. »

M. le duc Mathieu n'épargne pas, dans son discours,

les louanges, les flatteries, et il n'est pas jusqu'à l'empereur Alexandre qui n'ait part à cette distribution : « ..... Ce qu'Alexandre a donné en exemples aux « trônes, en paix et en repos au monde, en généro-« sité, en désintéressement, en services à la France, « la poésie, l'éloquence et l'histoire le rendront à sa « mémoire en justice, en reconnaissance et en im-« mortalité. » Tout cela n'est pas très-français; mais M. Mathieu de Montmorency songeait peut-être, dans ce moment, au congrès de Vérone; il a coûté cher à la France! Il y aurait eu, de la part du ci-devant ministre des affaires étrangères, de l'adresse et de la modestie à ne pas se ressouvenir d'une telle époque.

Le discours, nous ne dirons pas composé, mais prononcé par le nouvel académicien, est du genre des sermons et des prônes; il ne pouvait guère en être autrement, d'après la dévotion embrassée, depuis quelques années, par le récipiendaire. M. de Montmorency invoque tous les souvenirs de Bossuet et de Fénelon, pour se préparer à l'exercice de ses fonctions de gouverneur du prince, héritier présomptif de la couronne; il n'aurait pas mal fait d'y joindre les souvenirs de Montausier et de Beauvillier, qui seront toujours, avec Fénelon, les plus beaux modèles des instituteurs des princes.

La réception de M. de Montmorency a été signalée par le discours que M. le comte Daru, directeur de l'Académie, a prononcé en réponse à celui du récipiendaire. Aussi illustre dans les belles-lettres que dans la haute administration, M. Daru a expliqué, avec le rare talent dont il est doué, l'alliance et l'union intime des lettres avec les connaissances sérieuses et les talents utiles; il a fait un bel éloge, et un éloge mérité, de M. Bigot de Préameneu; il a rendu un digne hommage à son courage politique dans plusieurs grandes circonstances de la révolution, et à sa glorieuse participation au Code civil : enfin, M. Daru a loué, comme il méritait de l'être, M. Bigot de Préameneu de sa tolérance, de sa modestie, de sa fermeté dans ses fonctions de ministre des cultes.

9-10. — Adresses au roi, de la chambre des pairs et de la chambre des députés..... Ces adresses sont, comme d'usage, une paraphrase des discours de la couronne, et contiennent les formules ordinaires du dévouement des chambres législatives, et de leur empressement à seconder les vues du roi..... On remarquera, néanmoins, dans l'adresse de la chambre des pairs, la phrase suivante, relativement au projet de loi annoncé sur les successions : « Nos attentions, nos scrupules même, seront
« mesurés sur la gravité des intérêts publics et privés,
« qu'embrasse une question si vaste, si élevée et si
« difficile. » La chambre aristocratique, celle qui a le plus d'intérêt au rétablissement du droit d'aînesse et de substitutions, paraît déjà se prononcer contre une telle loi ! L'adresse des pairs se termine par ces mots :
« ..... Eh! qui pourrait la troubler, cette sécurité,
« lorsque nous voyons partout l'État florissant, la
« Charte de Louis XVIII universellement révérée, ses
« lois et les vôtres religieusement obéies, les subsides
« payés et allégés, l'industrie et les arts encouragés,
« l'infortune secourue, la licence réprouvée par la
« raison et la conscience publiques, et le nom du roi
« couvert de bénédictions d'un bout à l'autre de son
« vaste empire? » L'état de situation de la France ne saurait être plus rassurant et plus brillant que ne l'expose l'adresse de la chambre des pairs... La France est un *Eldorado* politique et civil.

L'adresse de la chambre des députés, après les para-

phrases d'usage, se termine par ces mots : « ..... Nous
« ne sommes point émus des inquiétudes qui agitent
« encore quelques esprits. V. M. veille à tous les inté-
« rêts; elle saura défendre les libertés publiques, même
« de leurs propres excès, et les protéger contre une
« licence effrénée qui, sans respect pour les choses
« les plus saintes et les personnes les plus sacrées, ré-
« pand chaque jour ses poisons corrupteurs et s'efforce
« d'altérer, dans leurs sources, nos affections et nos
« croyances. La France se confie en son roi, pour le
« maintien de la sécurité dont nous jouissons..... »
L'adresse de la chambre des députés est moins rassu-
rante que celle de la chambre des pairs; les députés
voient ce que les pairs n'ont pas vu, « cette licence
« effrénée qui, sans respect pour les choses les plus
« saintes et les personnes les plus sacrées, répand cha-
« que jour ses poisons corrupteurs et s'efforce d'altérer,
« dans leurs sources, nos affections et nos croyances! »
Ces mots indiquent clairement l'assaut que le ministère Villèle se propose de livrer, cette session, aux
libertés constitutionnelles; il va les battre en brèche,
après les avoir constamment sapées et minées depuis son
avénement au pouvoir.

10. — Projet de loi sur les successions et sur les
substitutions, présenté à la chambre des pairs..... Ce
projet n'est autre chose que le rétablissement du droit
d'aînesse, en faveur de l'aristocratie, et contre le droit
de propriété. — Le garde des sceaux, Peyronnet, a
présenté le projet de loi. Pour en développer les motifs, ce publiciste d'une nouvelle trempe commence
par établir en principe, que ce n'est point par les
mœurs que la famille se fonde, que « c'est au contraire
« de la famille que viennent les mœurs. » Il n'y au-

rait guère plus d'absurdité à dire que la mère vient de l'enfant; et comment la famille serait-elle les bonnes mœurs, si celles-ci n'inspiraient pas la famille, si les principes de vertu, d'ordre, de probité et de justice, n'étaient point dans le cœur et dans l'esprit des chefs de la famille?..... L'ex-avocat de la Gironde abonde en erreurs grossières, en sophismes audacieux; il dit, en opposition à tous les principes du droit de propriété : « La division des terres ne détruit pas sans doute im-« médiatement la famille naturelle, mais elle détruit « sans pitié la famille civile; elle l'abaisse, elle la dé-« grade, elle l'appauvrit; elle en efface les honneurs et « l'existence publique; elle en flétrit le nom même et les « souvenirs. » Ainsi, d'après le Montesquieu du ministère déplorable, la division des propriétés dégrade une famille, et l'existence publique des familles est dans les honneurs! « Comme les monarchies constitutionnelles « se distinguent principalement des autres gouverne-« ments du même genre (le ministre veut dire, tous « les gouvernements monarchiques), par la participa-« tion qu'a le peuple aux affaires publiques, et par les « formes de cette participation, si la division des terres « altère et trouble ces formes, il est évident qu'elle blesse « la constitution de l'État et qu'elle ébranle l'une de ses « bases. » M. Peyronnet prétend, comme on voit, refaire la Charte : elle a voulu que l'élément démocratique fît partie de la législation; elle a restreint, et beaucoup trop, l'influence de cet élément, en fixant à trois cents francs le droit d'élire, et à mille francs le droit d'être élu; en n'accordant le droit de suffrage qu'à l'électeur âgé de trente ans, et l'admission à la chambre qu'à l'élu âgé de quarante ans : elle a parqué, si l'on peut parler ainsi, la masse des citoyens dans une enceinte très-resserrée, et l'on ne peut pas dire que, dans le système de la Charte, le peuple participe aux affaires publiques, si l'on prend le mot *peuple* dans sa véritable acception..... Très-certainement la division des propriétés tend, non à fortifier, mais à conserver l'élément démocratique si indispensablement utile et nécessaire dans toute bonne constitution monarchique et représentative ; et cette division des propriétés existait, d'après la loi, lorsque le peuple français reçut la Charte! Mais la Charte embarrasse M. Peyronnet ; quoique né dans la classe du peuple, M. Peyronnet veut, purement et simplement, l'aristocratie de l'ancien régime ; en conséquence, il représente le droit d'aînesse et les substitutions comme les plus fortes garanties du trône, quoique ce droit d'aînesse et ces substitutions n'aient pas empêché le trône de tomber de tout son poids, et de tout le poids de l'aristocratie de naissance et de privilége, dans les abîmes de la révolution. Il faut ne pas avoir les premières notions de saine législation, pour se fourvoyer de la sorte.

M. Peyronnet cite toujours Montesquieu ; il défigure ce génie et le met à la question ministérielle, pour autoriser de ce grand nom ses opinions personnelles. Qu'eût dit Montesquieu * en entendant proférer ce

---

* Montesquieu a dit : « Quoique mon nom ne soit ni bon ni « mauvais, n'ayant guère que deux cent cinquante ans de no- « blesse prouvée, cependant j'y suis attaché, et je serais hom- « me à faire des substitutions (il l'a fait). » Montesquieu dit aussi : « Je fais faire une assez sotte chose : c'est ma généalogie. » On sait combien Montesquieu était partisan du système féodal, et par conséquent de la noblesse ; sans manquer de respect au génie de ce grand homme, il est permis de se rappeler le jugement porté par Voltaire sur l'*Esprit des Lois* : « En lisant « cet ouvrage, on s'aperçoit que l'auteur est gentilhomme, « président à mortier et Gascon. » Il y a un peu de toutes ces teintes dans l'*Esprit des Lois*.

Montesquieu regardait les substitutions comme nécessaires à

principe : « Ce n'est pas dans la ligne directe, ce n'est
« pas du père au fils que les substitutions sont désira-
« bles, c'est de l'oncle au neveu, c'est dans la ligne
« collatérale qu'elles sont principalement bonnes et

la nature ou au principe de la monarchie ; mais il entendait
parler de la monarchie, telle qu'elle existait en France avant
1789, de la monarchie fondée sur le système des fiefs : il disait, en conséquence (liv. IV, chap. IX) : « Les substitutions,
« qui conservent les biens dans les familles, seront très-utiles
« dans ce gouvernement (la monarchie absolue), quoiqu'elles
« ne conviennent pas dans les autres. — Le retrait lignager
« rendra aux familles nobles les terres que la prodigalité d'un
« parent aura aliénées. — Les terres nobles auront des privilé-
« ges comme les personnes... » Dans le même chapitre, il dit
aussi : « Les substitutions gênent le commerce ; le retrait ligna-
« ger fait une infinité de procès nécessaires ; et tous les fonds
« du royaume, vendus, sont au moins, en quelque façon,
« sans maître pendant un an. Des prérogatives attachées à des
« fiefs donnent un pouvoir très à charge à ceux qui le souf-
« frent..... »

En admettant la nécessité ou l'utilité des substitutions d'a-
près la nature et le principe de la monarchie absolue ou féodale, il faut admettre forcément leur danger et leur illégalité
dans la monarchie constitutionnelle et représentative. Il ne
s'agit plus, pour la France, de la monarchie de Hugues Capet,
de Louis XIV ou de Louis XV ; il s'agit de la monarchie de
Louis XVIII, de Charles X, ou de la Charte ; or, la Charte dit
textuellement : « Les Français sont égaux devant la loi, quels
« que soient d'ailleurs leurs titres et leurs rangs..... La no-
« blesse ancienne reprend ses titres : la nouvelle conserve les
« siens. Le roi fait des nobles à volonté ; mais il ne leur ac-
« corde que des rangs et des honneurs, sans aucune exemption
« des charges et des devoirs de la société. » Ainsi, les substitutions et le droit d'aînesse sont absolument et très-explicite-
ment condamnés par la Charte ; et si les substitutions étaient
en harmonie avec le principe de l'ancienne monarchie, elles
sont en opposition formelle avec le principe constitutif de la
Charte ou de la monarchie constitutionnelle, la seule qui puisse
désormais convenir à la France.

« justes. » Rien ne saurait justifier le barbare axiome de monsieur le garde des sceaux ; il a beau dire et répéter sous différentes locutions : « Que la règle légale des suc-
« cessions soit donc l'égalité dans les républiques, cela
« se conçoit : dans les monarchies, rien n'est plus cer-
« tain, ce doit être l'inégalité ; » M. Peyronnet a beau affirmer, avec toute l'assurance d'un légiste, que l'inégalité doit être la règle légale des successions dans les monarchies, l'égalité dans la règle des successions n'en est pas moins conforme aux vrais principes du gouvernement monarchique constitutionnel : elle est, nous en conviendrons, absolument contraire aux maximes du gouvernement monarchique absolu, et c'est pour cette raison que M. Peyronnet frappe de réprobation l'égalité dans la règle des successions.

En 1814, le nombre des électeurs d'après le cens électoral de trois cents francs et l'âge de trente ans fixés par la Charte, était d'environ 125,000 ; ce nombre est aujourd'hui réduit à moins de 80,000 ; le nombre des éligibles ne s'élève pas à 8,000 ! Eh bien, le ministère Villèle ne se contente pas d'une élimination électorale aussi forte, il veut concentrer le droit électoral dans la haute aristocratie, ou, en d'autres termes, il veut dépouiller la masse de la nation, déjà si faiblement représentée dans la chambre des députés, du droit de suffrage qui lui a été garanti par la Charte : voilà le secret de la loi d'aînesse et des arguments capíeux de monsieur le garde des sceaux, nous disons capíeux, parce qu'ils sont empreints d'une improbité politique et civile également remarquable. Dire que « l'égalité des partages, qui est
« perpétuelle et universelle, a plus d'activité mille fois
« pour diviser et dissoudre, que l'industrie pour réunir
« et constituer ; qu'on meurt chaque jour et partout ;
« qu'un petit nombre seulement acquiert et s'élève : »

c'est dire très-gravement une trivialité et une absurdité. Le ministère dit : « Nous savons bien que par la divi-
« sion des terres d'un éligible on obtiendra néces-
« sairement plusieurs électeurs ; mais prétendrait-on
« que l'augmentation du nombre des électeurs com-
« pensât la réduction du nombre des éligibles ? Et puis,
« quand viendra la mort de ces électeurs et la subdi-
« vision de leurs biens, que restera-t-il ? Les fils de
« l'éligible seront électeurs ; les fils de l'électeur ne se-
« ront plus rien. » Vous vous trompez, monsieur Peyronnet ; les fils d'électeur feront comme vous qui n'étiez rien et qui êtes devenu éligible *. L'industrie, l'activité et les talents, quels qu'ils soient, créent des fortunes : M. Peyronnet en est lui-même un exemple bien frappant ; et cette seule considération eût dû

* A l'époque où M. Peyronnet fut nommé procureur général à la cour royale de Bourges (1818), ce magistrat se trouvait, dit-on, assez court d'argent pour être forcé de retarder de trois jours son départ de Bordeaux..... Nous avons lu une lettre de ce magistrat, datée de Bordeaux, 22 septembre 1818, à M.***, négociant en vins, où le procureur général disait à son ami : « Comme dans la situation où je me trouve (à Bour-
« ges), la seule chose qui me presse est l'ameublement de ma
« chambre à coucher et de mon salon, je vous prie d'y pour-
« voir dans le cours d'octobre. Je voudrais que cela fût sim-
« ple et élégant ; mais je ne veux rien de riche, parce que je
« ne suis ni duc et pair, ni ministre, ni danseur de l'Opéra. »
M. Peyronnet a définitivement payé en octobre 1824, les billets qu'il avait souscrits pour les sommes à lui prêtées par M.***.

M. Peyronnet n'était ni éligible ni électeur (dit-on) en 1818; depuis cette époque, il a fait une rapide et immense fortune. Nous croyons rendre hommage à ses talents et à son dévouement à la royauté, en rapportant ces particularités : elles prouvent que les fils des électeurs dont les propriétés se trouveraient divisées par la mort de leurs auteurs, peuvent, à force d'activité et de talent, acquérir le cens exigé par la Charte pour être éligibles.

lui faire tenir un langage différent. Proclamer comme règles politiques les principes dont nous venons de présenter la substance, c'est avouer son ineptie et dévoiler en outre le véritable but du projet de loi. Ce tendre intérêt pour les éligibles est fort méritoire, assurément; mais la Charte a pris soin de pourvoir aux inquiétudes de M. Peyronnet; elle dit, article 39 : « Si « néanmoins il ne se trouvait pas dans le département « cinquante personnes de l'âge indiqué, payant au « moins mille francs de contributions directes, leur « nombre sera complété par les plus imposés au-dessous de mille francs, et ceux-ci pourront être élus « concurremment avec les premiers. » Qu'objecter à cela, même avec de la bonne foi? M. le garde des sceaux dit avec une justesse constitutionnelle dont il donne rarement des marques : « Il est utile à l'action « et à l'existence du gouvernement constitutionnel que « le nombre primitif des électeurs et des éligibles n'é-« prouve pas de réductions trop considérables, plus « utiles *peut-être* (jamais adverbe ne fut placé avec tant « de pudeur) que les éléments dont ces deux classes se « composent ne changent pas avec trop de rapidité. » Pourquoi donc présenter et défendre un projet de loi tendant à réduire indéfiniment le nombre des électeurs, et à dénaturer complétement en faveur de quelques centaines d'éligibles, c'est-à-dire en faveur de la haute aristocratie de cour, les éléments dont ces deux classes (les électeurs et les éligibles) se composent? Il faut être conséquent dans ses raisonnements, même en fait de despotisme aristocratique ou ministériel lorsqu'on en soutient la cause.

Le pouvoir ministériel en veut à l'industrie, il lui fait guerre à mort; car l'esprit de liberté est inhérent à l'industrie et au commerce, il leur donne la vie. Af-

faiblir par degrés et tuer avec une sorte d'anticonstitutionnelle bienveillance les manufactures, le commerce et l'industrie, pour fonder sur leurs ruines le monopole de l'aristocratie territoriale, ou féodale, ou privilégiée par droit de naissance, telle est la pensée-mère des ennemis de la Charte ; pensée, dont la réalisation matérielle conduirait en droiture à une révolution, et peut-être au renversement de la monarchie. Et comment douter de la profonde aversion du ministère pour l'industrie, lorsque le ministre dit, dans les motifs du projet de loi sur le droit d'aînesse : « Les prodiges de
« l'industrie sont grands; qui l'ignore? Mais ne vous
« flattez pas qu'ils parviennent jamais à fonder autant
« de fortunes immobilières que vous en verriez périr
« par le morcellement continu des biens fonciers.....
« Pensez-vous, d'ailleurs, qu'elle fût exempte d'incon-
« vénients, cette mobilité sans bornes et sans termes,
« qui... métamorphoserait subitement d'importantes
« fractions des principales classes de la société, éle-
« vant les unes, précipitant les autres, infatigable à
« détruire et à réparer, et déplaçant toujours une
« grande part des droits politiques que la constitution
« a créés?... » D'abord il est faux que les grandes propriétés fassent la prospérité d'un État; il faut avoir la cervelle à faux équerre (comme dit Montaigne) pour vouloir concentrer en France la propriété dans cinq ou six cents familles; c'est commettre en administration publique le contre-sens le plus grossier, le plus fatal et le plus inexcusable ; ensuite la division des propriétés est le plus grand bienfait que l'agriculture ait reçu de la révolution, et rien ne le prouve plus victorieusement que les budgets de l'État depuis 1814 : c'est cette division des propriétés qui a permis de lever tant de milliards de contributions, d'emprunts, d'indemnités, que

le gouvernement a imposés à la France : un auteur national a très-bien dit : « La révolution seule pouvait
« élever, et a élevé la nation française à ce haut degré
« de prospérité qui permet au gouvernement actuel
« de lever sur la nation trois fois plus d'impôts que
« sous l'ancien régime... L'agriculture et l'industrie,
« premiers canaux de l'abondance publique, s'alimen-
« tent d'une même source, coulent au même niveau :
« leur correspondance secrète et leur mutuelle dépen-
« dance, et tous leurs rapports les plus intimes, sont
« tels qu'on doit à peine les distinguer en regardant
« la culture comme une première industrie, et l'in-
« dustrie comme une seconde culture... On ne saurait
« trop le dire, c'est à la division des propriétés, c'est-
« à-dire à l'abolition du droit d'aînesse et des substi-
« tutions que la France est redevable du haut degré
« de prospérité territoriale et de richesse industrielle
« où l'État s'est trouvé élevé après vingt-cinq ans de
« déchirements, de convulsions et de guerres ; c'est à
« la division des propriétés que la France doit la gloire
« d'avoir résisté aux efforts de l'Europe conjurée contre
« son indépendance, et le bonheur de n'avoir pas été
« démembrée comme la Pologne ; et cela parce que
« tous les Français trouvant dans les lois qui consti-
« tuaient la propriété, la liberté et l'égalité civiles, les
« mêmes intérêts à défendre l'indépendance et l'inté-
« grité du territoire, ont fait des efforts communs et
« rivalisé entre eux de sacrifices de toute nature, sa-
« crifices qui eussent été incompatibles, impossibles
« avec le maintien du droit d'aînesse; car ce droit tend
« par son essence à diviser les familles, et à créer en
« outre un corps de privilégiés, c'est-à-dire un État
« dans l'État... » (*Histoire de France*, etc., par l'abbé
de Montgaillard.) Que répondre à de tels raisonnements,

justifiés, sanctionnés par des faits? Rien de raisonnable ne saurait leur être objecté.

Comment donc M. Peyronnet a-t-il pu songer sérieusement à dégrader, à tuer l'industrie? Que M. Syrieys-Mayrinhac et consorts, que d'ignorants députés aient dit dans leurs sottes déclamations, que « *l'agriculture produit trop, que la prospérité industrielle et manufacturière amène le jacobinisme et les révolutions,* » et autres niaiseries semblables, cela ne tire pas à conséquence; mais un garde des sceaux doit y regarder de plus près, et ne pas représenter surtout comme un bienfait nécessaire, indispensable à la prospérité de l'État, le rétablissement du droit d'aînesse et des substitutions. Nous n'élevons pas le plus petit doute sur la loyauté et la conscience politiques de monsieur le garde des sceaux; elles sont généralement connues : nous sommes donc forcés de le supposer atteint d'une ignorance imperturbable.

L'importance du sujet exigeait un examen approfondi des motifs par lesquels M. Peyronnet s'est efforcé de soutenir la présentation du projet de loi : dans des matières qui intéressent si spécialement toutes les classes de la société, l'on ne saurait trop signaler la faiblesse et la fausseté des raisonnements mis en avant par le ministre chargé de défendre une si mauvaise loi.

11. — Une publication officielle fait connaître que « la commission d'enquête instituée par l'empereur de Russie à la suite des événements du 26 décembre 1825 (V. cette date), sans avoir pu atteindre le terme de ses travaux, est néanmoins parvenue à constater une série de faits qui indique l'origine, le développement et les diverses formes des associations secrètes dont les affreux desseins, s'ils avaient pu s'accomplir, auraient produit

en Russie de grands crimes et de grands malheurs... »

Le document dit : « La première idée de cette conspiration a été conçue par des jeunes gens d'une imagination ardente et déréglée, qui, entraînés par les pernicieux exemples des révolutions dont l'Europe a été le théâtre depuis trente ans, et atteints de cet aveugle désir de tout bouleverser, qui a marqué de tant de désastres l'époque où nous vivons, oublièrent les nobles traditions du vrai patriotisme qui se conservaient au sein de la nation russe, leurs devoirs les plus sacrés envers le souverain et envers l'État, les serments qu'ils avaient prêtés, la position sociale dans laquelle ils se trouvaient, pour s'abandonner au rêve d'une réforme absolue en Russie, et pour combiner dans les ténèbres les moyens de l'accomplir.... »

Il est tout simple que le gouvernement russe frappe d'anathême la révolution de 1789, dont aucun homme probe et éclairé n'excusera certainement les malheurs, mais dont aucun ami de l'humanité et des lois ne révoquera non plus en doute les bienfaits. Ce qui est plus curieux et plus inattendu, c'est d'entendre exalter le patriotisme de la nation russe nation, de serfs, dont tout le Code politique et civil se réduit aux devoirs d'une obéissance brute, aveugle et passive. Le vrai patriotisme n'est et ne peut être que le fruit de la liberté constitutionnelle : il n'est pas fait pour les esclaves!... L'esclavage et le patriotisme ne sauraient exister ensemble : on a beau décorer du nom de patriotisme l'ignorance, la servilité et la barbarie des Russes, il n'en est pas moins vrai que l'amour de la patrie est un sentiment étranger aux peuples courbés sous un sceptre de fer, et gouvernés par le bâton...

Le document publié à Saint-Pétersbourg montre que l'esprit de liberté a pénétré en Russie, puisqu'il signale comme imbus de l'esprit de réforme les jeunes gens qui oublient la position sociale dans laquelle ils se trouvent, ce qui veut dire, en bon français, les jeunes gens faisant partie des hautes classes de l'État. Or, ces individus sont précisément les seuls hommes éclairés qu'il y ait en Russie, et tôt ou tard ils doivent exercer une grande influence sur la masse de la nation! D'après le mouvement irrésistible imprimé à l'esprit humain par la révolution française, la jeunesse est appelée, en tout pays, à désirer, à vouloir, à exiger et à obtenir enfin des gouvernants les institutions politiques qui garantissent la liberté, la propriété et la sûreté individuelles. Ce désir, ou plutôt ce besoin, est dans le cœur de l'homme ; et, heureusement pour la liberté, malheureusement aussi pour le despotisme, il est aussi difficile d'empêcher les lumières constitutionnelles d'éclairer les esprits, qu'il est impossible d'empêcher le soleil d'éclairer le globe.

Selon la commission d'enquête, les révélations des conjurés ont fait connaître « que les associations secrètes formées dans l'empire russe, et ayant pour objet une réforme politique dans l'empire, datent de la fin de 1815 et du commencement de 1816, c'est-à-dire de l'époque du séjour des troupes russes en France. » Les conjurés, dit le document cité, « auraient délibéré à Moscou, dès 1817, sur les moyens d'attenter aux jours de l'empereur Alexandre » (et pourquoi, si cet empereur était réellement aussi philanthrope, aussi partisan des libertés constitutionnelles qu'on ne cessait de le dire?) « Ils auraient cherché, en 1823 et en 1825, à mettre à exécution cet affreux complot. A cette dernière époque, un homme comblé des bienfaits de l'empereur aurait manifesté avec force le désir de l'assassiner ; il aurait été décidé alors que des régicides seraient envoyés à Taganrock, où séjournait S. M. I...; et néanmoins, après des délibérations nouvelles, il aurait été convenu que l'empereur Alexandre ne serait assassiné qu'au mois de mai 1826, époque où les conjurés supposaient qu'il ferait une revue de troupes aux environs de Béla-Tserkoff... Les conjurés, après la mort d'Alexandre, auraient conçu de nouveaux plans de subversion : les premières victimes désignées auraient été tous les membres de la famille impériale ; ils devaient être immolés en même temps, et des soulèvements devaient s'opérer à la fois à Pétersbourg, à Moscou, et dans plusieurs cantonnements de l'armée. »

Tels sont les renseignements livrés au public... Le document fournit des détails sur les « associations secrètes existant en Russie, et organisées sous le nom de : *Société d'amis du bien public* ou *du Livre vert*; *Association du Nord et du Midi*; de *Slaves réunis*, etc. Des comités directeurs siégeaient à Pétersbourg, à Moscou, à Toulezin, et de ces comités dépendaient d'autres comités prenant le titre de *Juridictions d'arrondissements*. Enfin, les chefs de ces associations, dans le dessein d'opérer un mouvement révolutionnaire par le moyen de l'armée, se seraient affiliés surtout des militaires et des chefs de compagnies et de régiments. »

On frémit d'indignation, en voyant de si criminelles manœuvres pratiquées dans le sein d'un empire ; et l'on est forcé de craindre que le fléau révolutionnaire dont fait mention la publication officielle, ne déploie tôt ou tard son étendard à Saint-Pétersbourg et à Moscou.

20. — Extrait du *Constitutionnel*. On lit dans *la Quotidienne*... « La commission d'enquête de Péters-
« bourg est parvenue, dit-on, à découvrir tous les se-
« crets de la conspiration qui a éclaté récemment ;

« lorsque l'instruction sera terminée, tous les détails
« du complot seront rendus publics. On a acquis la
« certitude que le projet avorté date de fort loin ; on
« le fait remonter à une époque antérieure à la cam-
« pagne de Tilsitt : on assure que, durant cette campa-
« gne, une avant-garde française s'empara de quelques
« bagages, parmi lesquels se trouvèrent des papiers
« renfermant les preuves d'une conspiration militaire.
« Napoléon s'étant fait remettre ces papiers, les ren-
« voya secrètement à l'empereur Alexandre ; et c'est
« cette action qui aurait inspiré, dit-on, à ce souverain
« l'amitié qu'il a long-temps fait paraître pour Napo-
« léon : on va même jusqu'à citer le nom du maréchal
« d'empire qui remit les papiers saisis, et qui en retira
« un récépissé. Quoiqu'il en soit, Alexandre étouffa
« cette affaire; quelques disgrâces éclatantes eurent
« lieu, et les conjurés, déconcertés et surveillés, se tin-
« rent long-temps tranquilles. On affirme également
« qu'Orloff ayant comparu devant la commission d'en-
« quête, lui a tenu un langage fier et menaçant. Il a
« dit aux commissaires que sa tête et d'autres pour-
« raient tomber, mais qu'il en resterait encore assez
« pour venger sa mort et celle de ses complices; qu'au
« reste, il ne fallait pas attendre de lui qu'il imitât la
« conduite de Trubeskoï. » —*Nota.* Les conspirateurs
appartiennent tous aux premières familles, et occupent
les plus hauts grades dans l'armée russe.

Quelque peu de confiance que méritent, en général, les nouvelles et les articles dont la *Quotidienne* (qui serait le dernier de tous les journaux si la *Gazette de France* n'existait pas) gratifie ses lecteurs, ce paragraphe était trop important pour le passer sous silence.

20. — Réclamations de M. Sallaberry, membre de

la chambre des députés, contre le *Journal du Commerce*. Dans la séance de ce jour, le député dit : « Un journaliste a osé dire (*Journal du Commerce*), dans sa feuille du 7 décembre 1825, en parlant de la chambre des députés : « Le corps dont le public devait attendre
« une protection spéciale, quoique armé d'immenses
« pouvoirs, ne s'en est servi qu'au profit d'intérêts
« personnels qui, malheureusement, se sont trouvés
« en concurrence avec les intérêts du pays. Cela seul
« eût rendu ce corps inhabile à remplir ses fonctions
« légales, si sa composition et les accusations dont il est
« chaque jour l'objet n'affaiblissaient pas singulièrement
« le crédit dont il aurait besoin pour accomplir sa mis-
« sion. Dans son état actuel, il n'est plus guère qu'un
« embarras pour le ministère aussi bien que pour la
« nation. »

« La même feuille a dit, le 11 décembre, de la chambre des députés : « qu'il n'était pas étonnant
« qu'elle soit considérée comme un corps protecteur
« par les gens de cour et les serviteurs de l'adminis-
« tration..... et que l'organisation, la composition, et
« les actes de la chambre actuelle, semblent en faire le
« tuteur naturel des courtisans et des commis. »

« Et pour qu'il soit mieux compris que l'outrage s'adresse non pas à nous individus, mais à nous collectivement, un des trois pouvoirs de l'État, le journaliste a soin de terminer en disant : « Quand nous parlons
« de la chambre, comme corps politique, nous n'avons
« pas l'intention de manquer à ses membres comme
« citoyens. »

M. Sallaberry demande, en conséquence, que l'éditeur-responsable du *Journal du Commerce* soit cité devant la chambre, et qu'il lui soit appliqué le *maximum* de la peine.

Nous avons dû rapporter, en son entier, la réclamation de M. Sallaberry ; quoique ce personnage n'ait, par ses talents, comme orateur ou écrivain, aucune espèce d'importance, sa réclamation, comme membre de la chambre des députés, est d'un haut intérêt, puisqu'elle tend à priver la presse périodique des droits que lui garantit la Charte constitutionnelle.

La proposition de M. Sallaberry est appuyée par MM. de Blangy, Chifflet, Forbin-des-Issards, etc., en un mot par les plus zélés partisans de M. de Villèle et de Montrouge. MM. de Lézardière et Hyde-de-Neuville s'élèvent avec dignité contre une semblable proposition, dont M. Benjamin Constant fait ressortir et l'inconvenance et l'inconstitutionnalité : la proposition n'en est pas moins prise en considération, et un grand scandale sera donné à la France, sans que la chambre des députés puisse obtenir la considération, ou le crédit, pour parler selon M. Sallaberry, *dont elle aurait besoin pour accomplir sa mission*. Malheureusement encore pour la chambre et pour M. Sallaberry, les vœux de la nation arriveront jusqu'au trône, et, l'année suivante, Charles x accordera à la France la dissolution de cette seconde chambre *introuvable*, contre laquelle s'élèvent déjà tant de réclamations, tant de plaintes.

M. Sallaberry, dont le nom serait resté aussi obscur que ses talents d'orateur sont médiocres, si l'ardeur de son patriotisme ne l'avait rendu fameux dans les premières années de la révolution, M. Sallaberry a fait preuve, dans cette conjoncture (comme dans toutes celles où il a pris la parole), d'une virulence bien déplacée dans la bouche du député de Loir-et-Cher : mais depuis 1815, il se montre aussi ultra-royaliste qu'il a été chaud républicain en 1793 et 1794 : après avoir été l'homme de la révolution, il est devenu l'homme de la contre-révolution : on doit rendre, il est vrai, à M. Sallaberry la justice de dire, qu'à l'exemple de MM. Mathieu de Montmorency, Pardessus, Duplessis-de-Grenedan, etc., il a fait amende honorable de ses actes révolutionnaires, et est rentré dans le giron de l'auguste légitimité de la maison de Bourbon.

M. Ravez, président, a montré, dans cette séance, une partialité ministérielle tout-à-fait exemplaire.

1ᵉʳ Mars. — Condamnation prononcée par la chambre des députés contre l'éditeur du *Journal du Commerce*. — M. François-Michel Chardon, éditeur-responsable du *Journal du Commerce* est introduit, par un huissier, à la barre de la chambre des députés; M. l'avocat Barthe, son défenseur, est introduit en même temps.

M. Barthe présente la défense de l'accusé; son plaidoyer dure deux heures, il est écouté dans un silence profond.

Ce plaidoyer est admirable de raison, de force et de logique. M. Barthe expose, avec autant de courage que de lucidité, le droit qu'a tout citoyen d'examiner et, par conséquent, de louer ou de critiquer les actes du ministère et même les actes des chambres législatives : ôtez ce droit, et il n'y a plus régime de la Charte constitutionnelle, il y a régime du pouvoir absolu. « ..... On reconnaîtra sans doute et sans diffi-
« culté que tous les écrivains ont le droit de dire que
« tel acte du ministère, et même que tel acte des cham-
« bres, est contraire aux intérêts nationaux. Il suffit
« de ne pas incriminer les intentions, qui toujours doi-
« vent être supposées pures..... Écoutez sur ce point
« un orateur de l'assemblée constituante, dont le nom

« sera une autorité pour vous... Voici ce que disait
« Cazalès, dans la séance du 7 décembre 1790 : « Que
« ce peuple apprenne, que ce peuple n'oublie jamais,
« que dans tous les temps, que dans tous les lieux, quels
« que soient les principes qu'il professe, *le parti de l'op-*
« *position est et sera toujours le parti du peuple.* Le
« parti qui lutte contre l'autorité dominante est toujours
« le parti de la liberté : roi, sénat, assemblée nationale,
« parlement, partout où l'autorité n'est pas contredite,
« partout où l'autorité n'est pas éclairée, le peuple est
« esclave et le gouvernement tyrannique..... »

M. Barthe rappelle l'énergie, et l'énergie très-constitutionnelle avec laquelle M. de Montalembert, dans la discussion sur la septennalité (chambre des pairs, séance du 4 mai 1824), a peint le ministère : « .....
« Comment attendre de nos hommes d'État, de ceux
« qui nous gouvernent, une marche ferme et assurée,
« de la concordance dans leurs vues, de la suite dans
« leurs projets? Ne se trouvent-ils pas eux-mêmes do-
« minés, entraînés par des intérêts personnels, et par
« conséquent perdant toute considération publique par
« la triste nécessité d'avoir recours, chaque année, à
« toutes les séductions du pouvoir pour conserver la
« majorité et se maintenir au timon des affaires? Ce
« que j'avance est si vrai, qu'il n'est pas un seul mem-
« bre de cette chambre, quelle que soit son opinion,
« qui consentît à redonner à la France et à l'Europe,
« l'année prochaine, le spectacle, ou, pour mieux
« dire, *l'affligeante et humiliante répétition de nos*
« *dernières élections.....* Je veux parler des mesures
« odieuses pratiquées par des agents subalternes du
« pouvoir, manœuvres dont tout le monde a connais-
« sance, et dont l'opinion a déjà fait justice... Encore
« deux ou trois élections influencées d'une pareille

« manière, et les fonctionnaires publics tombent dans
« la dégradation, et le gouvernement représentatif
« devient une véritable dérision. »

A la suite de ces paroles législatives de M. de Montalembert, M. Barthe reproduit celles que MM. Bourdeau, La Bourdonnaye, Girardin, Corbière (ministre de l'intérieur), prononcèrent dans les séances du 27 avril, 14 juillet, 7 juin 1824. — Le premier a dit :
« J'ai employé le mot *fraude* sciemment et avec la con-
« viction intime qu'il qualifie ce qui s'est passé dans
« les élections de la Creuse. » Le second s'est exprimé plus énergiquement encore : « Toutes nos libertés ont
« été attaquées à la fois ; et dans quelle circonstance
« plus importante ont-elles été plus scandaleusement
« violées que dans ces élections que monieur le prési-
« dent du conseil (Villèle) n'a pas sans doute appelées
« *saturnales du gouvernement représentatif*, parce
« qu'il voudrait n'y voir figurer que des esclaves...... »
M. Girardin a fait entendre les paroles suivantes : « A
« l'égard des dernières élections, monsieur le ministre
« de l'intérieur est le seul qui les défende. Les manœu-
« vres sont connues, elles sont positives..... Les élé-
« ments qui composent cette chambre ne s'opposent-
« ils pas à ce que l'on puisse supposer qu'elle n'est pas
« dépendante ? Parmi ses membres, n'en compte-t-on
« pas 250 au moins qui sont fonctionnaires publics ?
« Je ne parle pas de ceux qui aspirent à l'être, et qui
« votent en conséquence. » — Enfin, M. Corbière disait : « ..... Quant aux fonctionnaires publics qui sont
« les agents du gouvernement, nous ne désavouerons
« pas notre doctrine à leur égard..... Le fonctionnaire
« public qui vote dans le sens de l'opposition, vote pro-
« bablement ainsi suivant sa conscience... Mais alors,
« doit-il continuer d'exercer ses pouvoirs, et dans quel

« sens les exercerait-il? serait-ce dans le sens qui lui
« est prescrit par l'administration? Mais il mentirait
« à sa conscience, et se rendrait par là indigne de la
« confiance de l'administration. Agirait-il dans un sens
« contraire à l'impulsion qu'il reçoit de l'administra-
« tion supérieure, à laquelle il doit obéir? Il y aurait
« alors *félonie* envers l'administration. » (On est *félon*,
d'après cette doctrine, en suivant l'impulsion de sa
conscience, en ne votant pas contre sa conscience.)
« Ainsi, le fonctionnaire public qui est bien convaincu
« que la marche des affaires est mauvaise, qui voudrait
« que cette marche et cette direction fussent changées,
« doit, pour agir selon sa conscience, se retirer de
« lui-même. » (D'après cette doctrine, un fonctionnaire public ne doit pas avoir de conscience.) « .....
« Je sais que tous les fonctionnaires qui sont dans le
« cas que je viens de citer, ne sentent pas toujours
« cette nécessité de se retirer; mais alors il est du de-
« voir du gouvernement de la leur indiquer et de les
« avertir. Il ne faut pas se tromper sur les termes;
« j'entends bien par avertissement de se retirer, l'*or-
« dre de se retirer* : c'est le seul avertissement qui
« puisse être donné par l'administration. Voilà, mes-
« sieurs, notre doctrine : voilà la règle de notre con-
« duite; voilà ce que nous avons toujours dit, ce que
« nous exécuterons toujours. »

Rien de plus positif : la corruption est érigée en principe de gouvernement et en règle d'administration!

M. Barthe se montre avocat courageux, éclairé et
consciencieux, lorsqu'il dit : « Le gouvernement re-
« présentatif n'est autre chose que l'intervention du
« pays dans les affaires publiques; il y intervient par
« deux moyens, par les élections qui vous donnent les
« pouvoirs que vous exercez, et par la liberté de la

« presse. — Si le premier moyen venait à succomber
« sous une influence corruptrice, la liberté de la presse
« doit être là pour recevoir les plaintes du pays, et
« pour les exprimer avec la plus grande énergie ; et
« rien n'est encore perdu ; mais qu'on lui enlève cette
« dernière ressource, toute intervention nationale a
« disparu ; le gouvernement représentatif n'est plus
« qu'un vain mot, il n'en restera que les charges : il y
« a tyrannie d'un ministère, ou d'une majorité. »

Toute la science politique de M. de Villèle se réduit à établir la tyrannie par la corruption. C'est une espèce de Walpole gascon, travaillant la France, en finances et en législation, avec les données et les vues d'un homme d'affaires.

Le défenseur du *Journal du Commerce* prouve, d'une manière invincible, que M. Sallaberry ignore complétement les règles et les usages de la chambre des communes, ainsi que la constitution politique de l'Angleterre, derrière laquelle l'inepte publiciste se retranche pour fortifier son accusation contre la liberté de la presse : ce député, beau-père du préfet de police, Delaveau, ne s'abstient pas de voter, quoique auteur de la proposition d'accusation contre l'éditeur-responsable du *Journal du Commerce !* ce n'est pas faire preuve de dignité, ou de pudeur : son exemple est imité par M. Chifflet, quoiqu'il ait manifesté l'intention de punir très-sévèrement, et engagé la chambre à adopter son avis.....

La chambre décide que l'éditeur-responsable (Chardon) s'est rendu coupable d'offenses envers la chambre des députés des départements : nombre des votants, 342 ; pour la culpabilité, 213 voies ; contre, 129.

La chambre adopte le *minimum* de la peine : nombre des votants, 339 ; pour, 188 voies ; contre, 151...

M. Chardon est condamné à cent francs d'amende, et à un mois de prison.

L'arrêt rendu par la chambre n'a pas rehaussé sa considération dans l'opinion nationale, tant s'en faut ; bientôt la France entière lui retirera toute espèce de confiance, de considération, de crédit, et l'ordonnance qui proclamera la dissolution de cette chambre aussi servile qu'impopulaire, sera reçue aux acclamations publiques : c'est, dira-t-on dans toute la France, le plus grand bienfait accordé par Charles x à ses peuples !....

L'importance politique et constitutionnelle du procès intenté, par la chambre de 1824, au *Journal du Commerce* rendait nécessaires les détails dans lesquels nous sommes entrés : lorsqu'il est question des libertés publiques, on doit faire attention, même aux discours de M. Sallaberry, de M. Chifflet, etc.; règle générale : les hommes de génie ou de talent compromettent rarement une assemblée législative; les hommes médiocres ou ineptes ont presque toujours ce funeste avantage.

4. — Publication du *Mémoire à consulter sur un système religieux-politique, et tendant à renverser la religion, la société et le trône,* par M. le comte de Montlosier, relativement à l'introduction illégale de la congrégation des jésuites en France, et aux intrigues et envahissements du parti-prêtre... Dans ce *Mémoire*, et dans la pétition qu'il présente à la chambre des pairs, M. de Montlosier dénonce : « Un vaste système ten-
« dant à renverser la religion et le trône, système mis
« en évidence 1° par une multitude de congrégations
« religieuses et politiques répandues dans toute la
« France; 2° par divers établissements de la société
« des jésuites; 3° par la profession patente ou plus ou

« moins dissimulée de l'ultramontanisme ; 4° par un es-
« prit fâcheux d'envahissement d'une partie du clergé,
« des empiétements continus sur l'autorité civile, ainsi
« qu'une multitude d'actes arbitraires exercés sur les
« fidèles... »

L'ouvrage de M. de Montlosier fait explosion dans le public : la gravité des matières traitées par l'auteur; le nombre, l'importance et l'authenticité des faits qu'il met au jour; l'excellent esprit de religion et d'attachement à la royauté constitutionnelle dont il est empreint à chaque page; la parfaite distinction qu'il établit entre la vie chrétienne qui est celle de la véritable religion, et la vie dévote qui est presque toujours le fruit de l'hypocrisie et de l'ambition lorsqu'elle n'est pas celui de l'ignorance ou de la superstition ; le courage avec lequel M. de Montlosier dévoile les ténébreux complots des jésuites et des ultramontains qui sapent aujourd'hui, à coups redoublés, les droits du trône et ceux de la nation ; toutes ces hautes considérations font rechercher avec une avidité extrême l'ouvrage de l'illustre écrivain qui vient de rendre le plus éclatant service à la royauté, à la religion et à la France. Mais, à peine le *Mémoire*, etc., est-il publié, que l'auteur est rayé de la liste des écrivains politiques attachés au département des affaires étrangères, et privé de la pension dont il jouissait depuis vingt-cinq ans!!! Le vénérable vieillard se renferme dans sa vertu, dans sa pauvreté, aux acclamations et aux bénédictions de la France entière qui lui devra, un jour, l'expulsion du royaume de l'abominable secte des jésuites.....

Les passages suivants du *Mémoire à consulter*, donneront une idée de son importance. — Après avoir fait connaître les motifs de la création d'un ministère des cultes exigé par les jésuites, M. de Montlosier dit:

« ..... On imagina de faire entrer tout à la fois le ministère dans la congrégation, et la congrégation dans le ministère. Déjà les postes, la police de Paris, sa direction générale, avaient été données aux affiliés ; il ne manquait plus que d'enrôler les principaux ministres eux-mêmes...... L'espionnage était autrefois un métier que l'argent commandait à la bassesse, il fut commandé à la probité : par les devoirs que la congrégation impose, on assure qu'il est devenu comme de conscience ; on est prêt à lui donner des lettres de noblesse... Je ne sais rien de positif sur la chambre des pairs. Pour la chambre des députés, au mois d'avril dernier, le public y comptait tantôt cent trente membres de la congrégation, tantôt cent cinquante. Un député, membre de la congrégation, que j'ai pu interroger, ne m'en a accusé que cent cinq. Depuis ce temps, on assure que le nombre a augmenté... Les forces de la congrégation sont immenses ; elles se composent d'abord du parti jésuitique dont le centre est à Rome, à l'école de Sapience. Après le parti jésuitique, un autre appui ardent de la congrégation est le parti ultramontain. A côté de celui-ci se tient un troisième parti dont les nuances, rapprochées à quelques égards, ne sont pas tout-à-fait les mêmes. C'est ce qu'on peut appeler le parti-prêtre ; il est composé de ceux qui, à tout risque et à tout péril, veulent donner la société au sacerdoce ; pour ceux-là, la puissance du pape n'est pas en première ligne, ils ne la considèrent que comme subsidiaire : ils sont prêts à abandonner quand on voudra la doctrine de la suprématie de Rome sur les rois, pourvu que les rois reconnaissent la leur ; ils signeront, tout d'abord, le formulaire de 1682, si le roi consent à mettre la société dans leurs mains..... Le clergé s'est porté en masse sur notre ordre social avec ses jésuites, ses ultramontains, ses congréganistes, et nous sommes arrivés, après beaucoup d'autres souverainetés, à la souveraineté des prêtres..... D'en haut, d'en bas, à côté, s'élève un mouvement renforcé de jésuites et de congréganistes qui, se présentant au peuple comme ayant la faveur même du roi, aliènent ainsi le respect et l'affection publique, et préparent dans un État mal organisé des prétextes à la révolte... J'ai cité l'exemple du meilleur des rois, de celui qui d'un côté a donné aux Français le plus de gages de sa bonté et de sa loyauté, qui d'un autre côté a donné le plus de preuves d'un caractère élevé, résistant et ferme, ce qui, cependant, en cela seul qu'on le voit circonvenu de tous côtés par des moines, par des prêtres, ainsi que par les hommes de la vie dévote, attriste toute la France chrétienne, qui ne veut être que chrétienne, attriste toute la France politique, qui veut conserver son régime constitutionnel, et qui, avec une garde de jésuites, de congréganistes et d'ultramontains, s'obstine à croire sa Charte et sa liberté en danger. » Certes, M. de Montlosier n'est pas suspect de libéralisme; il a fait, à l'assemblée constituante, à Coblentz, et à Londres, ses preuves en faveur de l'ancien régime et de la monarchie absolue; il a été constamment l'un des plus zélés défenseurs du trône et de l'autel! Lorsqu'un homme de son talent et de son expérience signale la conspiration flagrante contre le trône et la société, ourdie par les jésuites et le parti-prêtre, on est forcé de concevoir de grandes alarmes pour le trône et pour les libertés publiques. Heureusement le meilleur des rois, Charles x, n'est pas jésuite : il est *roi de France;* il extirpera le cancer prêt à dévorer la France.

6. — Décret, par lequel la régence de Portugal est

conférée à la princesse donha Isabella Maria. —
« .....Comme il est nécessaire de pourvoir au gouver-
« nement de ces royaumes et territoires, pendant la
« durée de la maladie que j'éprouve, afin que la sus-
« pension des affaires, même pour peu de temps, ne
« les laisse accumuler jusqu'au point qu'il serait diffi-
« cile de les expédier, il me plaît de charger du gou-
« vernement l'infante donha Isabella Maria, ma fille
« bien-aimée, conjointement avec les conseillers d'É-
« tat le cardinal patriarche élu, duc de Cardaval,
« marquis de Villalda, comte des Arcos, et le conseiller
« ministre secrétaire d'État, dans chacun des départe-
« ments des secrétaires d'État. — Toutes les affaires se-
« ront décidées à la majorité des voix : celle de l'infante
« sera toujours décisive en cas d'un partage égal..... »

Ce décret est daté du palais de Bemposta, devenu
célèbre, dans ces derniers temps (27 mai 1823, 4 mai
1824), par la criminelle conduite de l'infant don Miguel envers son père et son roi : le malheureux Jean vi
a dit de l'infant : « Je l'abandonne comme père, et
« saurai le punir comme roi..... » Il n'est pas douteux
que les infirmités du monarque n'aient été cruellement
aggravées par les tentatives de l'infant don Miguel, qui
a voulu (dit-on) le détrôner et l'enfermer : l'infant a
été forcé de quitter le Portugal, et il lui a été ordonné de
fixer son séjour en France, avec défense d'en sortir ; il
a débarqué à Brest, et s'est rendu à Paris : les particularités relatives à son séjour dans cette capitale, importent à l'histoire du temps et aux intérêts de la France :
nous rapporterons les suivantes.....

Don Miguel veut se rendre en Autriche, et demande,
à cet effet, un passe-port à M. le chevalier de Britto,
chargé d'affaires de Portugal près la cour de France ;
d'après les instructions formelles de sa cour, le chargé

d'affaires se refuse à la délivrance du passe-port : don Miguel s'adresse alors à M. le baron Vincent, ambassadeur d'Autriche ; celui-ci répond qu'il ne peut délivrer un passe-port, mais qu'il visera avec empressement celui que le prince obtiendra du ministre de Portugal... Don Miguel entre en fureur et se répand en imprécations, en menaces contre M. de Britto ; il se rend seul, et déguisé, chez le chargé d'affaires, espérant le prendre à l'improviste dans son hôtel (rue Saint-Florentin) ; il a hautement annoncé l'intention de lui faire un mauvais parti ! Don Miguel est reconnu, dans l'antichambre, par le chasseur de M. de Britto ; le fidèle domestique a la présence d'esprit de dire au prince que son maître est sorti, et de lui barrer en même temps la porte du cabinet : don Miguel se livre alors à toute la violence de sa colère ; mais, loin de quitter la partie, l'implacable étourdi se rend chez le baron Vincent, l'ambassadeur est absent ; don Miguel s'oublie au point de lui écrire une lettre remplie de menaces : il lui marque « que s'il l'eût trouvé chez lui, il lui aurait appris « ce que c'était qu'un infant de Portugal ; qu'on ne « lui manquait pas impunément, etc. » Le baron Vincent répond au prince, « qu'il est bien fâché d'a- « voir été absent lorsque son altesse royale lui a fait « l'honneur de venir chez lui, parce qu'il lui eût ap- « pris ce qu'était un général autrichien, et un ambas- « sadeur de S. M. l'empereur et roi..... »

Louis XVIII avait reçu don Miguel avec de grandes démonstrations de tendresse ; le monarque avait à plusieurs reprises embrassé l'infant ! Mais Louis XVIII craint que don Miguel ne fasse quelques folies et ne s'attire des affaires très-désagréables : il fait dire à M. de Britto qu'il ne peut empêcher don Miguel de voyager dans l'intérieur de la France ; et, d'après l'intention manifestée par Louis XVIII, le prince a la facilité de se rendre à Strasbourg : il est censé s'en échapper. Le préfet du département du Bas-Rhin, Esmangart, a reçu (dit-on) ordre de fermer les yeux sur cette évasion, et même de la favoriser. Don Miguel prend la route de Vienne...

L'anecdote suivante donnera une idée du *savoir-vivre* de don Miguel. Ce prince se rend un jour *incognito* à l'école de natation, et s'amuse à claquer un jeune homme de seize ans, M. D***, qui, ne trouvant pas cette familiarité de son goût, nage sur le claqueur et le met sous l'eau : le prince se dégage, et revient à la charge ; le jeune homme fait alors usage de toute son habileté, se met à califourchon sur don Miguel, et le tient enfoncé dans le bassin ; on accourt, on crie au nageur : « Que faites-vous ? c'est l'infant don Miguel ; « il va se noyer. — Pourquoi ce drôle m'a-t-il claqué ? « peu m'importe qu'il soit prince ou non, » répond le fils du pair de France. Don Miguel en est quitte pour la peur.

10. — Jean VI, roi de Portugal et empereur du Brésil, meurt à Lisbonne « d'une attaque d'apoplexie « mêlée d'épilepsie ; » il était né en mai 1767 : son fils lui succède, sous le nom de Pedro Ier. (V. 7 septembre, 15 novembre, et 7 décembre 1825 ; 6 mars, et 26 avril 1826...)

Le 4 de ce mois, Jean VI assista à une fête et à un dîner qui lui étaient donnés au couvent des Hiéronymites ; immédiatement après sa sortie du couvent, le monarque fut atteint de convulsions et de vomissements, suivis de continuelles et extrêmes faiblesses !... Il est mort six jours après ce dîner.

Jean VI peut être rangé dans la classe des princes

débonnaires : il avait fort peu de connaissances, son caractère était faible, et la superstition dont il était atteint avait ajouté encore à la faiblesse de son esprit ; mais son cœur était bon, et son jugement droit lorsque de perfides conseillers ne venaient pas égarer sa raison ; il a donné dans plusieurs circonstances des preuves de bonté, pendant la régence dont il exerça les fonctions depuis le 30 janvier 1792 jusqu'au 20 mars 1816, époque où il succéda à sa mère Marie, reine de Portugal. Le maréchal Lannes et le général Junot eurent particulièrement à se louer de son affection, de sa cordialité et de ses largesses. Jean VI a fourni un bel exemple de bonne foi royale ; il avait, en sa qualité de régent, conclu un traité d'amitié et d'alliance avec l'empereur Napoléon : sollicité par l'Angleterre, les puissances alliées et les princes français de faire cause commune avec eux, ou de fournir au moins des secours d'argent, le prince portugais répondit : « Je l'aurais fait avant le « traité conclu avec Napoléon ; mais le traité est signé, « et je ne puis adhérer à vos propositions : je violerais « ma parole, trahirais mes serments, et ferais une ac-« tion indigne d'un roi. » Il y a, sans contredit, une magnanime loyauté dans cette conduite ; et néanmoins Jean VI était défiant, très-réservé et profondément dissimulé : on est donc réduit à croire que le débonnaire et infortuné monarque avait eu recours à l'art de la dissimulation pour se préserver des piéges tendus, par sa propre famille, contre son autorité et sa vie... Le règne de ce monarque est l'un des plus agités, des plus féconds en événements désastreux qu'ait eus le Portugal, et les dernières années de ce règne sont remplies des plus grands chagrins que puisse subir un roi, un père : les crimes et les folies de don Miguel en ont vraisemblablement hâté la fin.

24. — Mort du duc Mathieu Laval-Montmorency, né en 1767; il est tombé sans vie dans l'église de Saint-Thomas-d'Aquin, devant la chapelle du Saint-Sépulcre, où il faisait sa station et ses prières, ce jour, vendredi saint. — Décoré de plusieurs ordres français et étrangers, ce duc était revêtu d'une foule de titres honorifiques; et ce n'est pas ici l'une des moindres singularités de sa destinée, car le citoyen Mathieu Montmorency avait proscrit d'une manière éclatante (4 et 5 août 1789, 19 juin 1790) toute institution de noblesse, tous titres et droits féodaux, toutes distinctions honorifiques, et jusqu'à « la vaine ostentation des ar« moiries et des livrées. » Il s'était aussi vivement prononcé contre l'établissement de deux chambres législatives; et il est mort membre de la chambre des pairs!

Lorsqu'il s'agit de personnages portant un nom illustre, l'histoire doit être sévère : leur naissance leur impose envers l'État et la société bien plus de devoirs qu'aux citoyens ordinaires... Nous respectons la mémoire de M. Mathieu de Montmorency, sous le rapport des vertus pieuses dont il a été un modèle exemplaire dans les dernières années de sa vie : il s'est montré bon, charitable, pieux, excessivement dévot; mais les travers et les excès de sa conduite politique en 1789 et années suivantes n'en sont que plus remarquables, et nous les signalons parce qu'il importe de montrer dans quelles funestes aberrations peut se précipiter l'homme de bien lorsqu'il s'écarte une fois des premiers devoirs du sujet, l'obéissance aux lois et la fidélité au prince.

Élève, ami, admirateur outré et fervent disciple du métaphysicien Sieyes, M. de Montmorency devint sous cette direction l'un des premiers jacobins de la révolution; il fut le cinquième membre des états-généraux, à

prêter le serment du Jeu de Paume; et nous l'avons entendu plus d'une fois se glorifier du titre : *Cinquième au Jeu de Paume*. Il demanda (4 août 1789) que la déclaration des droits de l'homme précédât la constitution à faire; animé du plus ardent patriotisme révolutionnaire, il dit : « En produisant cette déclaration, « donnons un grand exemple à l'univers; présentons-« lui un modèle digne d'être admiré ! » Il témoigna le plus vif enthousiasme pour les écrits de Voltaire et de J.-J. Rousseau, qu'il appelait les *bienfaiteurs de l'esprit humain,* et fit la proposition de rendre des honneurs solennels à la mémoire de ces deux *immortels génies...* Depuis 1814, M. de Montmorency n'a cessé de demander que les écrits de ces deux immortels génies fussent *retirés de la circulation* et détruits. — Doué d'une ignorance politique qu'on ne saurait guère comparer qu'à son exaltation révolutionnaire, il déclara (10 septembre 1789) « la question des deux chambres absolu-
« ment inadmissible, à cause des obstacles qu'elles
« opposeraient à la réforme des abus; car si les deux
« chambres ont la même formation, une d'elles devient
« inutile, puisqu'elle ne serait plus qu'un bureau né-
« cessairement toujours influencé par l'autre. Si leur
« formation n'est pas la même, et qu'on adopte le
« projet d'un sénat, il établira l'aristocratie et con-
« duira à l'asservissement du peuple, surtout si les sé-
« nateurs sont inamovibles ou qu'ils soient au choix du
« roi, comme on l'a proposé. » On voit que le citoyen Mathieu de Montmorency était *bicamériste* à la façon du citoyen Viennot-Vaublanc (V. 15 mars 1827).....
M. de Montmorency vota en faveur du *veto*, qui dépouillait le monarque et la royauté d'une prérogative sans laquelle il n'existait plus d'autorité royale : en un mot, il donna son assentiment à toutes les propositions

et à toutes les lois qui devaient entraîner la ruine de la monarchie : il en provoqua plusieurs.

Obligé d'aller chercher, en pays étranger, un refuge contre les bienfaits de cette liberté dont il s'était montré, dans l'assemblée constituante, l'un des plus chauds, des plus aveugles partisans, M. de Montmorency demeura fidèle à ses principes, jusqu'en 1796, c'est-à-dire jusque après l'affreux règne de la convention nationale. Un homme décoré du plus beau nom de la monarchie de Hugues Capet, avait sa place marquée sous les drapeaux de M. le prince de Condé: M. de Montmorency ne parut point à cette armée; il porta l'épée des maréchaux et des connétables ses ancêtres en ligne féminine, dans une charmante retraite en Suisse, sur les bords du lac de Morat, où, livré au culte d'admiration et d'amour qu'il professait publiquement pour madame la baronne de Staël-Holstein, il s'occupait sans relâche à chercher les moyens de réaliser les projets formés par cette dame en faveur du duc d'Orléans : on affirme ce fait, parce qu'on en a eu la preuve de la bouche de madame de Staël, parce que l'on a été témoin des manœuvres auxquelles madame de Staël, M. Mathieu Montmorency, M. le vicomte Louis de Narbonne, et plusieurs autres personnages que nous ne nommons pas, s'abandonnaient sans retenue et sans discrétion pour placer, s'il était possible, la couronne de France dans la branche royale d'Orléans... Rapporterons-nous une autre particularité non moins authentique? Pourquoi la taire? les fautes des grands seigneurs ne sont-elles pas les meilleures leçons qu'on puisse offrir aux peuples? et comment les simples citoyens se préserveraient-ils des plus fatales erreurs, s'ils prenaient pour exemple, dans les temps de révolutions, la mauvaise conduite de personnages qui exercent, par l'illustration de leur naissance et l'autorité de leur nom, une si grande influence sur l'esprit national, sur la masse de la nation? Flétrir cette conduite, lorsqu'elle est contraire à des devoirs sacrés, c'est être dévoué au prince, c'est être fidèle aux lois, à la religion, à la justice, à l'ordre social.... Pendant son séjour en Suisse, M. de Montmorency avait formé le dessein d'abjurer le catholicisme et d'embrasser le culte de Calvin : madame de Staël fit un heureux usage de l'empire absolu qu'elle exerçait sur l'esprit et le cœur du noble émigré ; elle le détourna d'une si déplorable résolution. Qu'eussent dit la France et l'Europe, en voyant le premier baron chrétien renoncer à la foi de ses pères? Le plus grand homme qu'ait produit la maison de Montmorency, l'amiral de Coligny donna, il est vrai, un pareil exemple; mais, après tout, le vicomte Mathieu ne pouvait guère le prendre pour modèle * : il était trop modeste pour avoir une haute et noble ambition, et trop pieux de cœur pour donner le plus grand, le plus déplorable scandale.

Au surplus, M. de Montmorency a fait l'aveu solennel de ses erreurs et de ses fautes... Ses dernières années furent consacrées à des expiations qu'on ne saurait trop louer : il se dévoua aux actes de charité et de piété les plus méritoires ; peut-être poussa-t-il beaucoup trop loin l'exercice de sa dévotion ; car la dévotion

* Montesquieu a dit : « L'amiral de Coligny fut assassiné, « n'ayant dans le cœur que la gloire de l'État ; et son sort fut « tel, qu'après tant de rebellions, il ne put être puni que par « un grand crime. » L'amiral était un homme de génie ; il avait conçu l'idée d'aller, avec un fort parti de religionnaires, former un établissement dans l'Amérique septentrionale : son plan de colonisation et de civilisation était conçu en homme d'État et en philosophe, c'est celui qu'exécutèrent, un siècle plus tard, les deux bienfaiteurs de l'humanité, Penn et lord Baltimore.

n'est pas toujours la piété, et la superstition ne sera jamais la religion. M. de Montmorency se fit recevoir jésuite, dans la maison de Montrouge, et ne recula devant aucune des momeries et des humiliations qu'il lui fallut subir; le descendant des connétables revêtit le manteau, et mit autour du cou le scapulaire des assassins de Henri IV et de Louis XV, se soumit à leurs ordres que l'on sait être absolus, et baisa les pieds de ses nouveaux confrères : tant d'abaissement ou tant d'humilité, annonce un esprit borné et une âme faible : car l'on peut être fort bon chrétien sans être jésuite, et l'on ne peut guère être bon chrétien et jésuite.

Le descendant du premier baron chrétien pouvait trouver, dans les commandements de Dieu et dans ceux de l'Église, de meilleures règles de conduite qu'à Montrouge : ces commandements prescrivent, en première ligne, d'honorer et de respecter ses parents; un bon chrétien ne doit jamais perdre de vue ce devoir : cependant il paraîtrait que M. Mathieu ne l'aurait pas observé envers son père qui se plaignait, dit-on, amèrement de sa conduite filiale, et des querelles pécuniaires que M. Mathieu lui suscita au retour de l'émigration : M. le vicomte de Laval-Montmorency avait, dit-on encore, depuis plusieurs années, interdit sa présence à son fils, et le maréchal de Laval, grand-père de M. Mathieu de Montmorency, avait également refusé de le voir, pendant la maladie qui mit fin à ses jours.

Si les jésuites ont eu à se féliciter des immenses libéralités de M. le duc Mathieu, les pauvres et les hospices lui doivent du moins des actions de grâce pour ses actes de charité et de bienfaisance : il s'est montré digne du nom de Montmorency dans cette dernière partie de sa vie : le conseil général des hospices, l'hôpital royal des Quinze-Vingts, le conseil royal des prisons, l'institution royale des Sourds-Muets, la Société philanthropique, en un mot tous les établissements de bienfaisance ou de charité, ont éprouvé les heureux effets de la sollicitude et de la générosité de M. de Montmorency; il a mérité qu'on lui appliquât ces divines paroles du Sauveur : « Il lui sera beaucoup re-« mis, parce qu'il a beaucoup aimé. » Jetons un voile sur les fautes du révolutionnaire, et rendons hommage au converti..... Si l'on s'en rapportait aux bruits généralement accrédités quelques mois après sa mort, M. le duc de Montmorency serait placé au nombre des bienheureux : la cour de Rome aurait ordonné sa béatification; le souverain pontife aurait même dispensé la mémoire du duc des cent années de délai, exigées par les décrets pontificaux, pour l'investigation des actes pieux et des miracles nécessaires lorsqu'il s'agit de décerner la béatification. Le duc de Montmorency aurait été béatifié de la même manière que Benoît Labre; ainsi, dans l'espace de quarante années, la France aurait produit, aux deux extrémités de l'échelle sociale, deux bienheureux que les fidèles pourraient invoquer!

Nous ne parlerons pas des talents, ou des services politiques de M. de Montmorency : comme homme d'État, ce ministre était de la plus illustre médiocrité; il fut Russe au congrès de Vérone, et un Montmorency doit être Français en tout lieu et en tout temps; son ministère des affaires étrangères ne fut que de douze mois, il fut beaucoup trop long : au surplus, ses deux successeurs, MM. de Châteaubriand et de Damas, ne le feront pas oublier. Il est inutile de dire que M. Mathieu de Montmorency était devenu, depuis 1814, aussi ultra-royaliste qu'il avait été ultra-révolutionnaire en 1789 et dans les années suivantes : nommé président de la Société catholique des bons livres, il employa tous ses soins à arrêter le progrès des lumières, et à favoriser celui des ténèbres.....

3 Avril. — Déclaration de plusieurs cardinaux, archevêques et évêques, relative à l'autorité du pape : cet acte obtiendra successivement l'assentiment de tout l'épiscopat français. — Deux cardinaux archevêques, quatre archevêques, sept évêques présentent au roi la déclaration de leurs sentiments sur l'indépendance de la puissance temporelle, en matière purement civile ; M. l'archevêque de Paris (Quelen) a refusé de la signer, quoique n'en professant pas moins, dit-il, la même opinion : ce refus de M. de Quelen permet de supposer qu'il y a quelque discordance d'opinion entre lui et les signataires, relativement aux bornes de l'autorité spirituelle : car la piété de monsieur l'archevêque de Paris ne permet pas de soupçonner que des intérêts temporels aient influé sur sa détermination dans cette conjoncture : l'expectative du chapeau de cardinal n'est sûrement entrée pour rien dans le refus du respectable prélat. Au surplus, ce prélat trouvera les moyens de se rendre aussi agréable aux gallicans qu'aux ultramontains, et de défendre les principes constitutionnels comme les principes de l'ancien régime.

La déclaration porte : « ..... Nous, cardinaux, ar-
« chevêques et évêques soussignés, croyons devoir.....
« de déclarer que nous réprouvons les injurieuses qua-
« lifications par lesquelles on a essayé de flétrir les
« maximes et la mémoire de nos prédécesseurs dans
« l'épiscopat ; que nous demeurons inviolablement at-
« tachés à la doctrine telle qu'ils nous l'ont transmise,
« sur les droits des souverains, et sur leur indépen-
« dance pleine et absolue, dans l'ordre temporel, de
« l'autorité, soit directe, soit indirecte, de toute puis-

« sance ecclésiastique. — Mais aussi, nous condam-
« nons, avec tous les catholiques, ceux qui, sous pré-
« texte de libertés, ne craignent pas de porter atteinte
« à la *primauté* de saint Pierre et des pontifes romains
« ses successeurs, instituée par Jésus-Christ, à l'obéis-
« sance qui leur est due par tous les chrétiens, et à
« la majesté si vénérable, aux yeux de toutes les na-
« tions, du siége apostolique où s'enseigne la foi et
« se conserve l'unité de l'Église. » .....

Nous portons à cet acte d'une partie de l'épiscopat tout le respect qui lui est dû; mais, le clergé n'étant pas un corps de l'État, il est, ce nous semble, contre les lois qui nous régissent depuis la Charte constitutionnelle donnée par Louis XVIII, qu'une partie du clergé délibère, comme corps, sans une autorisation formelle du roi.

La déclaration susdite est faite, nous en sommes persuadés, dans les meilleures intentions religieuses; mais elle tend malheureusement à rouvrir les discussions sur les droits de la puissance temporelle et de la puissance ecclésiastique : discussions, qui ont produit de si longues, de si sanglantes, de si déplorables querelles! Elle reconnaît bien l'indépendance pleine et absolue des droits des souverains, de l'autorité, soit directe, soit indirecte, de toute puissance ecclésiastique; mais elle garde le silence sur les quatre propositions sanctionnées en 1682 par l'Église gallicane!.... Elle parle de l'obéissance due par *tous* les chrétiens aux pontifes romains, successeurs de saint Pierre, mais sans ajouter que c'est purement de l'obéissance spirituelle dont il doit s'agir à cet égard : la déclaration peut paraître d'ailleurs par trop explicite; car les luthériens, les calvinistes, les anglicans sont *chrétiens*, et ils rejettent cette obéissance.... On ne saurait trop le dire : le siége apostolique, ou l'autorité ecclésiastique, est et doit être souveraine en matière de foi et de dogme; mais la discipline est du ressort de l'autorité temporelle, et il appartient à cette autorité de la fixer, de la régler, de la modifier selon les lois politiques de l'État. Les prêtres, quels que soient leur rang et leur qualité, sont sujets du prince comme tous les autres membres, sans nulle exception, du corps social : ils doivent obéissance aux lois, sont justiciables des codes civils et criminels, et passibles de toutes les peines qu'entraîne leur infraction. De droit positif, il n'y a, et il ne doit y avoir dans l'État qu'un chef, qu'un souverain, c'est la loi et le prince... Tout prêtre, quel qu'il soit, est sujet du prince, et n'est pas sujet du pape; un évêque, fût-il cardinal, est, avant tout, *citoyen*, et doit obéissance absolue aux lois du pays où il exerce ses fonctions sacerdotales.

La déclaration dit textuellement : « ... Prétendre
« que leur infidélité (des princes de la terre) à la loi
« divine annulerait leur titre de souverain; que la su-
« prématie pontificale (la déclaration aurait pu ajou-
« ter : en matière de foi et de dogme) pourrait aller
« jusqu'à les priver de leur couronne, et à les livrer
« à la merci de la multitude (la déclaration aurait pu
« dire : et aux excommunications de la cour de Rome) :
« c'est une doctrine qui n'a aucun fondement, ni dans
« l'Évangile, ni dans les traditions apostoliques, ni
« dans les écrits des docteurs et les exemples des saints
« personnages qui ont illustré les plus beaux siècles
« de l'antiquité ecclésiastique. » Très-bien dit : mais cette horrible doctrine est celle de l'ultramontanisme, de la cour de Latran, et enfin des jésuites dont la plupart des évêques de France favorisent ouvertement la secte et les principes... Au surplus, la déclaration

réprouve implicitement les infâmes doctrines des mauvais papes, Grégoire VII, Boniface VIII, etc.

Cette déclaration suffirait pour démontrer combien les querelles religieuses s'étendent et s'aggravent de jour en jour, à la faveur des doctrines dont le jésuitisme et l'ultramontanisme infestent la France depuis 1814 : ces mêmes ecclésiastiques qu'elle vit si soumis aux lois et au concordat de 1801, qui prodiguèrent leurs bénédictions à l'usurpateur du trône des Bourbons et le fatiguèrent de leurs serviles adulations, émettent, depuis sa chute, les maximes les plus attentatoires à l'autorité royale, et veulent dominer les lois et le prince! Dans un livre intitulé : *de la Religion dans ses rapports avec l'ordre politique et civil*, l'abbé La Mennais n'a pas craint de professer le principe de *la suprématie pontificale, même en affaires temporelles*, principe subversif de tout ordre social, principe dans lequel cet abbé, le coryphée des jésuites et de la cour de Rome, déclare persister lorsqu'il comparait devant le tribunal de police correctionnelle du département de la Seine (Paris)... Un abbé de Monchy, exerçant les fonctions sacerdotales à Mantes (Seine-et-Oise), sera traduit devant les tribunaux, juin 1827, et condamné à 100 francs d'amende pour avoir demandé l'abolition de la Charte : cet ecclésiastique a prêché dans la chaire de vérité, « qu'il ne voit pas de salut pour le roi ni « pour la France, si la Charte n'est abolie; » et il « pro-« clame cette vérité, dût-elle lui coûter la vie!.., » Plus tard, le 4 novembre 1827, et le jour même de la fête de tous les Français, de la fête du roi (Saint-Charles), un abbé Partie, exerçant les fonctions sacerdotales à La Londe (département de la Seine-Inférieure), dira solennellement, dans la chaire évangélique : « ... Au- « tant le spirituel est au-dessus du temporel, autant

« le chef de l'Église est au-dessus du pouvoir des princes
« de la terre. Si donc un roi indigne rendait des lois
« qui fussent contraires aux principes de la religion,
« ses sujets cesseraient d'être tenus de lui obéir..... »
Est-ce là obéir au prince et respecter le gouvernement?
L'autorité spirituelle lutte aujourd'hui, de puissance à
puissance, avec l'autorité temporelle; elle veut exercer
une influence directe sur les affaires politiques, et prétend subordonner les affaires de l'État à celles de l'Église. Le jésuitisme s'est emparé de l'éducation publique,
entend la diriger exclusivement, et soutient, avec audace, que l'autorité temporelle n'a pas le droit de prescrire le mode d'enseignement et de surveiller les écoles
appelées *séminaires!* De telles prétentions attentent
directement à la souveraineté du prince et aux lois de
l'État; car les évêques n'ont pas et ne sauraient avoir,
dans tout gouvernement légal et sagement constitué,
la faculté de s'assembler, d'ouvrir des écoles, d'établir
des séminaires, de former des maisons d'éducation religieuse, sans l'autorisation expresse de la loi civile :
c'est au prince ou au magistrat, c'est-à-dire à la loi
civile, qu'il appartient d'autoriser ou de défendre l'établissement des séminaires, des congrégations religieuses, des sociétés ecclésiastiques; qu'il appartient, par
essence, d'en prescrire la discipline et d'en surveiller
l'exécution! Soutenir le contraire, ce serait soutenir
que la loi civile est sujette de l'autorité spirituelle, et
que le prince ou le magistrat doit obéir à l'ecclésiastique ou au prêtre. L'ecclésiastique (il faut le dire, le
redire sans cesse, pour l'inculquer dans tous les esprits),
le prêtre, qu'il soit cardinal, évêque, curé, ou simple
vicaire de paroisse, n'est autre chose, aux yeux de la loi
civile, qu'un fonctionnaire public salarié par l'État; il
exerce la plus respectable de toutes les professions, le

sacerdoce, et cette profession ne saurait être entourée de trop de vénération dans son exercice spirituel : mais l'ecclésiastique est tenu, comme le dernier des sujets, d'obéir aux lois de l'État ; plus son caractère est saint, plus il est dans la stricte obligation de donner l'exemple d'une soumission, d'une obéissance entière : souverain dans le sanctuaire, le prêtre, hors du sanctuaire, est sous l'empire absolu de la loi civile, et devient son justiciable dans toutes les actions qui sortent du domaine de la foi et du dogme : telle est la loi de Jésus-Christ, telle est la volonté immuable du divin fondateur de la religion, et telle doit être la règle fondamentale de tout gouvernement bien organisé..... Les Mingrat, les Molitor, les Contrafatto, ont commis des crimes ; ils doivent les expier sur l'échafaud, ou la loi n'est plus qu'un vain mot !

Il n'y a point en France de corps, d'ordre du clergé ; il n'y a plus de priviléges, de prérogatives, attachés à une classe quelconque de citoyens : la Charte constitutionnelle les exclut formellement. Les ecclésiastiques, quelque élevés qu'ils soient dans la hiérarchie ou l'institution religieuse, n'ont pas le droit de s'assembler, de délibérer : comme individus, ils peuvent présenter des suppliques au prince, des pétitions aux chambres législatives ; comme corps, ils se rendent coupables de rébellion, de trahison, en entretenant des correspondances secrètes avec une puissance étrangère quelconque, en formant des associations ou des assemblées non autorisées par les lois.

Les empiétements, ou plutôt les envahissements de l'autorité spirituelle sur l'autorité temporelle, ont été la source des plus grandes calamités qui aient jamais affligé les rois et les peuples : il est de leur intérêt commun d'en prévenir le retour ; mais on n'y réussira qu'en empêchant les ecclésiastiques de s'immiscer dans les affaires de l'État. Le clergé ne doit avoir aucune influence politique, il ne doit pas se mêler de l'enseignement public, et, à plus forte raison, ne doit-il pas le diriger d'une manière exclusive. Dans tout bon gouvernement, le spirituel et le temporel doivent être entièrement séparés, parce que le sacerdoce et l'empire sont deux choses absolument distinctes : *l'État n'est pas dans l'Église; l'Église est dans l'État.* Tel est le principe, telle doit être la base de tout gouvernement libre, indépendant et sage.

La Charte reconnaît formellement ce principe; elle dit, article 5 : « Chacun professe sa religion avec une « égale liberté, et obtient pour son culte la même pro- « tection. » D'après notre loi fondamentale, la liberté religieuse doit être, ainsi que l'a dit un publiciste célèbre, « sans restriction, sans priviléges, et sans même que les individus, pourvu qu'ils observent des formes extérieures purement légales, soient obligés de déclarer leur assentiment en faveur d'un culte particulier. » Dirait-on que les articles 6 et 7 de la Charte, qui déclarent la religion catholique, apostolique et romaine *la religion de l'État*, et qui n'accordent des traitements du trésor royal qu'aux ministres de cette religion et des autres cultes chrétiens; dirait-on que ces articles expliquent l'article 5, en déterminent le véritable sens, et règlent la liberté religieuse dont les Français doivent jouir? Une telle assertion ne serait point soutenable, puisque ce serait supposer que l'auguste fondateur de la Charte, en accordant à chacun une égale liberté pour sa religion et une même protection pour son culte, aurait voulu soumettre à la dépendance de la religion de l'État la liberté de profession et d'exercice des cultes qui sont en dissidence avec elle : ainsi l'entendent l'hypocrisie et l'intolérance, c'est-à-dire le jésuitisme et l'ultramontanisme : mais ainsi ne l'a pas entendu le monarque législateur, dont la loyauté et la grandeur d'âme respirent dans les articles de la Charte qui consacrent les droits publics des Français.

Tous les orateurs qui, dans la chambre des pairs et dans celle des députés (V. 20 avril 1825), ont combattu le projet de loi sur le sacrilége, et se sont montrés dans leurs savantes discussions les vrais défenseurs de la religion, de la Charte, et par conséquent de la *liberté religieuse,* tous ces illustres soutiens du trône et des libertés nationales se sont bien gardés de confondre ensemble la religion et l'État ; c'est qu'ils se connaissent en constitution politique..... Rappelons, à ce sujet, les opinions de l'un des membres les plus remarquables de l'assemblée constituante, du frère de monsieur le cardinal-archevêque de Toulouse, de M. le comte de Clermont-Tonnerre : voici les paroles qu'il prononça, en 1790, à la tribune nationale : « ..... La
« religion et l'État sont deux choses parfaitement distinctes, parfaitement séparées, dont la réunion ne
« peut que dénaturer l'une et l'autre. L'homme a des
« relations avec son Créateur ; il se fait ou il reçoit
« telles ou telles idées sur ces relations : on appelle ce
« système d'idées *religion.* La religion de chacun est
« donc l'opinion que chacun a de ses relations avec
« Dieu. L'opinion de chaque homme étant libre, il peut
« prendre ou ne pas prendre telle religion. L'opinion
« de la minorité ne peut jamais être assujettie à celle
« de la majorité ; aucune opinion ne peut être commandée par le pacte social. La religion est de tous
« les temps, de tous les lieux, de tous les gouvernements ; son sanctuaire est dans la conscience de
« l'homme, et la conscience est la seule faculté que

« l'homme ne puisse jamais sacrifier à une convention
« sociale. Le corps social ne doit commander aucun
« culte, il n'en doit repousser aucun..... » (*Procès-
verbal des séances*, etc.)

La liberté religieuse, ou liberté de conscience, fut
défendue (pendant l'assemblée constituante) par l'évêque d'Autun, Talleyrand-Périgord, et non moins positivement que par le comte de Clermont-Tonnerre; les opinions d'un prélat aussi distingué sont remarquables : voici comment s'exprimait M. de Talleyrand, dans sa fameuse lettre à la convention nationale, Londres, 12 décembre 1792; lettre insérée dans le *Moniteur*, 25 décembre, même année : « ..... A l'époque du mois d'avril 1791, voici ce qui s'est passé. On s'occupait à Paris de l'arrêté du directoire du département, concernant les églises paroissiales, les chapelles, etc. Cet arrêté, pris le 11 avril, fut soumis par le directoire à l'assemblée nationale qui, le 18, le renvoya au comité de constitution pour qu'il fît son rapport. Je m'occupai de ce petit travail (à peu près de la longueur d'une affiche), et m'en occupai au même instant. Ce fut le lendemain ou le surlendemain que je rencontrai M. Laporte dans une société. On y parla beaucoup, comme on faisait ailleurs, des pâques du roi. Je dis que j'ignorais quelle serait l'opinion de l'assemblée à cet égard, mais que la mienne était bien décidée, et qu'au département et à l'assemblée, je soutiendrais l'arrêté; j'ajoutai que j'avais déjà rédigé dans ces principes le projet du rapport du comité de constitution. L'objet de ce rapport devant être de rendre très-familières des vérités importantes à l'ordre public, j'avais le projet de consulter plusieurs personnes. Quelques-uns de mes collègues, actuellement de la convention nationale, peuvent se rappeler que je le leur ai communiqué à

cette époque, et que je profitai de leurs conseils en y faisant des changements considérables. M. Laporte, qui, comme tous les serviteurs du roi, n'était en ce moment occupé que des inquiétudes de conscience qu'il manifestait aux approches de Pâques, paraissait s'intéresser très-vivement au succès d'un arrêté qui déclarait que la liberté du citoyen dans ses opinions religieuses doit lui être garantie contre toute espèce d'atteinte; j'ai su ensuite d'une personne de la chambre dans laquelle nous étions, qui me demanda de lui prêter ce rapport, que M. Laporte en avait obtenu d'elle communication : et c'est apparemment cette pièce qu'il se hâta de faire copier et d'envoyer au roi, comme propre sans doute à rassurer sa conscience. Je disais en effet dans ce rapport : « Ne parlons pas ici de *tolérance*. Cette expres-
« sion *dominatrice* est *une insulte*, et ne doit plus
« faire partie du langage d'un peuple libre et éclairé.
« S'il est un culte que la nation ait voulu payer, parce
« qu'il tient à la croyance du plus grand nombre, et
« non parce qu'il est le plus divin, il n'en est aucun
« hors duquel elle ait voulu, elle ait pu déclarer qu'on
« ne serait pas citoyen, et par conséquent habile à
« toutes les fonctions. Portons le principe jusqu'où il
« peut aller. Le roi, le premier fonctionnaire de la na-
« tion, qui, certes et avant tout, doit faire exécuter
« la loi, acceptée et sanctionnée par lui, pourrait, en
« remplissant ce devoir, suivre un culte différent, sans
« qu'on eût aucun droit de l'inquiéter : car le temps
« n'est plus, et ne reviendra jamais, où l'on disait et
« où l'on soutenait, les armes à la main, que la reli-
« gion du roi doit être nécessairement la religion de la
« nation. Tout est libre de part et d'autre, et il en est
« du roi à cet égard comme de tout autre fonction-
« naire public, ni plus ni moins. Voilà le principe

« dans toute son exactitude, dans toute sa pureté, tel
« qu'il sera vrai dans mille ans, tel qu'il doit le paraî-
« tre dans ce moment...... » — Personne ne contestera la piété et les connaissances théologiques de M. de Talleyrand, évêque d'Autun ; ce prélat était un des flambeaux de l'Église de France, et le clergé l'avait nommé un de ses agents généraux : M. de Talleyrand admettait, comme on voit, la plus entière liberté religieuse ; son opinion doit faire autorité, en matière semblable.....

Dans leurs discours, relativement à la loi du sacrilége, MM. de Broglie, de Barante, Portalis, Molé, Lanjuinais, Royer-Collard, etc., etc., ont professé, explicitement ou implicitement, les doctrines de la plus entière liberté religieuse ; ils ont démontré que l'article 5 de la Charte n'était pas un article de *tolérance*, mais d'entière *liberté religieuse* en faveur des religions et des cultes autres que la religion catholique, apostolique et romaine : cette religion est la religion de l'État, mais cela ne veut pas dire qu'elle doit être *dominante* ; cela ne veut pas dire non plus que l'État doit être dans l'Église.

Mettre l'État dans l'Église et rendre conséquemment l'État dépendant et subordonné de l'Église, ainsi que le veulent les ultramontains et les jésuites, c'est se créer des embarras, des obstacles, des dangers, qui finiraient par devenir insurmontables, si le gouvernement ne se hâtait de retenir le clergé dans des limites qu'il lui devînt impossible de franchir ! Ce n'est point sur le clergé, pas plus que sur la noblesse, considérés comme ordres, que doit s'appuyer le prince, c'est sur la masse de la nation qui, seule, fait la force et la sûreté du trône : il faut que chaque chose soit et demeure à sa place ; l'ecclésiastique à l'autel, et le laïque à l'administration ; il ne faut pas mêler ensemble le trône et l'autel, encore moins faut-il les confondre : Jésus-Christ l'a dit, *Mon royaume n'est pas de ce monde.*

Malheureusement, il y a depuis quelques années un tel mélange du spirituel avec le temporel, que les prêtres ultramontains cherchent de toutes parts à envahir le pouvoir ; ils revendiquent ce qu'ils appellent leurs biens *, leurs droits, leurs prérogatives : mais entre les prétentions émises aujourd'hui par les prêtres ultramontains, et les priviléges dont le clergé français jouissait avant 1789, il y a un anachronisme immense, celui de la révolution française; et il y a de plus toute la distance qui sépare la sainte ligue de la Charte constitu-

---

* Pour avoir une idée bien juste sur la légitimité des biens du clergé, il faut consulter l'ouvrage intitulé · *Véritable origine des biens ecclésiastiques*, etc., contenant les différentes voies par lesquelles le clergé séculier et régulier de France s'est enrichi, par Rozet ; Paris, 1790. Cet ouvrage est fort curieux ; il s'appuie sur des faits et des documents authentiques, et, quoique publié au commencement de la révolution, il est écrit avec une modération remarquable : l'auteur prouve que l'ancien clergé de France a abusé du pouvoir féodal beaucoup plus que la noblesse ; que le trône a été exposé à plus de périls et a souffert encore plus de vexations de la part des ecclésiastiques que de la part des nobles ; que le plus dangereux ennemi qu'aient eu les rois de France a toujours été la cour de Rome... Les évêques de France prétendaient que les biens ecclésiastiques ne devaient pas participer aux charges de l'État ; ils déclaraient, en 1750, par la bouche de leurs agents, « que leurs « biens étant exemptés, *de droit divin*, de toutes charges et « contributions, ils ne doivent pas y être assujettis. » Les évêques de France professaient les maximes du pouvoir absolu, mais à condition qu'ils participeraient directement à l'exercice de ce pouvoir : « Lors de la levée des scellés apposés sur les « papiers du feu cardinal de Luynes, en 1788, on trouva cinq « cents lettres de cachet en blanc. »

L'ouvrage de M. Rozet, écrit dans un esprit vraiment reli-

tionnelle! Il faut donc rapporter la Charte et se préparer à subir une nouvelle révolution, ou il faut tenir les membres du clergé de France dans une soumission réelle et non fictive aux ordonnances du prince, dans une obéissance absolue, et sans interprétations quelconques, aux lois de l'État.

Plus le gouvernement s'occupera des querelles religieuses, plus elles acquerront d'intensité et provoqueront de discordes : le véritable moyen de les éteindre, c'est de ne pas s'en occuper. Que l'ecclésiastique soit fortement protégé dans ses fonctions sacerdotales, mais qu'il soit aussi sévèrement réprimé lorsqu'il s'immisce, sans droit constitutionnel et sans mandat de l'autorité temporelle, dans les affaires politiques ou d'administration civile; alors l'État sera tranquille, et notre

gieux, s'appuie sur l'autorité de l'abbé Fleury qui dit (septième discours) « que les ecclésiastiques s'étaient insensiblement éloi-
« gnés de leur profession. Ils avaient oublié le précepte de
« l'apôtre, « que celui qui est enrôlé au service de Dieu ne
« doit point s'embarrasser d'affaires temporelles. » En signalant les envahissements et les spoliations exercés par le clergé de France depuis Clovis jusqu'à Louis XVI, en dévoilant les actes de superstition, de barbarie, de rebellion, et d'esprit de domination temporelle qu'il n'a cessé de commettre jusqu'à l'époque de la révolution, M. Rozet emprunte ces paroles d'un ecclésiastique : « L'histoire ne se plie pas à la dissimulation ;
« elle ne flatte ni les pontifes ni les rois ; elle les peint comme
« des usurpateurs, des fourbes, des tyrans ou des âmes viles,
« lorsque leur conduite a mérité ces noms odieux ; et plus les
« faits intéressent la société, plus elle doit les mettre au grand
« jour avec autant d'énergie que de droiture. Osons le dire,
« l'intérêt même de la religion demande que les hommes con-
« naissent l'abus qu'on en fit souvent, qu'on en peut faire
« encore. Les prémunir contre la superstition et le fanatisme,
« c'est les attacher à la pureté de son culte et de sa morale. »
Extrait de la préface de l'*Histoire de France*, par l'abbé Millot; ouvrage publié avec approbation et privilége du roi.

sainte religion sera honorée autant qu'elle mérite de l'être!

L'excellent *Mémoire à consulter* (V. 4 mars) de M. le comte de Montlosier (ouvrage qui a obtenu l'approbation la plus éclatante de tous les hommes véritablement religieux) a dévoilé les intrigues du parti-prêtre : le livre du fougueux abbé La Mennais a démontré que le parti-prêtre persévère dans ses maximes ultramontaines. Ces deux écrits, de nature si différente, ont produit la plus vive sensation dans toute l'étendue de la France; c'est sans doute pour calmer cette effervescence des esprits que les archevêques et évêques émettent leur déclaration : on peut la considérer comme un acte additionnel à la déclaration de 1682, quoique les évêques aient soigneusement gardé le silence à cet égard. Mais l'épiscopat aura bien mérité de la religion et de la France, s'il persévère dans les doctrines qu'il vient de professer, et s'il donne aux fidèles l'exemple de la soumission aux lois de l'État : nous l'espérons, nous le désirons ardemment dans l'intérêt de la religion, dans l'intérêt de l'épiscopat qui ne saurait, sans danger pour les évêques eux-mêmes, être séparé de l'intérêt de la religion catholique.

3. — Soulèvement des élèves de l'école des Arts et Métiers de Châlons-sur-Marne. — Les élèves de cette école prétendent éprouver de grandes vexations de la part du surveillant *Gaillet*, ancien gendarme, qui se permet (disent-ils) de les frapper : ils ont demandé plusieurs fois au directeur de l'école, M. le vicomte de Boisset, l'expulsion de ce surveillant. Ils se soulèvent contre leurs chefs : le directeur de l'école et le maire de Châlons se voient dans la nécessité de faire intervenir la force armée... La majorité des élèves est demeu-

rée, à ce qu'il paraît, étrangère à la révolte ; vingt-cinq élèves seront expulsés, huit seront traduits en justice.

5. — L'empereur Nicolas a fait signifier son ultimatum à la Porte ottomane, relativement à l'occupation de la Moldavie et de la Valachie : si le cabinet turc n'accède pas, dans le terme de cinq semaines, aux conditions stipulées dans l'ultimatum, la Russie l'y contraindra par la voie des armes...

Le cabinet de Saint-Pétersbourg, les yeux toujours fixés sur Constantinople, entretient les troubles et les divisions dans les principautés de Moldavie et de Valachie qui garantissent encore les frontières ottomanes contre l'ambition russe ; il sépare avec adresse les questions relatives à ces principautés, qu'il appelle *affaires russes*, de la question grecque, qu'il appelle *affaire européenne*. D'après ce système, il entend rester seul arbitre et juge de ses discussions avec la Porte ottomane sur les rives du Danube ; tandis qu'encourageant les Grecs à persévérer dans leurs hostilités contre la Porte, sans leur prêter néanmoins aucune assistance, il affaiblit les Grecs et paralyse en même temps tous les efforts tentés par la Porte ottomane pour replacer sous son joug la Morée et les îles de l'Archipel.

10. — Riffardeau, marquis de Rivière, créé duc depuis peu de temps, capitaine des gardes du corps du roi, etc., est nommé gouverneur de S. A. R. le duc de Bordeaux, héritier présomptif de la couronne : le duc de Rivière a été nommé, le 5, président de la société catholique des bons livres, en remplacement du duc Mathieu de Montmorency. Fénelon, Beauvillier et Montausier n'étaient pas jésuites.

M. de Rivière est connu par le plus entier et le plus

honorable dévouement à la personne du roi Charles x ; mais dépourvu d'instruction et de connaissances, il n'a pas même, comme son prédécesseur, l'illustration d'un grand nom : il n'a pas non plus ce ton et ces manières que donnait autrefois l'éducation réservée aux grands seigneurs. M. de Rivière est né dans la classe du peuple *.

* Madame Lafont, riche propriétaire de la Ferté-sous-Reully (dans le Bas-Berry), ayant perdu son mari, pria un de ses amis, habitant de Bourges, de lui envoyer un homme d'affaires, un intendant capable de diriger sa fortune : cet ami lui envoya le sieur Riffardeau (fils d'un artisan dont le père avait été, dit-on, perruquier), jeune homme de vingt-cinq à trente ans, qui sut si bien plaire à cette dame qu'il s'en fit épouser quoique beaucoup plus jeune qu'elle : Madame Lafont mourut et laissa, par testament, ses biens à M. Riffardeau qui épousa, en secondes noces, une demoiselle de condition, nommée de Rivière, dont il prit le nom purement et simplement, après l'avoir ajouté quelque temps au sien, comme il est d'usage en plusieurs provinces..... (Cette demoiselle Rivière descendait, à ce qu'on prétend, d'un M. de Rivière qui avait enlevé la fille de Bussy-Rabutin, fille dont le cousin de madame de Sévigné faisait sa femme. Bussy-Rabutin, éperdument amoureux de sa fille, jeta feu et flamme, et voulut tirer une éclatante satisfaction du ravisseur ; il rassembla à cet effet quelques gentilshommes, mais une lettre de cachet lui en ôta les moyens ; Louis xiv le confina dans son château, avec défense d'en sortir pour quelque raison que ce pût être. M. Riffardeau aurait donc épousé une arrière-petite-fille du fameux comte de Bussy-Rabutin.) De ce mariage, sont provenues deux filles, dont l'une a épousé un homme du commun, nommé *Montaudin* : l'autre est restée fille, et demeure dans une terre du département de l'Indre (Châteauroux), arrondissement d'Issoudun ; on la nomme dans le pays mademoiselle *Riffardeau*, mais elle exige des gens sous ses ordres qu'on l'appelle mademoiselle *de Paudi*, nom de sa terre.

De plus, est issu de ce mariage M. de Rivière ; il se destina au service militaire, et acheta un brevet d'enseigne à pique dans le régiment des gardes-françaises, où il servait au moment

15. — Le sieur Tharin, évêque de Strasbourg, est nommé précepteur de S. A. R. le duc de Bordeaux.

de la révolution. Son père, à l'époque de la convocation des états-généraux, eut beaucoup de peine à être admis dans l'assemblée bailliagère; on prétend même qu'il en fut exclus, l'ordre de la noblesse n'en voulant pas, et l'ordre du tiers-état n'en voulant plus.

M. de Rivière émigra, et ne cessa en pays étranger de donner des preuves de son attachement à la cause royale; son dévouement à l'auguste personne de S. A. R. Monsieur, comte d'Artois, est surtout digne des plus grands éloges; il manifesta le plus noble courage dans le procès de Georges Cadoudal, Pichegru et Moreau; sa conduite à cette époque mérite d'être citée comme un modèle de fidélité, d'amour et de respect pour le prince auquel il avait consacré sa vie.

Après la commutation de la peine capitale prononcée contre lui, M. de Rivière vint à Paudi, chez sa sœur, avec obligation de faire acte de sa présence à Issoudun, chez le sous-préfet qui le recevait à sa table d'une manière toute particulière, ce qui n'était pas très approuvé dans le pays : M. de Rivière a donc eu tort de se plaindre de la sévérité de la surveillance exercée envers lui à Issoudun. Pendant son séjour en cette ville, il eut une discussion très acerbe avec madame Le Courayer, nouveau propriétaire de la terre de la Ferté : il était dû à M. de Rivière, au moment de son émigration, une somme de 30,000 fr. par cette dame; elle lui écrivit plusieurs fois à l'étranger pour lui demander où il désirait qu'elle versât la somme; M. de Rivière lui répondit toujours qu'il la suppliait de lui garder et conserver les 30,000 francs jusqu'à ce qu'il pût les faire prendre d'une manière sûre.

A l'époque de sa surveillance à Issoudun, M. de Rivière réclama les 30,000 francs; ils lui furent offerts de suite; mais il ne voulut pas les recevoir si on ne lui payait en même temps des intérêts : indignée d'un tel procédé, madame Le Courayer refusa de solder les intérêts, et le procès allait s'entamer, lorsque le sous-préfet et M. de Roche-Dragon s'interposèrent entre les parties, et arrangèrent leur différend : le résultat fut que M. de Rivière toucha non-seulement le capital, mais encore une partie des intérêts qu'il exigeait pour le service signalé

M. Tharin * est affilié à la secte des jésuites, ainsi que M. le duc de Rivière. Nous donnerons ici des fragments du mandement publié par monsieur l'évêque de Strasbourg, pour le carême de 1826. « ... Si les ennemis de la « religion accusent les jésuites de vouloir tout envahir « dans la société, de distribuer à leur gré les emplois « et les honneurs, de menacer nos libertés et l'ordre « social, n'est-ce pas uniquement parce qu'ils craignent « *leur salutaire influence sur les principes et les mœurs* « *de la jeunesse ?*..... — Plus ils diront de mal d'eux, « plus nous les croirons capables *de faire un très-* « *grand bien dans le royaume ;* plus ils entasseront « contre eux accusations sur accusations, plus nous « serons persuadés que, loin de mériter la vengeance « des lois, ils méritent la protection des rois, qu'ils « sont appelés *à replacer le monarchie sur des fonde-* « *ments solides,* en élevant la génération naissante « dans les principes conservateurs de l'ordre, dans « l'amour de Dieu et des princes de la royale maison « de Bourbon..... »

Il ne faut pas s'étonner des pompeux éloges distribués à la congrégation par M. Tharin ; le prélat est jésuite, et jouit d'une haute considération dans la con-

---

qu'on lui avait rendu. En quittant Issoudun, M. de Rivière obtint d'aller demeurer à Bourges (Cher), où il faisait partie de la garde nationale ; il en était un des officiers les plus médiocres.

La restauration arriva ; M. de Rivière reçut la récompense de son invariable attachement à la maison de Bourbon. M. de Rivière avait épousé une femme divorcée, madame de La Ferté ; et cependant cet homme si religieux appelait le divorce : *de la bigamie plâtrée.*

* Qui se doutait, il y a vingt ans, qu'il y eût en France un abbé Frayssinous, un abbé Quelen, un abbé Tharin, un abbé Villèle, etc., vicaires dans un villlage, ou à Paris ?

grégation ; il va se délasser, ainsi que M. l'évêque *in partibus* Frayssinous, des fatigues de son ministère, au billard des jésuites de Montrouge. Ici, on ne peut se refuser à la citation d'une bagatelle ; elle prouve combien l'intention peut sanctifier les plaisirs mondains..... Dans un ministère qu'il est inutile de citer, un haut fonctionnaire aime de passion le billard ; il a, chez lui, un billard magnifique, acheté des deniers de l'État ; ses courtisans, et un premier commis en compte pour l'ordinaire plus qu'un ministre, ses courtisans tiennent à honneur de faire sa partie au noble jeu ; on a placé un tronc dans la salle de billard, tous les enjeux et les prix des poules y sont versés : les fonds sont envoyés ensuite à la congrégation des jésuites à Montrouge !.....

19. — Don Pedro 1er, empereur du Brésil et roi de Portugal, donne une Charte constitutionnelle au royaume de Portugal..... Elle règle l'étendue du royaume, son territoire, gouvernement, dynastie et religion ; établit les qualités nécessaires pour être citoyen portugais ; définit les pouvoirs et la représentation nationale ; constitue le pouvoir législatif, ses branches et leurs attributions ; détermine les droits et attributions de la chambre des députés et de la chambre des pairs ; règle la proposition, discussion, sanction et promulgation des lois, ainsi que les droits et les formes des élections.

Cette constitution reconnaît quatre pouvoirs : le pouvoir législatif, le pouvoir modérateur, le pouvoir exécutif et le pouvoir judiciaire..... « Le pouvoir modérateur appartient au roi, pour qu'il veille continuellement sur le maintien et la conservation de l'indépendance, sur l'équilibre et l'harmonie des autres pouvoirs politiques. Le roi est le chef du pouvoir exécutif, et l'exerce par ses ministres d'État. » — Les prérogatives de la famille royale, sa dotation, la succession à la couronne, la régence pendant la minorité ou autre cause qui empêche le roi de gouverner, le ministère, le conseil d'État, la force militaire, sont les sujets de divers chapitres qui présentent des vues sages et profondes..... La constitution règle le pouvoir judiciaire, et statue sur les juges et les tribunaux de justice;..... elle fixe l'administration par rapport aux tribunaux et par rapport aux revenus publics;..... enfin, son huitième et dernier titre traite des dispositions générales et des garanties des droits civils et politiques des citoyens portugais.....

Tous les amis de l'humanité, de la liberté, de la royauté et des lois rendront hommage à l'empereur et roi don Pedro 1er : il affranchit le Portugal de la tyrannie du pouvoir absolu, et donne à ce royaume une constitution véritablement libérale. On est saisi d'étonnement et d'admiration, en voyant un si grand bienfait arriver d'un autre monde, de cette Amérique méridionale où l'esclavage constituait la première loi de l'État, où l'homme naissait et mourait dans les fers, où l'ignorance et la superstition étaient imposées aux sujets, comme condition d'existence, par le pouvoir absolu qui en avait fait des articles de foi.

Cette constitution consacre les droits appartenant au citoyen dans tout gouvernement légitime et bien organisé; on y trouve une garantie réelle de la liberté et de la sûreté individuelles. La royauté a pris sa bonne part du pouvoir, mais elle a fait aussi aux libertés nationales toutes les concessions qu'elles pouvaient raisonnablement désirer; l'article 45 du chapitre iv du titre iv, porte : « La proposition, l'opposition, et

« l'approbation des projets de lois, appartiennent à cha-
« cune des deux chambres ; » cette disposition fondamentale est la base la plus solide des libertés constitutionnelles, car elles n'existent qu'imparfaitement dans
tout État où une semblable disposition n'est pas reconnue et admise... La chambre des députés a le privilége
de l'initiative sur les impositions et sur le recrutement :
elle a le droit d'accorder ou de refuser l'entrée des
forces étrangères de terre et de mer dans l'intérieur du
royaume ou dans ses ports ; de fixer annuellement,
d'après le rapport du gouvernement, les forces de terre
et de mer, ordinaires et extraordinaires ; de fixer annuellement les dépenses publiques et de répartir la
contribution directe; de régler l'administration des domaines de l'État, et de décréter leur aliénation ; de créer
ou supprimer des emplois publics et d'en fixer les
émoluments : l'examen de l'administration précédente,
la réforme des abus qui s'y seraient introduits, et la
discussion des propositions faites par le pouvoir exécutif, lui appartiennent également. Les députés, qui
prennent le titre de *députés de la nation portugaise*,
peuvent être nommés aux fonctions de ministre d'État
ou de conseiller d'État; mais ils laissent leur place de
député vacante, et il doit être procédé à une nouvelle
élection dans laquelle ils pourront être réélus et cumu-
ler les deux fonctions : enfin, l'exercice d'un emploi
quelconque, à l'exception de ceux de conseiller d'État
ou de ministre d'État, cessera entièrement pendant le
temps que dureront les fonctions de député. Cette dernière disposition est également obligatoire pour les
pairs..... Il est des attributions exclusives de la chambre
des pairs de connaître des délits individuels commis
par les membres de la famille royale, par les ministres
d'État, par les conseillers d'État et par les pairs, et des

délits des députés, commis pendant la durée de la session de législature; de connaître de la responsabilité des secrétaires et conseillers d'État; de convoquer les cortès lors de la mort du roi pour l'élection d'une régence, dans le cas où elle aurait lieu, lorsque la régence provisoire ne le fait point.

La constitution portugaise renferme deux articles très-remarquables, savoir : « Le pouvoir exécutif fait faire, par l'un ou par l'autre des ministres d'État, la proposition qui lui appartient dans la formation des lois; et seulement après avoir été examinée par une commission de la chambre des députés, dont cette proposition doit émaner, elle pourra être convertie en projet de loi..... Les ministres pourront soutenir et discuter les propositions après le rapport de la commission; mais ils ne pourront point émettre de vote, ni être présents quand on votera, à moins d'être pairs ou députés. » — Les ministres d'État sont responsables pour trahison, pour tentative de corruption, subornation et concussion; pour abus de pouvoir; lorsqu'ils ne se conformeront pas à la loi; pour tout ce qu'ils feront de contraire à la liberté, sûreté et propriété des citoyens; pour la moindre dissipation des deniers publics. Une loi particulière spécifiera la nature de ces délits et la manière de procéder contre eux. L'ordre du roi donné de vive voix ou par écrit ne peut, en aucun cas, décharger les ministres de leur responsabilité. Les étrangers, quoique naturalisés, ne pourront pas être ministres d'État. — Les conseillers d'État, nommés par le roi, sont à vie. Les étrangers ne pourront pas être conseillers d'État, quoique naturalisés. Les conseillers d'État seront responsables des conseils qu'ils donneront, et qui seront opposés aux lois et aux intérêts de l'État, et manifestement préjudiciables.

Le pouvoir judiciaire a été rendu véritablement indépendant dans la constitution portugaise ; l'administration de la justice y est fixée selon les meilleurs principes de législation criminelle et civile ; le jury est admis pour le civil comme pour le criminel ; la marque du fer rouge est abolie. — Aucun genre de travail, culture, industrie ou commerce, ne peut être prohibé, pourvu qu'il ne préjudicie en rien aux coutumes publiques, à la sûreté et à la santé des citoyens. Le secret des lettres est inviolable ; l'administration des postes sera rigoureusement responsable de toute infraction de cet article. — Les fonctionnaires publics seront strictement responsables des abus et omissions qu'ils commettront dans l'exercice de leurs fonctions, et en aucun cas ils ne pourront faire retomber cette responsabilité sur leurs subalternes.....

Voltaire ne dirait pas maintenant :

« C'est du Nord aujourd'hui que nous vient la lumière. »

Il ne dirait pas même qu'elle vient d'Europe ! L'Amérique donne un grand exemple au monde ; et c'est d'un coin à peine civilisé de cette partie du globe, du Brésil, qu'arrive en Europe une charte constitutionnelle qui se compose des meilleures parties de la législation anglaise, de la législation française. Honneur et gloire à don Pedro 1er, s'il persévère dans les nobles principes qui lui ont inspiré cette charte véritablement constitutionnelle : honneur à ses conseillers et à la nation portugaise ! Le peuple qui découvrit les grandes Indes et l'Amérique méridionale, ce peuple si héroïque sous le roi Henrique, sous le roi Jean 1er, etc., méritait des institutions libérales ; il les a obtenues d'un monarque absolu ; sans doute il s'en montrera digne !

— La constitution donnée par don Pedro 1ᵉʳ renferme des imperfections et même des vices notables, surtout dans la partie des élections; elles sont indirectes, et il n'est pas besoin de prouver que l'élection indirecte ne représente pas la volonté nationale, dans son entière et vraie expression : mais les deux grands maîtres de toute bonne constitution politique, le temps et l'expérience, amèneront les modifications nécessaires pour rendre la Charte constitutionnelle de Portugal la meilleure des Chartes.

22. — L'abbé La Mennais, si connu par l'exaltation et la fougue de ses principes ultramontains, est traduit au tribunal de police correctionnelle du département de la Seine, par rapport à la publication d'un écrit intitulé : *De la Religion, considérée dans ses rapports avec l'ordre politique et civil.* Il est prévenu de provocation à la désobéissance aux lois, et d'attaque contre la dignité royale, contre les droits que le roi tient de sa naissance, contre son autorité constitutionnelle et contre l'inviolabilité de sa personne. — Le tribunal renvoie l'abbé La Mennais de la plainte, sur le deuxième chef d'accusation; et quant au premier chef, le tribunal condamne ledit abbé à 30 francs d'amende et aux dépens, ordonne que l'ouvrage sera saisi partout où besoin sera, et que les exemplaires saisis seront détruits..... Le *considérant* du jugement porte : Attendu... « que le caractère respectable dont M. l'abbé « La Mennais est revêtu, doit être pris en grande con-« sidération..... »

23. — Affaires de la Grèce. — Prise de Missolonghi par l'armée ottomane..... Après une année et demie de siége, ce boulevard de la Grèce est tombé sous le ci-

meterre des ennemis de la religion chrétienne; le courage et l'habileté des Osmanlis n'ont pas triomphé des Grecs; les Grecs périssent victimes de la froide insensibilité, de l'atroce machiavélisme des ministres dirigeant les grands cabinets de l'Europe; l'étendard de la liberté flotte sur les montagnes de la Grèce à côté de l'étendard de la croix; c'en est assez pour que les olygarques de l'Europe disent dans leur cœur : Que les Grecs soient exterminés!... Ce sont nos frères en Jésus-Christ; oui : mais ils veulent être libres, qu'ils périssent!!!

Forts de la perfide neutralité des grandes puissances, dirigés et secondés dans toutes leurs barbaries par les ministres de la sainte alliance, conseillés et conduits par des renégats français dont les noms ne souilleront pas nos pages, les Turcs entrent enfin dans ce sépulcre de héros dont la famine ouvre les portes... Les temps modernes ne présentent pas une époque d'héroïsme national aussi brillant, aussi surnaturel que celui dont les amis de la religion et de l'humanité sont témoins depuis 1820; l'antiquité n'a pas offert un plus grand spectacle, et cette Grèce, qui était elle-même l'antiquité héroïque, ne présente point, dans les fastes de son histoire, d'aussi impérissables monuments de gloire.....
«Mais les cabinets chrétiens ne s'occupent qu'à intriguer et à mettre des entraves, autant qu'il est en eux, dans tout ce qui peut contribuer à retirer la Grèce de sa position désespérante. Les commandants des stations chrétiennes qui parcourent le Levant, sous prétexte de demander satisfaction des insultes faites à leur pavillon par de prétendus pirates, bloquent les ports, menacent les gouverneurs des différentes îles, et vont même jusqu'à nier le plus souvent l'existence d'un droit des gens commun entre toutes les nations : et ce qui est plus

alarmant encore, cette manière d'agir devient, depuis quelque temps, commune à tous les commandants!... De bonnes gens croient que l'Angleterre conserve toujours la bienveillance qu'elle a affecté de porter à la cause des Grecs ; qu'ils se détrompent : sa marine n'est pas moins occupée que celles de l'Autriche et de la France, de la poursuite de prétendus pirates ; cette poursuite n'a d'autre but que de paralyser les opérations de la flotte grecque, et de faire profiter les Turcs de tous les moments d'inaction de la part des Grecs. Missolonghi, encore fumant de sang, est le déplorable et récent exemple de la neutralité des agents de la diplomatie et des amiraux chrétiens. » (Écrit de Corfou, 10 mai; *le Constitutionnel*, 31 mai.).....

Réduits au plus extrême dénûment, et ne se nourrissant plus, depuis quelques jours, que de restes de cadavres, la garnison et les habitants de Missolonghi font un dernier effort pour se frayer un chemin et se faire jour à travers l'armée ottomane* : trois mille Hellènes environ font ouvrir, à dix heures du soir, les portes de la place du côté de l'orient ; ils ont mis au milieu d'eux, les femmes et les jeunes Grecs : à peine hors des remparts, ils sont attaqués, environnés et comme emprisonnés en rase campagne par les masses d'Ibrahim ; le combat le plus terrible, le plus meurtrier s'engage au même instant ; mais l'issue ne saurait en être douteuse, les Grecs sont massacrés..... Un millier d'hommes armés avait été laissé sur les remparts de la place ; ils avaient ordre de déployer une fusillade et une canonnade très-vives pour tromper l'ennemi sur le but de la

---

* Le *Moniteur* dira (19 mai) : « Le 2 avril, Ibrahim avait invité la garnison à se rendre, en lui promettant la liberté de se retirer dans telle partie des territoires turcs qu'elle jugerait à propos. » Quelle faveur et quelle promesse !

sortie effectuée par leurs compatriotes : ce millier de héros les voit périr du haut des remparts. La troupe d'élite rassemble aussitôt les invalides, les vieillards et les enfants dans l'église, et les fait sauter en l'air : ensuite elle va partager le sort de ses compatriotes qui ont péri en combattant les ennemis : Missolonghi n'est plus!!...
Tout ce qui ne périt pas sous le fer ottoman est réduit en esclavage, et envoyé à Constantinople et à Alexandrie; les femmes et les enfants y seront vendus à l'encan : Ibrahim peut faire sans obstacle la traite des chrétiens; les amiraux des puissances alliées ne s'opposeront en aucune manière à cet infâme trafic, expressément protégé par les *instructions secrètes* de M. de Châteaubriand, ministre des affaires étrangères (V. 27 avril, 1825).

Femmes, enfants, vieillards, tous ont été des héros. L'Europe apprend en frémissant cette épouvante catastrophe; les peuples sont dans la consternation et le deuil; les gouvernements se réjouissent, mais ils gardent le silence : c'est un événement si effroyable que les partisans les plus déhontés de la barbarie turque ne savent comment en faire connaître les détails.....

« On a vu ces jours derniers (mars) deux dames non moins distinguées par leurs vertus que par le rang qu'elles tiennent dans le monde, madame la duchesse d'Alberg et madame la marquise de Marmier, aller seules de magasin en magasin, de porte en porte, dans le quartier commercial de la rue Saint-Honoré, solliciter, recueillir des dons pour les blessés grecs, des secours pour les héros de Missolonghi; recevoir avec la même reconnaissance le denier de la veuve, les épargnes de la jeune fille et les bienfaits du riche. — Mais, ce que nous sommes surtout heureux de faire connaître, c'est l'accueil cordial et touchant qu'elles ont reçu de tous les habitants de Paris, dont la pieuse émulation se dispute le touchant honneur de participer à une si bonne œuvre, et dont les cœurs semblent protester contre un affreux machiavélisme, si indigne d'une nation généreuse qu'il est plus aisé de calomnier que de corrompre. » (*Constitutionnel*, 30 mars.)

Console-toi, terre sacrée de l'Hellénie; mânes immortels des héros de Missolonghi, apaisez-vous ; le ciel est juste, la Grèce sera libre : chaque pierre de ses tombeaux fournira un défenseur à la cause sacrée de la liberté et de la religion !!!..... Le despotisme et les despotes passeront; la liberté, noble fille du ciel et de la terre, est immortelle : Dieu lui-même l'a donnée à l'homme, et il a voulu que l'homme en jouît.

26. — Décret par lequel l'empereur du Brésil, Pedro 1er, roi de Portugal, maintient la régence établie par le roi son père (V. 6 mars). — Le décret porte : « J'ai
« pour bien de confirmer ladite régence, qui gouver-
« nera jusqu'à ce qu'ait lieu l'installation de celle que
« je nommerai dans la Charte constitutionnelle de la
« monarchie portugaise que je vais octroyer immédia-
« tement..... »

27. — Ordonnance du roi : « Article 1er. Il sera élevé un monument à la mémoire de Louis xvi, au centre de la place située entre les Tuileries et les Champs-Élysées, laquelle prendra désormais le nom de place de Louis xvi. — 2. La première pierre de ce monument sera posée et bénite en notre présence, le 3 mai prochain. — 3. Nous nous réservons de déterminer l'emplacement où sera rétablie la statue équestre de Louis xv, en vertu de l'article 3 de l'ordonnance royale du 14 février 1816.

Ce monument était voté depuis plusieurs années par les deux chambres législatives : les ministres ont enfin jugé à propos de s'en occuper.

30. — Loi relative à la répartition de l'indemnité stipulée en faveur des anciens colons de Saint-Domingue (république de Haïti). — A cet effet, une commission spéciale sera nommée par le roi ; elle appréciera les biens suivant leur consistance à l'époque de la perte, et d'après la valeur commune des propriétés en 1789. L'indemnité sera du dixième de cette valeur. Les créanciers des colons de Saint-Domingue ne pourront former saisie-arrêt de l'indemnité que pour un dixième du capital de leur créance. L'indemnité sera délivrée aux réclamants par cinquième, et d'année en année, etc...

Les colons ne cesseront de se plaindre des délais apportés par la commission dans l'exécution de l'ordonnance, des frais et émoluments qui lui seront attribués.

1ᵉʳ Mai. — La Porte ottomane accède pleinement à toutes les conditions exigées par l'empereur Nicolas dans son *ultimatum*, signifié au reis-effendi par M. Minziaky, dans sa note du 5 avril dernier (V. cette date). En conséquence, le cabinet turc a désigné deux plénipotentiaires pour se rendre aux frontières, il a mis en liberté les ôtages détenus jusque alors à Constantinople, et donné des ordres positifs pour l'évacuation des deux provinces, la Moldavie et la Valachie, et pour le maintien des priviléges de la nation servienne, dont le cabinet de Saint-Pétersbourg exalte la fidélité, au moment où les serviens (d'après les instigations de ce cabinet), se constituent en rebellion contre la Porte ottomane. — De plus en plus embarrassé par la guerre sanglante qu'il poursuit en Grèce, le cabinet turc plie sous les exigences russes, espérant prévenir ainsi les hostilités dont le menace ouvertement la Russie ; il se ménage de la sorte les facilités de tourner toutes ses forces contre les grecs, et se flatte de les exterminer dans cette campagne... Mais peu satisfaite des concessions qu'elle vient d'obtenir, la Russie ne tardera point à renouveler ses intrigues à Bucharest et à Jassy ; elle accusera le cabinet turc de violer les engagements qu'il vient de contracter, et prendra une attitude de plus en plus hostile sur les rives du Pruth, séparant toujours, avec autant d'adresse que de perfidie, la question grecque de la question russe. Il n'est pas besoin de rechercher si la Porte ottomane a souscrit de bonne foi aux conditions imposées par *l'ultimatum* russe, si elle ne cherche pas aujourd'hui à gagner du temps pour s'y soustraire lorsqu'elle aura mis fin aux affaires de la Grèce ; le grand-seigneur sent le danger de sa position, il a recours à tous les expédients qui peuvent prévenir la guerre avec la Russie ; y réussira-t-il ? Non. La politique du cabinet russe est invariable ; il veut démembrer l'empire ottoman, et profiter des embarras extrêmes que l'insurrection et la guerre de Grèce ont suscités au grand-seigneur, pour se mettre définitivement en marche sur Constantinople..... Les Russes demandent la guerre à grands cris, et l'empereur Nicolas en a besoin pour occuper les passions politiques, et étouffer les conspirations qui ont éclaté à son avénement au trône.....

2. — Acte d'abdication au trône de Portugal, de la part de l'empereur du Brésil, don Pedro 1ᵉʳ. — « ..... J'ai pour bien, de mon propre mouvement, et de ma libre volonté, abdiquer et céder de tous les droits indisputables et incontestables que j'ai à la cou-

ronne de la monarchie portugaise et à la souveraineté de ces mêmes royaumes, dans la personne de ma très-aimée, estimée, fille chérie, la princesse du Grand-Para, donha Maria da Gloria; afin que, comme reine régnante, elle les gouverne d'une manière indépendante de cet empire, *et par la constitution que j'ai eu pour bien décréter, octroyer, et faire jurer* par ma *Carta de lei*, du 23 avril de l'année courante; et en outre il me plaît de déclarer que ma susdite fille reine régnante du Portugal ne sortira pas de l'empire du Brésil, jusqu'à ce que je sache officiellement qu'on aura prêté serment à la constitution, conformément à ce que j'ai ordonné, et avant que les fiançailles de l'union que je prétends lui faire contracter avec mon très-aimé et très-estimé frère, l'infant don Miguel aient eu lieu, *et que le mariage ait été conclu. Et mon abdication et cession ne s'effectueront pas s'il était manqué une de ces deux conditions.....* »

Par cet acte, le royaume du Portugal est séparé de droit et de fait de l'empire du Brésil, sauf l'exécution des conditions exprimées dans ledit acte. Les événements ultérieurs feront juger si cette grande mesure politique est aussi favorable aux intérêts du Portugal qu'à ceux du Brésil; les conditions mises par don Pedro à son abdication, montrent, en attendant, la prévoyance du monarque et déposent de son amour pour ses peuples d'Europe et d'Amérique.....

Mais les espérances de l'empereur seront déçues par les faits personnels de l'infant don Miguel, son frère, auquel don Pedro 1er accorde la main de sa fille, reine régnante : l'infant méconnaîtra la volonté de son frère et souverain; il attentera à ses droits et à ceux de la reine; il jurera la Charte constitutionnelle afin de se donner les moyens de la renverser; ils conspirera contre son frère et contre sa souveraine; il violera les devoirs les plus sacrés, et l'Europe verra (1828) l'infant don Miguel se livrer publiquement à tous les actes de tyrannie, de barbarie, de trahison, d'usurpation royale, que les circonstances où il se trouvera placé lui permettront de commettre : la haine et le mépris des Portugais seront les fruits qu'il recueillera de ses criminelles tentatives : sa lâcheté et sa perfidie le voueront à l'infamie des nations.

3. — *Dernière procession du jubilé.* — Cette cérémonie religieuse, au sujet de laquelle le pape accorde indulgence plénière, générale et solennelle, a été ouverte à Paris le 15 février, dans la métropole de Notre-Dame, avec une pompe extraordinaire; l'Église a déclaré le jubilé commencé... « Il a donné lieu à plusieurs stations particulières et à quatre processions générales (du 17 mars au 3 mai) où assistèrent le roi, la famille royale et des députations de tous les corps civils et militaires : spectacle édifiant, mais nouveau pour la génération née dans les troubles de la fin du dix-huitième siècle. » (*Annuaire historique*, etc., de Le Sur.)

Toutes les pompes de la religion et de la monarchie ont été déployées dans la dernière procession ; le roi, monseigneur le dauphin, madame la dauphine, les grands officiers de la couronne, des députations des premières autorités de l'État, ont assisté à cette solennité... Après la procession, le cortége s'est rendu à la place de Louis XV (aujourd'hui place de Louis XVI); le roi a posé la première pierre du monument qui doit être élevé à la mémoire de Louis XVI, au lieu où le roi martyr a reçu la couronne immortelle.

Si nos saints mystères ont été profanés, si la religion catholique et ses ministres ont été persécutés sous l'affreux régime de la convention et du directoire, ils sont aujourd'hui environnés du respect public et de toute la protection du fils aîné de l'Église, du roi très-chrétien. Aussi les ultramontains et les jésuites ont beau se répandre en déclamations passionnées contre ce qu'ils appellent, dans les mandements et dans la chaire évangélique, l'athéisme, l'impiété, les débordements et la dissolution générale de la société, leurs assertions mensongères et leurs hypocrites lamentations n'en imposent à personne... La population de Paris a vu tranquillement toutes les cérémonies pieuses du jubilé; aucune agitation, aucun trouble, ne se sont manifestés dans cette immense capitale; les citoyens y ont vaqué comme à l'ordinaire à leurs travaux et à leurs occupations de chaque jour. Malheureusement, il n'en a pas été de même dans plusieurs villes; à Rouen, à Lyon, etc., l'arrivée des missionnaires jésuites, envoyés pour faire les prédications du jubilé, y est devenue le prétexte ou l'occasion de grands troubles... Mais, partout où seront les jésuites, il y aura troubles, désordres et grands scandales : aussi toutes les lois de l'État avaient-elles justement et sagement proscrit la congrégation de ces sectaires.

9. — Ordonnance du roi, relative à la répartition de l'indemnité des colons de Saint-Domingue (république d'Haïti). — Elle statue sur les demandes en indemnité et les pièces qui doivent y être annexées; détermine les attributions du commissaire du roi et de la commission de liquidation; prescrit les formalités à suivre par les créanciers des colons. ...La commission est composée de vingt-sept membres, répartis en trois sections (V. 30 avril...). Si la liquidation de cette indemnité ne marche pas rapidement, ce ne sera pas faute de mesu-

res préparatoires, de bureaux, de commissaires et d'employés, tous largement rétribués.

14. — Traité entre la Russie et la Suède pour la délimitation des frontières entre la Russie et la Norwége. — Les parties contractantes voulant « prévenir les collisions auxquelles a pu donner lieu jusqu'ici l'absence d'une délimitation précise entre la Norwége et la Russie, dans les districs lapons (connus sous la dénomination de *faelleds districter*, districts communs), ont résolu de régler, par une démarcation fondée sur le principe des convenances réciproques, les limites qui sépareront dorénavant leurs possessions respectives dans les districts sus-mentionnés, ainsi que les relations limitrophes des communes laponnes qui les habitent... » Des contrées presque inhabitables et placées à l'extrémité septentrionale du globe, n'échappent pas à l'ambition de la Russie; elle s'asservit une partie de ces populations errantes dans leurs déserts glacés : ne perdant pas de vue les bénéfices que donnent dans ces pays la pêche, la chasse et le commerce des pelleteries, le cabinet de Saint-Pétersbourg y étend sa domination sous prétexte de convenances réciproques, et recule les frontières de son empire jusqu'à l'extrême latitude boréale; on peut dire des Russes : *Sistimus hic tandem ubi nobis defuit orbis.*

15. — M. Agier, membre de la chambre des députés, prononce, dans la séance de ce jour, un discours remarquable par la justesse de vues et la vigueur d'expression. — Dans la discussion générale du budget, ce député dit (au sujet du budget des affaires ecclésiastiques), que la plus grande partie des membres de la congrégation a juré une haine éternelle à nos institutions

constitutionnelles : « ..... Leur perte dût-elle même compromettre les véritables intérêts de la religion. — « Elle éloigne (la congrégation des jésuites) de la religion, elle aliène les cœurs au roi par son esprit inquisitorial ; elle trouble la foi au lieu de la fortifier ; elle divise les familles et les amis..... Et aux yeux de ses agents subalternes, la conduite la plus pure, la vraie piété même, ne défendent pas toujours les plus vertueux citoyens de l'espionnage le plus lâche, des dénonciations les plus injustes, des calomnies les plus indignes, et, ce qui est le pire de tous les malheurs, c'est elle, elle seule, qui a divisé les royalistes..... Elle fait trembler les préfets, les sous-préfets sous son influence secrète, quand ils ne sont pas ses adeptes : elle domine le ministère lui-même qui tantôt veut secouer le joug et tantôt le reprend. — « D'où lui vient donc cette puissance ? De celle qu'elle a de faire donner ou ôter les emplois dans le civil, dans l'armée. Et qu'on y prenne garde, après les illusions de 1791, après les horreurs de 1793, nous avons eu la corruption du directoire, celle-là était de boue ; nous avons eu la corruption de Bonaparte, celle-là était de gloire militaire ; nous avons eu la corruption de ce système de bascule (sous M. Decaze) qui a failli perdre la monarchie ; et si, par-dessus tout cela, nous avions la corruption de l'hypocrisie, devenue moyen d'avancement, le caractère de loyauté qui appartient à la nation française s'altèrerait, et par suite la religion serait compromise et la monarchie menacée ; car, n'en doutons pas, messieurs, la France qui, éblouie par l'éclat des armes, a pu supporter le despotisme militaire, ne pourrait tolérer celui de l'hypocrisie..... »

Le discours de M. Agier est une peinture fidèle de l'état de la France, et du ministère Villèle. La France ne veut pas de ce ministère, c'est-à-dire, de la fraude : la France ne veut pas de l'hypocrisie religieuse, c'està-dire, de l'ultramontanisme et du jésuitisme. M. de Montlosier a dénoncé la congrégation aux tribunaux, M. Agier la dénonce aux quatre-vingt-six départements..... Le jésuitisme et le villélisme ont beau multiplier leurs ténébreuses machinations, ils ne prévaudront pas contre l'esprit du siècle et les lumières de la génération nouvelle : cette génération assure à la religion, à la royauté et aux libertés nationales de nobles et courageux défenseurs; la jeunesse d'aujourd'hui vaut mieux, à tous égards, que celle de l'ancien régime ; elle est instruite, elle est forte et trempée à l'école de la révolution; elle est *citoyenne!* A cette jeunesse est réservée la gloire de sauver la religion, la Charte et la royauté des dangers dont les menacent les jésuites, les ultramontains et les ultra-royalistes !

15. — Rapport au roi (par le vicomte Sosthènes de La Rochefoucauld, chargé du département des beauxarts) sur l'établissement, à Paris, d'un musée égyptien. — L'administrateur chargé, depuis plusieurs années, du département des beaux-arts, les a gouvernés à peu près comme les ultramontains et les ultra-royalistes traitent la Charte : M. de La Rochefoucauld bouleverse les administrations théâtrales, le Conservatoire royal, tous les établissements sur lesquels il peut exercer son influence demi-ministérielle; cet administrateur, d'un esprit borné et d'une incapacité notable, a poussé l'absurdité au point de vouloir introduire la morale dans les ballets de l'Opéra! Les perpétuels changements qu'il fait à ses propres réglements et les contradictions nombreuses auxquelles il s'abandonne dans l'exécution de ses ordres les plus impératifs, ont

donné lieu à des procès, pour le moins inconvenants, à des querelles, à une foule de réclamations de la part des artistes ; ils se sont plaints du despotisme et de l'ignorance de ce petit ministre dont les intentions peuvent être fort bonnes, nous n'en doutons pas un instant, mais dont les actes consacrent souvent l'injustice, ou pour mieux dire l'impéritie administrative.

L'établissement d'un musée égyptien et d'un cours public d'archéologie égyptienne doit, selon M. de La Rochefoucauld, attirer à Paris une foule d'étrangers qui transporteront ensuite dans les diverses régions de l'Europe les doctrines de l'école française; « On voit donc (dit le rapport) se réunir à la fois en faveur de cette nouvelle proposition, l'intérêt des arts, celui des sciences historiques, l'honneur littéraire de la France, et l'affermissement des saines doctrines que l'étude des monuments ne peut que mettre dans un plus grand jour. » M. de La Rochefoucauld trouve, dans un pareil musée, un avantage du premier ordre ; « Cette foule de suppositions contraires aux faits de l'histoire, écrits dans nos livres saints, s'anéantirait devant le langage irrécusable des monuments. » L'administrateur des beaux-arts devrait savoir que les monuments n'ont un langage irrécusable que lorsqu'on a la clef de ce langage... On ne conçoit pas que, dans la proposition d'établissement d'un musée égyptien, M. de La Rochefoucauld ait gardé le plus profond silence sur l'expédition la plus mémorable des temps modernes, sur cette expédition d'Égypte qui tient de la féérie, qui a ajouté tant de gloire à la gloire française déjà si radieuse, qui a produit cette magnifique édition de la *Description de l'Égypte*, ouvrage qui est lui-même, et restera toujours, un monument des beaux-arts et de l'esprit humain : comment l'individu, chargé du département des beaux-arts, a-t-il pu taire cette magnifique époque où ils purent, sans flatterie, s'enorgueillir de la gloire militaire de Napoléon? M. Sosthènes de La Rochefoucauld avait, il est vrai, fait éclater la violence de sa haine et prodigué les outrages à Napoléon déchu; il était, dit-on, à la tête des individus qui renversèrent et voulurent traîner sur la claie la statue pédestre qui surmontait la colonne de la place Vendôme (4 avril 1814); il passa, lui-même, dit-on, la corde au cou de son bienfaiteur; action qui aurait excité le blâme des honnêtes gens et le mépris des étrangers; action contre laquelle Alexandre aurait fait éclater particulièrement la plus généreuse indignation. Mais si M. de La Rochefoucauld avait oublié, au moment précis de la chute de Napoléon, que sa famille et lui-même avaient eu leur bonne part des largesses et des bontés de l'usurpateur, était-ce une raison pour ne point parler, en 1826, *après douze années*, de l'expédition la plus glorieuse pour les beaux-arts et la science monumentale dont puisse s'honorer l'esprit humain; expédition sans laquelle M. de La Rochefoucauld n'aurait pas eu, d'ailleurs, occasion de proposer l'établissement d'un musée égyptien?

Monsieur le directeur du département des beaux-arts a fait acheter, par la couronne, la grande collection de monuments égyptiens déposée à Livourne; il fera faire en Égypte des achats de monuments, de momies, de vases antiques, etc.; mais les savants prétendront que les Arabes et les Turcs se connaissent bien mieux en momies et en monuments égyptiens et des beaux-arts que M. le vicomte Sosthènes de La Rochefoucauld, directeur du département des beaux-arts.

16. — Mort de l'impératrice de Russie Élisabeth, veuve de l'empereur Alexandre. — Cette princesse,

« dont la santé déclinait visiblement depuis deux mois, s'était néanmoins mise en route de Taganrock pour Kalouga, et l'impératrice-mère se rendait au devant d'elle pour lui prodiguer les soins les plus tendres, lorsque la maladie a fait *tout d'un coup* de nouveaux progrès. Forcée de s'arrêter non loin de la ville de Kalouga, l'impératrice Elisabeth est décédée à Béleff. » Le manifeste publié en conséquence à Saint-Pétersbourg, le 21, dit : « …Ce douloureux événement a eu
« lieu à la suite d'une longue maladie d'âme et de corps,
« laquelle a amené finalement une complète extinc-
« tion de forces vitales, au point que Sa Majesté dut,
« en venant de Taganrock, s'arrêter dans la ville de Béleff, gouvernement de Twer, où elle est décédée… »
La mort de l'impératrice Élisabeth cause des regrets d'autant plus douloureux, qu'elle ne paraissait point si prochaine. Les feuilles officielles de Saint-Pétersbourg avaient dit : « Cette princesse supporte avec beaucoup
« de fermeté la vive affliction que lui cause une perte
« aussi douloureuse pour elle (la mort d'Alexandre) et
« si malheureuse pour l'empire, et Sa Majesté se porte
« passablement. Elle a écrit elle-même à l'impératrice
« Marie. » (V. 9 décembre 1825.) — On a dit, dans le public, que l'impératrice Élisabeth était instruite du complot formé contre la personne d'Alexandre et en connaissait tous les complices : nous croyons qu'on s'est trompé. — Après la mort de l'impératrice, les dames de sa suite disparaissent ainsi que les personnes le plus particulièrement attachées à son service personnel et à celui de son auguste époux : l'on ne voit revenir à Pétersbourg que très-peu de ces personnes, et seulement celles qui sont connues par leur dévouement au gouvernement !… Quoi qu'il en soit de ces particularités, elles peuvent s'expliquer par les intérêts

personnels des individus attachés au service où à la suite des augustes défunts; nous regardons en conséquence les bruits répandus à leur égard, comme dictés par la malveillance et la calomnie. Les jours des souverains de Russie finissent rarement d'une manière naturelle; le public est donc disposé à attribuer leur mort à des attentats. Voltaire remarque avec raison que le public rapporte presque toujours la mort des rois et des grands personnages, à de toutes autres causes qu'aux maladies physiques auxquelles la nature les assujettit comme les autres hommes : nous sommes de l'avis de Voltaire; la mort de l'empereur Alexandre n'a-t-elle pas dû plonger son auguste épouse dans une douleur si vive que sa santé en aura nécessairement éprouvé de mortelles atteintes? Une révolution de cette nature était plus que suffisante pour hâter, pour déterminer la fin de l'existence de l'impératrice Élisabeth.

17. — Loi sur les substitutions..... Article unique. — « Les biens dont il est permis de disposer, aux termes des articles 913, 915 et 916 du Code civil, pourront être donnés en tout ou en partie par acte entre vifs ou testamentaire, avec la charge de les rendre à un ou plusieurs enfants du donataire, nés ou à naître, jusqu'au deuxième degré inclusivement. — Seront observés, pour l'exécution de cette disposition, les articles 1051 et suivants du Code civil, jusques et y compris l'article 1074. »

Le garde des sceaux, Peyronnet, violant toutes les règles du Code civil (V. 10 février), avait présenté un projet de loi qui attribuait un préciput légal au premier né du propriétaire payant trois cents francs d'imposition foncière, décédé sans avoir disposé de la quotité disponible d'après le Code civil; si le défunt n'avait pas disposé d'une partie de la quotité disponible, le préciput légal devait se composer de la partie de cette quotité dont il n'aurait pas disposé ; et enfin, le préciput légal devait se prélever sur les immeubles de la succession, et, en cas d'insuffisance, *sur les biens meubles...* Mais M. Peyronnet a eu beau recourir à tous les sophismes de barreau, et présenter les substitutions comme nécessaires au principe monarchique ; il a eu beau citer à tout propos le droit romain et Montesquieu, l'incorruptible Lanjuinais a prouvé que M. Peyronnet n'entendait rien à la législation.

Monsieur le garde des sceaux présente aux ultra-royalistes, qui demandent à cor et à cri l'ancien régime, son projet de loi comme un premier pas vers le rétablissement de ce qui existait autrefois ; et il dit aux constitutionnels qui veulent la Charte et repoussent, en conséquence, le droit d'aînesse et les substitutions : « Que le remède est à côté du mal ; que les mœurs peu favorables à ce genre de disposition (les substitutions) en restreindront l'usage, que la réduction en préviendra l'abus, etc., » soutenant toujours que l'adoption du principe est nécessaire au salut de la monarchie : quelle légèreté, ou quelle ineptie législative !

M. Lanjuinais, bien autrement versé que M. Peyronnet dans la législation et la jurisprudence, lui apprend ou lui rappelle que « le droit romain, à côté de quelques belles doctrines, présente l'assemblage des plus monstrueuses institutions. Ne consacre-t-il pas l'abus de la puissance paternelle porté jusqu'à la vente des enfants, l'esclavage, la torture, l'inquisition religieuse avec ses bûchers, le despotisme politique et judiciaire ? Ne repose-t-il pas sur des textes souvent incertains, plus souvent contradictoires, toujours subtils ? Et, c'est au milieu de ces institutions, depuis long-temps jugées, que l'on va chercher peut-être la pire de toutes, celle des substitutions, que la conscience de l'homme avait réprouvée avant que l'autorité des siècles se fût prononcée contre elle; qui, même avec les restrictions qu'on y avait apposées, n'a jamais fait aucun bien, sans qu'il ne fût accompagné d'un mal plus grand; qui, quoiqu'on la présente comme le salut de la monarchie, n'a sauvé ni le patriciat romain, ni les empereurs, ni le gouvernement féodal, ni aucun des États qui l'avaient adoptée! Daguesseau, lui-même, dont les travaux avaient tant amélioré notre législation sur ce point, était contraire au principe : comment donc l'adopter aujourd'hui avec tous les inconvénients qu'entraînerait à sa suite une loi aussi incomplétement rédigée? etc. » M. Lanjuinais démontre que M. Peyronnet ne comprend pas Montesquieu : « Pour justifier ces innovations, on assure que les substitutions sont nécessaires au principe monarchique, et l'on invoque à cet égard l'autorité de Montesquieu. Mais oublierait-on que Montesquieu n'a pu entendre par le gouvernement monarchique autre chose que le gouvernement absolu, où tous les pouvoirs émanent et dépendent de la volonté du prince? Pour lui, le gouvernement représentatif n'était qu'une république déguisée. On ne peut donc s'appuyer de son autorité sur ce point, qu'autant qu'on voudrait nous conduire au despotisme. Les auteurs du projet ne sauraient apparemment avouer un tel but; la chambre ne saurait davantage y concourir : le projet doit donc être rejeté. » Honneur et reconnaissance à la chambre des pairs; honneur et vénération à Lanjuinais!.....

M. de Malleville, nommé rapporteur de la commission spéciale chargée d'examiner le projet de *loi Peyronnet*, a fait un rapport fort adroit; il a ménagé les partisans du projet et cité en sa faveur Puffendorff, Montesquieu, J.-J. Rousseau, sans faire attention que leurs opinions sur la matière s'appliquaient aux monarchies où la volonté du prince fait loi : M. de Malleville n'a pas abordé franchement la question, aussi est-il demeuré dans cette circonstance fort au-dessous des orateurs qui ont combattu et le projet de loi et les doctrines de M. Peyronnet......... Parmi ces orateurs M. Molé, M. de Barante, MM. les ducs de Choiseul et de Broglie, M. Daru, M. Siméon et surtout M. Lanjuinais, se sont distingués par la solidité de raison et la justesse politique avec lesquelles ils ont attaqué le projet, montré ses vices et découvert le danger si perfidement déguisé par le ministère. Les discours de ces orateurs attestent leurs connaissances comme législateurs, jurisconsultes et hommes d'État : nous regrettons de ne pouvoir les retracer dans nos pages, mais l'histoire les conservera, comme des monuments de sagesse et de science législatives.

M. Pasquier défend le projet de loi, en ayant l'air de l'attaquer, et M. Lainé suit à peu près la même direction ; leurs raisonnements portent à faux ; ces deux pairs usent de grands ménagements et ont recours à toutes sortes de précautions pour ne pas saisir le véritable état de la question, c'est-à-dire le but réel de la loi : mais leur faconde et leurs nombreuses citations des anciennes lois ne détruisent aucune des objections si justement élevées contre une loi qui doit porter le trouble dans les familles et dénaturer, dans son principe, l'égalité civile consacrée par la Charte ! Car il était facile de s'apercevoir que le ministère voulait, par son projet de loi, opérer une révolution dans l'ordre social, et substituer l'ancien régime au régime constitutionnel, en détruisant les petites propriétés et en taris sant la source des richesses industrielles pour créer des priviléges en faveur de la haute classe de la société.

M. de Lally-Tollendal a soutenu le projet ministériel; toujours fidèle à sa manière de discuter les questions politiques, cet orateur verbeux s'est environné, dans sa pâteuse éloquence, de tous les arguments des législations anciennes et modernes pour faire valoir les bienfaits d'une loi contre laquelle protestait la France entière, et dont l'exécution eût rencontré d'invincibles obstacles..... M. de Barante avait dit, avec une haute raison : « Les lois qui ne sont pas conformes aux ha-
« bitudes, aux affections, aux opinions d'un peuple,
« sont des paroles, et rien de plus... Tandis que les mi-
« nistres, se croyant sans doute à l'origine des peuples,
« nous parlent d'imiter Romulus et Lycurgue; tandis
« que, dédaignant la sage coopération du temps, ils
« s'attribuent le pouvoir de transformer la France à
« leur gré, tout reste comme auparavant, avec le mé-
« contentement de plus. On veut armer la religion
« d'une loi pénale : elle est abolie, en naissant, par la
« tolérance universelle. La présomption ministérielle
« s'imagine un jour qu'elle abaissera, par une loi, l'in-
« térêt des capitaux; les prêteurs et les emprunteurs
« continuent à régler leurs affaires selon leurs besoins
« réciproques. Et cette loi d'aujourd'hui, quel est au
« fond le seul argument qui pourra lui valoir des suf-
« frages? c'est qu'elle se présente comme facultative,
« c'est qu'elle ouvre une issue pour lui échapper.... »

Le grand art du ministère Villèle consiste à présenter des projets de loi pleins de déception, à faire de la loi un glaive à deux tranchants, et à introduire partout l'arbitraire sous le voile de la légalité... Si M. Peyronnet se perd en déclamations vaines et audacieuses, sans détruire et même sans affaiblir une seule des objections élevées contre le projet de loi, M. Corbière ne montre guère plus de solidité dans son raisonnement, et le discours de ce ministre a pour effet de faire mieux ressortir les inconvénients et les dangers de la loi qu'il vient défendre : mais rien n'égale la médiocrité politique et législative dont le président du conseil des ministres, Villèle, fait preuve dans la discussion ; il ne mérite, comme orateur, aucune considération, et comme légiste, il montre une ignorance rare : on ne peut lui comparer, sous ce double rapport, que M. de Clermont-Tonnerre, dont les connaissances politiques et les talents administratifs sont aussi médiocres que sa logique est faible et son éloquence nulle. — Il est inutile de mentionner les discours prononcés par les autres partisans du projet de loi; ils ne méritent pas attention...

Le projet de loi sur les substitutions (article unique) a été adopté par la chambre des pairs : nombre des votans, 213; pour, 160 votes; contre, 53; majorité, 107.

La décision de la chambre des pairs, quoique contraire aux *droits publics* des Français, consacrés par la Charte, est regardée comme un bienfait, tant le projet de loi présenté par M. Peyronnet renfermait de vues anticonstitutionnelles : la chambre des pairs devait, d'après la Charte, rejeter la loi; elle l'a modifiée, elle a fait le moins de concessions possibles à l'ancien régime et à la contre-révolution; c'est toujours un bien : aussi la décision de la chambre a-t-elle été reçue avec reconnaissance par le public; plusieurs quartiers de la capitale ont été illuminés, le 3 avril; mais l'allégresse publique est séditieuse aux yeux des ministres, elle atteste leur impopularité; il faut en conséquence répandre la terreur : des charges de gendarmerie ont lieu sur le peuple, quoique l'ordre public ne soit pas troublé; le ministère Villèle s'oppose de toutes ses forces, et par toutes sortes de violences, à la manifestation de l'opinion nationale; il ne saurait, cependant, empêcher la France de remercier les pairs de France qui ont diminué les maux contenus dans le projet de *loi Peyronnet*, et arrêter en partie les projets contre-révolutionnaires du ministère. Le président du conseil des ministres peut juger maintenant à quel point la nation est fatiguée, honteuse, mécontente, indignée de son administration!...

Le projet de loi, porté à la chambre des députés, tel que la chambre des pairs l'a adopté, y est combattu par les serviteurs affidés de M. de Villèle : leurs déclamations et leurs sophismes, pulvérisés par MM. Méchin, Labbey de Pompières, et Benjamin Constant, n'ont servi qu'à mettre dans un plus grand jour l'extrême médiocrité de MM. Dubruel, Réveillère, Dupille, Saint-Chamans, Castelbajac, etc. : mais la discussion a offert une preuve de l'esprit anticonstitutionnel dont ces membres sont animés; M. de Saint-Chamans s'est prononcé hautement contre les pétitions présentées, à la chambre, au sujet du droit d'aînesse; il les a signalées comme révolutionnaires, attentatoires à la prérogative royale, contraires aux droits de la puissance législative, etc.; M. de Castelbajac, adoptant en leur entier les doctrines anticonstitutionnelles de M. de Saint-Chamans, et s'étendant avec complaisance sur l'inconvenance et l'abus qu'on pourrait faire des pétitions, a fait entendre ces paroles :
« On est allé jusqu'à présenter au roi une pétition
« pour le supplier de dissoudre la chambre des dé-
« putés... Où s'arrêtera cette fureur de saper l'ordre
« social jusque dans ses fondements?... » M. de Castelbajac oublie donc que le droit de pétition est formellement reconnu par la Charte? cet individu, naguère si obscur, dont la France ne connaissait pas

même le nom, cet individu, si dépourvu de talent, ignore-t-il, encore, que le meilleur des rois ne demande qu'à connaître les vœux, les besoins de la nation ? et comment Charles x pourrait-il en être informé, si le droit de pétition était interdit aux citoyens? — Supplier le roi de dissoudre la chambre des députés, c'est déposer au pied de son trône les craintes, les alarmes que cette chambre inspire à la nation; c'est présenter au roi les doléances nationales, et user d'un droit constitutionnel. En vérité, la nullité législative et administrative de M. de Castelbajac étonne toujours de plus en plus..... M. Royer-Collard a foudroyé les doctrines de MM. de Saint-Chamans et Castelbajac ; le verbiage et l'impéritie de ces deux membres de la chambre des députés ne méritaient pas l'honneur que leur a fait M. Royer-Collard.

Le projet de loi (article unique) a été adopté par la chambre des députés; nombre des votants, 337 ; pour, 261 votes; contre, 76; majorité, 185. — On voit clairement que l'opposition se fortifie, et que le ministère sera bientôt battu dans la chambre des députés, comme il l'est dans celle des pairs.

17. — *Loi relative aux douanes.* — Elle établit les droits d'entrée dont seront frappées les marchandises étrangères, dans l'importation, la navigation, l'exportation, ainsi que les primes ou restitutions de droits à la sortie ; elle statue sur le transit, les entrepôts, etc.

Les dispositions de cette loi sont prises dans les intérêts du fisc bien plus que dans ceux du commerce et de l'industrie : elle excitera de nombreuses et justes réclamations, mais le ministère Villèle n'y fera droit qu'à son corps défendant...

Le projet de loi a été présenté par M. Saint-Cricq,

président du conseil du commerce et des colonies ; il diffère peu du projet de loi présenté dans les dernières sessions, et son principal objet est d'obtenir la sanction législative des ordonnances rendues, en matières de douanes, depuis la loi du 4 juin 1820... M. Saint-Cricq s'attache à démontrer les avantages de l'augmentation des droits à l'importation des laines, à celle des sucres ne venant pas de nos colonies, et à celle des fers étrangers. Ses raisons sont plus spécieuses que solides ; elles se fondent, non sur le système de libéralité, mais sur le système restrictif que M. Saint-Cricq soutient, ainsi que M. de Villèle, être « le seul qui convienne aux intérêts de la France. » C'est partir d'un principe entièrement faux en économie politique ; il entraînera des représailles de la part des gouvernements étrangers ; elles annulleront tous les avantages que le gouvernement croit obtenir par son système de prohibitions ; ces représailles porteront un coup funeste à l'agriculture et au commerce; de nombreuses réclamations s'élèveront, surtout dans les pays de vignobles, contre le nouveau tarif des douanes, et le gouvernement se verra réduit à en modifier les dispositions principales..... On a fait de M. Saint-Cricq un homme d'État, c'est tout uniment un chef de bureau, dont la science économique se réduit à deux apophthegmes : établir le système prohibitif, taxer le plus possible l'industrie et le commerce. Il y a loin de ces conceptions fiscales aux conceptions économiques des Colbert, des Turgot, et des Huskisson.

M. Casimir Périer et M. Gauthier (de la Gironde) démontrent mathématiquement les graves inconvénients du projet de loi ; M. Saint-Cricq s'attache comme de raison à en prouver les avantages ; mais tous ses raisonnements déposent contre sa capacité administrative, quelque renommée dont jouisse d'ailleurs auprès du ministère M. Saint-Cricq, né et élevé dans les bureaux de la douane : cette direction générale est aujourd'hui sous la nullité de M. de Castelbajac, espèce de demi-ministre, sorti de la serre chaude de M. de Villèle : M. de Castelbajac ne sait qu'une chose : défendre avec une imperturbable assurance les propositions ministérielles, bonnes ou mauvaises!... La chambre est aux ordres de M. de Villèle; le projet de loi est adopté : nombre des votants 281; pour, 260 votes; contre, 21; majorité, 239.

Dans une question qui tient aux premiers intérêts de l'agriculture, de l'industrie et du commerce, cent cinquante membres s'abstiennent de paraître à la chambre..... Et, dans cette chambre, l'on trouverait à peine vingt individus possédant des connaissances théoriques ou pratiques en matière économique. — Le nouveau tarif impose de forts droits à l'importation des laines et des toiles; il maintient les droits imposés sur les bestiaux, les sucres, et les fers étrangers.

Le projet de loi, soumis à la chambre des pairs, y a été combattu par M. Pasquier, qui, dans cette importante discussion, a fait preuve d'un certain talent; par M. Roy, qui s'est prononcé contre le privilége de *préemption* exercé par les agents des douanes; par M. le duc de Broglie, qui a soutenu que « la limite à l'indé-
« pendance du pouvoir royal en matière de traités de
« commerce résultait des changements qu'ils pouvaient
« nécessiter dans la législation;..... qu'il y avait né-
« cessité de changer quelque chose à la législation in-
« térieure du pays, et qu'en règle générale *aucun*
« *changement aux lois ne pouvait avoir lieu sans le*
« *concours des chambres...* »

Le projet de loi a été adopté à la chambre des pairs : nombre des votants, 123; pour, 116 votes; contre, 6;

majorité, 111... La moitié des membres se sont dispensés de paraître à la chambre.

18. — La police de Madrid fait enlever le placard suivant, qui, dans la nuit, avait été affiché à tous les coins de rue de cette ville :

> Ya teniamos frayles, patria mia,
> Suizos, hambre, langosta y policia;
> R. que nada ignora y nada hace :
> No nos faltaba mas que el año santo;
> Benito sea Dios que nos lo envia!

c'est-à-dire : « Ma patrie, nous avions déjà des moines, « des Suisses, la famine, les sauterelles et la police; « nous avions un *recacho* (ministre de la police) qui sait « tout et ne fait rien; il ne nous manquait plus que « l'année sainte; bénissons Dieu qui nous l'envoie. »

Il est à remarquer que ce placard a été affiché dans la capitale du peuple le plus fanatique de l'Europe.

18. — Les querelles religieuses acquièrent chaque jour un nouveau degré d'intensité, et chaque jour l'influence des jésuites se manifeste d'une manière plus funeste. Depuis que le ministre des affaires ecclésiastiques (Frayssinous) a reconnu, avoué, approuvé publiquement l'existence de la congrégation après l'avoir officiellement niée, le jésuitisme marche tête levée vers le pouvoir absolu! M. Frayssinous qui (dit-il) s'appartient à lui-même et n'est d'aucune congrégation, M. Frayssinous, fêté et choyé à Montrouge, a fait à la tribune nationale un pompeux éloge des vertus et de la piété des jésuites; il a soutenu, comme ministre, qu'il n'avait jamais remarqué les traces de ce qu'on appelle *l'influence de la congrégation*, dans les nominations aux emplois administratifs, militaires, judiciaires, et même ecclésiastiques! Ces assertions, complétement démenties

par les faits, ne trompent plus personne; la France entière voit les jésuites dénoncer, calomnier et faire destituer les administrateurs de tout étage qui ne se montrent pas servilement dévoués aux doctrines de l'ultramontanisme; la France voit ces sectaires proposer, nommer, imposer à tous les emplois civils les affiliés de la congrégation, en sorte qu'elle enveloppe, par ses agents publics ou secrets, l'administration et l'État lui-même dans les filets tendus par les jésuites; en un mot, les jésuites gouvernent : ils dominent dans toutes les administrations, ostensiblement, avec impudence, et presque sans contradiction! Ce n'est pas nous qui le disons, c'est la France entière.

Les jésuites attribuent une grande importance aux *missions*, elles se multiplient dans toutes les provinces; et presque partout, ces missions excitent des désordres et des troubles qui rendent nécessaire l'intervention de la force armée. C'est au nom de saint François-Xavier, « qui, par ses immenses travaux évangéliques, « a mérité d'être appelé l'apôtre des Indes, » dit M. Frayssinous, que les missionnaires s'établissent dans les campagnes et les villes, et y ordonnent des exercices de piété et des processions où malheureusement le profane se mêle souvent au sacré. Dans plusieurs paroisses, les missionnaires se présentent en maîtres, et entendent exercer leur ministère malgré les curés et les pasteurs préposés au gouvernement de leur église. Rien de plus respectable, sans doute, que l'institution des missions; elle est chrétienne, elle est dans le véritable esprit de la religion : mais, si l'établissement des missions étrangères était nécessaire pour porter dans les pays soumis au paganisme le flambeau de notre religion, si les missions répandaient de précieux bienfaits sur les sauvages ou les infidèles, il ne s'ensuit pas qu'elles soient aujourd'hui un besoin pour la France, pour ce royaume des Bourbons où la religion catholique est environnée dans son culte de toute la protection et de tout le respect qui lui sont dus. Les Français ne sont pas des idolâtres, des athées, des infidèles, qu'il faille convertir à la foi de Jésus-Christ ; c'est néanmoins sous ce rapport que le jésuitisme les considère et prétend les gouverner. Aussi les missionnaires-jésuites causent-ils des désordres qui compromettent en tous lieux la sûreté publique.

Des scènes tumultueuses ont été occasionées ou excitées à Rouen par l'arrivée des missionnaires-jésuites ; elles se sont prolongées pendant six jours, du 18 au 24 ; les cris : *A bas les jésuites ! à bas les missionnaires !* se sont fait entendre ; des groupes d'individus, et même des rassemblements nombreux d'ouvriers ont eu lieu sur plusieurs points, et l'autorité a été forcée d'employer la force armée et de faire charger de rue en rue les ouvriers des fabriques qui s'étaient formés en rassemblements..... Il serait à désirer que l'autorité civile défendît les *missions*, elle en a le droit, car la discipline et la police des cultes sont du ressort, et du *ressort spécial* de l'autorité temporelle. Faisons aussi des vœux pour que la puissance spirituelle impose elle-même un frein à l'exagération de zèle que manifestent trop souvent les missionnaires et les jeunes ecclésiastiques sortant des séminaires : quelque pieuses et charitables que puissent être leurs intentions, il ne faut pas que leurs exercices et leurs prédications viennent troubler l'ordre public !.....

De graves désordres auront lieu à Lyon et à Brest, pendant le temps de la mission ; l'immortel chef-d'œuvre de Molière en sera le prétexte ou la cause ; le public de ces deux villes demande la représentation de la divine comédie, les autorités s'y refusent, des scènes tumultueuses suivent le refus, et la force armée est déployée contre les populations ! Et pourquoi les bons ecclésiastiques, les hommes véritablement pieux redouteraient-ils la représentation du *Tartufe*? c'est aux faux dévots, aux hypocrites, aux jésuites, que Molière a fait la guerre ; il les a marqués, on doit en convenir, de l'ineffaçable sceau de son génie ; mais quel auteur a rendu en même temps un plus digne hommage à notre sainte religion, à la véritable piété? C'est sous les auspices, sous la protection spéciale du *grand roi*, du roi dévot qui révoqua l'édit de Nantes ; c'est en présence de Louis xiv que Molière écrivait son immortelle comédie; dans ces vers sublimes, Molière sépare la religion de l'hypocrisie, la piété de l'athéisme, et le chrétien du jésuite : oui, la morale dont le chef-d'œuvre est empreint à chaque scène, est la morale de la religion chrétienne ; et tel est le caractère de ce chef-d'œuvre, qu'il permet de juger de la piété d'un ecclésiastique, par l'approbation qu'il accorde, ou le blâme qu'il attribue à l'ouvrage du plus grand auteur dramatique dont s'honore l'esprit humain.

Nous donnerons une idée de l'exaltation produite en certains lieux par les missionnaires, en disant quelques mots de la mission exécutée, cette année, à Amiens, ville remplie de populace, et qui possède Saint-Acheul dans un de ses faubourgs..... Un arbre d'une hauteur démesurée sert à la croix, elle est portée processionnellement par cent vingt personnes qui se relaient. Le cortége, auquel se sont abstenus de paraître les membres *inamovibles* des cours royales et des tribunaux, se compose de la lie du peuple, des ouvriers de diverses fabriques, de quelques fonctionnaires publics, de vieilles femmes, jadis galantes, etc. ; on y montre au doigt un vieux marquis de l'assemblée constituante, cherchant à être partout et de tout; un éminent fonctionnaire public, signant au 20 mars *l'acte additionnel*, tout en envoyant son fils à Gand, destitué comme faisant partie d'une réunion clandestine où il prêta un serment illégitime, et remis depuis en place au grand déplaisir de ses compatriotes ; un ridicule et antique militaire des antichambres royales, qui s'est signalé par sa flexibilité et son inviolable dévouement aux représentants du peuple, aux commissaires du directoire, aux délégués du consulat et de l'empire, mais qui n'en a pas moins été toujours inébranlablement fidèle à ses souverains absents, homme sans services et richement doté de décorations, de brevets, de pensions depuis la restauration... L'immense croix est plantée dans un vaste enclos, destiné à un marché public très-nécessaire et depuis long-temps réclamé par la ville, qui devient aujourd'hui, d'ordre des jésuites, un lieu de prières en plein air ; les bons pères avaient résolu de donner un miracle, ils en firent même la *répétition ;* mais, un des affiliés ayant jasé trop tôt et beaucoup trop, le miracle fut contremandé. Les disciples d'Ignace, après avoir vendu beaucoup de petits livres, d'agnus, de scapulaires, d'amulettes, de sacrés-cœurs, de chansons, de reliques de leur façon, etc., quittèrent la ville munis d'écus, chargés de bénédictions par les uns et de sarcasmes par les autres : le féodal marquis de ***, dont nous avons parlé, ne voulut pas souffrir que les bons pères montassent, au bureau, dans la diligence de départ ; il les fit placer dans sa voiture pour qu'ils pussent rejoindre commodément la messagerie au haut de la montagne de Duri (à un quart de lieue de la ville), et le marquis poussa, dans cette circonstance, l'humilité chrétienne au point de monter derrière sa propre voiture pendant le trajet, au risque de se casser le cou ; il fallut toute la force et l'adresse de ses deux laquais pour le soutenir dans la position renversée, et si étrangère à ses anciennes habitudes, où le retint pendant un quart d'heure la pente très-inclinée du terrain.....

Les jésuites exploitent les quêtes avec encore plus de profit que les missions.

Rien de plus respectable que les quêtes, lorsqu'elles ont pour but de venir au secours de l'indigence ; et l'on ne saurait trop honorer les charitables dames qui se livrent à de si pieuses occupations : elles renoncent à leurs habitudes, aux soins de leur ménage, pour soulager le malade et secourir l'orphelin.

Mais à côté de ces dames, dont la plupart occupent un haut rang dans la société, qui tiennent leur mandat des bureaux de charité, on en voit d'autres (et il est inutile de dire que les jésuites les dirigent) qui exploitent la quête comme une branche de commerce... Des essaims de ces dernières qui jouissent, dans leurs paroisses, de certaines prérogatives honorifiques, se sont partagé les quartiers de Paris ; elles vont, deux à deux, quêter de maison en maison, pour les petits séminaires, l'Église, les besoins du culte, etc. : de quoi n'abuse-t-on pas dans ce monde? Les bons royalistes, les émigrés, disent certaines de ces quêteuses, ont tout sacrifié pour Dieu et le roi ; en conséquence, elles mettent de côté une partie de la recette des quêtes, et l'emploient à se réunir pieusement, avec leurs bons amis, dans des dîners qui ont lieu deux fois la semaine ; d'autres préfèrent perdre à l'écarté l'argent donné pour les apprentis jésuites..... Des quêteuses moins timorées s'introduisent dans les maisons et vont, d'étage en étage, écouter, observer, épier ce qui s'y passe : puis, elles vont en rendre compte aux délégués de la police ou des jésuites de l'arrondissement !...... Des personnes connues par leur véracité nous ont attesté (mais nous ne pouvons le croire) que quelques-unes de ces dames, en petit nombre, il est vrai, faisaient de leurs quêtes à domicile un objet de spéculation galante sous des dehors de charité fervente : malheureusement, il est avéré que des femmes, connues par des aventures plus ou moins scandaleuses, briguent la mission des quêtes à domicile : nous connaissons une dame juive qui, dans une paroisse *de bon ton*, va faire la quête en ville pour les petits séminaires... Malheureusement encore, c'est un siècle trop éclairé que le nôtre : tout vient à la connaissance du public, et ce que de certaines gens d'en haut croient très-secret est su de tout le monde!......

Dans certaines maisons du noble faubourg, on joue régulièrement à l'écarté et au billard *pour les petits séminaires*. La plupart des églises de Paris ont des caisses particulières (nous ignorons si c'est aux dépens du budget), qui leur permettent de donner bon nombre de pensions de 5, 10, 15 et 20 francs par jour, à des personnes aisées et *marquantes* ou *conséquentes* (comme dit M. Sirieys-Mayrinhac), sous l'obligation de se mettre en évidence dans les églises, d'assister régulièrement à tous les offices, aux grandes messes, aux vêpres, et d'y donner le ton afin d'attirer, par leur exemple ou leur persuasion, les hommes du siècle aux pieds des jésuites.

A ces diverses pratiques, les jésuites joignent les révélations et les miracles de toute qualité, depuis *la croix miraculeuse* et *l'hostie sanglante*, jusqu'aux *exorcismes* et aux *potirons changés en têtes de mort*, pendant le temps des missions..... Les jésuites et leurs dignes accolytes dans le clergé ultramontain troublent les consciences, égarent les esprits, et provoquent toutes les sortes de fanatisme... Dans plusieurs quartiers de Paris, l'on a vu (le vendredi saint, 31 mars) une femme de la haute société, suivie de deux hommes qui paraissaient être à son service, parcourir pieds nus, par un temps des plus rigoureux, une partie des rues de la capitale, du faubourg Saint-Germain au faubourg du Roule : les habitants de ces deux quartiers, et ceux du faubourg Saint-Honoré, ont été témoins de ce fait..... La religion et l'humanité ne réprouvent-elles pas également de tels actes de dévotion? — Les jésuites ont recours à toutes les pratiques superstitieuses : le sortilége et la sorcellerie reparaissent aujourd'hui en France, avec tout l'abrutissement des XIIe et XIVe siècles, et peu s'en faut que le suicide fanatique ne soit érigé en œuvre pie, en ordre de Dieu, par les jésuites! Au mois de mai 1827, une fille, frappée par les prédications fanatiques de ces missionnaires, se brûlera publiquement sur un bûcher!..... Dans le même mois, un curé champenois procèdera (département de l'Aube) sur la tombe d'une femme à la célébration de son mariage; il en avait publié les bans, après son décès!

Nos tribunaux retentissent de procès pour fait de captations d'héritages, d'escroqueries religieuses exercées par les jésuites au lit des mourants, de filles séduites et enlevées à leurs parents pour être condamnées au cloître... Il n'est sorte de séductions, de fraudes et, osons le dire, d'impiétés auxquelles ne s'abandonnent les jésuites et les ultramontains pour extorquer l'argent des fidèles; ils vont jusqu'à discuter dans la chaire évangélique les mesures financières adoptées par le gouvernement : les journaux ont fait connaître que, dans une grande ville de France (à Dijon, si nous ne nous trompons) les missionnaires avaient prêché : « que tous ceux qui ne convertiraient pas leurs rentes cinq pour cent en rentes trois pour cent, seraient livrés aux flammes et dévolus à la damnation éternelle... » Ultramontains, enfants ou disciples d'Ignace, sont-ce là les préceptes de la religion chrétienne? Répondez!

Tel est, cependant, le charlatanisme, et telles sont les intrigues pieuses employées par *les bons pères* pour corrompre le véritable esprit de l'Évangile, pour perpétuer l'ignorance des basses classes, pour mettre la superstition à la place de la religion, pour placer, dans l'esprit du peuple, l'autorité temporelle aux pieds de l'autorité spirituelle, et les jésuites au-dessus des lois... Non, non, ce n'est point là de la piété, ce n'est pas la religion de Jésus-Christ! C'est impiété, hypocrisie, fourberie; c'est de l'athéisme couvert du manteau de notre sainte religion!

C'est à nos évêques (Fénelon et Massillon leur ont laissé de si beaux exemples de conduite), à faire aimer, respecter, bénir notre sainte religion; à la défendre, à la protéger contre les sacriléges intrigues des jésuites; que nos prélats demeurent étrangers aux affaires et aux vanités du monde, elles ne sont pas de leur ressort, ils se sont *voués* à Jésus-Christ! qu'ils résident dans leurs diocèses, qu'ils y prêchent la divine parole, qu'ils y édifient par leur conduite les fidèles de leur troupeau... Massillon et Fénelon allaient, à pied, répandre dans les chaumières les consolations de leur ministère et les revenus de leurs siéges épiscopaux. Un évêque ne doit pas être un grand seigneur, c'est aller contre la volonté de l'Homme-Dieu; un évêque se doit tout entier à l'Église; il n'a besoin ni de palais, ni de carrosses, ni de livrées *, pour remplir sa sainte vocation; le seul

---

* On voit des prélats afficher un luxe et des vanités formellement condamnés par Jésus-Christ. M. le cardinal-archevêque de...... a, dit-on, une table somptueuse et couverte des mets

luxe qui lui soit permis, est celui de la charité, de l'humilité, du désintéressement. Qu'il soit sujet fidèle, et il sera parfait chrétien; le prêtre, quel que soit son rang dans l'Église, est tenu à une obéissance entière, absolue aux lois de l'État; il est coupable, il est même plus criminel que les autres sujets, lorsqu'il méconnaît l'autorité du prince, lorsqu'il enfreint les lois : Jésus-Christ l'a dit : *Rendez à César ce qui est à César*; or, la loi civile et le prince, c'est César... Oui, les évêques sont tenus de donner l'exemple de la soumission aux lois; c'est ainsi qu'ils obéiront à la volonté, aux préceptes de Dieu.

Il appartient à nos curés, à ces respectables pasteurs de village qui portent le poids du jour en versant les consolations et les secours dans le sein des infortunés; à ces curés, à ces vicaires, si insolemment désignés sous le nom de *bas clergé*, dont la vie pauvre et charitable supporte le fardeau du divin ministère; c'est à.

les plus exquis; il marche à quatre chevaux, son carrosse est chargé de toutes les pompes mondaines, sa livrée est de la plus fastueuse ostentation. L'on prétend que, lorsque cet archevêque quitte son diocèse, il voyage dans une voiture à huit chevaux, avec une voiture de suite; c'est le train d'un prince (sous le consulat, ce prince de l'Église, alors sans ressources, sollicitait humblement, et avec beaucoup de dévouement au premier consul, une place de chanoine du chapitre de Saint-Denis)..... Tant de luxe est-il dans l'esprit de la religion chrétienne, de l'Évangile? l'Évangile est plein d'humilité, de charité. N'y a-t-il donc plus de pauvres dans son diocèse?..... Le vénérable archevêque de Bordeaux, M. de Cheverus, prend les voitures publiques, la malle-poste, pour venir à Paris, et *vice versa* : « Je ne suis pas riche, dit ce prélat, et ce que je possède « de revenu appartient aux pauvres. » M. de Cheverus réside habituellement dans son diocèse; il ne ressemble pas aux prélats de l'ancien régime, qui regardaient leur évêché comme une maison de campagne où ils allaient prendre l'air.

ces dignes ecclésiastiques qu'il appartient d'enseigner et de prêcher la parole du divin maître, et non aux sectaires réprouvés et proscrits par les lois de l'État, aux assassins de nos rois, aux machinateurs de la sainte ligue, aux jésuites enfin!

21. — Loi affectant à divers départements ministériels le produit de la vente de plusieurs immeubles appartenants à l'État.

Cette loi donne aux ministres les moyens de couvrir des dépenses secrètes en faveur des jésuites, de faire des embellissements et des constructions pour le moins inutiles dans les hôtels qui leur sont affectés. La vente des maisons et terrains ayant appartenu à des congrégations religieuses, sera éludée ou retardée par l'influence ultramontaine; et c'est principalement dans les ministères de la justice et de la guerre qu'on signalera de notables infractions de la loi; M. de Clermont-Tonnerre différera de tout son pouvoir, au détriment du fisc, la vente des bâtiments de l'ancien couvent de la rue Belle-Chasse, à Paris : le budget de ce ministre si incapable, si vain de la prétendue ancienneté de sa race*, si tran-

---

* On lit dans le *Mémoire du parlement de Paris*, touchant l'origine des ducs et pairs, présenté au régent, 1720, que les Clermont-Tonnerre descendent d'une famille bourgeoise de l'Anjou; qu'un de ces Clermont, domestique dans la maison de Polignac, épousa une Chattefeaux qui fit sa fortune : les Clermont-Gallerande firent, sous Louis XIV, l'illustration des Clermont-Tonnerre. Il y avait, en Dauphiné, des Clermont; ils tiraient leur nom d'un village appelé *Clermont;* c'étaient de fort petits nobles; l'un d'eux épousa une demoiselle d'Husson, et ajouta à son nom celui de Tonnerre. Les Clermont-Tonnerre se sont fait, comme les Montesquiou, une très-ancienne généalogie, d'après laquelle leurs armoiries (un soleil au-dessus d'une montagne) auraient été changées en deux clefs

chant dans ses résolutions administratives, et dont les discours législatifs sont presque toujours dépourvus de talents et même d'humanité ; le budget de M. de Clermont-Tonnerre deviendra l'objet des réclamations les plus fortes, les mieux fondées. Dans la séance du 24 mai, M. Casimir Périer accusera ce ministre de violer ouvertement la législation financière ; et, malgré l'article 21 de la loi du 27 juin 1819, article si formel, le ministre ne jugera pas à propos de « présenter à la cham-
« bre les ordonnances qu'il a fait signer (en 1826) pour
« le paiement des dépenses extraordinaires et non pré-
« vues, faites en Espagne.... » Le ministère de M. de Clermont-Tonnerre (qu'on peut, certes, comparer au ministère de M. Dupont, le *capitulé* de Baylen) n'aura pas été moins funeste à la France et à l'armée que celui de M. Clarke (duc de Feltre). Un général sans gloire, sans faits d'armes et presque sans services militaires (M. de Clermont-Tonnerre), aura compromis l'existence

en sautoir par le pape Calixte II qu'un Clermont aurait rétabli sur le trône pontifical, au douzième siècle. On se moquait, à la cour de Louis XIV, des deux clefs et de la fameuse devise : *Etiamsi omnes, ego non*, qui y était accolée : on lit dans *les Caractères* de La Bruyère, Ier vol., pag. 237, stéréotype d'Herhan ; Paris, 1815 : « Tout ceci est une pure fable ; » telle est la réflexion que fait l'auteur, après avoir rapporté l'histoire des nouvelles armoiries des Clermont-Tonnerre. On ne trouve, en effet, aucune trace de l'illustration papale de cette famille dans l'*Histoire des Papes*, à l'article de *Calixte II*; aucun écrivain ou chroniqueur contemporain ne parle des faits avancés par cette famille, aucun historien ne les a mentionnés : Moreri est le seul compilateur qui en ait parlé ; mais on sait que Moreri faisait, pour de l'argent, de très-belles et très-anciennes généalogies ! Quoi qu'il en soit, les noms de Dugommier, de Joubert, de Lannes, et de cinquante généraux de notre époque, seront plus illustres dans la postérité que les noms de tous les Clermont-Tonnerre.

des vétérans de la gloire française, aggravé la position des officiers de l'ancienne armée, et rendu vicieuse et défectueuse l'organisation de l'armée nouvelle dont l'effectif, ou le complet, restera toujours au-dessous de celui que prescrivent les lois... Et aucun membre de la chambre des députés ne provoquera une *enquête* sur la conduite ministérielle de M. de Clermont-Tonnerre : et il ne sera pas mis en état d'accusation !

29. — Ordonnance du roi de Hanovre, concernant les dotations des Français. — Le traité du 30 mai 1814 (V. cette date) a dépossédé les Français qui avaient des dotations (concédées par Napoléon) en pays étranger ; l'ordonnance ci-dessus leur accorde généreusement le droit de réclamer les paiements échus, et arrêtés au 20 mai 1814, des revenus qui leur avaient été assignés en dotation, en tant qu'ils proviennent des domaines qui ont fait partie des provinces du royaume de Hanovre... Le traité d'Aix-la-Chapelle (16 novembre 1818) avait réglé que les Français ayant des dotations dont ils ont été dépossédés par celui du 30 mai 1814, devaient être autorisés à réclamer le revenu de ces dotations jusqu'à ladite époque ; après huit années de délai, la couronne d'Hanovre permet l'exécution de cet article du traité d'Aix-la-Chapelle ; mais l'ordonnance rendue à cet égard a soin de favoriser les débiteurs au détriment des créanciers. Telles ont été constamment la justice, la générosité des puissances étrangères après la chute de Napoléon.

7 Juin. — Loi qui autorise la concession des travaux nécessaires à l'achèvement de la branche septentrionale du canal des Alpines, et à l'ouverture des canaux secondaires qui s'embrancheront sur la ligne principale.

— Tous les travaux de grande utilité publique doivent être soumis à la surveillance éclairée du gouvernement; mais il ne s'ensuit pas que le monopole de ces travaux devienne un de ses droits, une de ses attributions. L'expérience démontre que des compagnies particulières exécutent les grandes entreprises mieux et plus vite que le gouvernement ; il est vrai que, dans ce cas, les fonctionnaires publics sont privés des bénéfices et pots-de-vin qu'ils se sont habitués à envisager comme une espèce de dotation administrative. Dans quel état de dégradation se trouvent maintenant nos grandes routes, nos ponts et chaussées? Des fonds immenses sont cependant votés chaque année pour cette partie du service public : mais les plus énormes abus se reproduisent et se reproduiront toujours lorsque la haute administration, loin d'admettre la concurrence pour l'établissement, la confection ou l'entretien des grands canaux de l'agriculture, du commerce et de l'industrie, s'attachera au contraire à tout centraliser, à tout faire par elle-même : il faut bien que les jésuites y trouvent leur compte... Le développement des communications intérieures, soit par terre, soit par eau, éprouve cependant dans presque tous les départements de la France de très-grands préjudices de ce système de centralisation et de despotisme administratif. Quand donc le gouvernement voudra-t-il reconnaître qu'en fait de travaux publics il ne doit pas exécuter par lui-même, mais seulement voir, surveiller, encourager ?

8. — Proclamation du gouvernement provisoire de la Grèce, contre les pirates. — Elle est rendue pour « atteindre, par tous les moyens, le but de la cessation des pirateries et la juste punition des pirates, but pour lequel la commission directrice a même réclamé plus

d'une fois la coopération de tous les commandants des forces navales des puissances neutres dans l'Archipel. » On ne peut pas s'exécuter plus expressément et se résigner de meilleure foi aux exigences des puissances neutres, ou prétendues neutres : le gouvernement provisoire défend à tous les bâtiments grecs, à l'exception de ceux qui font partie de la flotte grecque, de porter le pavillon de guerre ou d'aller en course, tant dans les mers grecques que dans les mers voisines; il n'autorisé que la prise, par des bâtiments faisant partie de la flotte grecque, des bâtiments neutres chargés d'objets de contrebande de guerre.

Les Grecs sont privés de tous les objets de première nécessité : en proie aux horreurs de la famine, ils arment en course pour se procurer des moyens de subsistance; le féroce Ibrahim, adoptant le système de dévastation suivi par le duc de Wellington en Portugal, Ibrahim, le fer et la flamme à la main, détruit les moissons, les moulins, les fours; il fait couper jusqu'aux arbres dont l'écorce et le feuillage pourraient présenter une qualité nutritive; de leur côté, les puissances neutres interceptent ou rendent à peu près impossible l'introduction de vivres dans le territoire grec, et favorisent ouvertement l'arrivée de toutes les munitions de guerre et de bouche dans les camps du bourreau de la Morée! C'est dans un tel état de choses que le gouvernement grec apporte à l'armement en course tous les obstacles qui dépendent de lui; on doit admirer cette résignation... Des milliers de familles expirent de faim; mais ces calamités entrent dans les plans des puissances neutres, elles veulent que la Grèce périsse plutôt que de devenir libre! Le dispensateur suprême des événements en ordonnera autrement : la Grèce sortira victorieuse de sa lutte contre la barbarie ottomane;

elle triomphera de la famine; et la liberté, tenant en main l'oriflamme de notre sainte religion, finira, en dépit de toutes les intrigues des grandes puissances de l'Europe, par être souveraine du berceau où elle avait pris naissance.

16. — *Firman du grand-seigneur qui prononce la dissolution du corps des janissaires.* — « La seule cause de la dissolution des janissaires (dit le firman) est le besoin et le désir de rendre la religion vivante, de fortifier la puissance ottomane et d'améliorer l'islamisme; on a, pour cette raison, changé les statuts de ce corps, et mis à leur place des troupes exercées, sous la dénomination de *troupes victorieuses de Mahomet*; on ne retranchera rien de la solde des ci-devant janissaires, et on paiera ponctuellement leurs assignations aussi long-temps que vivront ceux qui en sont possesseurs... Les musulmans apprendront l'exercice militaire, qui est le seul moyen de résistance à employer dans les circonstances actuelles; et, afin d'obéir au vœu général et à la voix publique de la nation, le corps des janissaires, sans que ses anciens statuts subissent aucun changement, ni que ses priviléges soient nullement lésés, fournira cent cinquante hommes de chaque compagnie pour être incorporés dans les nouvelles troupes qui sont connues sous le nom d'*infanterie disciplinée*..... »

Les janissaires avaient fondé la puissance ottomane par leur courage dans l'attaque, et surtout par leur obéissance aveugle aux ordres du grand-seigneur; ils étaient insensiblement dégénérés et devenus lâches et mutins, dit le firman..... L'accusation est parfaitement juste; le grand-seigneur espère donc trouver, dans la dissolution du corps des janissaires et dans l'organisation d'une armée disciplinée et exercée à l'européenne, les moyens de résister à la Russie qui poursuit sans relâche son plan de démembrer l'empire ottoman et de s'emparer de Constantinople.

Dans cette conjoncture, le sultan a cédé à la nécessité des circonstances ; une mesure aussi décisive que celle de la dissolution de la seule force militaire un peu respectable qu'ait la Porte ottomane, touche néanmoins aux fondements de sa puissance! Il ne s'agit pas ici de discuter le degré d'utilité, ni l'opportunité d'une semblable mesure politique, militaire et religieuse tout à la fois ; nous n'entendons examiner que ses résultats probables : les armées russes sont campées sur les frontières ottomanes et n'attendent que l'ordre de les franchir : la Porte, privée des ressources militaires que lui fournirait encore le corps des janissaires, pourra-t-elle organiser, assez à temps, une armée, exercée à l'européenne et assez forte pour résister avec succès aux agressions flagrantes de la Russie? Les événements l'apprendront bientôt à l'Europe..... En attendant, le sultan met son dessein à exécution avec une énergie remarquable; il s'agit de changer les coutumes, les règles et jusqu'aux costumes qui sont des articles de foi dans la religion mahométane; il faut obtenir de la superstition et de l'ignorance des réformes salutaires sans doute, mais qui seront, à leurs yeux, sacriléges et infâmes : les janissaires témoignent depuis long-temps leur insurmontable aversion pour une nouvelle organisation de la force armée; ils seront décimés, égorgés, jetés à la mer, et la réforme militaire s'exécutera sur des monceaux de cadavres; car, pour opérer la réforme, il faut de nécessité recourir aux plus extrêmes rigueurs!........ Chez les peuples essentiellement ignorants et superstitieux, les meilleures innovations ne peuvent obtenir un bon succès, un succès durable, que lorsque l'instruction et la civilisation ont ouvert les portes de l'esprit : or, l'Alcoran, l'esprit et le texte de la religion mahométane, sont ennemis nés de toute instruction ; ils repoussent toute espèce de civilisation ; ils sont fondés sur l'obéissance passive, sur un dévouement aveugle, absolu aux volontés du despote religieux et politique qui dispose de l'héritage de Mahomet, en tant que ce despote ne viole pas lui-même les préceptes de l'Alcoran : dans ce dernier cas, le descendant de Mahomet est, pour l'ordinaire, déposé et étranglé.

Le caractère et la bravoure que le grand-seigneur déploie dans une conjoncture aussi immense, honorent ce prince ; peu de souverains européens auraient osé exécuter une pareille entreprise ; le successeur de Mahomet aura fait preuve d'une énergie dont les trônes chrétiens ne lui offraient pas de modèle : Mahmoud s'annonce en grand homme !

19. — M. le comte Joseph Beaupoil de Saint-Aulaire, pair de France, est sous le poids d'une *contrainte par corps*, pour dettes ; il excipe de son titre de pair, pour ne pas être passible de cette disposition du code : la cour royale de Paris rend l'arrêt suivant : « Considé-
« rant : qu'il appartient à la chambre des pairs de
« *fixer le sens* de l'article 34 de la Charte consti-
« tutionnelle, et de distinguer ou de conformer dans
« les termes de cet article ce qui appartient aux ma-
« tières *civiles, commerciales,* ou *criminelles ;* comme
« aussi de prendre pour les différents cas et à l'égard de
« ces matières telles mesures de police intérieure et de
« considération publique qu'elle jugera convenables...
« — Qu'en conséquence et en *attendant,* c'est à *elle*
« *seule* qu'il faut s'adresser pour exercer vis-à-vis d'un

« tiers la contrainte par corps; la cour met l'appella-
« tion (du créancier de M. de Saint-Aulaire) au
« néant..., etc. »

Les créanciers par billets à ordre, ou lettres de change, d'un pair de France, ne peuvent, en conséquence, poursuivre leurs droits devant les tribunaux, sans l'assentiment de la chambre des pairs... Une commission de la chambre des pairs proposa, dans la session de 1820, une résolution portant : « La chambre « des pairs arrête : que l'article 34 de la Charte consti-
« tutionnelle, en statuant qu'aucun pair ne peut être
« arrêté que de l'autorité de la chambre, a laissé à la
« *discrétion* de la chambre de déterminer dans quel
« cas un pair doit ou ne doit pas être arrêté, et que
« la chambre regarde comme un privilége inhérent à la
« pairie que, pour *toutes causes civiles, la liberté d'un*
« *pair soit à jamais inviolable et sacrée.* » La chambre des pairs prononça *l'ajournement indéfini* de cette partie de la résolution... Malgré cet ajournement, un pair de France peut faire des lettres de change, sans être tenu de les payer; il y a plus : un individu ayant contracté des lettres de change, ne sera pas tenu de les payer s'il vient à être élevé à la pairie *avant* comme *après* leur échéance!... D'un autre côté, en vertu de la loi sur les successions et substitutions, et en vertu des ordonnances royales autorisant la formation des majorats, qui rendent inaliénables et insaisissables les immeubles formant les majorats, un pair de France peut frustrer ses créanciers des sommes dont il leur est redevable. — Il y a donc exception, en faveur des pairs de France, aux dispositions du Code civil et du Code commercial, et aux lois fondamentales qui régissent, en France, pour l'universalité des citoyens, les droits de propriété..... Il semblerait alors naturel et de con-

sidération publique, que les pairs de France s'abstinssent au moins de spéculations manufacturières, de spéculations commerciales et de banque, d'associations dans les entreprises publiques, telles que les messageries, voitures de place, maisons de négoce, de roulage, etc., etc.

Il est douloureux de voir des pairs de France, des personnages aussi illustres que M. le maréchal duc de Raguse (Marmont), M. Gratet-Dubouchage, etc., accablés de procédures judiciaires, de contraintes par corps, de jugements prononçant expropriations, etc. L'on ne peut voir sans de vifs regrets des membres de la pairie réduits, pour tous moyens d'existence, aux traitements qu'ils reçoivent du gouvernement : sans examiner, sous le rapport politique, combien l'indépendance de la chambre haute pourrait être affectée par les pensions que le gouvernement accorde à une grande partie de ses membres, nous observerons que c'est par son importance territoriale et par ses richesses que la pairie a obtenu, en Angleterre, la haute considération et le respect politique dont elle avait joui, jusqu'à ces derniers temps, dans l'esprit de la nation.

22. — Installation à Panama (Colombie) du grand congrès américain. — Le discours prononcé à ce sujet, par don Manuel Lorenzo Vidaure, président de la cour suprême de justice du Pérou, est digne de fixer l'attention des hommes d'État ; l'orateur y expose l'état présent de l'Amérique méridionale : malgré le ton quelquefois emphatique employé par ce haut fonctionnaire, on ne peut s'empêcher de lui reconnaître un grand talent et des vues de haute et saine politique. Il dit : « Ce jour peut être nommé le jour de l'Amérique. Dès aujourd'hui, ses États jouissent de toute leur indépen-

dance politique, et chacun de ses habitants d'une liberté en harmonie avec leurs pactes sociaux. Un lien étroit et éternel unit les quatre républiques de Colombie, de Guatimala, du Mexique et du Pérou. Toutes s'engagent mutuellement à résister aux oppresseurs étrangers et à quiconque voudrait usurper les droits qu'elles ont reconnus..... Les bases sur lesquelles notre confédération est fondée sont limitées, mais solides. Paix avec l'univers, respect aux gouvernements établis dans les pays européens, alors même qu'ils seraient contraires aux principes adoptés dans notre Amérique. Commerce libre avec toutes les nations, et diminution des droits pour toutes celles qui nous reconnaissent. Tolérance religieuse pour ceux qui observent des rites que nous avons admis dans nos constitutions particulières. Rappelons-nous les trente-trois millions de victimes qui ont été sacrifiées par le fanatisme, depuis l'hébraïsme jusqu'au siècle présent; qu'elles nous apprennent à être humains, pacifiques, miséricordieux, même pour ceux qui ne marchent pas dans les mêmes voies que nous : que l'étranger nous arrive, et quel que soit son culte, qu'il soit admis, respecté, protégé, si la morale, qui est la véritable religion, ne dément pas celle que nous enseigne notre Christ ; qu'il soit notre maître dans l'agriculture et les arts; que l'aspect triste et désolé de l'Africain abruti disparaisse de nos champs; qu'on aperçoive à ses côtés l'homme dont il croyait que la couleur était un titre de supériorité ; qu'il reconnaisse la portée de ses facultés en voyant que rien ne le distingue des autres hommes. »

On doit honorer et bénir cette déclaration de principes; il n'est pas de gouvernement en Europe pour lequel une semblable déclaration ne fût un titre de gloire.

Les opinions politiques énoncées par M. Vidaure sont d'une parfaite justesse : « L'Amérique méridionale a deux terribles écueils à éviter, dit-il ; le premier est le désir que quelques États auraient de s'agrandir aux dépens des autres ; le second est de voir s'élever un ambitieux qui n'aspire au pouvoir que pour enchaîner ses frères. Je crains l'un et l'autre autant que je méprise les menaces de la faible Espagne..... Évitons les guerres, en terminant toutes les querelles par des médiations..... Les alliances sont souvent des sources de guerre : l'Amérique n'en formera qu'entre tous les États qui la composent. J'ajourne mes réflexions. — Le second point peut être évité par des dispositions très-simples : 1° que les gouvernements fédérés se garantissent leur liberté et leur indépendance ; 2° qu'on ne confie à un individu que le pouvoir nécessaire au but pour lequel son autorité fut instituée ; 3° que plus le pouvoir sera grand, plus la durée en soit bornée ; 4° que celui à qui la force sera confiée, dépende toujours de la partie de la société qui est désarmée ; 5° qu'il n'y ait d'armée permanente qu'en temps de guerre ; que cet épouvantable fléau, inconciliable avec l'ordre intérieur des sociétés, soit écarté par tous les efforts dont nous sommes capables, et qui seraient compatibles avec l'honneur et la prudence....., etc. »

Partout, ce discours respire un noble et sage patriotisme, la plus généreuse modération et une dignité vraiment nationale. «..... Nous n'achèterons pas notre indépendance : nous avons horreur du nom d'*affranchis*; nous sommes constitués en États avec des droits égaux à ceux des Européens ; nous sommes une nation d'hommes spontanément formés en société et assujettis au pacte que nous avons fait de notre libre consentement... Conservons notre dignité : n'admettons pas l'étranger qui ne viendrait pas à nous autorisé par les formes diplomatiques, et ne laissons pas flotter dans nos ports les pavillons de ces royaumes ou de ces républiques qui ne voudront pas recevoir le nôtre. — Avant tout, ne formons qu'une seule famille; que ces noms qui distinguaient des familles particulières, soient confondus dans le nom général de *frères;* commerçons sans obstacles; allons partout sans prohibitions, sans restrictions. Qu'aucune douane ne s'occupe à visiter les produits américains. Donnons-nous l'un à l'autre des preuves perpétuelles de désintéressement et de véritable amitié; faisons un faisceau de droits qui fasse l'admiration des peuples civilisés. Pensons que l'injure faite à un État est commune à tous les autres....., etc. »

Tels sont les principes que professe le gouvernement fédératif; leur application produira de grands biens, si les autorités constituées des nouvelles républiques apportent dans l'exécution des lois une volonté ferme et déterminée.

Les déclarations du congrès américain devraient, enfin, ouvrir les yeux aux conseillers de Ferdinand VII; ce monarque n'a plus de temps à perdre pour se réconcilier avec les peuples de l'Amérique méridionale, pour conserver à la nation espagnole une partie des bénéfices commerciaux de ces vastes contrées affranchies pour toujours de leur ancienne métropole : mais il n'en sera pas ainsi; et le cabinet de Madrid, ne voulant pas renoncer aux actes de despotisme et de vengeance qui ont signalé sa conduite depuis 1814, le cabinet de Madrid achèvera de se fermer, lui-même, toutes les portes de réconciliation et d'alliance que les États fédérés de l'Amérique méridionale tenaient encore ouvertes en faveur de leur ancienne métropole.

24. — Lettre de l'infant don Miguel à sa sœur, la princesse régente du Portugal. — En écrivant cette lettre, l'infant ne connaissait pas apparemment, ou bien feignait de ne pas connaître la constitution donnée au Portugal par l'empereur don Pedro (V. 19 avril); on doit penser qu'il ignorait l'acte d'abdication de ce monarque (V. 2 mai) : du moins, rien ne fait encore pressentir les sentiments de don Miguel à l'égard de ces actes.

Le prince a été exilé de Portugal (Voy. 6 mars), avec ordre de résider en France; il s'est évadé de France, et a fixé son séjour à Vienne. Il écrit à la régente, sa sœur, qu'il s'estime fort heureux si la manifestation sincère et authentique des sentiments qu'il lui a communiqués, par sa lettre du 6 avril, a pu contribuer au maintien du bon ordre et de la tranquillité du Portugal, « premiers objets (dit-il) que j'ai eus en vue en
« écrivant madite lettre du 6 avril; et je vous remer-
« cie, ma très-chère sœur, de la résolution que vous
« avez prise de la faire publier sans délai; car, ce que
« j'ambitionne surtout, c'est de montrer à la nation
« que les qualités dont je m'honore le plus sont celles de
« *fils obéissant*, de *sujet fidèle* et de *bon Portugais*...»

Ce prince portera plus tard les troubles et la guerre civile en Portugal; il a été fils dénaturé, il sera sujet rebelle, et mauvais Portugais : il se distinguera par sa fourberie, sa lâcheté et sa perfidie; il tentera d'usurper la couronne, et sera traître et rebelle envers l'empereur son frère, et envers sa souveraine, la reine donha Maria da Gloria..... En attendant qu'il puisse agir à découvert et par lui-même, don Miguel entretient les désordres et les dissensions dans le royaume : ses agents ont insurgé le peuple dans la province de Tras-los-Montès, et de criminelles tentatives de révolte ont eu lieu à Chavès; les insurgés ont répandu des proclamations, déclaré don Miguel roi légitime, et la constitution de don Pedro non avenue : selon la proclamation publiée par les révoltés, l'Espagne aurait promis de venir à leur secours, et le fameux marquis d'Amarante, auteur de la contre-révolution de 1823 qui renversa les Cortès, aurait été chargé d'une mission secrète à ce sujet. Le cri des rebelles était : « Huzza pour l'Espagne « qui nous donnera un roi absolu. Mort aux Anglais, « aux constitutionnels, et à tous ceux qui jureront la « constitution. » Tel est le mot d'ordre donné par don Miguel; mais le brave général Saldanha, commandant à Porto, fait marcher des troupes contre les rebelles, les disperse en un instant, fait prisonniers les principaux chefs de l'insurrection, s'empare de Chavès et y établit son quartier général.

6 JUILLET. — Loi relative à la fixation du budget des dépenses et des recettes de 1827. — Les dépenses de la dette consolidée et de l'amortissement sont fixées, pour l'exercice 1827, à la somme de   238,840,121 fr. (2,745,664 fr. de moins que pour l'exercice de 1826.)

Les dépenses générales du service à la somme de   541,798,109

Les frais de régie, d'exploitation, de perception et non-valeurs des contributions directes et indirectes, et des revenus de l'État, à la somme de.   126,491,512

Les remboursements et restitutions à faire aux contribuables sur les produits desdites contributions à.   8,600,000

Total . . .   915,729,742 fr.

(1,225,243 fr. de plus qu'en 1826; et 26,219,159 fr. de plus qu'en 1825. V. 13 juin 1825...) Telle est l'administration financière du Calonne de la restauration !

Il est essentiel de remarquer que, dans la fixation des dépenses générales du service, les dépenses départementales et communales *ne sont pas portées* : il n'est pas dit, comme en 1825, pour *mémoire*, elles sont passées cette année sous silence.

Le budget des recettes est évalué, pour l'année 1827, à la somme de 916,608,734 fr. (7,486,970 fr. de moins que pour l'exercice de 1826. V. 13 juin 1825)... Les recettes diminuent, les dépenses augmentent.

« Le ministre des finances est autorisé à créer, pour le service de la trésorerie et les négociations avec la Banque de France, des bons royaux portant intérêt et payables à échéance fixe. Les bons royaux en circulation ne pourront excéder cent vingt-cinq millions. Dans le cas où cette somme serait insuffisante pour les besoins du service, il y sera pourvu au moyen d'une émission supplémentaire, qui devra être autorisée par ordonnance du roi, et dont il sera rendu compte à la plus prochaine session des chambres..... » Cet article, intitulé : *Moyens de service*, est littéralement le même que l'article y relatif de 1826. (V. 13 juin 1825.) Les mêmes réflexions lui sont applicables : ce sont toujours les mêmes vices ou inconvénients, et la même irresponsabilité réelle du ministre des finances!

On voit que le déficit s'avance graduellement; bientôt, il fera irruption dans les finances de l'État.

6. — Clôture de la session de 1826 des chambres législatives. (V. 31 janvier 1826.)

Cette session a été remarquable par la violence et la continuité des efforts qu'ont déployés les ennemis de la Charte constitutionnelle, c'est-à-dire les jésuites et les ultra-royalistes, unis dans un même esprit d'hypocrisie religieuse et de réaction contre-révolutionnaire, pour détruire le pacte fondamental. On a voulu rétablir le droit d'aînesse et les substitutions ; mais la sagesse et l'énergie de la chambre des pairs ont écarté, du moins en partie, pour le moment, une loi odieuse, et le droit de substitution a été renfermé dans des limites qui laissent encore aux pères de famille une certaine liberté dans la disposition de leurs biens.

M. Sallaberry, en dénonçant à la tribune nationale le *Journal du Commerce*, a préludé aux attaques que le ministère Villèle ne tardera pas à lancer contre la liberté de la presse, ce principe vital du gouvernement constitutionnel. Des écrivains, véritables défenseurs de l'autorité royale et des libertés publiques, ont résisté à la corruption ministérielle, ils l'ont signalée au mépris public ; c'en est assez pour que le ministère annonce hautement le dessein d'enchaîner, sous une loi de fer, la presse périodique.

L'occupation de plusieurs points de l'Espagne par les troupes françaises nécessite une augmentation de dépenses, sans que la monarchie espagnole en retire d'autres fruits que ceux de l'anarchie dont elle est depuis trois ans le théâtre. Il ne faut donc pas s'étonner si le budget de l'État exige, chaque année, de plus grands sacrifices de la part des contribuables ; après onze années de restauration et de paix, les impôts sont loin d'être diminués ; ils subissent au contraire une augmentation graduelle, malgré les arguments spécieux de M. de Villèle pour prouver le soulagement accordé aux contribuables par le dégrèvement de la contribution foncière. Cette disposition ministérielle est une véritable escobarderie... A la fin de l'administration de M. de Villèle, lorsque ce ministre, qui a répandu tant de calamités sur la France, sera évincé des conseils du prince, nous donnerons un relevé des impôts prélevés sur la France de 1822 à 1828 !

7. — M. Bellart, procureur général près la cour royale de la Seine, meurt à Paris, après une longue et douloureuse agonie; et, ce qui est très-remarquable, dira un journal *ministériel* (le Pilote), « dans ses der-
« niers et terribles moments, une seule pensée sem-
« blait occuper son esprit; c'était celle des hommes
« noirs. *Ils sont là! ils sont à ma porte! empêchez-*
« *les d'entrer!* s'écriait-il sans cesse avec des mouve-
« ments de crainte et d'horreur. »

« *Le Pilote* est dans l'erreur : M. Bellart n'a pas parlé vaguement des *hommes noirs*, il a parlé des *jésuites*; il a exprimé à plusieurs reprises l'horreur que les *jésuites* lui inspiraient; et, quand il a manifesté son aversion, dans les derniers jours de sa maladie, contre cette société, il n'était pas dans le délire. » (*Constitutionnel*, 15 juillet 1826.)

Les frais des obsèques de M. Bellart seront faits par la ville de Paris; le roi ordonnera que le portrait du procureur général, exécuté aux frais de la liste civile, soit appendu dans la salle des séances du conseil général du département de la Seine... Par une ordonnance spéciale, en date du 5 août 1826, le roi accordera une pension de trois mille francs, sur la caisse du sceau, à la demoiselle Julie Bellart. — Le *Moniteur* fera un pompeux éloge des talents et des vertus de ce procureur général; il le dira *orateur éloquent, écrivain plein de force*, etc... M. Bellart était tout simplement un orateur véhément et boursoufflé, presque toujours entraîné par la passion et l'esprit de parti, rarement guidé par le jugement, la raison et la vérité; ses talents, comme écrivain, sont au-dessous du médiocre; ses plaidoyers et ses réquisitoires ne se distinguent que par le pathos d'une érudition et le mauvais goût d'un style qui leur sont particuliers.

M. Bellart avait acquis des droits à la gratitude des hommes de l'ancien régime, par la rédaction de la proclamation du conseil départemental et municipal de Paris (1ᵉʳ avril 1814). « Cette proclamation qui excite les Français à secouer le joug d'un despote invétéré, énonce plusieurs motifs d'une évidence complète; mais son style déclamatoire rappelle le souvenir de nos premiers énergumènes de la révolution. Au lieu de se borner à l'exposition de la vérité assez entraînante par elle-même, on entasse des reproches dont l'exagération est manifeste, on avance de fausses allégations que l'extrémité des circonstances ne peut même faire excuser, on s'adresse à l'opinion publique, comme à des conspirateurs de mélodrames ! Voilà le résultat d'une longue oppression !... » (*Histoire de France*, par l'abbé de Montgaillard, tome VII, page 404.....) Sans entendre approuver tout ce que dit à cet égard l'abbé historien ou annaliste, nous citons ces lignes pour faire connaître l'époque du dévouement de M. Bellart à la cause de la légitimité; il fallait tout l'intérêt d'une cause aussi sacrée pour excuser, ou expliquer l'excès de chaleur dans lequel ce dévouement entraîna souvent le magistrat.

M. Bellart avait brûlé son encens d'admiration et de fidélité aux pieds de Napoléon : il le fatigua de ses éloges : c'est à l'enthousiasme de l'avocat Bellart, non moins qu'à l'enthousiasme de l'académicien Quatremère-Quincy, pour *le génie, les vertus* et *les bien-*

faits de Bonaparte, que le conseil général du département de la Seine fut redevable de la première proposition de l'érection d'un monument triomphal en l'honneur de l'usurpateur du trône des Bourbons..... Au moment de la naissance du roi de Rome, M. Bellart était dans une telle ivresse de joie et d'amour pour la dynastie impériale, qu'il fit au conseil municipal, à l'Hôtel-de-Ville, la proposition de voter dix mille francs de rente au premier page qui avait apporté la nouvelle de la naissance de *Napoléon* II : ainsi parlait, en 1811, M. Bellart; mais aussi s'empressa-t-il, en 1814, de proposer au conseil municipal la déchéance de Napoléon et l'exclusion de son fils..... L'adresse présentée à Louis XVIII, le 7 mars 1815, par le corps municipal de Paris, assemblé extraordinairement, fut rédigée par M. Bellart; cette fois la véhémence de l'écrivain était justifiée par sa fidélité à la bonne cause; il est assez remarquable qu'en rapportant cette adresse, le *Moniteur* (8 mars 1815) ait dit : *suivent les signatures*, tandis qu'il n'en indique aucune! — La proclamation du corps municipal aux Parisiens, publiée par la préfecture du département de la Seine (16 mars 1815) porte la signature du conseiller d'État, préfet du département de la Seine (Chabrol) : nous ignorons si M. Bellart contribua à sa rédaction, mais nous ne le pensons pas : elle est écrite avec modération, et ne renferme pas une seule injure contre le souverain de l'île d'Elbe; elle se borne à rappeler aux Parisiens les devoirs que leur impose la fidélité au légitime souverain, elle les exhorte à seconder les mesures de leurs magistrats.

L'absolu dévouement du procureur général à la dynastie des Bourbons lui inspirait un zèle excessif; l'acte d'accusation qu'il rédigea (1820) contre le monstre

Louvel, prouve que M. Bellart s'égarait souvent dans ses jugements : en vain le procureur général affirmait-il que le monstre avait des complices parmi les *libéraux* ou *constitutionnels*, l'instruction vint démontrer l'isolement du crime du nouveau Ravaillac..... M. Lally-Tollendal ayant interpellé Louvel, celui-ci répondit formellement qu'il n'avait pas de complices : interpellé une seconde fois par M. de Lally, Louvel lui répondit avec le plus grand sang-froid : « J'ai déjà eu l'honneur « de vous dire que je n'avais pas de complices ; et où « les aurais-je cherchés ? autour de moi, ils ne m'au-« raient pas compris : au-dessus de moi, ils m'au-« raient trahi. » — Le réquisitoire de M. Bellart dans l'affaire relative aux troubles de la Rochelle (juin 1822) fit une très-pénible sensation dans le public ; le procureur général voulait à toute force attribuer les troubles qui avaient eu lieu dans plusieurs parties du royaume à des causes qui n'existaient pas, à la secte impie des *carbonari* d'Italie, etc.

Nommé en 1817 membre de la chambre des députés, M. Bellart fit preuve de nullité dans les discussions législatives, et se borna à être ministériel. Lors du renouvellement de la députation du département de la Seine (Paris 1822), M. Bellart ne put pas même réussir à être porté candidat par les électeurs de ce département, tant la violence ultra-royaliste de ses *réquisitoires* l'avait dépouillé de toute espèce de popularité, de confiance nationale ; son *réquisitoire*, relatif aux troubles de la Rochelle, avait attaché à son nom une très-fâcheuse célébrité : M. Bellart était dévoré d'ambition, il voulait à tout prix parvenir au pouvoir ministériel.

Une ordonnance du roi (11 novembre 1815) ayant chargé le procureur général près la cour royale de la Seine de soutenir l'accusation intentée contre le maréchal Ney, ainsi que la discussion ; une seconde ordonnance (12 novembre 1815) ayant statué que la procédure serait instruite sur le réquisitoire dudit procureur général, l'un des commissaires royaux, délégué par l'ordonnance du 11, M. Bellart mit dans son réquisitoire, dans l'acte d'accusation et dans la poursuite de la procédure et du jugement, la chaleur et l'acharnement qui le caractérisaient d'une manière si particulière; il interdit formellement aux défenseurs de l'accusé la demande formée par l'un d'eux, M. Dupin, que le reste de la défense de l'accusé fût continué au lendemain. Le président de la cour des pairs ayant « lu un billet de M. le comte Tascher, pour demander d'interdire à l'accusé de faire lire, par ses défenseurs, l'article 12 de la convention de Paris *, M. le président, quoique ayant le droit, par le pouvoir discrétionnaire que lui accordait la loi, de faire cette interdiction, désira néanmoins connaître l'avis de messieurs les pairs. » Nous nous estimons heureux de trouver cette occasion de rendre à M. le chancelier Dambray, faisant fonctions de président de

---

* « Il s'agissait de savoir si le prince de la Moskowa (Ney)
« était ou non compris dans la capitulation de Paris du 5 juil-
« let 1815. Le fait était positif; le duc de Wellington, consulté,
« refusa de l'attester, et livra ainsi au bourreau celui que la
« justice et l'honneur lui commandaient de protéger. Mais le
« héros français avait été son rival de gloire : il avait sauvé une
« partie de l'armée française lors de la désastreuse campagne
« de Moskou; et comme la confraternité d'armes qui unit les
« grandes âmes n'excite que de basses jalousies dans les âmes
« vulgaires, les titres mêmes qui auraient dû assurer au malheureux maréchal l'appui du duc de Wellington, comme ils
« lui avaient mérité l'admiration des hommes de guerre de tous
« les pays et l'éternelle reconnaissance de la France, devinrent
« son arrêt de mort. » Extrait de l'*Histoire du ministère de
G. Canning*, Paris, 1828, tome second, page 278.

la cour des pairs, la justice que méritent l'impartialité et la noblesse avec lesquelles il remplit les hautes et pénibles fonctions dont il était investi : nous rapportons ces particularités pour montrer que la cour des pairs jugea bien fondées les diverses interdictions aux défenseurs du maréchal Ney, réclamées par M. Bellart : ce serait donc inculper à tort sa mémoire, que de supposer à ce procureur général des sentiments personnels de partialité, de haine ou d'animosité, contre le maréchal : M. Bellart soutint l'accusation avec la plus extrême rigueur, parce que telle était sans doute la voix de sa conscience, parce que tel était son devoir *..... On lui a reproché, dans plusieurs circonstances, son pathos contre-révolutionnaire et ses virulentes déclamations contre la liberté de la presse; mais n'était-il pas, et ne se faisait-il pas honneur d'être un des partisans exaltés de l'ancien régime, du pouvoir absolu et des principes ultramontains ? L'histoire juge les hommes publics; elle assignera le rang que doit occuper M. Bellart dans l'estime nationale. Ce magistrat était extrêmement ambitieux et vain, il aspirait à la pairie et au ministère de la justice : constamment déçu dans ses projets d'élévation, il est mort rongé de chagrins !.......
L'exemple d'une foule d'individus obscurs, sans services ou talents remarquables (MM. Decazes, Pastoret, Villèle, Beugnot, Frayssinous, Peyronnet, etc., etc., etc.), élevés comme par enchantement aux premières fonctions ou dignités de l'État, cet exemple a engendré les plus extravagantes ambitions : pas de mince avocat qui ne se croie excellent pour faire un garde des sceaux;

* *Voyez* second volume, B, les détails relatifs au procès et au jugement du prince de la Moskowa, maréchal Ney; ils montrent la conduite suivie par le procureur général, commissaire du Roi, Bellart.

point de banquier ou d'agioteur à la bourse qui ne taxe le gouvernement d'injustice et d'aveuglement, s'il ne lui confère pas les fonctions de Colbert : jusqu'à de simples journalistes qui regardent au-dessous de leur génie une place de directeur général ou de demi-ministre; il leur faut un ministère tout entier, et encore à leur choix. Il ne serait donc pas étonnant que M. Bellart fût mort, ainsi qu'on le dit en public, d'une ambition rentrée, comme son collègue, l'avocat général Marchangy.

9. — Ordonnance du roi sur le contrôle des comptes des ministres. — On ne peut que rendre hommage à l'esprit de cette ordonnance; si elle reçoit une franche et véritable exécution, elle préviendra une foule d'abus aussi faciles à commettre que difficiles à prouver. La France est peut-être le pays où il y a le plus d'ordonnances, de réglements, de décisions sur l'administration financière, et c'est celui où l'on a vu le plus de dilapidations et de banqueroutes publiques : les écritures sont parfaitement en règle, mais le contrôle de l'emploi des fonds est à peu près illusoire.

Il est très-régulier, très-utile sans doute, dans un système de finances, d'obliger le ministre chargé de ce département de déposer à la fin de chaque année, au greffe de la cour des comptes, le résumé général des virements de comptes constatés par la comptabilité générale des finances; « les déclarations de conformité que la cour des comptes délivre pour constater la concordance des résultats de ses arrêts sur les comptes individuels des comptables avec ceux de chaque résumé général, devront nous confirmer aussi (dit l'article 4 de l'ordonnance) l'accord de ces mêmes arrêts avec les opérations correspondantes qui sont comprises dans le compte général de l'administration des finances. »

Ainsi, la *régularité* des écritures de M. de Villèle ne saurait être révoquée en doute; mais il n'en sera pas de même de l'exactitude de ses affirmations concernant l'emploi des deniers de l'État; quant à ses talents administratifs, c'est à l'œuvre qu'on connaîtra l'ouvrier : à sa sortie du ministère, il existera un déficit de plus de deux cents millions, déficit que la cour des comptes n'aura pas soupçonné, et que M. de Villèle niera contre l'évidence même du rapport fait par son successeur au département des finances..... Les meilleurs réglements ne sont pas (comme on voit) suffisants pour mettre la situation des finances dans son véritable jour : la plupart du temps, ils ne servent même qu'à la déguiser..... A chaque mutation du porte-feuille des finances, le ministre sortant devrait être soumis à une *enquête solennelle!!!*

Il a dû nécessairement exister (le déficit le prouvera) des dépenses secrètes qui n'ont pu être présentées en compte à la cour des comptes*, à la chambre des députés : ont-elles été acquittées au moyen de fonds détournés de l'emploi que leur assigne le budget? Il est permis de le présumer, quand on voit des sommes immenses consacrées à l'achat de plusieurs journaux; sur quelle partie du service public, les fonds nécessaires pour solder ces vils achats auront-ils donc été prélevés? Les faits existent; nous n'entendons pas les expliquer,

---

* L'organisation de la cour des comptes est empreinte du despotisme de Napoléon, et son institution actuelle présente, ce nous semble, des vices essentiels; elle est sous l'influence du ministre des finances. — L'ordonnance de ce jour, sur le contrôle des comptes des ministres, est à peu près illusoire; elle sera même rendue, en quelque sorte, sans effet par une seconde ordonnance (26 novembre 1826), non insérée au *bulletin des Lois*, qui retirera aux conseillers référendaires le droit d'observation et de discussion dans l'examen des comptes, et

mais nous les mentionnons pour montrer la facilité avec laquelle un ministre des finances peut présenter des comptes très-exacts selon les lois et réglements, et néanmoins très-vicieux, et fictifs au fond, malgré la parfaite régularité de la forme.

12. — La régente du Portugal, Isabella, écrit une lettre touchante à don Miguel, en réponse à la lettre de ce prince en date du 24 juin (V. cette date). Elle dit : « ..... Mon objet principal est et sera toujours de faire cesser les intrigues, d'unir notre famille, de la rendre chaque jour plus aimable à une nation douée des plus belles qualités qui l'ont distinguée dans tous les siècles de la monarchie, et que dans les derniers temps quelques hommes aussi ambitieux que pervers ont tâché d'égarer et de perdre; mais j'espère que le dieu de Henrique.... confondra l'imposture, l'impiété et le crime. Alors, le Portugal verra renaître ses antiques siècles de gloire, principalement *en mettant*, *comme je l'espère, en pratique et en vigoureuse observance* les sages déterminations de notre frère et légitime roi don Pedro IV, empereur du Brésil ; déterminations qui ont mérité les applaudissements et l'approbation générale de la nation, et qui ont déplu seulement à ceux qui comptaient sur la continuation des abus invétérés qui pesaient sur le malheureux Portugal, et qui

qui établira une chambre du conseil, composée seulement des présidents et des maîtres des comptes, devant lesquels un seul référendaire est appelé à faire les rapports : « de sorte (comme
« l'observera fort bien une feuille publique, *le Courrier fran-*
« *çais*) que le prononcé en audience solennelle n'est que le
« résultat de l'opinion d'une partie de la cour sur une concor-
« dance de chiffres..... N'y a-t-il pas inconvenance à voir le
« ministre des finances composer lui-même les commissions
« chargées de vérifier ses opérations?..... »

affligeaient tant le cœur paternel de notre auguste et regretté père, sans qu'avec tout cela il ait jamais pris la noble résolution de les détruire et de les extirper. »
— « Peut-être, mon cher frère, quelqu'un vous écrira-t-il dans un sentiment contraire à celui que j'exprime. Je vous prie de n'ajouter foi qu'à ce que je vous écris à ce sujet, attendu que c'est l'entière vérité. J'espère que *loin de donner crédit* à ceux qui ne vivent que d'imposture, qui ne respirent que la vengeance, le carnage et le sang, mon frère concourra pour sa part à implanter et à faire fructifier parmi nous les institutions émanées du trône, institutions telles qu'elles peuvent seules nous tirer de l'abîme où nous ont précipités la fatale décadence et l'abandon de nos antiques lois constitutionnelles, de nos louables usages et de nos coutumes. *Ainsi l'exigent impérieusement l'honneur de mon cher frère, l'éclat de son nom, sa gloire, en même temps que ses propres intérêts.....* »

La lettre de la régente pourrait servir de leçon à beaucoup de princes ; elle ne fera aucune impression sur le cœur, sur l'esprit de don Miguel ; il persévérera dans ses criminels desseins ; il ajoutera les parjures aux parjures, et les révoltes aux révoltes qui ont signalé jusqu'à ce jour sa conduite. La princesse régente ne recueillera, elle-même, de ses soins et de ses nobles sollicitudes pour le bonheur du Portugal, que dégoûts, menaces et dangers ; sa vie sera exposée, elle éprouvera de violentes maladies, et l'on croira généralement que les agents de don Miguel auront attenté par le poison, bien à son insu sans doute, aux jours de la gouvernante constitutionnelle de la monarchie portugaise, qui ne verra arriver don Miguel à Lisbonne qu'escorté de toutes les fureurs de la guerre civile. — Les jésuites et les ultra-royalistes français font, en Portugal et en Espagne, une guerre à mort aux principes constitutionnels, en même temps qu'ils travaillent à détruire en France la Charte constitutionnelle; les affaires de la Péninsule intéressent donc nos libertés nationales : ce motif nous porte à les mentionner dans ces annales.

21. — Un malheureux est exécuté à Valencia, capitale de la province de ce nom (Espagne), avec les formes usitées dans les anciens auto-da-fé...

Tous les contrebandiers, les voleurs et les assassins, s'étaient rendus à l'auto-da-fé, où on les vit suivant à pied les bannières d'Ignace et de saint Dominique, précédés des moines qui psalmodiaient les psaumes de David, en traînant un Israélite au supplice. Le pauvre hérétique, vêtu du *san-benito*, espèce de blouse sur laquelle on avait peint des diables, et coiffé d'un bonnet de carton barbouillé de flammes, se traînait, escorté de deux frères dominicains qui lui faisaient les plus beaux compliments du monde sur le bonheur d'être brûlé pour le salut de son âme; il le nommaient *leur frère infortuné*, et ils l'embrassèrent au moment où il monta sur le bûcher. — Il faut avoir vu le zèle avec lequel chacun apportait sa falourde, son coteret, son baril de goudron, pour juger ce qu'est le fanatisme. Je ne vous dirai pas le sermon qui précéda le supplice, les hymnes qu'on entonna au moment où le feu, se développant, commença à entourer la victime qu'on avait bâillonnée, afin de l'empêcher de crier..... etc. (Lettre écrite de Madrid, *Constitutionnel*, 4 septembre 1826.)

Et c'est au dix-neuvième siècle que se commettent ces sacrifices humains, au nom du Dieu de clémence et de miséricorde ! Et le royaume où ce forfait s'est commis était occupé par une garnison française !

25. — Pestel, Ryléieff, Serge-Mourawieff, Bestucheff-Rumine et Kahowshi, condamnés à mort, comme coupables de conspiration contre la personne de l'empereur et contre l'État (V. 26 décembre 1825), ont été amenés, à trois heures du matin, sur le lieu de leur exécution. — En vertu du jugement rendu contre eux, les condamnés devaient être écartelés, ou plutôt coupés en quatre; mais cette peine a été commuée en celle de la corde. L'exécution a eu lieu sur les glacis de la citadelle de Pétersbourg. « Douze à quinze cents personnes tout au plus étaient réunies sur ce vaste emplacement, et ont été témoins de l'exécution de la sentence. » L'échafaud n'était pas encore construit, et les condamnés restèrent pendant plus d'une heure spectateurs des préparatifs... D'autres condamnés, au nombre de cent environ, furent amenés sur les glacis; on les dégrada en les faisant mettre à genoux et en cassant leurs épées au-dessus de leurs têtes; on les revêtit ensuite d'une capote grise, et leurs uniformes, épées, épaulettes et décorations, furent jetés dans un grand brasier allumé auprès de la potence; ils furent reconduits à la forteresse, en attendant leur translation en Sibérie.

L'observateur habitué à raisonner sur les conspirations politiques remarquera que la plupart des condamnés n'ont pas témoigné de repentir; les principaux coupables ont même persévéré dans le crime, au moment de leur supplice. « On assure que Pestel est mort dans la persuasion que sa constitution serait un jour le seul remède de la Russie contre un démembrement violent... Ryléieff a déclaré, dans une lettre à sa femme, qu'il méritait la mort selon les lois; mais que, sûr de n'avoir été trompé que par son ardent amour pour la patrie, il attendait le dernier moment avec tranquillité. Il fut un de ces trois malheureux dont la corde cassa, et qui, rompant sous leur poids les planches de l'échafaud, tombèrent à terre au milieu des pierres et des morceaux de bois. S'étant relevé, il dit aux assistants : « Cet acci« dent devrait vous prouver que, bien que ma mort « soit juste, la manière dont on me fait mourir est « illégale ; comme officier, on aurait dû me fusiller. » On prétend que l'empereur a été frappé de cette observation, et qu'il a témoigné quelque déplaisir contre la décision de la cour suprême. » L'empereur ne pouvait-il pas ordonner, de sa pleine autorité, que cet officier fût fusillé au lieu d'être pendu ? n'avait-il pas décidé que les condamnés ne seraient pas écartelés, mais seulement pendus ?... Le monstre Louvel a été plus heureux que l'officier Ryléieff : c'est que les lois sont positives en France, c'est que le monarque n'est pas despote, c'est-à-dire qu'il n'est pas, comme en Russie, au-dessus des lois.

« Parmi les épouses des condamnés, le public a remarqué la princesse de Troubeskoy et madame de Mourawieff qui, jeunes et de grande naissance, ont demandé et obtenu la permission de suivre leurs époux aux tristes demeures où ils passeront le reste de leur vie..... » Les femmes ont donné, pendant le cours de la révolution française, de nombreux exemples d'héroïsme et de dévouement, tandis que les hommes ont, en général, montré toute la bassesse de leur égoïsme et toute la dégradation de leur caractère : la révolution française a prouvé que les femmes valent mieux que les hommes... Le courage avec lequel la princesse de Troubeskoy et madame de Mourawieff s'immolent à leurs devoirs d'épouses, attestent que ce sexe est capable de toutes les sortes de magnanimité, puisqu'il donne dans les pays barbares des exemples que n'offriraient peut-être pas les pays civilisés... L'impératrice Marie-Louise a-t-elle demandé à suivre son époux dans l'exil? Si elle ne l'a pas fait, elle a manqué à tous ses devoirs d'épouse; elle n'a pas imité le noble exemple que lui donnait la princesse de Wurtemberg, épouse de Jérôme Bonaparte?

On a livré au public peu de détails et des détails fort imparfaits sur la conjuration qui menaçait la personne de l'empereur Nicolas; la réserve dont on a usé dans la publication des faits, et relativement aux personnes impliquées dans l'attentat de décembre 1825, ne permet pas de juger si les desseins des conjurés ont été ensevelis avec eux; on doit le désirer.

28. — Nicolas 1er, empereur de Russie, publie un manifeste relativement à l'institution d'une régence et à la nomination d'une tutelle, dans le cas de sa mort et de la minorité de son successeur. — Par ce manifeste, et d'après le consentement préalable du césaréwitsch et grand-duc Constantin Paulowitsch, le grand-duc Michel Paulowitsch est nommé (en cas du décès de l'empereur Nicolas 1er) chef du gouvernement de l'empire de Russie, ainsi que du royaume de Pologne qui en est inséparable, et de la principauté de Finlande, jusqu'à la majorité légale du grand-duc Alexandre Nicolaïewitsch, fils et successeur de l'empereur régnant; et, en cas du décès du grand-duc Alexandre Nicolaïewitsch, et du décès de l'empereur régnant et de l'impératrice régnante sans enfants mâles, les droits d'empereur héréditaire passeront légalement au grand-duc Michel Paulowistch..... D'après les stipulations énoncées dans le manifeste, le grand-duc Constantin et ses enfants sont à jamais exclus de tous droits à la couronne.

29. — Le comte de Montlosier (V. 4 mars) dénonce,

à la cour de Paris, la corporation des jésuites, frauduleusement introduite en France et illégalement protégée par le ministère Villèle ; congrégation, qui menace de grands dangers l'autorité royale et la liberté constitutionnelle... M. de Montlosier, par cet acte d'héroïsme civique, acquiert des droits éternels au respect et à la reconnaissance de tous les bons Français.

2 Août. — Acte de reconnaissance du prince impérial du Brésil comme successeur au trône. — Les deux chambres législatives réunies au palais du sénat, présents 39 sénateurs et 68 députés, procèdent à l'acte solennel de reconnaissance du prince impérial, conformément à la constitution, titre 3, chapitre Ier, article 15, paragraphe 4 ; et le seigneur don Pedro de Alcantara-Joao-Carlos-Leopoldo-Salvador-Bibiano-Francisco-Xavier-de-Paula-Leocadio-Miguel-Gabriel-Raphaël-Gonzaga, prince impérial, fils légitime et premier enfant mâle existant du seigneur don Pedro, empereur constitutionnel, et défenseur perpétuel du Brésil, et de donha Maria-Leopoldina-Josepha-Carolina, impératrice, archiduchesse d'Autriche, né le 2 décembre 1825... est reconnu, par l'assemblée générale législative, successeur de son auguste père, au trône et à la couronne de l'empire du Brésil, suivant l'ordre établi par la constitution, titre 15, chapitre 4, article 117, avec tous les droits et prérogatives qui, par la même constitution, sont dévolus au prince impérial successeur au trône.

La Charte brésilienne a prévu les cas de successibilité, de régence, de tutelle ; cette prévision prouve la sagesse politique de don Pedro.

3. — Arrêt définitif de la cour des pairs dans l'affaire des marchés d'Espagne.

La tribune de la chambre des députés a retenti des plus vives réclamations, au sujet de ces marchés ; une *enquête* a été demandée (juin 1824), mais M. de Villèle s'y est opiniâtrément opposé ; il a seulement consenti à ce qu'il fût nommé une *commission*, et l'on sent l'influence qu'il a dû exercer dans la nomination de ses membres..... La commission a fait (février 1825) son rapport sur les marchés Ouvrard ; il comporte cinq volumes in-4°.

La cour royale de Paris s'est déclarée incompétente pour poursuivre et juger l'affaire relative aux marchés Ouvrard, attendu la qualité de deux des prévenus : les généraux Guilleminot et Bordesoulle, nommés membres de la chambre des pairs, par ordonnance royale du 9 octobre 1823. L'affaire a été, en conséquence, renvoyée devant la cour des pairs.

Par son arrêt du 10 juin (1826), la cour des pairs avait ordonné un supplément d'instruction ; M. Portalis a fait son rapport le 21 juillet..... La cour a entendu, le 22 juillet, le procureur général du roi, Jacquinot-Pampelune, en ses dires et réquisitions... Le 3 août, la cour des pairs rend, en audience secrète, le jugement suivant : « ..... Attendu que des deux instruc-
« tions successivement ordonnées par les arrêts des
« 15 février et 10 juin derniers, et de l'examen des
« faits dont la connaissance a été déférée à la cour des
« pairs, il ne résulte aucune charge contre les lieute-
« nants généraux comte Bordesoulle et comte Guil-
« leminot. — Déclare qu'il n'y a lieu de suivre à leur
« égard ; — Attendu que des susdites instructions et
« examen, il ne résulte pas que les traités conclus à
« Bayonne, Vittoria et Madrid, avec Victor Ouvrard,
« aient été obtenus à l'aide de corruption envers des
« fonctionnaires publics, ou de tout autre fait qualifié

« crime ou délit par la loi; — Déclare qu'il n'y a pas
« lieu à plus amples poursuites contre les inculpés
« Sicard, Rollac, Deshaquets, Filleul-Baugé, Gabriel-
« Julien Ouvrard, Victor Ouvrard et Tourton; —
« Ordonne que Sicard sera mis en liberté, s'il n'est
« retenu pour autre cause..... En ce qui touche les
« tentatives de corruption restées sans effet, dont se
« trouvent inculpés Moléon, Gabriel-Julien Ouvrard,
« Ducroc, Filleul-Baugé, Poissonnier et Espariat : at-
« tendu qu'elles n'ont aucune connexité avec l'affaire
« sur laquelle la cour vient de statuer, et qu'elles ne
« constitueraient pas un délit de sa compétence; —
« Renvoie les susnommés devant qui de droit, à la
« diligence du procureur général du roi, tous mandats
« décernés contre eux subsistants. »

« Plusieurs pairs voulaient, dit-on, ramener la question sur le terrain politique et comme matière à responsabilité ministérielle; ils prétendaient examiner s'il y avait eu dilapidation des deniers publics et mauvaise direction des affaires : ils demandaient surtout la publicité* des débats et la publication des documents principaux de la procédure, ajoutant qu'une justification appuyée sur un simple arrêt ne suffirait à personne, ni aux généraux inculpés, qui devaient souhaiter non-seulement qu'on reconnût qu'aucune corruption ne les avait atteints, mais encore qu'ils avaient donné de bons et sincères conseils au prince généralissime; ni au duc

---

* La Charte ordonne la publicité des débats et proscrit le huis-clos, à moins que la publicité ne soit dangereuse pour l'ordre et les mœurs (article 64). Les pairs, qui n'existent qu'en vertu de la Charte, ont donc pensé qu'il y avait danger pour l'ordre et les mœurs, dans la *publicité* des débats et la *publication* des documents principaux de la procédure relative aux marchés Ouvrard!

de Bellune, qui se trouverait implicitement argué de négligence ou d'incapacité... — Enfin, malgré l'insistance de M. le duc de Broglie et de quelques autres pairs, l'avis d'imprimer les rapports et le réquisitoire, soutenu par trente ou trente-cinq pairs, a été rejeté. »
(*Annuaire universel*, etc., par Le Sur.)

L'affaire des marchés relatifs à la guerre d'Espagne (marchés où tant de millions ont été dilapidés) est tombée, en dernière analyse, en *police correctionnelle*... Les personnes curieuses de connaître les détails concernant l'affaire Ouvrard, peuvent consulter les *Constitutionnels* des 28 février, 7, 9, 14, 15, 18, 31 mars, 20 avril, 23-24 et 25 mai 1825.

La campagne d'Espagne aura coûté à la France près de quatre cents millions ; sur cette somme, le munitionnaire général réclame cinquante-cinq millions : l'administration de Bayonne affirme que l'administration de la guerre, n'ayant point fait les approvisionnements nécessaires pour la marche et l'entretien de l'armée à l'ouverture de la campagne, les marchés conclus à Bayonne étaient d'une urgence tout-à-fait absolue. L'administration de la guerre soutient au contraire que tous les approvisionnements avaient été faits, assurés, préparés à temps, et que l'administration de Bayonne a eu tort de conclure avec le munitionnaire général des marchés si extraordinairement onéreux. Qui a eu tort ou raison entre ces deux administrations, c'est ce que ne décide ni le ministre de la guerre, ni le président du conseil des ministres ; et, chose incroyable, ce dernier, M. de Villèle, dit : « Je vais plus loin ; je dis que
« je ne sais pas *si jamais ni vous ni nous pourrons re-*
« *connaître s'il y avait en réalité tout ce qu'il fallait*
« *à Bayonne*, etc... » Et c'est à la chambre des députés que ledit Villèle adresse ces paroles ! Le président du

conseil des ministres annonce clairement à la France
que la vérité ne sera jamais connue, c'est-à-dire qu'on
ne veut pas qu'elle soit connue : les commissions, les
enquêtes, les poursuites, tous les moyens d'investigation ordonnés au nom des lois ne parviendront pas à
résoudre le grand problème : Qui a eu tort, l'administration de la guerre, ou l'administration de Bayonne?
La nation paiera les sommes exigées en vertu des marchés de Bayonne, Vittoria et Madrid; les comptes relatifs à la campagne seront approuvés, et la responsabilité matérielle de M. de Bellune et de M. de Villèle
sortira de cette grande discussion pure et sans tache,
ainsi que leur responsabilité morale.

Tel sera le résultat de l'une des plus scandaleuses affaires de ce siècle.

Il est heureux pour les accusés ou prévenus, et notamment pour les deux pairs inculpés, que la cour des
pairs ait pleinement reconnu leur innocence; les généraux Bordesoulle et Guilleminot, si distingués dans nos
fastes militaires, recouvrent par cet arrêt toute la réputation de loyauté et de désintéressement que l'opinion
publique cessait de leur accorder après la campagne
d'Espagne; tant leurs ennemis avaient entassé contre
eux de calomnies : ces deux grands capitaines obtiennent aujourd'hui un triomphe légal et définitif. La
France apprend qu'ils n'ont pas cessé d'être aussi fidèles
à l'honneur qu'à la gloire.

La malveillance, la haine, la jalousie, auront beau
s'épuiser désormais en déclamations et en brochures
pour essayer de prouver qu'il y a eu, dans les affaires
relatives aux marchés conclus avec M. Ouvrard, des
dilapidations si énormes qu'elles ont occasioné pour
l'État une perte de trente, de quarante, de cinquante
millions; l'arrêt rendu par la cour des pairs attestera

qu'il n'y a point eu corruption envers des fonctionnaires publics dans les traités conclus à Bayonne, Vittoria et Madrid, avec Victor Ouvrard ; et les généraux Bordesoulle et Guilleminot seront désormais hors des atteintes de la calomnie : le général Bordesoulle obtiendra, dit-on, de la munificence de Louis XVIII une somme considérable, pour indemnité de sa campagne d'Espagne : le général Guilleminot ne formera pas de demande à cet égard, il en a moins besoin sans doute que son honorable collègue..... Tous les bons Français se réjouiront en voyant ces deux célèbres capitaines replacés au rang qui leur appartient dans l'estime et la reconnaissance nationales.

5. — Ordonnance du roi qui distrait de la circonscription maritime plusieurs quartiers qui en faisaient partie. — Le régime de la circonscription maritime a été fixé par une loi ; constitutionnellement parlant, une ordonnance ne peut pas distraire de cette circonscription des quartiers qui en faisaient partie : mais les ministres n'y regardent pas de si près, ils violent la loi, au nom même de la loi. — Dans son rapport au roi, relativement à l'ordonnance ci-dessus, le ministre de la marine (Chabrol) prouve précisément le contraire de ce qu'il a prétendu prouver en la présentant à la sanction du roi.

16. — Le libérateur, président de la Colombie, Simon Bolivar, est élu, par le collége électoral de la ville et de la povince de Lima, président à vie de la république du Pérou, avec la faculté de se nommer un successeur. — Le collége électoral, après avoir énuméré les grands services rendus par Bolivar à la cause de l'indépendance péruvienne, dit : « Il est ..... le seul homme « sur lequel soit fixée l'attention de tout notre conti-

« nent, le seul capable d'apaiser nos tempêtes poli-
« tiques, et de faire marcher la nation d'un pas ferme
« et assuré vers les destinées auxquelles elle est appe-
« lée par la Providence..... » Espérons que le Washington de l'Amérique méridionale ne trahira point la
cause sacrée de la liberté, et demeurera fidèle à sa
propre gloire : tous les amis de la liberté constitutionnelle font des vœux pour que Bolivar rejette loin de
lui ces funestes conseils de l'ambition et de la vanité
qui ont fait perdre à Napoléon Bonaparte le plus beau
de tous les titres, celui de citoyen.....

La présidence à vie lui a été conférée à la suite des complots tramés contre sa personne par les agents du gouvernement espagnol. — Le libérateur devait être assassiné
à sa sortie du théâtre, mais la promptitude et l'énergie
des mesures prises par Bolivar ont fait échouer le complot : les généraux Correa et Alvarado, et plusieurs
officiers généraux ont été arrêtés à leur sortie du spectacle, et tout est rentré dans l'ordre.

18. — Arrêt de la cour royale de Paris, sur la dénonciation du comte de Montlosier * contre les jé-

* M. de Montlosier a publié (V. 4 mars) un *Mémoire* du
plus haut intérêt : il a démontré, d'une manière victorieuse,
d'après des faits incontestables, les dangers dont la secte des
jésuites menace le trône, la religion, l'État ; il a signalé le *parti-
prêtre* comme la cause directe des maux qui désolent la France,
maux dont l'aggravation deviendrait funeste à toutes les parties
du corps social, si le gouvernement ne faisait pas exécuter les
lois toujours en vigueur contre les jésuites, puisqu'elles n'ont
pas été abrogées. Parfait chrétien et aussi royaliste que pieux,
M. Montlosier rend à la religion catholique et à ses dignes ministres les hommages de vénération et de respect qui leur sont
dus ; il se montre, par conséquent, ennemi déclaré et implacable de la fausse dévotion, de l'hypocrisie religieuse, dont la secte
jésuitique fait profession, des appétits mondains que nos dévots
de place ne cessent de manifester de plus en plus, et des enva-

suites. — « La cour, après avoir entendu les observations de plusieurs.de messieurs sur les faits contenus dans un écrit intitulé : *Dénonciation*, etc., signée par le comte de Montlosier, et adressée à tous et chacun des membres de la cour. — Après avoir également entendu M. le procureur général du roi (Jacquinot-Pampelune) dans son réquisitoire, tendant à ce qu'il fût dit par la cour qu'*il n'y avait lieu* à délibérer. — Vu les arrêts du parlement de Paris du 9 mai 1760; les arrêts conformes des autres parlements du royaume; l'édit de Louis XV, de novembre 1764; l'édit de Louis XVI du mois de mai 1777; la loi du 18 août 1792; le décret du 3 messidor an XII (22 juin 1804). — Attendu qu'il résulte desdits arrêts et édits que l'état de la législation s'oppose formellement au rétablissement de la compagnie de Jésus, sous quelque dénomination qu'elle puisse se présenter; que ces édits et arrêts sont fondés sur l'incompatibilité reconnue entre les principes professés par ladite compagnie et l'indépendance de tous gouvernements, principes bien plus incompatibles encore avec la Charte constitutionnelle qui fait aujourd'hui le droit public des Français. — Mais attendu qu'il résulte de cette même législation qu'il n'appartient qu'à la

---

hissements successifs de l'autorité spirituelle sur la puissance temporelle….. Le *Mémoire* de M. de Montlosier a produit une sensation étonnante; on peut la comparer à celle que causa, en 1789, l'écrit de l'abbé Sièyes, intitulé : *Qu'est-ce que le tiers-état?* etc. M. de Montlosier a rendu un service signalé au roi, à la religion, à la France : nous le redisons, parce qu'il est des choses qu'on ne saurait trop répéter….. Le 29 juillet (V. cette date) M. de Montlosier a dénoncé à la cour royale de Paris, l'existence illégale des jésuites en France, et les dangers dont cette congrégation politico-religieuse menace le trône et le pays. — La cour royale de Paris, présidée par l'illustre baron de Séguier, a pris en considération la dénonciation.

haute police du royaume de supprimer et de dissoudre les congrégations, associations ou autres établissements de ce genre, qui sont ou se seraient formés au mépris des arrêts, édits, lois et décrets sus-énoncés ; en ce qui touche les autres faits contenus dans ledit écrit du comte de Montlosier ; attendu que, quelle que puisse être leur gravité, ils ne constituent, quant à présent, ni crime, ni délit, ni contravention dont la poursuite appartienne à la cour ; — La cour se déclare incompétente. »

L'arrêt ci-dessus est très-remarquable : il constate l'établissement en France de la compagnie de Jésus, en violation des édits et des lois qui ont expulsé et banni ladite compagnie ; il établit que les principes professés par elle sont reconnus incompatibles avec l'indépendance de tous gouvernemens, et bien plus incompatibles encore avec la Charte constitutionnelle qui régit aujourd'hui le droit public des Français ; enfin il déclare qu'il n'appartient qu'à la haute police du royaume de supprimer et dissoudre ladite compagnie.

Précédemment à cet arrêt de la cour royale de Paris, la cour de Cassation avait rendu un arrêt (2 août) par lequel cette cour suprême avait approuvé l'arrêt rendu par la cour royale de Douay contre les jésuites de Saint-Acheul..... La cour royale de Nancy rendra, le 19, un arrêt contre les jésuites ; la cour royale d'Amiens rendra, le 31, un arrêt contre les jésuites. — Tous ces arrêts des cours royales demeureront sans effet ; les lois de l'État décernées contre eux ne seront pas exécutées ; les jésuites braveront impunément les lois.

Ces abominables sectaires sont, aujourd'hui, avoués, reconnus et loués par l'autorité ministérielle. Le ministre des affaires ecclésiastiques (Frayssinous, évêque *in partibus* d'Hermopolis) a d'abord nié qu'il y eût des jésuites en France; il a déclaré ensuite qu'il y avait des jésuites en France; il a déclaré enfin qu'il était bon qu'il y eût des jésuites en France! Et c'est devant les chambres législatives, et seulement à vingt-quatre heures de distance, que ce ministre a fait ces trois déclarations!

On avoue hautement l'existence des jésuites : la haute police du royaume, c'est-à-dire le ministère, est dans la stricte obligation de supprimer et dissoudre la compagnie de Jésus, établie et maintenue, en France, en violation flagrante des lois, édits et arrêts, non révoqués jusqu'à ce jour : mais le ministère Villèle protégera ouvertement la congrégation jésuitique, lui accordera des faveurs spéciales, et veillera avec une continuelle sollicitude à l'extension et à la prospérité de la compagnie de Jésus; une partie du clergé favorisera, dit-on, les prétentions des jésuites, approuvera les abus de pouvoir, et tolèrera les corruptions qu'ils exercent publiquement au détriment de l'autorité royale et des libertés nationales! Les maux que cette secte, ennemie des rois et des peuples, a déversés sur la France, et les calamités dont elle menace le royaume, ne pourront déterminer le ministère à entrer enfin dans l'ordre *légal;* au contraire, il abandonnera aux jésuites l'instruction publique, et les rendra maîtres, en quelque sorte, des destinées de l'État; il les fera lui-même entrer, ou il les laissera s'introduire en triomphateurs dans l'administration des affaires publiques, et il préparera de cette manière l'asservissement du trône aux assassins de Henri IV et de Louis XV!..... Grâces soient du moins rendues à la magistrature, à la cour royale de Paris, qui a signalé les dangers imminents dont cette perverse congrégation jésuitique menace l'indépendance de la couronne et du gouvernement, la Charte constitutionnelle et les droits publics des Français! Honneur à M. de Montlosier; il eut le courage de *dénoncer* à la justice la congrégation régicide, antiroyale, antireligieuse et antinationale d'Ignace de Loyola; il a bravé ses poignards et ses poisons; il a fait acte de fidélité au roi, et de dévouement aux libertés publiques : ce respectable vieillard couronne d'une manière digne de lui la fin de sa carrière politique.

18. — Décret du roi d'Espagne Ferdinand VII, concernant le nouvel état de choses en Portugal. — Le décret dit : « La promulgation d'un système de gouvernement représentatif pourrait avoir altéré la tranquillité publique dans un pays voisin, sortant à peine d'une révolution, s'il n'eût pas été généralement animé de la loyauté la plus pure; mais en Espagne, peu de personnes auront osé former dans l'ombre l'espérance de voir changer notre ancienne forme de gouvernement; car l'opinion publique s'est prononcée si hautement, que qui que ce soit parmi nous ne saurait la méconnaître. Cette nouvelle preuve de la fidélité de mes sujets me force de manifester mes sentiments, qui sont..... Ayant déjà publié mon décret du 19 avril 1825, par lequel, convaincu que j'étais que notre législation était la plus propre à maintenir la pureté de notre sainte religion, et les droits mutuels d'une souveraineté paternelle et d'une soumission filiale, droits si bien assortis à nos mœurs et à notre éducation; convaincu de ces vérités, j'ai jugé à propos d'assurer à mes sujets que je ne ferai jamais aucun changement dans la forme légale de mon gouvernement, *ni ne permettrai l'établissement de chambres, ni autres institutions semblables, quelle qu'en soit la dénomination.....* » M. de Châteaubriand doit être satisfait d'un pareil décret; ce publiciste n'a-

t-il pas proclamé le gouvernement de Ferdinand vii *le gouvernement - modèle?*

Les conseillers de Ferdinand vii égarent de plus en plus la religion de ce prince; mais quel sera le résultat final des actes de leur gouvernement? L'anarchie est au comble dans toutes les provinces du royaume; les séditions et les révoltes ne sont pas plutôt comprimées sur un point, qu'elles éclatent sur un autre; le trésor public se trouve dans le dénuement le plus complet, et le roi lui-même serait hors d'état de subvenir à ses dépenses domestiques sans les dons qu'il daigne demander aux villes, aux couvents, aux corps religieux; avant d'entreprendre un voyage de résidence à résidence, il faut maintenant trouver l'argent nécessaire pour en solder les frais; enfin le monarque qui possédait naguère le Mexique et le Pérou, se voit obligé de défendre aux infants de se pourvoir de bois et de charbon dans les cuisines royales! L'Espagne est jalonnée de potences; la solde et l'habillement des troupes ne sont effectués qu'après de longs délais et d'une manière imparfaite; les employés des diverses parties de l'administration publique se voient privés pendant des mois, des années entières, de leurs appointements; la misère est partout, le repos nulle part: plus de commerce; plus d'industrie; toutes les sources de la fortune publique se tarissent à vue d'œil; enfin les emprunts, même les plus onéreux, sont devenus impossibles, tant le gouvernement espagnol inspire de méfiance aux prêteurs....... Telles sont la souveraineté paternelle et la soumission filiale que M. de Châteaubriand a chantées, en prose, comme un chef-d'œuvre de gouvernement! L'Espagne n'est plus qu'un cadavre: les vers qui le dévorent le font encore mouvoir.

Nota. « Madrid, le 21 août 1826. — Une circulaire

de la cour de Séville, chambre d'affaires criminelles, porte en substance : que la procédure instruite en vertu des décrets de la régence du royaume des 23 et 24 juin 1823, et ordonnances royales du 22 octobre même année, et 1" mai 1824, contre les ex-députés des soi-disants cortès, qui, dans la séance du 11 juin 1823, votèrent la déchéance du roi, notre souverain, et nommèrent la prétendue régence, a été jugée définitivement; en conséquence, ont été compris dans l'exception du douzième article du décret royal d'amnistie du 1" mai 1824, et condamnés à la peine de mort, aux frais du procès et à la confiscation de leurs biens en faveur du fisc royal et de la chambre de Sa Majesté, savoir :

Don Antonio Alcala Galiano,
Id. Francisco-Zavier Isturiz,
Id. Pedro Zulueta,
Id. Joaquin Abreu.
} Députés de la province de Cadix.

Id. Augustin Argüelles,
Id. Jose Canga,
Id. Rodrigo-Valdes Busto.
} —— de la province des Asturies.

Id. Juan Oliver,
Id. Ramon Buserqua,
Id. Pedro Zubia,
Id. Melchor Grases.
} —— de la province de Catalogne.

Id. Facundo Infante,
Id. Diego Gonzales Alonso,
Id. Gomez Becerra.
} —— de l'Estramadure.

Id. Juan-Antonio Castejon,
Id. Ramon Gil de la Cuadra,
Id. Dionisio Valdes.
} —— de Madrid.

Id. Miguel Ricardo de Alava. } —— de la province de Alava.

Id. Manuel Bustamente,
Id. Manuel Flores Calderon,
Id. Antonio-Martinez Velasco.
} —— de Burgos.

Id. Thomas Gener,
Id. Jose Santos Suarez.
} —— de l'île de Cuba.

Id. Cayetano Valdes,
Id. Miguel Allon.
} —— de Séville.

Don Melchor Marau,
Id. Vicente Navarro Teſeiro,
Id. Juan Rico,
Id. Jaime Gil Orduña, } Députés de la province de Valence.
Id. Martin Serrano,
Id. Vicente Salva,
Id. Lorenzo Villanueva.

Id. Pedro Sello,
Id. Manuel Gomez. } —— de la province de Jaen.

Id. Joaquin Jerrer. | —— de Guipuscoa.

Id. Felipe Varela,
Id. Felix Ovalle, } —— de Salamanque.
Id. Juan Pachen.

Id. Francisco de Paula Soria,
Id. Maria Gonzales,
Id. Domingo-Mario Ruiz, } —— de Grenade.
Id. Antonio Seguerra,
Id. Pedro-Alvarez Gutierrez.

Id. Gregorio-Saent Villavieja,
Id. Ramon-Luis Escobedo, } —— de Tolède.
Id. Francisco Blas.

Id. Domingo Somoza,
Id. Jose Moure,
Id. Pablo Montesinos, } —— de la province de Galice.
Id. Jose Pumerajo,
Id. Manuel Eloronte,
Id. Santiago Muro.

Id. Graciliano Alonzo,
Id. Jose Murphy. } —— des îles Canaries.

Id. Mateo Suaret. | —— de Valladolid.

Id. Vicente Posada. | —— des îles Philippines.

Id. Angel Saavedra. | —— de Cordoue.

Id. Felipe Bauza. } —— de l'île de Mayorque.

Id. Antonio Perez de Meca,
Id. Bonifacia color. } —— de la province de Murcie.

Id. Mariano Lagasca,
Id. Pablo Santafe. } —— de l'Aragon.

Id. Pedro Martin de Bartolome. | —— de Ségovie.

Id. Manuel Sierra,
Id. Nicasio Thomas. } —— de Cuença.

« De tout quoi il a été rendu compte à Sa Majesté

par le ministre des *grâces* et de la justice, qui a ordonné d'employer tous les efforts pour la recherche, la découverte et le séquestre de leurs biens, en procédant même, s'il était nécessaire, contre les personnes qui les auraient cachés ou recélés, afin qu'elles soient jugées, comme étant leurs complices, selon toute la rigueur des lois. »

La circulaire de la cour de Séville, lancée trois ans après la *restauration de* 1823, prouve que les ultramontains, les jésuites et les ultra-royalistes persévèrent implacablement dans le système de tyrannie et de proscription suivi jusqu'à ce jour : aucune amélioration dans le sort intérieur de l'Espagne ne peut donc avoir lieu désormais.

20. — Dénonciation, à la cour royale de Nancy, d'un mandement publié par l'évêque de cette ville, à l'occasion du jubilé. — A la majorité de quinze voix contre neuf, la cour déclare : « Qu'elle est *compétente*....., que les passages dénoncés du mandement de monsieur l'évêque de Nancy contiennent les crime et délit prévus par les articles 201 et 204 du Code pénal. — Que le mandement suffit pour prouver la culpabilité de l'évêque. — Mais, prenant en considération les hautes fonctions de monsieur l'évêque de Nancy ; considérant, d'un autre côté, qu'il n'y a pas d'urgence à poursuivre la répression des délit et crime sus-énoncés : la cour déclare que, quant à présent, il n'y a lieu à poursuivre, et arrête néanmoins qu'une expédition de la délibération sera adressée au garde des sceaux (Peyronnet) pour qu'il puisse donner à cet égard tels ordres qu'il jugera convenables..... » Le président a signalé à la cour l'existence bien connue, bien constatée, de la congrégation des jésuites; il a montré combien

l'indépendance des magistrats serait compromise par leur affiliation à ladite congrégation : la majorité des membres de la cour royale de Nancy a déclaré ne pas faire partie de la congrégation jésuitique : quatre membres de cette cour (nous nous abstiendrons de les nommer) n'ont pas pris part à la délibération, et ont gardé le silence lorsqu'il a été question d'affirmer qu'ils n'étaient pas affiliés aux jésuites.

L'arrêt de la cour royale de Nancy présente un haut intérêt... La cour reconnaît la culpabilité de M. l'évêque de Nancy (Forbin-Janson); elle le déclare convaincu des crime et délit prévus par les articles 201 et 204 du code pénal; elle se déclare *compétente* pour connaître, contre monsieur l'évêque, de ces crime et délit : et la cour arrête qu'elle prend en considération les *hautes fonctions* dudit évêque; que, d'un autre côté, il n'y a pas *urgence* à poursuivre, et que, *quant à présent*, il n'y a pas lieu à poursuivre ! Quelle preuve plus manifeste de la puissance des jésuites ? Ils arrêtent le cours de la justice, ils forcent les tribunaux de *reculer* devant l'application des lois... Voilà un régime exceptionnel et d'impunité établi, judiciairement, en faveur des ecclésiastiques..... Et qu'importent les *hautes fonctions* de monsieur l'évêque ? ne le rendent-elles pas au contraire plus coupable lorsqu'il viole les lois de l'État, puisque son caractère de prêtre l'oblige de donner aux fidèles de son diocèse l'exemple de la soumission aux lois?—Lorsqu'un crime ou délit est commis, constaté, les tribunaux sont tenus d'en poursuivre la répression : il y a *urgence* toutes les fois que la loi est violée, ou bien la loi cesse d'être la loi; ce serait une jurisprudence bien funeste au corps social, que celle qui établirait qu'il n'y a pas *urgence*, qu'il n'y a lieu à poursuivre, *quant à présent*, la punition d'un crime ou délit dénoncé aux tribunaux et reconnu par eux : il ne serait pas moins dangereux d'appuyer cette doctrine sur les *hautes fonctions* d'un évêque : ce serait établir en droit *la souveraineté des prêtres*, pour parler le langage de M. de Montlosier, dans son *Mémoire à consulter* (V. 4 mars).

31. — Souscription ouverte en faveur de M. Antiboul, ancien magistrat. — Ce vénérable citoyen a exercé pendant dix-huit ans consécutifs les fonctions de juge de paix à Saint-Tropez et à Toulon, avec une équité et un désintéressement qui lui ont mérité l'estime générale ; il a rendu les plus éminents services, en sauvant la flotte que les prisonniers de guerre, entassés à Toulon (1793 et 1794), avaient formé le projet d'incendier ; il a purgé l'arrondissement de Toulon de trois bandes de brigands qui, depuis plusieurs années, bravaient la force armée. La conduite de M. Antiboul, comme magistrat et comme citoyen, a été constamment irréprochable... Chargé d'années et d'infirmités, il a contracté, pour le service public, une dette de *quatre mille francs :* le modique patrimoine de ce citoyen en est grevé, il est sur le point d'être exproprié ; les autorités lui ont promis le remboursement d'une dette aussi légitime, aussi sacrée ; il le sollicite depuis quinze années : il a droit à une pension de retraite ; il n'a point donné sa démission comme magistrat ; il n'a point été révoqué, la place dont il remplissait les fonctions a été *supprimée*.

Dans cette situation, M. Antiboul a demandé au garde des sceaux, Peyronnet, sur tels fonds dont le ministre pourrait disposer (tel que le produit des sceaux) ou une modique pension, ou le remboursement de la dette qu'il a contractée pour son pays, ou une malheureuse licence d'un bureau de tabac, qu'il supplie le garde des sceaux de demander pour lui au directeur des contributions indirectes près duquel il est sans titre : il sollicite la bienveillance du ministre, à titre de justice, de grâce ou de faveur. M. Peyronnet demeure sourd à des réclamations si justes ; et ce ministre, qui répand à pleines mains les faveurs et les pensions sur les membres de sa famille, sur ses amis, et sur une foule d'individus qui n'ont aucun droit aux bienfaits du gouvernement, repousse la demande d'un ancien magistrat blanchi dans l'exercice des plus vertueuses fonctions judiciaires... M. Antiboul rend publique sa dernière lettre, fin de mai 1826, à monsieur le garde des sceaux, et invoque avec une noble confiance l'estime de ses concitoyens; ses espérances ne seront pas trompées : une feuille publique s'empressera de proposer et d'ouvrir, en sa faveur, une souscription à la tête de laquelle se placeront les plus honorables noms : l'estime et l'intérêt publics fourniront à M. Antiboul les moyens de terminer ses jours sous le modeste toit de ses pères, et le délivreront de la poursuite de ses créanciers ; la vertu sera récompensée, et sans doute M. Peyronnet regrettera de l'avoir méconnue dans la personne de M. Antiboul.

Ce fait particulier caractérise l'administration qui compromet, depuis cinq années, la prospérité, le repos, l'honneur et les destinées de la France.

3 Septembre. — Couronnement de l'empereur Nicolas à Moscou. — « Le grand-duc Constantin remplissait près de l'empereur les fonctions d'aide de camp général dont il portait l'uniforme..... Le grand-duc Constantin a mis la meilleure grâce dans toutes ses ma-

nières avec son frère, et sa présence à Moscou a produit un effet remarquable..... » Il serait difficile d'être meilleur frère et plus fidèle sujet que ce prince ; l'on ne saurait trop louer une si belle abnégation de tout sentiment d'ambition.

La plus grande pompe a été déployée dans cette auguste cérémonie ; elle a présenté tout ce que le luxe européen et le luxe asiatique peuvent réunir de magnificence ou de richesse..... L'empereur a donné, dit-on, cent vingt mille paysans ; M. Nesselrode a eu quatre mille têtes de ce bétail humain. — L'Angleterre avait envoyé, en qualité d'ambassadeur extraordinaire, un personnage de la première qualité, le grand-seigneur, le moins spirituel, le plus fastueux et le plus riche des trois royaumes ; il a refusé les émoluments que son gouvernement lui allouait pour frais de représentation..... La France a envoyé, en qualité d'ambassadeur extraordinaire, un nouveau grand-seigneur ; c'est le riche le plus mal aisé du royaume, mais celui qui devait être le plus agréable à l'empereur de Russie, le maréchal Marmont, duc de Raguse : les frais de cette représentation s'élèveront à la somme de douze cent mille francs ; elle sera portée au budget de l'État..... M. le duc de Raguse ne pouvait pas imiter l'exemple de désintéressement donné par M. le duc de Northumberland : il est en ce moment écrasé de dettes et de poursuites judiciaires.

16. — *Déclaration de guerre de la Russie contre la Perse.* — Par le traité de Gulistan (12 octobre 1815), l'empereur Alexandre avait imposé de dures conditions à la cour de Téhéran ; il n'avait accordé la paix que moyennant cession de plusieurs points importants du territoire persan : ce traité étendait la frontière russe,

et ouvrait les frontières persanes; une armée russe, très-considérable, stationnait sur ces frontières, sous les ordres du général Jermoloff dont le caractère entreprenant et despotique ne paraissait pas propre à maintenir la bonne harmonie et la paix rétablies entre les parties contractantes; en sorte que la Russie demeurait à peu près maîtresse de se faire déclarer la guerre par la Perse, lorsque le cabinet de Saint-Pétersbourg le jugerait convenable à ses projets d'extension et de conquêtes dans l'Orient; il lui suffisait d'irriter l'orgueil persan, pour porter le shah à des actes d'hostilité qui autoriseraient une déclaration de guerre selon toutes les formes et les règles diplomatiques! Nous ne disons pas que telle a été, dans cette conjoncture, la conduite du gouvernement russe; mais les feuilles anglaises l'ont accusé de suivre un pareil système politique. Sans prétendre révoquer en doute le caractère de modération attribué à l'empereur Alexandre dans les affaires turques et persanes, et en rendant une égale justice à la modération de son auguste successeur, l'empereur Nicolas 1er, l'on peut observer que le cabinet russe ne s'est pas écarté jusqu'à ce jour de la ligne de conduite qu'il s'est tracée depuis Catherine II : c'est d'arriver par degrés au but en alarmant le moins possible, à force de *modération*, les grandes puissances de l'Europe sur l'extension progressive de l'empire russe, déjà si prodigieusement agrandi depuis le premier partage de la Pologne..... Le cabinet russe n'envahit pas tout d'un coup, avec impétuosité, comme faisait Napoléon ; il envahit avec mesure, avec prudence, en se donnant à la fin de chaque guerre les points militaires qui assurent le mieux ses conquêtes, qui lui ménagent le plus de facilités pour intenter et poursuivre une nouvelle guerre dont les causes sont toujours, de cette manière, à sa disposition : c'est ainsi que la Russie s'est avancée en Pologne et en Turquie, et c'est ainsi qu'elle s'avance de guerre en guerre jusqu'au cœur de la Perse.

La déclaration du cabinet de Saint-Pétersbourg rassurera pleinement toutes les puissances qui veulent être rassurées, ou qui feindront de l'être parce qu'elles ne sauraient plus, d'après la situation où elles se trouvent, séparément ou collectivement, susciter dans les circonstances présentes des embarras ou des obstacles sérieux à la Russie : le cabinet de Saint-Pétersbourg sera donc très-modéré à la fin de la guerre actuelle; la Perse se trouvera seulement démantelée sur toutes ses frontières contiguës à la frontière russe; elle sera saignée jusqu'au blanc, comme on dit vulgairement, et restera à la merci de la générosité, de la magnanimité et de la modération du cabinet de Saint-Pétersbourg.

18. — M. Canning, premier lord commissaire de la trésorerie, arrive à Paris. — Dans la situation où se trouvent les affaires de l'Europe, le voyage du premier ministre d'Angleterre donne lieu à une foule de conjectures : on croit généralement qu'il a pour but de sonder les dispositions du gouvernement français, relativement aux affaires de Russie et d'Orient. M. Canning a de fréquentes conférences avec M. de Villèle, et peut se convaincre par lui-même de la complète médiocrité du président du conseil des ministres : il s'en exprimera librement avec ses amis (V. 16 août 1827).

Pendant son séjour à Paris, le ministre anglais manifestera dans toutes ses conversations les sentiments les plus libéraux, les plus constitutionnels : il visitera nos principales manufactures, et apportera un grand soin à l'examen de nos produits d'arts et d'industrie.

M. Canning aura l'honneur d'être admis, à Saint-Cloud, à la table de S. M. Charles x.

27. — Ordonnance du roi, par laquelle les élèves de l'école forestière sont dispensés du service militaire.— La loi du 10 mars 1818 sur le recrutement de l'armée a statué que les élèves de l'école polytechnique et des écoles des services publics seront dispensés et considérés comme ayant satisfait à l'appel pour le recrutement de l'armée; mais cette loi n'a pas étendu la dispense à l'école forestière. Le ministre de la guerre, Clermont-Tonnerre, supplée au silence de la loi; il l'interprète en disant que l'école forestière est une école de service public : avec cette manière d'éluder les lois, toutes les classes de l'État qu'il plairait aux ministres de dispenser de concourir au rétablissement de l'armée, pourraient être affranchies des devoirs que la loi du recrutement de l'armée impose aux Français âgés de vingt ans, en faveur desquels la loi n'a point prononcé d'exception formelle : les écoles de médecine, de pharmacie, de droit, les écoles des mines, etc., sont aussi des écoles de service public. M. de Clermont-Tonnerre passe, ce nous semble, par-dessus les lois, en présentant une pareille ordonnance à la sanction royale; plus la dispense accordée aux élèves de l'école forestière peut être nécessaire aux intérêts de l'État, plus le ministère était obligé de présenter un projet de loi que les chambres législatives eussent certainement adopté... Mais qu'est l'ordre *légal* et *constitutionnel* pour le ministère Villèle?

4 Octobre. — Ordonnance du roi, portant qu'il y aura au Louvre, en 1827, une exposition publique des produits de l'industrie française.

L'exposition publique de ces produits fut l'une des

grandes idées de la révolution française; cette création, éminemment utile, donna la plus forte impulsion à l'industrie agricole et à l'industrie manufacturière; l'on vit comme par enchantement l'industrie nationale obtenir les plus rapides et les plus étonnants succès! Napoléon s'empara de ce moyen de gouvernement; et, quel que fût son motif, on ne saurait sans une extrême injustice lui refuser la gloire d'avoir puissamment favorisé l'industrie : sous ce rapport, il a de grands droits à la reconnaissance nationale; les encouragements prodigués par l'empereur au perfectionnement de tous les travaux utiles, produisirent d'immenses avantages, et des avantages tels que la prospérité intérieure de la France et ses exportations à l'extérieur s'accrurent d'une manière étonnante, malgré les ravages de la guerre et l'interdiction presque totale du commerce maritime. A aucune époque la France n'avait prouvé d'une manière si positive dans les résultats, que la fécondité de son sol et l'industrie de ses habitants sont des sources inépuisables de prospérité intérieure lorsque le gouvernement sait et veut honorer les hommes dont les travaux et les talents font la richesse des États; on a entendu dire à Napoléon : « Je fais plus de cas
« d'un agriculteur intelligent, d'un habile manufactu-
« rier, d'un négociant probe et entendu, que d'un
« prince, d'un sénateur, et du plus ancien hobereau
« de France qui ne font rien pour l'État. » Napoléon avait grande raison : les laboureurs et les manufacturiers sont infiniment plus utiles que des grands seigneurs, que des courtisans, et que tous les gentilshommes de 1200, si toutefois il en existe en France.

Louis XVIII adopta, en 1819, la création nationale de l'exposition publique des produits de l'industrie; mais l'ancien régime, qui veut s'emparer de tout, et qui corrompt tout ce qu'il touche, a rendu l'exposition publique vicieuse à certains égards. Le plus sûr moyen de donner à l'industrie nationale tous les développements dont elle peut être susceptible, serait d'observer strictement la Charte, c'est-à-dire de suivre un système administratif et une direction politique fondés sur une véritable liberté constitutionnelle..... L'ordonnance de ce jour n'en doit pas moins être considérée comme un bienfait pour l'agriculture, l'industrie, le commerce et les arts : les Français en remercient l'autorité royale.

4. — Ordonnance du roi, par laquelle le traité d'amitié, de navigation et de commerce, conclu et signé à Rio-Janeiro, entre la France et le Brésil, le 8 janvier 1826 (V. cette date), et ratifié par la France le 9 mars suivant, sera inséré au *Bulletin des Lois*.

4. — L'infant don Miguel prête à Vienne (Autriche), (entre les mains de l'ambassadeur extraordinaire de Portugal, baron de Villa-Secca), à son auguste frère et souverain don Pedro, empereur du Brésil et roi de Portugal, serment de fidélité à la Charte constitutionnelle de la monarchie portugaise. — L'infant don Miguel renouvellera ce serment à son arrivée à Lisbonne, le violera presque aussitôt, et se constituera en rébellion ouverte contre son souverain dont il tentera d'usurper le trône : les feuilles anglaises signaleront ce prince, comme parjure, traître et rebelle.

7. — Convention explicative du traité de Bukarest (16 mai 1812), conclue à Akermann, entre la Russie et la Porte ottomane. — Par cette convention, la Russie explique en sa faveur les clauses du traité de Bu-

karest, relatives aux priviléges de la Moldavie et de la Valachie, et s'attribue une sorte de protectorat sur les deux principautés, en attendant qu'elle puisse les envahir à force ouverte et les placer sous sa domination directe : la Russie s'attribue également une intervention légitime dans les affaires de la Servie..... Par un acte séparé, en date du même jour (acte relatif aux principautés de Moldavie et de Valachie, et à la Servie), les conditions exigées, ou plutôt imposées à la Porte ottomane pour l'élection de hospodars de Moldavie et de Valachie; pour la forme, les droits et la durée de l'administration desdits hospodars ; pour les cas arrivant de leur destitution, abdication, ou mort; pour l'administration intérieure des deux principautés; en un mot, pour tous les réglements du gouvernement : ces conditions, imposées par le cabinet de Saint-Pétersbourg, ne laissent guère à la Porte ottomane que la souveraineté nominale de la Moldavie et de la Valachie; la souveraineté effective en appartiendra désormais au cabinet de Saint-Pétersbourg par la surveillance, l'influence et même la sanction qu'il s'arroge dans l'administration des principautés... Quant à la Servie, la Russie prend le plus grand soin pour assurer les priviléges de la nation servienne, l'indépendance de son administration intérieure, la liberté du culte, le choix de ses chefs, l'établissement d'écoles et imprimeries; enfin, dans l'acte séparé relatif à la Servie, le cabinet de Saint-Pétersbourg va jusqu'à exiger la défense à faire aux musulmans, autres que ceux appartenant aux garnisons, de s'établir en Servie. On ne saurait pousser plus loin l'intérêt et la sollicitude pour le bonheur des Serviens, des Valaques et des Moldaves!

Le traité de Bukarest, conclu à une époque où la Russie avait à repousser la guerre que Napoléon portait dans le sein de la Moscovie, ce traité avait stipulé en faveur de la Sublime-Porte des conditions tolérables et dont plusieurs lui étaient même avantageuses : mais les succès obtenus contre la France en 1812, 13, 14 et 15 en firent éluder l'exécution : l'article 6 du traité de Bukarest stipulait la restitution de la part de la Russie à la Porte-ottomane des forteresses et châteaux situés, du côté de l'Asie, à la frontière des deux empires, forteresses et châteaux conquis par les armées russes dans la précédente guerre ; cette restitution n'a pas eu lieu : au contraire la Russie n'a cessé d'empiéter sur cette frontière d'Asie, et, par l'article 4 de la convention d'Akermann, elle vient encore exiger que les frontières asiatiques entre les deux empires demeurent telles qu'elles existent aujourd'hui !

En résultat, le cabinet de Saint-Pétersbourg bat en brèche, traité par traité, les frontières de l'empire ottoman, tant en Europe qu'en Asie ; il suit invariablement le système de démembrement et d'extension territoriale qui fait la base de sa politique depuis le règne de Catherine II, et il n'éprouve, dans l'exécution de ses desseins ambitieux, aucun obstacle de la part des grandes puissances européennes qui ne s'apercevront, apparemment, des dangers dont les menace la puissance colossale de la Russie, que lorsque les barbares du Nord se déborderont de toutes parts sur l'occident et le midi de l'Europe.

15. — Le ministère de l'intérieur publie une note du directeur général des ponts-et-chaussées et des mines, sur les mines et minières métalliques de France qui ont été abandonnées ou n'ont point encore été exploitées. — Cette note donne un état circonstancié, et par département, des mines et minières métalliques

abandonnées, ou non encore exploitées : elle a pour objet d'éveiller l'attention des capitalistes qui seraient tentés de se livrer à la recherche et à l'exploitation de ces mines et minières; et, en conséquence, elle appelle le public à la connaissance des documents que l'administration a recueillis dans l'intérêt général.

19. — Mort de Talma, acteur tragique, âgé de soixante-trois ans....... Il a déclaré vouloir être conduit, directement et sans cérémonies, de sa maison au champ du repos; ses dernières volontés seront exécutées.

Cet artiste dramatique débuta à l'âge de vingt-cinq ans (1787), à la Comédie-Française : ses premiers essais n'obtinrent pas un grand succès; mais il prouva bientôt que son âme possédait tous les secrets d'un art qu'il porta depuis au plus haut degré de perfection : on l'a surnommé avec justice le *Roscius français*.

La révolution fournit à Talma les moyens de développer son génie dramatique : l'effet qu'il produisait au premier acte de *Brutus* (sublime exposition de tragédie), annonçait déjà un acteur destiné à honorer la scène française; la carrière de cet artiste ne fut, depuis cette époque, qu'une suite de triomphes scéniques. Homme de beaucoup d'esprit, doué d'un tact et d'une rectitude de jugement remarquables, nourri de bonnes études et possédant des connaissances étendues dans les sciences et dans les arts, homme de goût, et écrivant avec pureté et élégance, Talma fit faire de grands progrès à l'art dramatique, et acquit une célébrité qui n'abandonnera pas sa mémoire*; il opéra dans le cos-

---

* Le plus célèbre des rédacteurs du journal le plus versatile de France vomit, dans ses feuilletons, les critiques et les in-

tume théâtral une réforme sollicitée depuis long-temps, mais en vain, par tous les esprits judicieux et éclairés; il rendit propre à chacun de ses rôles le costume que réclamait la vérité historique; et, forçant pour ainsi dire l'art à devenir la nature, il réussit à produire ces nobles et délicieuses illusions qui ne permettent pas de distinguer l'acteur du personnage qu'il représente. Madame de Staël a dit : «..... Le charme de la peinture, de la sculpture, de la poésie, et par-dessus tout du langage de l'âme, voilà ses moyens pour développer, dans celui qui l'écoute, toute la puissance des passions généreuses ou terribles. Quelle connaissance du cœur humain il montre dans sa manière de concevoir ses rôles! Il en est une seconde fois l'auteur par ses accents et par sa physionomie..... »

Talma était bon Français, excellent citoyen, et ami vrai de la liberté. Une feuille publique (20 octobre 1826) a fait de lui un éloge mérité. «..... Ce grand artiste a constamment vécu dans la société des hommes les plus illustres de son temps; il fut l'ami de Mirabeau; Barnave, Vergniaud, Guadet, Gensonné et autres martyrs de la liberté se réunissaient chez lui, avec toute la haute

---

jures contre le talent et le jeu dramatiques de Talma; le grand acteur fut assez faible pour ne pas mépriser l'Arétin journaliste. L'ex-jésuite Geoffroy vendait, dit-on, l'éloge et la satire; lui refusait-on le tribut, l'on était déchiré dans les feuilletons du *Journal de l'Empire*..... Geoffroy avait reçu, de Napoléon, l'ordre de dénigrer Voltaire; en conséquence le folliculaire se mit à dépecer le grand génie, et à *prouver* que Voltaire n'entendait rien à l'art théâtral, était un écrivain médiocre, un mauvais historien, un sophiste prêchant des doctrines erronées, perverses, etc. Tous les Zoïles de l'univers ne pourront rien contre le génie de Voltaire! Quant aux insultes lancées par l'ex-jésuite Geoffroy contre Talma, elles ne porteront aucune atteinte à la gloire dramatique du Roscius français.

littérature..... Napoléon l'a constamment reçu à Saint-Cloud, aux Tuileries, comme il le recevait dans des habitations moins pompeuses; il lui donnait même des conseils, et le tragédien a souvent profité des avis de l'empereur. Ce fut Talma qui donna à Napoléon l'idée de se faire accompagner à Erfurt par la comédie française. « Soit, répondit le maître de l'Europe, venez : vous aurez là un beau parterre de rois. ».... Talma jouant la tragédie devant les courtisans couronnés de Napoléon, était certainement plus roi qu'eux !

Les obsèques de ce tragédien devaient naturellement exciter au plus haut point l'intérêt public; quatre-vingt mille personnes accompagnèrent ses restes mortels au cimetière du Père La Chaise : les artistes de la comédie française, ceux de tous les théâtres, de tous les spectacles de Paris, les écoles de médecine, de droit, beaucoup de membres de l'Académie-Française et de l'Institut, plusieurs membres de la chambre des députés, et un grand nombre de personnages les plus notables dans les sciences, les arts, la littérature, la banque, le commerce et le barreau, suivirent le char funèbre jusqu'à la dernière demeure. M. Lafon, au nom de la comédie française, et MM. Arnault et Jouy, au nom de la littérature dramatique, prononcèrent sur la tombe du tragédien des discours qui retraçaient avec vérité ses vertus et ses talents; il y eut absence de toute force armée, et l'ordre le plus parfait régna constamment dans cette cérémonie solennelle; un journal a dit : « Que de princes seraient jaloux d'hommages aussi « purs, d'honneurs aussi désintéressés ! » Sans doute, l'homme de bien, l'excellent citoyen méritait, non moins que le grand acteur dramatique, les honneurs rendus à sa personne, à sa mémoire : il faut néanmoins remarquer dans cette circonstance le goût passionné des

Parisiens pour les spectacles : on a dit des Romains : *Panem et circenses;* on pourrait dire des habitants de Paris : *Circenses et panem :* la physionomie de la capitale, le jour des obsèques de Talma, justifie cette remarque, quels que soient d'ailleurs le mérite personnel et le génie dramatique de l'homme auquel les habitants de Paris décernent l'apothéose dramatique.

Une souscription sera ouverte, et les fonds en provenant seront employés à l'érection d'une statue en l'honneur du tragédien ; la statue sera offerte à la comédie française, pour être placée dans le vestibule ou dans le foyer public du Théâtre-Français.

Une circonstance, qui signale le zèle pieux de monsieur l'archevêque de Paris (Quelen), a donné lieu à une très-fâcheuse controverse, dans les feuilles publiques, entre le médecin Dupuytren et M. Amédée Talma, neveu du tragédien. Monsieur l'archevêque, très-empressé d'offrir au malade, dans ses derniers instants, les secours de la religion, n'aurait pu, malgré toute la vivacité de ses instances, pénétrer jusqu'à lui ; et, selon le neveu de Talma, le malade n'aurait pas même exprimé le désir de recevoir monsieur l'archevêque, comme l'affirmait le docteur Dupuytren ; loin de là, le malade aurait manifesté plus tard des intentions contraires, « puisque son neveu, malgré l'opinion per-
« sonnellement favorable à l'entrevue qu'il aurait ex-
« primée la veille, s'est vu contraint le lendemain de
« ne pas laisser entrer l'auguste prélat dans la chambre
« de l'illustre artiste. » (*Constitutionnel*, 26 octobre 1826.) La famille de Talma dément toutes les assertions contraires avancées, avec beaucoup d'assurance, par le médecin Dupuytren.

20. — Mort du comte Boissy-d'Anglas, pair de

France, né dans la classe bourgeoise, professant la religion réformée ; il était âgé de soixante-dix ans : ses restes mortels seront, d'après sa dernière volonté et le désir de sa famille, transportés à Annonay (Ardèche), sa ville natale.

Avocat au barreau de Paris, M. Boissy-d'Anglas quitta bientôt cette profession, et acheta une charge de maître d'hôtel ordinaire de *Monsieur*, comte de Provence, depuis Louis xviii : il fut nommé, en 1789, député aux états-généraux ; il fit partie de la majorité dans l'assemblée constituante, et fut peu remarqué pendant la durée de cette assemblée. Élu membre de la convention nationale, il vota, dans le procès de Louis xvi, pour la détention et le bannissement à la paix, l'appel au peuple et le sursis à l'exécution ; lié au parti des girondins, il échappa néanmoins aux poignards des jacobins et aux proscriptions des 31 mai, 1er et 2 juin 1793, et fut seulement expulsé de l'assemblée ; il rentra dans son sein, quelque temps après la mort de Robespierre.

M. Boissy-d'Anglas avait gardé un prudent silence jusqu'au 9 thermidor (28 juillet 1794); après cette époque, il se prononça fortement contre le terrorisme et les proscriptions : il tint une courageuse conduite, dans sa présidence, pendant les orageuses journées du 20 au 28 mai 1795, dites les journées de *prairial* : sourd aux invectives, inaccessible à la crainte, bravant tous les dangers, défiant les armes à feu dirigées contre lui, s'inclinant avec respect devant la tête sanglante de son collègue *Féraud*, que la foule déchaînée des anarchistes vient d'assassiner dans le sein même de la convention nationale, Boissy-d'Anglas, par son héroïque fermeté, oppose un invincible obstacle aux factieux qui veulent relever les échafauds et la constitution de 1793 : l'histoire consacrera cet acte, il suffirait pour illustrer un citoyen.

Dans plusieurs conjonctures importantes, le député de l'Ardèche suivit une marche conforme aux principes de la liberté constitutionnelle, et donna des preuves d'une probité civique devenue, de jour en jour, plus rare depuis 1789. S'il n'eut pas le grand caractère politique de Lanjuinais, s'il plia quelquefois sous le poids des circonstances, enfin si l'ex-maître d'hôtel du comte de Provence s'abandonna à des intrigues de parti, on ne doit pas oublier le zèle, et il faut honorer le courage avec lesquels il provoqua beaucoup de mesures réparatrices des calamités enfantées par la convention nationale; il contribua à faire décréter la restitution à leurs familles des biens des individus condamnés révolutionnairement, pour toute autre cause que celle de l'émigration. Les sciences et les lettres lui furent redevables en partie de la conservation des bibliothèques publiques et particulières dont les terroristes demandaient l*épuration*, c'est-à-dire la destruction, en soutenant que tous les livres qui n'étaient pas *dans le sens de la révolution* devaient être enlevés et brûlés..... Il se prononça au conseil des cinq-cents en faveur de la liberté des cultes, et défendit avec chaleur la cause et les droits de l'humanité.

Boissy-d'Anglas avait été l'un des principaux architectes de la constitution de l'an III, et néanmoins il se montra un des plus ardents ennemis du gouvernement qu'elle avait fondé et établi; une semblable contradiction politique n'aurait rien d'étonnant, si l'impéritie et le despotisme du directoire exécutif avaient seuls fait changer le législateur de principes et de conscience; mais entré en relation d'intrigues contre-révolutionnaires avec les agents de Louis XVIII, et dévoué à la faction

Clichienne (c'est-à-dire à la faction de Pichegru), il devenait impossible à Boissy-d'Anglas de ne pas se trouver en opposition suivie au directoire; il fut donc l'une des victimes obligées du 18 fructidor : mais il eut le bonheur d'échapper à la déportation, et la sagesse de disparaître de la scène publique jusqu'à la journée du 18 brumaire pour laquelle il se prononça hautement : nommé successivement membre du tribunat et du sénat dit conservateur, il se montra, comme la grande majorité de ses collègues, sujet fidèle et soumis de Napoléon, et brûla, comme eux, son encens au pied du trône impérial; mais il serait injuste de ne pas reconnaître que le *grand seigneur de l'empire* défendit souvent la liberté de la presse; il s'honora d'être ami des lois et partisan d'une liberté sage; il demeura dans les rangs de cette facile et faible opposition dont la lâche servilité du sénat conservateur permettait à peine de soupçonner l'existence. La restauration de 1814 valut à l'ex-sénateur les honneurs de la pairie : mais cette faveur de Louis XVIII n'empêcha pas M. Boissy-d'Anglas d'être nommé membre de la chambre des pairs de Bonaparte et de servir, dans les *cent-jours,* le souverain de l'île d'Elbe. M. Boissy-d'Anglas jouait de bonheur: Louis XVIII le remit en possession de la pairie, immédiatement après la restauration de 1815!

Depuis cette époque jusqu'au moment de sa mort, le comte Boissy-d'Anglas a constamment fait partie, dans la chambre des pairs, de l'opposition constitutionnelle, et s'est montré zélé défenseur des libertés publiques consacrées par la Charte. Il aimait l'étude, les sciences et les arts : sans être homme d'État, M. Boissy-d'Anglas avait des connaissances assez étendues en matière de législation et de gouvernement; ce n'était pas un grand écrivain, mais ses productions ont de la clarté et de la correction; ses écrits respirent une morale douce et vraie, ils sont empreints de tolérance et de philanthropie; on y trouve de bons principes, des vues sages et tous les sentiments d'un homme vertueux.

29. — Ordonnance du roi qui nomme ministres d'État et membres du conseil privé, MM. les cardinaux duc de Clermont-Tonnerre et de Latil, le duc de Brissac, le marquis Pastoret et le comte Saint-Cricq. — La partie éclairée de la nation voit avec peine les ecclésiastiques affluer dans les conseils du prince, surtout lorsqu'ils se sont prononcés contre le droit public des Français, contre la Charte constitutionnelle : le cardinal de Clermont-Tonnerre a méconnu hautement l'autorité ministérielle et s'est joué des lois de l'État. Admettre les prêtres dans l'administration des affaires publiques, c'est d'abord les affranchir de l'obligation de résider dans leurs diocèses, et c'est aller ensuite contre l'esprit de l'Évangile, contre les intérêts de notre sainte religion qui leur ordonne d'édifier, d'instruire et de consoler leurs diocésains; Jésus-Christ a dit : « Mon royaume n'est pas de ce monde. »

Le nombre des ministres d'État s'accroît dans une proportion qui impose, chaque année, de nouvelles charges aux contribuables : ces sinécures sont des abus dans un régime constitutionnel... Le prince a le droit d'appeler qui bon lui semble dans ses conseils; mais des emplois, ou plutôt des titres sans fonctions, devraient être gratuits ou salariés par le prince, surtout lorsque leurs titulaires cumulent de forts émoluments. On voit, aujourd'hui, des cardinaux et des évêques qui réunissent trois et quatre fonctions administratives, et qui jouissent de cent, de cent cinquante mille francs de revenu... Un pareil ordre de choses conduit forcément à une augmentation annuelle dans le budget de l'État, et par conséquent à un déficit dans ses finances... MM. Pastoret et Saint-Cricq sont comblés des faveurs de la restauration, comme ils l'ont été de celles de l'usurpation. Ces parvenus de la révolution ont défendu tour à tour la république, l'empire et la royauté; ce qui n'est pas précisément une raison pour en faire des ministres d'État : mais qu'importe à M. de Villèle?

29. — Les fiançailles solennelles de l'infante donha Maria da Gloria, reine de Portugal et d'Algarve (V. 2 mai), avec l'infant don Miguel, ont lieu à Vienne, en présence de l'empereur d'Autriche. — L'infant don Miguel a reçu de l'empereur don Pedro, son frère et souverain, la main de l'infante donha Maria da Gloria ; il a prêté serment à la Charte constitutionnelle donnée par don Pedro, et juré d'observer les conditions qui lui sont imposées par son souverain légitime..... Le futur époux de la reine de Portugal et d'Algarve violera tous ses serments, se constituera en révolte ouverte contre son souverain, et ne rougira pas de provoquer la guerre civile en Portugal, afin d'usurper la couronne de ce royaume.

31. — L'infante Isabella Maria, régente de Portugal (V. 6 mars), prête serment, entre les mains du président de la chambre des pairs du royaume de Portugal, à la Charte constitutionnelle octroyée par don Pedro. — Cette princesse paraît se conformer de tout point aux intentions et à la volonté de son auguste frère et souverain ; aussi les Portugais lui accordent leur confiance, et la secondent de leurs efforts dans l'exercice d'une régence que ne tarderont point à troubler les intrigues et les manœuvres criminelles des agents de don Miguel.

4 Novembre. — Ordonnance du roi, qui autorise les sieurs de Crouseilles et Lachapelle, à participer aux délibérations du conseil d'État. — Le sieur Lachapelle est aumônier du roi, et directeur des affaires ecclésiastiques.

5. — Ordonnance du roi, qui convoque la chambre des pairs et la chambre des députés des départements pour le 12 décembre 1826.

5. — Ordonnance du roi, qui élève à la dignité de pair du royaume le sieur comte de Cheverus, archevêque de Bordeaux. — La France applaudit à cette nomination : jamais prélat n'eut autant et de plus justes droits à l'estime, à l'amour, à la reconnaissance des fidèles et de tous les hommes de bien. M. de Cheverus pratique les maximes de l'Évangile ; il offre au clergé de France un parfait modèle de vertus religieuses; pieux, tolérant, essentiellement charitable, d'une pureté de mœurs et de conduite vraiment exemplaires : étranger à toutes les intrigues des pharisiens et des jésuites; royaliste et constitutionnel, c'est-à-dire fidèle au prince et soumis aux lois de l'État; sans ambition, sans orgueil et sans vanité ; plein de foi et de bonnes œuvres, humble comme les premiers apôtres, chrétien selon la loi de Jésus-Christ, et non pas selon les préceptes d'Ignace de Loyola ; réunissant toutes les vertus et n'en outrant aucune : tel est M. de Cheverus. Son long séjour sur la terre américaine lui a mérité les respects du Nouveau-Monde ; rendu à sa patrie, le prélat y obtient, dans la pratique de son saint ministère, la vénération et l'amour des fidèles de tous les cultes · M. de Cheverus ne distingue le catholique du protestant que pour recommander la tolérance à celui-là, et inspirer à celui-ci, à force de charité, l'amour de no-

tre sainte religion. L'Église, voilà l'épouse véritable, la seule épouse du prélat de Bordeaux ! Ses revenus appartiennent en entier aux pauvres de toutes les communions; tout son luxe est dans la bienfaisance; il réside dans son diocèse; la capitale est pour lui un lieu d'exil; nous l'avons entendu proférer ces paroles : « Je « n'entends rien aux affaires publiques, et, comme « ecclésiastique, elles doivent m'être étrangères; mes « véritables affaires sont dans mon diocèse; là, je suis « à ma place; mais on m'a dit de venir à Paris et d'y « rester quelque temps, j'ai obéi. »

Le clergé de France a aujourd'hui, devant ses yeux, un nouveau Fénelon ! Combien la religion serait honorée, combien les prêtres seraient respectés et bénis, s'ils ressemblaient à M. de Cheverus ! Puissent tant de hautes vertus pastorales faire encore pendant de longues années l'édification de tous les hommes religieux; et puissent-elles ne rencontrer, dans leur saint exercice, aucun des écueils sur lesquels l'esprit de corps et de domination temporelle, inhérent à l'ancien clergé de France, a si souvent fait échouer les plus vertueux prélats!

10. — Ordonnance du roi, qui reçoit trois bulles portant institution canonique de M. de Cheverus pour l'archevêché de Bordeaux ; de M. Dubourg pour l'évêché de Montauban, et de M. Simon Garnier pour l'évêché de Vannes..... L'article 3 dit (comme à l'ordinaire) que « lesdites bulles d'institution canonique sont reçues sans approbation des clauses, formules ou expressions qui pourraient être contraires à la Charte constitutionnelle, aux lois du royaume, aux franchises, libertés et maximes de l'Église gallicane. » — L'ordonnance de ce jour s'appuie sur l'ordonnance royale du 31 octobre 1822, qui déterminait la circonscription des métropoles

et diocèses du royaume; mais cette dernière était elle-même une violation du concordat conclu le 15 juillet 1801, entre le premier consul Bonaparte et le pape Pie VII, concordat devenu loi de l'État par la sanction du corps législatif : aucune loi n'a révoqué ce concordat, il est donc censé en vigueur..... Le concordat (ou convention pour les affaires du culte) conclu, le 16 juillet, 1817, entre Louis XVIII et le pape Pie VII (qui rétablissait l'infâme concordat passé entre le roi de France François 1er et le pape Léon X) est nul et comme non avenu, puisqu'il n'a pas reçu le caractère de loi ; présenté à la chambre des députés le 22 novembre 1817, il fut vivement critiqué, et le ministère se vit réduit à l'abandonner ; depuis cette époque, il ne fut plus fait mention dudit concordat, négocié (1816) par le comte ou marquis Blacas d'Aulps, le plus ignorant et le plus inepte des négociateurs qu'ait jamais eus la France : à cet égard, la réputation de l'ambassadeur est si bien établie, que le ministre d'une des grandes puissances de l'Europe disait dernièrement dans son salon à Paris : « Ce n'est « pas son excellence, mais sa nullité qu'on est toujours « tenté de dire, lorsqu'on parle de M. de Blacas. »

L'ordonnance royale du 31 octobre 1822 prouvait à quel point la cour de Rome avait déjà ressaisi l'influence dont elle jouissait dans les affaires ecclésiastiques de France avant 1789 : on voit aujourd'hui avec quelle activité, avec quel succès la cour de Rome rétablit depuis 1822 les ordres monastiques, les congrégations, et principalement les jésuites, « milice papale qui s'occupe
« avec la plus infatigable persévérance et la plus subtile
« dextérité, à reproduire l'ignorance et la superstition
« des anciens temps, afin de replonger les peuples dans
« l'asservissement, et de placer les rois sous le joug de
« l'autorité ecclésiastique. »

12. — Ordonnance du roi, par laquelle le comte Saint-Cricq est appelé au conseil d'État. — M. Saint-Cricq est membre de la chambre des députés, président du bureau de commerce et des colonies, etc. : il est appelé au conseil d'État, institution de la vieille monarchie, qu'une ordonnance de Louis XVIII (26 août 1824) a organisée, et à laquelle il a conféré des attributions absolument incompatibles avec le système représentatif consacré par la Charte..... En effet, le conseil d'État est illégal, inconstitutionnel par essence : juge et interprète des lois et des actes administratifs, il a été constitué par Louis XVIII corps législatif et corps judiciaire..... C'est une des superfétations du despotisme de Bonaparte, et l'instrument tranchant dont il se servait pour faire plier les lois sous sa tyrannie. Sans doute, le conseil d'État renferme des membres très-estimables; mais cette institution, dont les actes sont exempts de tout contrôle, de toute publicité, de tout recours, n'en est pas moins directement contraire au système légal et représentatif établi par la Charte!

Les familles Saint-Cricq et Chabrol doivent bénir une révolution qui les a fait sortir de la classe plébéienne pour les placer dans celle des grands seigneurs; elles ont de grandes obligations à l'usurpation et au régime impérial de Bonaparte; elles leur doivent et la grande fortune pécuniaire, et l'illustration administrative qui ont fait sortir leurs noms de la classe bourgeoise.....
Il y a peu d'exemples d'une élévation politique aussi rapide et aussi considérable que celle des membres de ces deux familles; mais si elles ont donné à l'usurpateur du trône des Bourbons de grandes preuves de dévouement, si elles ont servi avec fidélité son despotisme, d'un autre côté, leur dévouement à la légitimité ne s'est pas démenti depuis la restauration de 1814 : aussi, pour si

médiocres que soient les talents de ces administrateurs, on ne doit pas s'étonner de la faveur dont ils jouissent et du nombre de places dont ils se trouvent investis par la confiance royale : ils la justifient par leur dévouement à la légitimité.

18. — Jugement du tribunal de police correctionnelle du département de la Seine, qui condamne les sieurs Moléon et Filleul-Baugé, chacun en six mois de prison, 300 fr. d'amende et aux dépens; et qui renvoie de la plainte portée contre eux les sieurs Ouvrard, Ducroc, Poissonnier et Esparriat... Moléon et Filleul-Baugé interjetteront appel de ce jugement (V. 17 janvier 1827).

L'affaire des marchés d'Espagne, après avoir été successivement portée devant la cour royale (V. 19 décembre 1825) et devant la cour des pairs (V. 3 août 1826), est tombée en police correctionnelle, et n'a définitivement donné lieu qu'à la condamnation de deux employés subalternes du munitionnaire général Ouvrard, à six mois de prison et 300 fr. d'amende.

27. — Note du ministre des affaires étrangères de Portugal à l'ambassadeur portugais près la cour d'Espagne, relativement au secours donné par l'Espagne aux Portugais rebelles. — « Un corps composé de rebelles portugais est entré à Villa-Viciosa, il avait reçu des autorités espagnoles des armes pour cette invasion; des fusils ont été distribués à un grand nombre de paysans portugais qui se trouvaient sur les frontières espagnoles, et un parc d'artillerie s'apprêtait à sortir de Badajoz, pour aller se réunir aux insurgés; le tout contre le droit des gens, et malgré les assurances réitérées données par le gouvernement espagnol, etc. En

conséquence, à la vue d'un fait si étrange, et tout-à-fait inconnu parmi les nations civilisées et d'après une insulte aussi inouïe, l'ambassadeur portugais près la cour d'Espagne sera considéré comme suspendu de ses fonctions d'ambassadeur. »

Les agents de don Miguel ont levé en Portugal l'étendard de la révolte contre l'autorité légitime de don Pedro, et de la régente qu'il a chargée de l'administration de l'État : le gouvernement espagnol protége ouvertement la rebellion ; elle est soutenue par les fonds que les absolutistes d'Espagne et de France, notamment les jésuites de robe longue et de robe courte, fournissent (dit-on) aux révoltés*. Il ne serait pas aussi difficile qu'on le croit peut-être de désigner les sources où les *agraviados* d'Espagne et de Portugal ont puisé l'or qui soudoie leurs attentats. C'est au nom de la religion, de la royauté et de la légitimité, que la guerre civile

* Les journaux anglais ont prétendu que M. De Moustiers, ambassadeur français à Madrid, favorisait de tout son pouvoir la faction des jésuites et absolutistes d'Espagne et de Portugal ; ils ont représenté ce diplomate comme un agent dévoué à M. de Villèle, et lui ont imputé la conduite suivie par le gouvernement espagnol, relativement aux troubles de Portugal, en 1826 : nous pensons que les feuilles anglaises ont calomnié M. De Moustiers ; ce personnage est un très-médiocre diplomate, tout le monde en convient ; mais nous le croyons trop bon Français et trop fidèle sujet du roi pour avoir manqué aux devoirs que lui imposaient ses instructions. On a soutenu, affirmé en Angleterre que M. Canning avait fait rappeler de Madrid l'ambassadeur De Moustiers ; qu'il avait exigé du roi d'Espagne le départ des Suisses, et obtenu du gouvernement français des concessions importantes dans les affaires d'Espagne... En vain M. Hyde de Neuville interpellera-t-il à la tribune législative (V. 17 mai 1827) M. l'ex-ambassadeur De Moustiers pour en obtenir des explications qui intéressent l'honneur et les intérêts français ; M. De Moustiers gardera un superbe et dédaigneux silence, et le ministère Villèle punira aussitôt M. Hyde

est proclamée et excitée aujourd'hui en Portugal par les jésuites de France, par ces jésuites que le ministère Villèle protége *cartes sur table!*

12 Décembre. — Ouverture de la session législative de 1827, par le roi en personne. — Après avoir annoncé la présentation de deux codes, pour perfectionner la législation des forêts et fixer les règles de la juridiction militaire, Sa Majesté dit : «...J'aurais désiré
« qu'il fût possible de ne pas s'occuper de la presse ;
« mais, à mesure que la faculté de publier des écrits
« s'est développée, elle a produit de nouveaux abus
« qui exigent des moyens de répression plus étendus
« et plus efficaces. Il était temps de faire cesser d'affli-
« geants scandales, et de préserver la liberté de la
« presse elle-même du danger de ses propres excès.

de Neuville de l'acte de courage et d'honneur qu'il vient de faire : M. Hyde de Neuville sera rayé du tableau de disponibilité de la diplomatie, et privé de son traitement comme ancien ambassadeur du roi de France auprès des États-Unis, et auprès de la cour de Portugal où il avait tenu la plus noble conduite : M. De Moustiers conservera ses appointements, et sera comblé de protection et de faveurs par le ministère Villèle.... Que résultera-t-il d'une si lâche et si violente injustice? L'estime nationale dédommagera M. Hyde de Neuville de sa disgrâce; tous les bons Français lui sauront gré de la loyauté dont il a fait preuve à la tribune législative.

M. Hyde de Neuville fut, sous le consulat et l'empire, l'un des agents les plus dévoués du roi et des princes ; il courut de grands dangers et fut plusieurs fois condamné à mort, par contumace, pour avoir embrassé et servi, sans nulle déviation, la cause de la légitimité, cause désespérée à cette époque. M. Hyde de Neuville a fait preuve, dans plusieurs conjonctures importantes, d'une loyauté et d'un courage également remarquables : mais de si grands services, de si hautes considérations ne sont rien pour M. de Villèle : M. Hyde de Neuville n'est pas un de ses complaisants, de ses affidés : il est sacrifié.

« — Des imperfections avaient été remarquées dans
« l'organisation du jury; je vous ferai proposer un
« projet de loi pour l'améliorer, et pour lui donner des
« règles plus conformes à la nature de cette institution.
« — Les peines portées contre la traite des noirs man-
« quaient d'efficacité, et l'application pouvait en être
« éludée. Une loi plus complète était nécessaire; j'ai
« prescrit, messieurs, de vous en présenter le projet... »
— Après avoir annoncé que tous les gouvernements
étrangers ont donné l'assurance des dispositions les plus
amicales et les plus conformes à ses propres sentiments
pour le maintien de la paix, Sa Majesté dit : « Des
« troubles ont éclaté récemment dans une partie de la
« Péninsule : j'unirai mes efforts à ceux de mes alliés
« pour y mettre un terme et pour en prévenir les con-
« séquences. — L'accroissement progressif du produit
« des taxes indirectes nous permettra d'augmenter cette
« année les fonds affectés aux services publics d'une
« somme égale à celle dont les contribuables ont été
« dégrevés par la dernière loi des finances. — Cette
« augmentation deviendra un véritable soulagement
« pour mes peuples; elle affranchira les communes des
« suppléments qu'elles accordent à leurs desservants,
« et les classes indigentes trouveront d'abondantes res-
« sources dans la nouvelle activité que prendront les
« travaux de nos grandes routes, de nos places fortes
« et de nos arsenaux maritimes. — J'ai lieu d'espérer
« que les allocations qui seront fixées pour les services
« publics suffiront pendant plusieurs années à tous
« leurs besoins, et que je pourrai désormais appliquer
« les excédants de produits à la réduction des taxes les
« plus onéreuses... » Le discours de la couronne se termine en rendant grâces à la divine Providence d'une
situation si favorable.

Il n'est nullement question, dans le discours de la couronne, des affaires de l'Orient ni de celles de l'Amérique méridionale, qui intéressent à un si haut degré le commerce, l'industrie et les manufactures. — Les espérances annoncées par S. M. seront malheureusement déçues, dans plusieurs objets d'une importance majeure : la situation de la Péninsule espagnole deviendra de jour en jour plus affligeante, et la nécessité de la prolongation du séjour des troupes françaises en Espagne, en démontrant la situation déplorable de ce royaume, occasionnera à la France un surcroît de dépenses qui ne permettra pas d'alléger, cette année, le budget dans cette partie du service public..... Les taxes indirectes éprouveront une diminution de produits qui rendra nul le dégrèvement accordé aux contribuables par la dernière loi des finances; cette diminution nécessitera le maintien de tous les impôts existants..... Le soulagement annoncé pour les communes, en raison de l'accroissement progressif du produit des taxes, ne pourra point avoir lieu, et malgré l'activité promise aux travaux des grandes routes et des places fortes, les grandes routes continueront à offrir un état progressif de dégradation, et les places fortes n'éprouveront aucune amélioration soit dans leur réparation, soit dans leur entretien. Jamais il n'y aura eu autant de pauvres en France, les mendiants se multiplieront à Paris dans une progression de plus en plus remarquable; ils assiégeront les lieux publics, les spectacles, les écoles, les églises..... Enfin, les allocations fixées pour les services publics, loin de suffire pendant plusieurs années à tous leurs besoins, exigeront de très-forts crédits supplémentaires, et avant une année il y aura dans les finances de l'État un déficit de plus de deux cents millions; déficit, qu'un nouveau ministère annoncera officiellement aux chambres législatives, lorsque le roi, ayant connu et exaucé le vœu de son peuple, aura dissous, aux acclamations unanimes de la France, le ministère Villèle.

Le discours de la couronne annonce, contre les abus de la liberté de la presse, des moyens de répression plus étendus et plus efficaces que ceux dont les lois sur cette matière ont investi jusqu'à ce jour le gouvernement. Le ministère Villèle est, comme on voit, dans l'intention d'étouffer toute espèce de publicité; il espère empêcher ainsi la vérité de parvenir au pied du trône; il se flatte, en bâillonnant la presse, de conserver un pouvoir qui répand chaque jour, sur la France, de nouvelles calamités.

16. — Ordonnance du roi portant nomination de la commission chargée d'examiner les comptes publiés par les ministres. — La France est le pays des commissions; mais comme elles sont nommées par les ministres, il en résulte que ce sont les ministres qui examinent, louent et approuvent en dernière analyse leurs comptes, leurs actes et toutes leurs opérations administratives. La majorité de la chambre des députés, résultat de la corruption et de toutes les fraudes électorales possibles, est et doit être servilement dévouée à un ministère qui érige la corruption et la fraude en système de gouvernement; elle approuvera donc tous les comptes et toutes les dilapidations.

Une commission prise hors du sein des chambres législatives n'offrirait pas même de garanties véritables pour l'examen des comptes des ministres, quelque probes et estimables qu'en fussent personnellement les membres; pris dans le conseil d'État, amovibles et sous la dépendance du ministère, ils seraient placés dans la nécessité de déférer à ses injonctions ; les conseillers-référendaires à la cour des comptes n'oseraient pas davantage résister à ses volontés : une commission d'examen se réduit donc à une pure formalité.

16. — Projet de loi sur l'organisation du jury. — On a dit : « Le jury est la plus belle des institutions « humaines, la mieux disposée pour garantir la sûreté « du citoyen, et la plus propre à lui imprimer la di- « gnité de son être. » Nous ajouterons que le jury est le conservateur nécessaire, inviolable et incorruptible de la liberté individuelle, et même de la liberté collective : aussi, dans tout gouvernement privé de l'institution du jury, la liberté civile et la liberté politique des citoyens seront toujours, malgré les plus belles protestations de l'autorité, à la merci du despotisme ministériel.

Quoique l'assemblée constituante eût dénaturé l'institution du jury, en décrétant que les jurés seraient inscrits sur un tableau et tenus à un service trimestriel, et en ne décrétant pas que l'unanimité des jurés serait nécessaire pour la formation du *verdict*, on doit bénir cette assemblée d'avoir introduit les jurés dans l'exercice de la justice : l'assemblée constituante établit le jury d'accusation, c'était une belle et salutaire institution : mais Bonaparte voulait que la justice, comme l'administration, fût aux ordres de son despotisme, il abolit le jury d'accusation, et tortura l'institution elle-même au point d'en faire une commission au choix et à la nomination du gouvernement.

La Charte constitutionnelle donnée par Louis XVIII maintint, article 65, l'institution du jury, et, en contradiction formelle de cet article, permit (article 63) le rétablissement d'une juridiction qui excluait le jury;

en sorte que la disposition portant (article 62 et première partie de l'article 63) que nul ne peut être distrait de ses juges naturels, et qu'il ne pourra, en conséquence, être établi de tribunaux extraordinaires, est détruite ou singulièrement infirmée par la seconde partie de l'article 63, qui permet l'établissement des cours prévôtales.

Le despotisme toujours croissant des ministres de la restauration tendait à oblitérer les dispositions fondamentales de la Charte, en attendant le moment où ils pourraient la détruire; et comme l'institution du jury, malgré son imperfection, garantissait à certains égards la sûreté et la liberté des citoyens, le pouvoir ministériel s'empara de la nomination des jurés, en la déléguant aux préfets : ceux-ci abusèrent de leur influence et de leur autorité, et ils en abusèrent d'une manière si criante, dans de certaines conjonctures, que les jurés n'étaient plus, disait-on généralement, que des commissaires appelés par le pouvoir ministériel pour promulguer le jugement qu'il voulait rendre. L'évidence et la multiplicité des abus exigeaient, impérieusement, une réforme dans cette partie de l'administration de la justice..... Le projet doit mettre un terme à ces abus, dit monsieur le garde des sceaux; mais, par une subtilité despotique dont Machiavel lui-même n'eût peut-être pas eu la conception, le projet de loi améliorait le jury en violant le droit électoral ; et, au moyen d'une perfidie légale soigneusement enveloppée sous des formes d'une sévère probité judiciaire, le projet de loi faisait tomber le droit électoral dans la haute aristocratie, et dépossédait de ce droit la classe moyenne de la société!

L'article Ier du projet de loi en renferme l'esprit; il dit : « Les jurés seront pris parmi les membres des

« colléges électoraux. » Le despotisme ministériel avait espéré que la plupart des citoyens de la classe moyenne ne réclameraient pas l'insertion de leurs noms sur les listes électorales, afin de se soustraire aux fonctions de juré qui dérangent leurs travaux, leurs. occupations et leurs habitudes...... La chambre des pairs méritera, dans cette importante conjoncture, la reconnaissance de la nation française; cette chambre apportera dans la discussion du projet de loi une grande loyauté législative et politique; des amendements conformes au texte et à l'esprit de la Charte, seront proposés et adoptés : et, en définitive, la loi que le ministère Villèle avait proposée pour tuer les élections, cette loi leur donnera une nouvelle vie, et entraînera la chute d'une administration abhorrée par la France et qui sera légalement qualifiée de *déplorable*. Que la chambre héréditaire persévère dans une si noble conduite, elle asseoira la légitimité et la dynastie des Bourbons sur une base inébranlable!

18-21. — Arrêt de la cour d'assises de Paris, qui, sur la déclaration du jury, rendue à l'unanimité, déclare non coupables et renvoie de la plainte portée contre eux, huit élèves de l'école de Châlons traduits devant la cour d'assises, comme prévenus d'être chefs de l'insurrection qui a eu lieu dans cette école (V. 3 avril 1826), et cinq élèves de la même école, comme prévenus d'avoir pris part à l'insurrection. — La gravité des dépositions de M. le vicomte de Boisset, directeur, et de Gaillet, surveillant de l'école, n'ont pas convaincu les jurés de la culpabilité des accusés; ils ont été pleinement absous, et le public a témoigné une vive satisfaction.

21. — Ordonnance du roi, qui nomme M. Ravez à la présidence de la chambre des députés. — La présidence, quoique élective, devient en quelque sorte inamovible dans la personne de M. Ravez, tant il a le secret et le courage de se rendre agréable à la majorité de la chambre des députés, c'est-à-dire au ministère Villèle qui dispose de ses votes comme d'une propriété à lui appartenant. M. Ravez n'est pas un homme d'État; mais s'il a peu de connaissances positives en matière de législation, il possède en revanche le talent de gouverner les discussions de la chambre, de les prolonger ou de les abréger selon la volonté ministérielle; les adversaires de ce président de la chambre lui reprochent une grande partialité dans l'exercice de ses fonctions; ils ont même poussé l'injustice jusqu'à l'appeler *dictateur!* Il est aisé de justifier M. Ravez à cet égard : il faut de grands services rendus et un grand caractère soutenu d'un grand nom, pour exercer une dictature quelconque : le président de la chambre des députés est tout simplement le fidèle serviteur des ministres; il a été comblé de faveurs, de grâces, de distinctions; il en est reconnaissant : la nation et les libertés publiques auraient tort de s'en plaindre; lorsque M. Ravez cessera d'être président de la chambre des députés, il n'aura rien perdu dans l'opinion nationale.

27. — Projet de loi relatif à la répression de la traite des noirs. — La traite des noirs est la honte des gouvernements européens; le ministère anglais a été le premier à en proposer l'abolition, et à invoquer des peines sévères contre cet infâme trafic; aussi l'humanité doit des remercîments à ce ministère, pour l'abolition de la traite des noirs, quels qu'aient été ses motifs en l'érigeant en loi de l'État.

Le despote Bonaparte fit rendre, par ses muets (20 mai 1802), une loi pour maintenir l'esclavage dans les colonies françaises, et par suite la traite des noirs. Cette loi, dégoûtante de sang et de barbarie administrative, fut une des grandes causes qui enlevèrent pour toujours l'île de Saint-Domingue à la France..... Un article additionnel du traité de Paris (30 mai 1814) entre la France et l'Angleterre, imposa à la France la condition de cesser définitivement la traite des noirs, dans un délai de cinq années ; le roi de France s'obligea en outre d'unir, au futur congrès, tous ses efforts à ceux du roi d'Angleterre, pour faire prononcer par toutes les puissances chrétiennes l'abolition de la traite des noirs : un article additionnel du traité de Paris (20 novembre 1815), et la déclaration du congrès de Vienne (24 février 1815), vinrent corroborer l'article additionnel du traité du 30 mai 1814 : ces clauses méritent d'être rappelées ; car l'Angleterre d'un côté et le congrès de l'autre se prononçaient fortement contre la traite des noirs, et faisaient la traite des blancs ; ils se partageaient les hommes, comme on se partage les bestiaux ; ils disposaient des peuples comme on dispose d'une propriété mobiliaire..... La traite des noirs fut prohibée de nouveau, en France, par la loi du 15 avril 1818 ; mais cette loi dont la pénalité était insuffisante, permit de continuer le commerce des esclaves ; le gouvernement français ne pouvait se résoudre franchement à le faire cesser, il·eut donc lieu comme par le passé, à peu de chose près : des renseignements positifs, publiés dans les feuilles anglaises, établissent que, de 1814 à 1826, six cent mille noirs ont été achetés sur les côtes d'Afrique et transportés, *sous pavillon français*, dans les colonies françaises ou espagnoles.

Le projet de loi renferme des dispositions sévères; il diminuera le mal, mais ne le détruira pas : les colons de la Martinique, de la Guadeloupe, de la Guiane et de l'île Bourbon, sont plus touchés de leurs intérêts personnels que des droits de l'humanité : malheureusement, on doit craindre qu'ils n'éprouvent un jour les funestes effets de leur obstination à maintenir l'esclavage dans leurs possessions; l'irrévocable émancipation des noirs de Saint-Domingue amènera, dans un temps donné, la séparation totale des colonies françaises de leur métropole.

21-28. — Adresses de la chambre des pairs et de la chambre des députés, au roi. — La chambre des pairs reproduit en quelque sorte, dans son adresse, le discours de la couronne et annonce qu'elle unira avec empressement ses efforts à ceux de Sa Majesté..... L'adresse de la chambre des députés n'est aussi qu'une paraphrase du discours d'ouverture; mais elle appuie sur les abus de la presse, « elle voit et déplore la licence « qui en est la plus irréconciliable ennemie. »

30. — Projet de loi sur la répression des abus de la presse. — M. le garde des sceaux Peyronnet le présente; il assure que c'est *par amour pour la liberté de la presse* que le projet a été rédigé; l'exposé des motifs annonce que « la licence est portée à son comble, ce n'est plus qu'impiétés, publications licencieuses et calomnies; et s'il n'était pas mis un frein à une licence aussi effrénée, la liberté de la presse ne serait plus désormais que la liberté des profanations, des diffamations et des impostures! » En conséquence, le projet de loi est armé d'une sévérité excessive : un dépôt de cinq ou de dix jours est exigé avant la publication des écrits au-dessous, ou au-dessus de vingt feuilles d'im-

pression ; tout déplacement ou transport d'une partie quelconque de l'édition, hors des ateliers de l'imprimerie, avant le délai fixé, sera considéré comme tentative de publication ; dans ce cas, l'édition sera supprimée et détruite : tout écrit de cinq feuilles et au-dessus sera assujetti au timbre fixe : les amendes seront de 2 à 5, à 15, à 20,000 francs; les écrits périodiques seront tenus d'indiquer le nom de leurs propriétaires, leur demeure et l'imprimerie autorisée dans laquelle le journal devra être imprimé, et en cas de fausse déclaration, le journal cessera de paraître : le nom des propriétaires des journaux sera imprimé en tête de chaque exemplaire ; les droits de timbre subiront une très-forte augmentation ; les imprimeurs seront responsables civilement et de plein droit, des amendes, des dommages-intérêts et des frais portés par les jugements de condamnation, etc., etc., etc.

Il serait difficile d'imaginer un projet de loi plus odieux, plus tyrannique, plus contraire aux droits publics des Français ; il viole la propriété, les lois, les engagements les plus sacrés contractés entre particuliers ; il détruit radicalement l'article 8 de la Charte, article si clair, si textuel, si fondamental ! Jamais le despotisme ministériel n'avait montré et si peu de pudeur et tant d'audace : mais le ministère a la liberté de la presse en horreur, c'est chez lui une hydrophobie, une rage morale dont les symptômes surabondent dans le projet de loi ; heureusement, ce projet qualifié de *monstrueux*, à la tribune nationale, ce projet renferme des dispositions si révoltantes que l'adoption en sera repoussée par les ennemis mêmes de la Charte constitutionnelle ; le ministère sera sa propre dupe ; en voulant outrer la mesure du mal, il s'est mis dans l'impossibilité de le commettre : oui ! vouloir tuer la liberté de la presse, c'est vouloir empêcher le soleil de répandre la lumière..... M. Peyronnet a défendu sa *loi de justice et d'amour* avec une ténacité et un acharnement de despotisme qui ont étonné jusqu'à ses auxiliaires; le ministre s'est écarté de toutes les convenances législatives, et a blessé toutes les opinions. — M. Peyronnet sera chargé de se rendre à la chambre des pairs, et d'y retirer son projet de loi; il s'acquittera de cette commission d'une manière piteuse, et, pour la première fois, son assurance habituelle lui aura manqué. Les habitants de Paris célèbreront, par des illuminations générales, le retrait du projet de loi; le gouvernement pourra se convaincre, dans cette conjoncture, que la liberté de la presse est devenue, pour tous les Français, une propriété de famille.

Sans doute, la licence de la presse doit être réprimée d'une manière sévère, tous les hommes probes et amis des lois le reconnaissent et applaudiront aux efforts du gouvernement lorsqu'il se renfermera dans les limites d'une juste répression des délits commis par la presse : mais tous les esprits éclairés et toutes les âmes honnêtes repousseront, aussi, une loi qui, sous prétexte de punir l'abus, interdit le droit et confisque la liberté au profit de la tyrannie!!! A peine monsieur le garde des sceaux a-t-il fini d'exposer les motifs du projet de loi, que M. Casimir Périer, en quittant son banc, dit : « Autant vaudrait proposer un article qui dirait : L'im-« primerie est supprimée en France au profit de la « Belgique. » Dès la lecture du premier article de cette *loi sur la police de la presse*, M. Benjamin Constant, dit : « C'est la censure..... » Le projet de loi sur la presse rendra un grand service à la France, il hâtera la chute de l'administration qui pèse si honteusement sur elle, depuis cinq années!

M. le garde des sceaux Peyronnet avait déjà acquis un très-grand renom; il parvient, aujourd'hui, au plus haut degré de célébrité! néanmoins, M. le président du conseil *Villèle* sera plus célèbre encore que M. *Peyronnet*.

31. — L'année 1826 a produit un projet de loi sur les successions et les substitutions (février 10, mai 17); il avait pour objet de rétablir le droit d'aînesse, de diminuer le nombre des électeurs et des éligibles, et de substituer les priviléges de l'ancien régime à l'égalité politique consacrée par la Charte..... La haute prudence et l'équité constitutionnelle de la chambre des pairs ont écarté les graves dangers de ce projet de loi qui attentait directement au droit public des Français; cette chambre a défendu les libertés nationales, et mérité la reconnaissance de tous les amis de l'ordre et de la Charte. — Projet de loi sur la répression des abus de la presse (30 décembre); il avait pour objet de détruire la liberté de la presse et d'établir le despotisme ministériel sur les ruines de la Charte, ou, en d'autres termes, de placer le trône et la nation sous le joug des jésuites et des ultra-royalistes; ce projet odieux et tyrannique sera retiré, tant l'opinion publique s'est vivement prononcée contre ses dispositions. — L'arrêt définitif de la cour des pairs (août 3) dans l'affaire des marchés d'Espagne; l'arrêt déclare qu'il ne résulte aucune charge contre les lieutenants généraux comtes Bordesoulle et Guilleminot, et qu'il n'y a lieu de suivre à leur égard. — Publication du mémoire du comte de Montlosier, relativement à l'introduction illégale de la congrégation des jésuites en France, et aux intrigues et envahissements du *parti-prêtre* (mars 4). — Arrêt de la cour royale

de Paris sur la dénonciation du comte de Montlosier (août 18) : arrêts de plusieurs cours royales sur les jésuites. — Déclaration de plusieurs cardinaux, archevêques et évêques, relative à l'autorité du pape (avril 3). — Dénonciation à la chambre des députés du *Journal du Commerce* et proposition faite par M. Sallaberry, tendant à priver la presse périodique des droits que lui garantit la Charte, et de la faculté de rendre compte des séances de la chambre des députés (février 20). — Loi relative aux douanes (mai 17); elle est éminemment nuisible, par sa fiscalité, aux intérêts de l'agriculture, de l'industrie et du commerce. — Projet de loi sur l'organisation du jury (décembre 16); il présente quelques améliorations en faveur du jury, et viole le droit électoral établi par la Charte : le même principe contre-révolutionnaire a dicté le projet de loi sur les successions et sur les substitutions, le projet de loi sur la répression des abus de la presse, et le projet de loi sur l'organisation du jury.

Pendant l'année 1826, les jésuites, les ultramontains et les hommes de l'ancien régime ont redoublé d'efforts pour détruire les libertés nationales et la Charte constitutionnelle; le despotisme ministériel a fait de nouveaux progrès, il a hautement érigé la corruption et la fraude en système de gouvernement; la *majorité compacte* de M. de Villèle a voté en faveur de tous les projets de loi qui lui ont été présentés, elle n'a cessé de demander la *clôture* et de crier l'*ordre du jour*, toutes les fois qu'un membre de l'opposition, c'est-à-dire un député constitutionnel, a voulu défendre les principes, l'ordre légal et la Charte; mais si la chambre des députés a sacrifié les libertés nationales sur l'autel de la trésorerie, la chambre des pairs les a noblement défendues; elle a mérité du trône et de la nation, et s'est illustrée par sa constitutionnelle résistance à la tyrannie ministérielle. — Les manufactures, l'industrie et le commerce ont éprouvé une stagnation et des embarras dont le système Villèle ne permet plus d'entrevoir la cessation ; il y a augmentation dans les dépenses et diminution dans les recettes publiques. Toutes les assurances d'amélioration, données à cet égard par le ministère, sont fictives ou illusoires ; l'inquiétude est dans les esprits, le mécontentement dans les cœurs. Les Français respectent et bénissent le roi ; ils méprisent et maudissent les ministres qui lui cachent la vérité : mais chaque jour l'opinion constitutionnelle se propage et se fortifie, la vérité parviendra au pied du trône, et le meilleur des rois délivrera la France de l'administration qui l'opprime et l'avilit. Les Français placent toutes leurs espérances dans la sagesse de Charles X, dans son amour pour ses sujets ; ils ne seront pas trompés, et le jour arrivera enfin où le ministère Villèle satisfera, en tombant, à la conscience et aux libertés publiques ; mais que de honte, que de calamités cette *déplorable* administration répandra à grands flots sur la France, dans les douze mois où elle tiendra encore les rênes de l'État !

FIN DU TOME PREMIER.